思源致远

上海交通大学史

第八卷　建设世界一流大学

（1992—2006）

主　　编　王宗光

本书编著　章玲苓

上海交通大學出版社

内容提要

本书以恢宏的卷帙记录了上海交通大学百余年厚重历史。以历史研究的客观与责任感，以全方位视角和近距离直击结合，以学术的精神和细致的笔触，在深入、广泛挖掘档案史料和现有出版资料的基础上，全景展示了上海交通大学自1896年建校至2006年共110年的历程。这是上海交通大学这所百年名校首次对本校建校历史背景、发展过程、经费运转、系科建设与演变、教学与课程情况、各时期教职员与学生分析，以及校园传统、风格、特色的形成等，作深入、周详的梳理与总结，是一部立意严谨的校史研究著作。

《上海交通大学史》按学校发展分不同历史阶段，分八卷编著，此为第八卷“建设世界一流大学”。

图书在版编目(CIP)数据

上海交通大学史.第8卷，建设世界一流大学/王宗光主编.—上海：上海交通大学出版社，2016

ISBN 978-7-313-14428-7

Ⅰ.①上… Ⅱ.①王… Ⅲ.①上海交通大学—校史—1992-2006

Ⅳ.①G649.285.1

中国版本图书馆CIP数据核字(2016)第012579号

上海交通大学史

第八卷　建设世界一流大学(1992—2006)

主　　编：王宗光

出版发行：上海交通大学出版社　　地　　址：上海市番禺路951号

邮政编码：200030　　电　　话：021-64071208

出 版 人：韩建民

印　　制：苏州市越洋印刷有限公司　　经　　销：全国新华书店

开　　本：787mm×1092mm　1/16　　印　　张：25.5

字　　数：473千字

版　　次：2016年3月第1版　　印　　次：2016年3月第1次印刷

书　　号：ISBN 978-7-313-14428-7/G

定　　价(共八册)：800.00元

《上海交通大学史》编纂委员会

（2016 年 1 月）

《上海交通大学史》编写组

（2016 年 1 月）

主编： 王宗光

成员：（按姓氏笔画）

毛杏云　叶敦平　孙　萍　朱积川　朱隆泉　陈　泓

陈鑫木　范祖德　欧七斤　秦慰祖　龚诞申　盛　懿

章玲苓　蔡西玲　缪克成　漆姚敏　潘　鋐

序　一

先哲有云:“欲知大道,必先知史。”历史之于国家,是兴替之镜,正身之基,致远之源,起着“鉴往知来,资政育人”的重要作用。特别是在中华民族伟大复兴的“中国梦”磅礴行进的今天,越来越注重从本民族的历史和文化传统中汲取智慧,积聚能量,夯筑根基,越来越注重传承和创新优秀传统文化的“中国声音”。习近平总书记曾反复强调:历史是最好的教科书,也是最好的老师,更是“最好的清醒剂”。“不忘历史才能开辟未来,善于继承才能善于创新。只有坚持从历史走向未来,从延续民族文化血脉中开拓前进,我们才能做好今天的事业”。

一个民族、一个国家尚且要“知道自己是谁,从哪里来,要到哪里去”,一所大学又何尝不需要挖掘自身的历史,传承厚重的文脉?作为国史与地方史的一种延伸,校史是大学文化建设的重要组成部分,也是大学文化层次的鲜明体现,更是大学精神凝练的源泉所在。离开校史,大学文化建设与精神追求就会成为无源之水,无本之木。

泱泱南洋,巍巍学府。上海交通大学诞生于19世纪末期,伴随中国近代化过程,它经历了晚清、民国和新中国三个历史时期。它的历史既是我国近代高等教育曲折发展的缩影,又是近代社会推陈出新在一所高校的生动反映。120年来,栉风沐雨、弦歌不辍,百年交大的历史就如同一座富矿,每一个采矿人都可以有自己的“发掘”:人才培养的辉煌成就;各个时代师生风采和精神风貌;不同时期校长们的办学理念和治校方略;名师大家在学科建设、教学科研中的睿智灼见;绵延百年的校风特点和精神灵魂;学校发展与国家民族命运的关系,等等,都值得思考和探究。与此相关的建校背景,学科布局、专业设置、师资建设、教学传统、优良学风、筹款方式、隶属关系、对外交流、校园变化等,也都值得细细琢磨,好好品味。这是交大百年历史文化的主要构成,亦是交大人非凡创造力的丰硕成果。

进入21世纪以后,上海交大面临的内外环境已发生很大变化。5 000多亩地的多校区办学空间、近5万人的师生规模、大批海外教师的引进、与原上海第二医科大学的强强合并,使交大多元文化背景的特点更加凸显。在此背景下,一所百年名校如何传承自己优良的文化精髓?如何让全体交大人拥有共同的文化烙印和追求,并在此基础上有所创新?如何让历史的深厚和世界的宽广交相辉映,在交大的校园里形成符合时代发展的新的精神文化?……这些涉及交大文化内核与交大人精神基因的问题,在创建世界一流大学的征程中,越来越需要做出回应与解答。而编纂一部真实、生动、系统、厚重的《上海交通大学史》,无疑能够为解读交大人精神内核与文化软实力提供智力支撑,也为交大争创世界一流大学奠定人文基石。

"盛世修史,懿年纂志"是中华民族千年传承的优良传统,也是当今社会主义文化建设的重大系统工程。《上海交通大学史》虽仅仅为一校之史,但其间世变幅度之大、时间跨度之长、经历曲折之多、涉及范围之广,在全国高校中都罕有其匹。如何真实记录学校的发展轨迹,如何系统梳理教育制度的演变,如何精彩描绘师生的生活图景,如何客观正确评论校史人物的历史贡献,如何科学总结百年办学的成败得失,凡此种种,都是编纂《上海交通大学史》的重点与难点,亦是对校史编纂者的巨大考验。所幸,自2006年110周年校庆之后,在以学校原党委书记王宗光教授领衔的校史编纂委员会的坚强领导下,集校内老领导、老同志、中青年校史研究队伍、校外专家学者的共同努力,历经十年艰辛,数易其稿,终于推出这一部卷帙恢弘的《上海交通大学史》,可谓"厚积薄发,十年一剑"。

古人云:"盖文章者,经国之大业,不朽之盛事。"翻开这部跨越三个世纪的厚重校史,重温交大往昔波澜壮阔的历程,我顿感心潮澎湃,为之动容,不胜感慨。我本人亦是上海交大在"文革"后恢复高考的第一届即"77级"学生,1982年本科毕业后,继续在母校攻读研究生,毕业后留校工作,直到1994年调离交大。应该说,我先后以学生身份与管理者身份亲身经历了交大在改革开放之后的17年岁月,对于这一时期交大学生"惜时如金"的学习热潮、享誉全国的管理体制改革、闵行新校区建设、派遣"世行生"等重大事件,都历历在目。衡诸这部《上海交通大学史》对这些史实的记载,应该说恰如其分地给予了还原与评价,较好地做到了资料翔实,持论平实,文风朴实,编排得当,征引规范。我相信,它出版面世后定能够经受时间的考验,成为一部可信耐读的优秀校史。

是为序。

姜斯宪

2016年1月

序　二

公元1896年，在甲午战败、民族危难之际，盛宣怀以“自强首在储才，储才必先兴学”的理念，创办南洋公学。

交通大学以“南洋”之名立，以“交通”之名兴。“交通大学”的校名源自1921年交通部所属四所学校合并而成大学之时。当“交通”二字的实业意义在历史的演化中渐渐淡去之时，作为校名，“交通”就成为一种文化和精神的传承。在“交通”之名下，交通大学的“大学”之道承载了“储才兴邦”的建校理想，光耀了“当为第一等人才”的办学理念，“傲立世界之巅，为民族谋进步，为人类谋福祉”，育人不辍，英杰辈出，成就了交通大学跨越三个世纪的辉煌，也让这座学府拥有了“天地交而万物通”的胸怀、气度及其独有的风格。

如果追溯到更远，中国传统文化对“交通”的理解源自庄子所云“交通成和而物生焉”，阐释的是一种宇宙观和价值观，是对宇宙万物和谐共生的哲学认知，是对自然规律的独特感悟。而“大学”一词的英文发源于中世纪西方都市生活及城邦初现时的拉丁文词汇“Universitas”，意指授予学位的由学生、教师和学者组成的多学科高等教育及研究机构。因此作为一所中国最早的现代大学，交通大学正是延续着中国传统文化的感性和西方现代文明的理性。中国传统之“交通”、现代西方文明之“大学”铸就的“交通大学”是历史与文化的交汇，也是思想与实践的贯通，所以成就其卓越，成就其辉煌。

“交通”为名，“大学”为道。

“交通”是校名，更是一种办学之道，真正让交通大学卓尔不群的，正是这种“天地交而万物通”“交通成和而物生焉”的办学之道。

大学是称谓，更是传承和创造的所在，真正让交通大学戮力同心、思源致远的，正是这种对大学精神、大学存在之根本意义的不懈追求。

在这样的大学之道下，交通大学自建校至今，无论世易时移，都赫然屹立于中国第一等学府之列。即便是几经辗转迁移，历尽艰难困苦，我们仍能在“上下交而其志同”的传承中坚持自己永恒的追求。

如今，集校史研究者多年心血编纂而成的八卷本《上海交通大学史》付梓出版，正是向世人展示交大人独特的情怀和追求，百余年的交大历史证明了：

交大是一所有追求的大学，交大人一直把感恩和责任放在首位。人才培养、科学研究、服务社会之交汇贯通是我们无时或忘的职责、本分和事业。交大人以发现和传播真理为己任，即使前路漫漫，荆棘丛生，交大人上下求索，从不懈怠。

交大是一所有灵魂的大学，交大人一直在追求思想的深邃。正是因为这种深邃，让我们拥有了宁静和淡泊，远离了喧嚣和浮华。“脱心志于俗谛桎梏，真理因得以发扬”。勤、朴、忠、诚之交汇贯通是交大人行为之准则。

交大是一所有思想的大学，交大人一直在追求文化的引领。“交通”之名赋予我们的是天地自然、社会人文相交相通之所在，更是阔达天地的视界和理想。交通大学聚天下之英才，攀智慧和思想之高峰，引领民主、科学和文化之发展。

回顾历史，交大的前辈先贤创造了无数的光荣。他们以天下兴亡、匹夫有责的气概，将办学与救国紧密结合，将求真与务实融为一体，以“明知不可为而为之”的自信和勇气站在时代最前沿，引领国家发展和社会进步，创造了无数个中国乃至世界的“第一”。面向未来，我们的梦想是把交通大学建设为一所大师云集、人才辈出、科技成果和人文思想交相辉映，在国家富强、民族复兴和人类文明进步的进程中，贡献卓著的大学！

“交通”为名，“大学”为道。交通大学的理想与风格、价值与追求将会成为真正的永恒。

2011 年 2 月第一稿

2016 年 1 月修订

序　三

上海交通大学是我国创建最早的高等学府之一。一百多年来，上海交大几度坎坷，历经沧桑，凝练积淀了优良的办学传统和厚重的文化底蕴，为国家造就了一批又一批各类专门人才，其中包括许多为民族独立、国家富强和科技发展、经济建设做出重大贡献的政治家、科学家、实业家、工程技术专家，可谓“桃李满天下，英才遍五洲”。新中国成立后，特别是改革开放以来，在党和政府的关心支持下，经过全体交大师生医务员工的奋发努力，百年学府焕发出勃勃生机，学校面貌发生了巨大变化。当年诞生于黄浦江畔只有数十人的南洋公学，如今已发展成为一所“综合性、研究型、国际化”的国内一流、国际知名大学，并正在向世界一流大学稳步迈进。

盛世修史，继往开来。上海交大的辉煌办学历程，既是一部承载着百余年来全体交大人励精图治、薪火相承的奋斗史，又是一个不断激励当今全体交大师生追求卓越、勇攀高峰的智慧库。上海交大历来重视校史研究与宣传教育，注重记录保存学校的发展轨迹与办学经验，更注重从中吸取不竭的精神动力。

自21世纪初年，学校将校史研究纳入大学文化和校园精神文明建设的重要部分，成立了校史编纂委员会，组织专门力量开展工作，编纂出版了一系列校史研究专著，如《上海交通大学纪事》(上下卷2006)、《三个世纪的跨越——从南洋公学到上海交通大学》(2006)、《老交大名师》(2008)，在教书育人、对外宣传、自身文化建设等方面发挥了不可或缺的重要作用。如今，这部记载交大办学历史足迹、约计300多万言的《上海交通大学史》出版面世，这是学校校史研究的重要成果，是文化建设的基础性工程，更是向建校 120 周年的一次献礼。

在创建世界一流大学的征程中，大家愈来愈深刻地认识到，一所著名的大学不仅要有一流的物质条件，更要有一流的大学文化，要有经过历史沉淀又独具特色的传统风格、文化内涵与人文精神，形成引导激励全校师生的内在动力，这是一所大学的精髓和灵魂。建设以创新文化为主导的交大文化一直是创建世界一流大学的重要组成部分。《上海交通大学史》所记录的办学轨迹、展现的教育成就、总结的经验成果，正是上海交大精神文化的载体和底蕴，也是创建交大文化的根本与源泉。这部校史必将成为建设一流大学文化的重要组成，必将为创办世界一流大学提供有力的文化支撑。

“大学之道，在明明德，在亲民，在止于至善”。大学最根本的任务是培育具有社会责任、创新精神、实践能力的人才。大学的精神与文化传统对人才培育影响至深。《上海交通大学史》在梳理交大的发展脉络过程中，发掘了大量鲜活的历史事件、见微知著的师生校友轶事，提炼出真实历史背后所蕴含的大学精神、大学文化，这些都将成为莘莘学子成长成才的生动教材，有利于学生提高对“饮水思源、爱国荣校”内涵的理解，真正让“责任”成为凝结在每一位学子血液中的精神，成为一代代交大人不变的信仰。

《上海交通大学史》的出版，为广大师生、校友、教育同行以及社会各界关心交大发展的人士，提供了一部了解学校悠久历史和精神文化的优秀著述，也为交大自身大学文化建设、人才培育等提供了一份有价值的精神载体。在新的历史阶段，在国家推进双“一流”建设进程中，期待全校师生医务员工以更高境界、更大情怀，求真务实，努力拼搏，敢为人先，与日俱进，为建设中国特色世界一流大学，为中华民族伟大复兴作出不可替代的贡献。

马德秀

2011 年 2 月第一稿

2016 年 1 月修订

序　四

巍巍学府，百年交大，历史是沧桑，也是明镜。上海交通大学一百多年来与中国近现代历史的百年兴衰相伴而行。交大“醒狮起、搏大地、壮哉吾校旗”，在中华民族救亡图存、跻身强国的历史进程中留下深深的印痕，积淀了众多精神财富。交大从艰难跋涉到奋力崛起的历史过程，一幕幕感人至深的历史场景，谱写了中国大学发展史上的辉煌篇章。对交大百余年校史的发掘与研究，并尽可能完整地编纂成书留存于世，既是一笔丰厚的历史遗产，也是一部用案例教育世人的哲学。总结和继承办学传统和经验，鉴往知新，启示后人。交大是谁、交大从哪里来、交大要往哪里去，这些问题的思考与解读，对于正在走向世界一流新征途的上海交通大学可以提供诸多有益的启迪。

峥嵘历程

上海交通大学校史编纂委员会自21世纪初开始，组织力量编写《上海交通大学史》，真实完整地记录学校从1896年至2006年共110年的办学历程和发展轨迹。经过十余年、十余位研究人员参与的编纂工作终于完成。110年的历史演变似行云流水，又波澜起伏，激发我们无限感奋，引发我们长久思索。

上海交通大学始建于1896年。其时，在清王朝的统治下，内忧外患，国难深重，一些有识之士认识到“教育救国”的重要性。中国近代实业家盛宣怀向光绪皇帝呈奏《请设学堂片》，拟于上海创办南洋公学，造就政、法、商等兴国人才，获得清政府批准。从此，交通大学的前身——南洋公学在上海徐家汇创建,招生办学;先后设立师范院、外院、中院、特班、政治班及译书院、东文学堂等,选派留学生出国深造,探索从初等、中等到高等教育的办学体系,成为中国近代学制之肇端。清末民初,国内实业扩充,工商方兴,迫切需要高级实业技术和工程管理人才。学校及时调整方向,兴办工科,先后设置的铁路科、电机科、航海科、铁路管理科等在当时均为同类大学中仅见。孙中山曾来校为学生演讲,表达他“强国强种”的勃勃雄心,提出了10年筑成10万英里铁路的宏伟计划。

1921年,学校正式定名交通大学。由于政局动荡,学校虽曾几度更名,但坚持培养交通实业人才的宗旨不变。1928年,学校划归铁道部后,办学经费充盈,校园规模扩大,办学成效显著。30年代,学校继续延聘名师,添建校舍,拓展学科,成为以工科为主,兼重管理、理科的全国著名理工科大学,有“东方MIT(美国麻省理工学院)”的美誉。抗日战争爆发,交大师生在上海、重庆两地坚持办学,历尽艰难险阻,恪守交大办学宗旨,培养了大批战时急需的工程技术人才,涌现出可歌可泣的抗日英勇斗士。抗战胜利后,交大复员上海徐家汇原址办学,迅速恢复和发展理、工、管相结合的院系建制。爱国师生为了追求民主权利与社会进步,先后开展反“甄审”“护校运动”“反饥饿、反内战、反迫害”“反美扶日”斗争等爱国民主运动,交大成为沪上的“民主堡垒”。

1949年5月,上海解放,交大的发展进入了新阶段。学校坚决贯彻新民主主义教育方针,积极参与新中国高等教育建设。师生们响应党和国家号召,纷纷投入到工业化建设的热潮之中。1952年,在高等学校“院系调整”中,交大许多学科及相关师生调往全国各地,为国家高等教育事业的布局和发展做出了贡献。1955年,国家决定交通大学西迁;1957年,在周恩来总理亲自指导下,决定交通大学分设两地,分别为交大(上海部分)、交大(西安部分);1959年,中央决定交大(上海部分)和交大(西安部分)分别成为独立办学的上海交通大学和西安交通大学。

1961年,中央决定上海交大划归国防科委领导,成为一所国防工业高等学校。1966年,在“文革”的灾难中,学校工作全面中断,日常管理陷入混乱,知识分子成为批斗对象。校内外“造反组织”相勾结,批斗矛头直指广大师生和“老交大传统”。许多教师和科技人员忍辱负重,排除干扰,为国家教育、科技事业默默奉献,为国防科技事业做出贡献。1976年,“四人帮”被粉碎,交大师生在拨乱反正中率先批判“两个估计”,交大迎来了第二个春天。

20世纪70年代末,党的改革开放政策为社会主义现代化事业开创了新局面。上海交大在改革开放中抓住机遇和挑战,力求重振雄风,再现勃勃生机。交大党委带领全校师生积极探索并实践高校内部管理体制改革,为学校的重新崛起奠定了坚持改革开放、创新发展的思想基础。打开国门，走出校门，交大教授组团出访美国，成为新中国建立以后第一支访美的高校代表团。80年代初，上海交大划归教育部直属，学校恢复理学科、管理学科，新建文科和新兴学科。1984年，邓小平亲自接见上海交大干部和教师代表，热情鼓励学校的教育改革。在第六届全国人大第二次会议的《政府工作报告》中，肯定了上海交大的改革。90年代开始，国家加大投入，加快建设闵行校区，改善办学条件，扩大办学规模，上海交大进入改革发展的快车道。

在全球科学技术迅猛发展的形势下，江泽民两次为母校题词，提出了建设世界一流大学的发展目标。教育部和上海市共建上海交大，批准实施国家旨在提升一流学科水平和创建世界一流大学的"211工程""985工程"。随着综合实力增强，学校提出"综合性、研究型、国际化"的发展战略。跨入21世纪的上海交大发挥学科人才优势，利用大型企业的投资实力，得到闵行区政府的支持，实行大学、企业、政府三方战略联合，创建了由大学园区、研发基地、生态社会组成的"紫竹科学园区"合作新模式。交大借力及时拓展闵行校区，校园面积扩大至近5 000亩，顺势推进闵行校区二期建设，把世界一流大学的建设目标与新型校园的建设紧密结合，于"十一五"中期实现了闵行主校区的全面竣工和办学重心的顺利转移。1999年，上海农学院并入交大；2005年，上海交大与上海第二医科大学合并，成立新的上海交通大学。目前，上海交通大学已成为一所拥有理、工、农、医、文、法、管等学科，并拥有大批科学研究机构、众多附属医院的国内一流、国际知名大学，正在向世界一流大学稳步迈进。

纵观上海交通大学的发展历史，正是中国高等教育事业从无到有，由小到大，由弱到强，不断发展、创新的历史进程。

今天，我们以学校历史发展的纵向脉络为线索，编纂《上海交通大学史》，全书共8卷，依学校自身发展阶段划分为8个时期，每个时期1卷。其中，中华人民共和国成立之前分为4卷，之后分为4卷。全书共300余万字，约1 000帧照片。本着"以史为鉴"的精神，我们既注重历史真实性、可读性，更关注学术性、科学性，努力写成一部史料翔实、结构合理、观点鲜明、文风活泼的史学著作。

《上海交通大学史》记录办学历史，展示育人成果，总结经验得失，是学校建设一流大学文化的重要组成部分，必将为创办世界一流大学提供有力的文化支撑。校史研究是一项长期的工作，随着时代的发展与进步，对于一些历史事实的分析见解可能会有新的认识和结论。上海交大的校史研究工作还将继续坚持"以史鉴今、资政育人"宗旨，不断推陈出新，展示更多高水平的研究成果。

学人足迹

解读校史,值得自豪的是,百余年来,上海交大拥有一大批具有先进办学理念和大学精神的校长,拥有一大批学识卓越、众望所归的名师、学者,拥有一大批走出校门后为国家、民族和人类社会作出杰出贡献的莘莘学子。在不同历史时期,这些校长、教师和校友们留下许多精彩纷呈、可圈可点甚至可歌可泣的历史印迹,共同铸就了百年交大的历史丰碑。

第一,交大有一批志存高远、精于治学的校长。一代又一代掌校者为办好交大,为交大的建设与发展竭尽心智、巨擘鼎力,造就了学校的辉煌历史。

他们始终坚持"兴学强国"的教育观。一百多年前,盛宣怀创办南洋公学的目的,就是为了"强国",提出"自强首在储才,储才必先兴学",培养"经世济国"人才的思想。唐文治倡导培养"求实学、务实业"的救国人才,要造就"中国之奇材异能"。叶恭绰、黎照寰等是孙中山实业计划的忠实执行者,他们着力培养"实业计划的实行家""高深建设专才",以使中国摆脱贫弱,自立于世界民族之林。新中国成立以后,在社会主义工业化建设统一布局下,学校围绕培养多科性工科人才、国防工业人才的任务不懈努力。改革开放以来,学校顺应建设中国特色社会主义的发展要求,为实现中华民族之伟大复兴,以"继往开来,勇攀高峰"的精神,确立了创建世界一流大学的目标,制定并实践了"综合性、研究型、国际化"的发展战略,学科领域不断充实与拓展,逐步形成注重人的全面发展的创新型人才培养模式。交大人就是这样,以国家利益为己任,始终把自己的荣辱兴衰与国家的命运紧紧联系在一起。

他们始终主张"第一等人才"的培养观。唐文治提出了著名的"第一等人才"的培养观:"须知吾人欲成学问,当为第一等学问;欲成事业,当为第一等事业;欲成人才,当为第一等人才。而欲成第一等学问、事业、人才,必先砥砺第一等品行。""争第一"的思想成为交大百余年来人才培养的基本理念。交大的"第一等人才",明确以德育为前提和基础。唐文治曾说:"道德,基础也;科学,屋宇垣墉也。彼淹贯科学,当世宁无其人,然或忘身徇利,一旦名誉扫地,譬如基础未筑,则屋宇垣墉势必为风雨所飘摇而不能久固。"长期以来,学校除了专门学科的培养,还注重学生的人格养成。张铸、黎照寰都提出,"注重知识的获得,身体的锻炼,道德的修养,充分准备一切,务使成为一个完全的人。""完全之人,斯有不朽之事业,此教育之本旨也。"20世纪50年代,彭康强调人才培养"要有明确的方向,这就是为社会主义服务";应该多培养几个像钱学森那样的人民科学家,才是最大的政治。进入21世纪以来,交大十分强调青年学生的科学精神与人文精神的紧密结合,为人的全面发展着力打造健康向上的精神家园。

他们始终坚持以世界先进的办学水准为追赶目标的发展观。唐文治的办学心愿是“冀与欧美各国颉颃争胜”；叶恭绰认为交通大学与欧美大学“未必无同趋一轨之日”；黎照寰力求把交大办成一所国际著名大学。进入20世纪80年代，江泽民为母校题词：“百年大计，教育为本，努力把上海交大办成第一流大学。”1995年12月，江泽民再次为母校百年校庆题词：“继往开来，勇攀高峰，把交通大学建设成世界一流大学。”恰似春雨甘霖，润物无声，“建设世界一流大学”已成为上海交大人的共同理想和奋斗目标。

他们始终践行锲而不舍、坚韧不拔的奋斗观。交大在一百多年办学过程中，一路坎坷，几度危难，曾多次面临中途夭折的困境。但是，掌校者一次又一次坚韧不拔的努力，擎大厦于将倾，挽学脉于临危。首任校长何嗣焜为学校的创建呕心沥血，伏案发病，溘然长逝。1902年底，袁世凯趁校内学潮之机，企图迫使学校停办，盛宣怀不甘校业就此夭折，千方百计筹措办学经费，维系学脉。民国初年，百废待兴，学校又面临经费无着的状况。唐文治带头减薪，师生同舟共济，终于渡过难关。20年代，军阀混战，时局不稳，凌鸿勋临危受命就任交通部南洋大学校长，竭力维持校基，终使学校得以承续。抗战爆发后，黎照寰、张廷金、徐名材、吴保丰等主校者，忍辱负重，历尽艰辛，坚持在上海和重庆两地办学，力保学业不被中断。新中国成立后，学校经历了院系调整、迁校等重大变动，学科、师资、设备等实力大为削弱；又经历“文化大革命”的摧残破坏，上海交通大学的规模、层次一度明显处于国内著名高校之后。“文革”结束，恰逢党的改革开放政策，交大领导班子遵循党的基本路线和方针政策，不失时机地抓住了科教兴国的发展机遇，坚持改革开放实践，在激烈竞争中迈开建设世界一流大学的步伐，获得社会认可和国家支持。

“穷且益坚，不坠青云之志。”面对复杂的局面能够做到独立思考、积极应对，在一次又一次的机遇和挑战中坚持拼搏，力争最好的结果，这正是交大掌校人的基本素养。

第二，交大有一批树人育才、众望所归的名师、学者。交通大学一贯重视教师队伍建设，以拥有高水平的师资为办学之本。20世纪二三十年代，有一批如胡明复、周铭、徐名材、裘维裕、胡敦复、唐庆诒等著名教授。40年代，交通大学在重庆期间，条件十分艰苦，仍然吸引了包括张钟俊、曹鹤荪、辛一心等在内的一批留学归国的青年英才来校执教。正是先贤们无怨无悔地躬耕于三尺讲台，才奠定了交大的百年基业。

他们具有心系国脉、底蕴深厚的爱国情怀。学校创办初期，所聘用的教师大多为中国现代第一、第二代知识分子。他们成长于中国传统文化土壤，又受到新思想的启蒙。在当时腐朽落后的社会现实和帝国主义列强的欺凌面前，他们抱有强烈的救国、报国之志，以“国家兴亡，匹夫有责”为座右铭；坚持独立人格和职业操守，视安贫乐道、坚守节操为人生追求。他们在风雨变幻的时局中,守望真理,矢志不移,决不以原则做交易,不辱教师之神圣使命。南洋公学特班总教习蔡元培曾向封建势力争取学生的民主权利,未果后愤然离校,另组“爱国学社”接纳辍学学生。抗战爆发,交大教师“仰天长啸,壮怀激烈”,有的忍辱负重坚守教师岗位继续传道授业,有的宁可失业不向伪政权弯腰,有的历尽艰辛远赴重庆任教。上海解放前,为保护爱国学生躲避反动军警的追捕,吴保丰、王之卓都曾用校长汽车把学生送出校门到达安全地带。新中国建立后,交大教师以极大热情投入社会主义现代化建设高潮,为了响应党和国家号召,很多交大人告别大上海,毅然奔赴祖国各地艰苦创业,为新中国高等教育事业的蓬勃发展做出贡献。“文革”中,教职工不满“四人帮”的倒行逆施,欲教不能,欲罢不忍,大多仍旧坚守业务岗位,取得众多科研成果。党的十一届三中全会后,交大师生群情激昂、解放思想,率先提出否定“两个估计”,重新恢复“老交大传统”,焕发学术青春,抢回“文革”中失去的宝贵时间,积极开创教学、科研工作的新局面。

*他们具有学贯中西、能文能武的真才实学。*交大教师大都具有海外留学或工作的背景,同时,他们中的许多人还具有在工商业或政府实业部门的工作经历。他们不仅始终把握世界科技发展前沿动向,而且善于应用科学理论解决实际工程技术问题。交大教师为中国工程教育作出开创性的贡献,把广阔的国际视野和实际的应用能力融入教育与教学,用严格的学术精神开展大量丰富的实践教学以资验证,这些都是交大教师的显著特点。校友们回忆,交大的“实验教育这个过程教导你如何创新”。既有高深学问,又有实际才干和经验,学贯中西、真才实学成为交大教师的基本特征。因此,早在20世纪二三十年代,交大就成为知名高等学府,被誉为“中国工程师的摇篮”。

*他们具有传道授业、德技双馨的人格魅力。*交大教师融“传道、受业、解惑”于一身,不仅教书,而且言传身教如何做人,把中华文化传统的道德教化、修养情操一并传授给学生。在他们心里,爱国家就是爱交大、爱学生,就是兢兢业业地上好每一节课。授课时,逻辑缜密,析理清晰,出神入化,精美绝伦,讲解科学理论游刃有余,说明实际问题信手拈来。多年以后,学子忆此仍然津津乐道:“如痴如醉,大有孙猴子在听菩提祖师说法时的闻得大道那份喜悦。”邹韬奋回忆国文教员沈永癯“尤其受他的熏陶的是他的人格的可爱”,“是我一生做事所得力的模范。”钱学森在晚年把陈石英、钟兆琳两位老师视为对他“影响最大的老师”,感悟“师恩永志于心”。众多学子在人生重大转折关头都得到交大教师真诚地呵护与无私的教诲。20世纪80年代后,交大的唐坤发、晏才宏、金正均等教师业务精湛,教学执着,深受学生爱戴,即使遭受病痛折磨,仍然坚持到生命的最后一刻,鞠躬尽瘁,死而后已。有学生怀念曾继铎教授,撰写对联,上联为“读万卷书,行万里路,桃李满天下”,下联为“不谄不媚,傲骨铮

然，浩气留人间”，横批“一代名师”，可谓对交大教师学识与人格的高度概括。

第三，交大有一批秉承校风、勇于担当的莘莘学子。古今中外，校友是学校的财富，是母校的骄傲，交大更甚。交大学生的心声是“今天我以交大为荣，明天交大以我为荣”，莘莘学子带着“饮水思源、爱国荣校”的母校情怀离开交大，走向社会。

他们传承着优良的爱国传统。叶恭绰校长回忆道：“交大学风，素称淳实”，“本校学生，潜心努力，有爱国不忘求学，求学不忘爱国之风。”“捐躯赴国难，视死忽如归。”辛亥革命前后，校友唐榕柄在广州、白毓昆在滦州，一南一北，响应革命，后均英勇就义。五四运动、五卅运动、“一二·九”运动中，交大学生都积极参与。在抗日战争及历次革命战争中，交大学生挺身而出，前赴后继，一些人因此献出了宝贵生命。侯绍裘、陈虞钦、邹韬奋、费巩、杨大雄、杨潮、曹炎等革命英烈长眠在上海龙华、南京雨花台、重庆歌乐山及各地烈士陵园之中。1945 年后，交大的爱国进步学生战斗在第二条战线上，为争取民主进行顽强斗争，穆汉祥、史霄雯惨遭杀害，烈士安葬在交大徐汇校区的校园里，竖立纪念碑，成为永远的纪念。新中国成立后，交大毕业生满腔热情在祖国各地投身社会主义建设事业，涌现出无数优秀人物和先进事迹。黄志千、华怡等是他们的突出代表，成为交大人学习的楷模。

他们发扬了勇于创新的科学精神。探索科学、坚持真理是交大人的不懈追求。物理学教授裘维裕曾说：“大学的使命，是要养成一种健全的人格，训练一种相当的科学思想，有了这种训练，毕业之后，无论什么工作都可以担负，都可以胜任。”交大人把求真务实作为毕生的行为准则，处理问题喜欢“较真”，先要弄清道理再下结论。物理系 1947 年毕业生胡国定体会到，交大的学生“对复杂的新事件，总要先独立思考弄清楚问题，再下决心怎么去做。这就是交大的‘慢热’”。许多校友回忆说，交大培养了我们独立工作能力，交大教会了我们怎样去做研究；独立思考，遇到问题自己去解决已成为交大学生的习惯。这也是他们具有开拓创新能力的重要原因，为国家建功立业的素质基础。百余年来，在献身科技事业的交大校友中，有“人民科学家”钱学森，“国家最高科学技术奖”获得者吴文俊、徐光宪、王振义等；还有我国第一台中文打字机发明者周厚坤，第一台变压器的设计制造者周琦，第一台发动机的设计制造者支秉渊，第一架喷气式歼击机的设计制造者黄志千、“歼-7 之父”屠基达、“歼-8 之父”顾诵芬，第一枚液体燃料探空火箭的设计制造者王希季，第一艘万吨远洋货轮“东风号”的总设计师许学彦，第一艘核潜艇的设计者黄旭华，第一台自主设计与集成的作业型深海载人潜水器“蛟龙号”总设计师徐岂南，第一艘航空母舰“辽宁舰”总设计师朱英富，等等，他们的业绩在中国科学技术发展史上留下了浓墨重彩的一笔。

他们展现了始终如一的实干风格。求真务实是交大师生最鲜明的风格。学生在校经过严格的科学培养和精准的实验训练，深植实事求是的思想根基。唐文治校长提出“实心实力求实学，实心实力务实业”的要求；学校逐渐形成了“务朴纳，汰浮华，好实践，恶空谈，学则中西并重，而以实用为归”的校风。百余年来，交大的学子遍布各行各业，上天入地下海，声光电化齐备，既是先锋队，逢山开路、过水搭桥；又是螺丝钉，不计名利、默默奉献。交大学生崇尚实干、不骛空谈，敏于行，讷于言，能摈弃浮躁，作风扎实，实践动手能力强，已成为社会口碑。

1926年10月，在学校30周年校庆时，为感谢培养之恩，原师范班校友捐建的自流井取义“饮水思源”赠予母校；此后，“饮水思源”碑矗立在交大校园，成为交大标识，代代相传。改革开放以来，海内外校友纷纷回校，关心母校的建设与发展，许多人捐资助学，回馈母校，一幢又一幢由校友捐赠的建筑物出现在徐汇、闵行等校园中。地球虽大，“饮水思源”亦如磁石般吸引着天涯海角的交大人遥相呼应。“饮水思源，爱国荣校”是一种承诺，它把质朴的感恩与交大人扎实勤奋的事业心紧紧联系在一起；“饮水思源，爱国荣校”是一种情怀，它把道德、理想、情操与交大人崇尚的价值观紧紧联系在一起；“饮水思源，爱国荣校”是一种境界，它把学子与母校、个人与国家、民族与人类、历史与现实、科学与进步都紧紧地联系在一起，凝聚成交大人的世界观、人生观和价值观。

一代又一代交大学子，带着他们的智慧、学识和人生理想，走向大海，走向蓝天，走向祖国最需要的地方。无论是风雨如晦的年代，还是奋发图强的岁月，无论是工业现代化的召唤，还是改革开放奔小康的实践，无论立足国内，还是走出国门，他们都在人生的舞台上，显身手、展才华，以他们的聪明才智和热血青春回馈祖国、回馈社会、回馈全人类。在一百多年的办学历程中，黄炎培、邵力子、李叔同、蔡锷、王宠惠、蒋梦麟、邹韬奋、陆定一、汪道涵、钱学森、周建南、吴文俊、徐光宪、李天和、江泽民、葛守仁、王振义等都是交大学子的杰出代表。数十万交大人足迹遍及海内外，他们把交大的拼搏精神与实干作风带向四面八方。

思源致远

2006年，上海交大建校110周年之际，江泽民再次为母校题词：“思源致远”。这是对中华民族悠久的传统文化与交大百年传统精神相结合的高度概括。

“思源”最早见于北周庾信的《徵调曲》：“落其实者思其树，饮其流者怀其源。”表达了人们质朴的感恩情怀。“致远”在《周易》《论语》中均有表述，最著名的应为诸葛亮《诫子书》中“非澹泊无以明志，非宁静无以致远”，成为一代又一代知识分子的座右铭。

交大人为“思源致远”赋予了更深刻的意义。“思源”，凝聚着交大人对于自然、人文和社会的深厚浓重的历史观;“饮水思源,爱国荣校”被广大师生和校友们公认为交大校训。除此之外,交大人常思社会历史之源,常思人类认知之源,常思科学探究之源,寻求探索真理、开拓创新的力量源泉。“致远”,彰显出交大人刚毅淡定、高瞻远瞩的发展观。盛宣怀办学时就提出:“窃惟时事之艰大无穷,君子以致远为重。”黎照寰校长则教导学生:“才识丰,体力雄,志行高,具此三者,始能任重致远,为国效劳。”20世纪初公布的《上海交通大学章程》提出了学校的使命:建设“综合性、研究型、国际化的世界一流大学”。“思源致远”,引领着交大人在学校建设、国家自强、民族复兴的伟大事业中树立应有的境界、胸怀和高尚追求,承担起作为一名交大人必须承载于肩的历史责任。

“无边落木萧萧下,不尽长江滚滚来。”回顾上海交通大学所走过的一百多年历史,怎不令人浮想联翩。历史长河,征途漫漫,交大人闯过了一次又一次艰难险阻;面向未来,交大人仍将不懈求索,勇于面对一次又一次机遇和挑战。历史已证明,交大人必须同舟共济、结伴前行;再铸前程更要求交大人别无旁骛、同心协力。

“建设世界一流大学”是一代又一代交大人共同的梦想。在此,我们谨以这部《上海交通大学史》奉献给每一位关心和热爱交大的师生和朋友,让《上海交通大学史》成为交大历史丰碑上的又一块基石,承百年薪火,续千秋伟业。

王宗光

2011年2月第一稿

2015年12月31日修订

目 录 | CONTENTS

船舶海洋与建筑工程学院成立大会

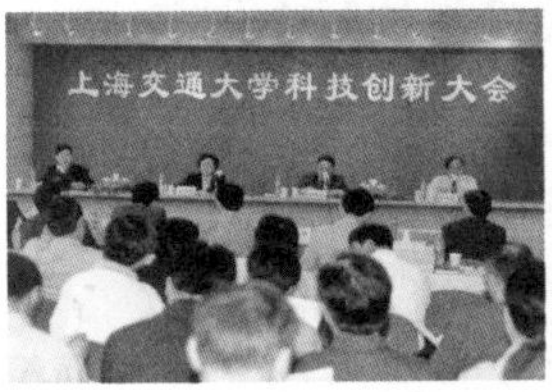
上海交通大学科技创新大会

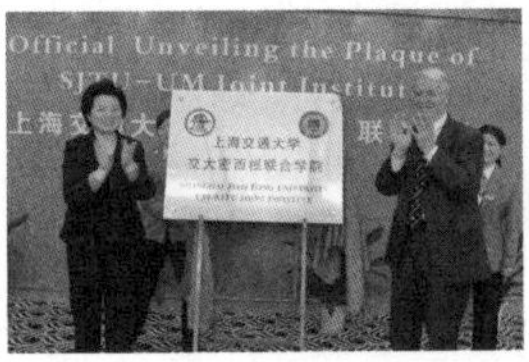
Official Unveiling the Plaque of

前　言

《上海交通大学史》第八卷记载了上海交通大学从1992—2006年共15年的发展历史。

1992年，学校改革进一步深化。邓小平南方讲话如一股春风吹遍神州大地，成为我国新一轮思想解放的动员，也给了交大师生解放思想、克服困难、加快发展的更大勇气和信心。5月，上海交大第六次党代会召开，大会号召全校师生员工为把上海交大建设成为社会主义第一流大学而奋斗。新一届党委抓住机遇，推进以转换机制为核心内容的管理体制综合改革。人事、分配、机关、后勤、住房和校产等方面综合改革取得的突破性进展，有力推动了学科、师资、教学、科研等工作的上水平发展。1998年，学校召开第七次党代会，确立了建设世界一流大学的奋斗目标。2001年，学校制订《上海交通大学创建世界一流大学发展战略和"十五"建设计划》，明确上海交大分三步走，到21世纪中叶全面建成世界一流大学，并在中国高校中较早提出了"综合性、研究型、国际化"的总体战略。2004年学校召开第八次党代会，进一步确立了上海交大分三步走，到21世纪中叶全面建成综合性、研究型、国际化的世界一流大学的历史性奋斗目标。1999年，上海农学院并入上海交大。2005年，上海交大与上海第二医科大学强强合并，新的上海交大再次扬帆起航，向世界一流大学宏伟目标，破浪前进。

15年来，学校加强重点学科、优势特色学科建设，致力构建综合性学科布局，并以整合优势特色学科和以新学科为基础进行院系设置与调整。经过建设，特别是进入21世纪后的加快建设，上海交大已经从一所综合性理工大学发展成为一所以理科为基础，以工科、生命医学学科和经济管理学科为主干，以法学、农学和人文学科为支撑的综合性大学。

1992 年以来，学校不断推出强化师资队伍建设的相关措施，制订实施“攀登计划”，有力调动了广大教师积极性。1998 年学校提出“以人为本”构筑人才高地，从创建世界一流大学的高度，推行“辉煌计划”，加大“长江学者奖励计划”实施力度；2004 年聚焦“人才强校主战略”，从指导思想、战略部署、计划执行上确保师资队伍建设取得重大进展。2006 年底，学校已初步形成一支有一定规模的高水平师资队伍，其中中国科学院院士 15 名、中国工程院院士 18 名、“973”首席科学家 9 名、教育部“长江学者奖励计划”特聘教授和讲座教授 51 名、国家杰出青年科学基金获得者 39 名、“百千万人才工程”国家级人选 26 名、国家级教学名师 4 名。

学校坚持教育教学创新，1998 年、2004 年开展了两次教育思想大讨论，确立了“德智体全面发展，知识、能力、素质协调统一，具有宽厚、复合、开放、创新特征的高水平、高素质的优秀人才”，即“宽厚型、复合型、开放型、创新型”的“四型”人才培养新目标，继承发展交大优良办学传统，形成了“起点高、基础厚、要求严、重实践、求创新”的教学特色，构建了具有交大特色的高素质创新人才的培养模式。围绕新目标和新模式，学校强化本科教学，完善学分制改革，进一步探索宽口径培养模式，推进实践性、创新型教学。2001 年 1 月，学校获教育部本科教学工作评估优秀。学校在扩大研究生培养规模的同时，加强学位点建设，重视提高研究生培养质量，推出有关博士论文的“八项制度”，完善博士生培养质量保证体系。2000—2006 年学校累计获得全国优秀博士学位论文 15 篇。

1992 年以来，学校积极探索科技创新体系建设，按照“接大项目、建大基地、创大成果、出大人才”的指导思想，承接完成国家重大项目攻关和基础研究，服务国家战略与经济发展需要，科研经费数、科技论文数量和质量、国家级科技成果、专利授权数等均连年攀升，并在《Science》和《Nature》等世界顶级学术期刊上连续发表论文。至 2006 年，学校已拥有国家实验室(筹)1 个、国家重点实验室 6 个、国家工程研究中心 4 个。

学校实施国际化办学战略，拓展与提升国际合作交流水平。1994 年上海交大作为中方直接执行者，与上海市政府、欧洲管理发展基金会共同创建中欧国际工商学院；2000 年与美国密西根大学工学院共建机械工程学院，并在 2006 年成立了上海交通大学交大密西根联合学院。2002 年学校在新加坡成立了我国在海外的第一个研究生院。

加强党的建设和思想政治工作是创建具有中国特色世界一流大学的重要保证。1992 年第六次党代会以来，学校党委在思想上、制度上、作风上加强校领导班子建设，抓好党内思想教育、基层组织与干部队伍建设。学校率先成立学生邓小平理论研究会，并持久进行爱国主义教育，完善学生工作体系和加强思政队伍建设。2000 年学校提出学生“思想政治工作要进社区、进社团、进网络”的“新三进”工作模式，开创了学生思想政治工作新局面，实施“素质教育工程”，重视社会实践和军训、科技创新、文化与体育活动，打造一流的校园文化。

1992—2006 年的 15 年，上海交大结合“211 工程”和“985 工程”建设，积极推进学校各项事业，并以参与组建紫竹科学园区为契机，大幅扩大校区面积，推动闵行校区二期建设，实现办学重心的转移，在学科与师资队伍建设、人才培养、科学研究、党建和校园文化、办学条件等方面取得了瞩目的创新发展和累累硕果。学校成绩的取得得益于综合国力的日益增强，是“天时地利人和”各种环境条件和内外因素交织作用的综合结果。国家和上海市对高等教育的空前重视和科教兴国战略的实施是最大的“天时”；地处上海，置身经济发达、人才荟萃的长江三角洲区位，是学校发展有力的“地利”条件；同时，全校师生员工求真务实、努力拼搏、敢为人先、与日俱进，校领导班子思想统一，目标明确，高度团结，科学决策，则成为学校快速发展珍贵的“人和”条件。

上海交大人将以更大的信心和激情去创建中国特色世界一流大学新的辉煌。

第一章
创建世界一流大学

第一节　确立世界一流大学奋斗目标

一、第六次党代会召开及王宗光任党委书记

进入20世纪90年代，我国改革开放步伐加快，社会主义市场经济体制建设正在完善。世界科技迅速发展、高科技浪潮席卷全球，中国高等教育体制改革正在深入，将怎样的教育带入21世纪成为中国高等教育关注的焦点。

这一时期，上海交通大学在国家教委、上海市委、市政府支持下，逐步摆脱了办学艰难、办学资源匮乏局面，主动适应社会需求，重视科教兴国、人才强国使命，坚持社会主义办学方向、坚持以人为本，遵循高等教育办学规律，以深化改革、扩大开放、整体上水平为主旋律，凝心聚力建设富有活力和发展动力的新的办学体制机制，全面实施素质教育。

1991年初，学校研究“八五”计划时，集中围绕“上海交大要居安思危”开展讨论，全校上下增强了改革的紧迫感。4月2日—5月17日，学校召开二届三次教职工代表大会，讨论并通过《上海交通大学一九九一至一九九五年发展计划》(即交大“八五”计划)，提出了学校10年战略目标，即“坚持社会主义办学方向，全面贯彻党的教育方针，狠抓水平确保质量，努力把交大建设成一所具有理、工、管理、社会科学、文学艺术等多门类的，传统学科与新兴学科

并举的第一流大学”。[①] 会议认为,“八五”期间学校工作重点“由发展规模为主转向提高水平为主”,“八五”期间乃至整个90年代“是我校教育事业发展的关键时期。我们不但要看到各种有利条件,还要充分认识面临的困难和存在问题,要进一步解放思想,深化教育改革,集中力量打好‘上水平’的攻坚战”。[②]

在广大教职工力争上游、追求改革的热切愿望下,1991年下半年,学校着手研究管理体制综合改革。为此,学校召开不同形式座谈会30余次,进行深入调研。1992年1月,《上海交通大学校内管理体制综合改革方案》编制完成。同月,在南京召开的国家教委直属高校第二次咨询会议上,党委副书记王宗光代表上海交大介绍了学校管理体制综合改革方案内容。在这次会议上,上海交大被国家教委确定为“校内管理体制改革”第二批试点单位。

1992年是不平凡的一年。1—2月,邓小平同志视察武昌、深圳、珠海、上海等地,并就一系列重大问题发表了谈话。邓小平提出“抓住时机,发展自己,关键是发展经济”,“经济发展得快一点,必须依靠科技和教育”,“要提倡科学,靠科学才有希望”,“发展才是硬道理”。[③] 邓小平南方谈话催人奋进,成为我国新一轮思想解放的标志,也成为上海交大新一轮改革发展的强大推动力。

在邓小平视察南方谈话的鼓舞下,交大人敢于改革的勇气得到进一步提升,广大教师干部纷纷表示,要在南方谈话的指引下,抓住时机推进学校改革和发展的进程。3月20日,上海交通大学校内管理体制综合改革动员大会召开,学校新一轮改革的序幕拉开。

正值学习贯彻邓小平南方谈话精神热潮之时及校内管理体制综合改革进入实质性推进的关键时刻,中国共产党上海交通大学第六次代表大会(简称第六次党代会,下同)于1992年5月29—30日在徐汇校区包兆龙图书馆演讲厅隆重召开。此时距学校第五次党代会召开已经有11年之久。出席会议的正式代表266人,列席代表46人,特邀党外人士18人。党委书记何友声代表第五届党委作《团结鼓劲,深化改革,为把上海交大办成社会主义第一流大学而奋斗》的工作报告,纪委书记杜年玲作《发挥纪检职能,加强党风廉政建设,为把我校办成社会主义第一流大学保驾护航》的工作报告。国家教委副主任朱开轩,上海市委常委、组织部部长罗世谦和市教卫党委书记刘克到会并做重要

---

① 《上海交通大学一九九一至一九九五年发展计划》。上交档:长期-5047。

② 《上海交通大学二届三次教职工代表大会关于〈上海交通大学1991至1995年发展计划〉及有关报告的决议》(1991年5月17日)。上交档:长期-5047。

③ 邓小平:《邓小平文选》第3卷,人民出版社1993年版,第375-378页。

讲话。

何友声工作报告指出,“通过改革和建设,学校事业获得了前所未有的发展”,“规模成倍扩大,水平显著提高,发展令人瞩目”,“已发展为理科为基础,工科为重点,兼有管理科学和人文社会科学的多门类的,传统与新兴学科并举的全国重点大学”。[①] 1991 年底,学校有 3 个学院,27 个系,45 个专业;8 个全国重点学科;5 个博士后流动站;32 个博士学位授权学科专业点,70 个硕士学位授权学科专业点;41 个研究所和 10 个直属研究室,90 个实验室;教职工 6 136 人;全日制在校生 11 740 人,其中本专科生 10 561 人,研究生 1 179 人;校园面积 2 199亩,校舍建筑面积 59. 06 万平方米。

大会审议并通过关于党委工作报告的决议:“要求新一届党委和各级党组织认真学习贯彻邓小平同志视察南方的谈话和中央政治局会议精神,坚定不移地全面贯彻党的‘一个中心两个基本点’的基本路线,思想更解放一点,胆子更大一点,步子更快一点,落实大会提出的各项任务;切实加强党委对学校工作的统一领导,加强党的建设,加强思想政治工作,充分发挥各级党组织的政治核心和战斗堡垒作用;各级党的干部进一步统一思想,转变观念,深入实际,联系群众,真抓实干,廉洁勤政,勇于开拓,抓住有利时机,积极推进我校综合改革,实现‘八五’计划;全校共产党员坚定共产主义信念,增强党性,站在改革前列,在各项工作中充分发挥先锋模范作用。”大会号召全校共产党员:“团结全校师生员工,在第六届党委领导下,同心同德,振奋精神,艰苦奋斗,深化改革,为把我校建设成为社会主义第一流大学而奋斗!”[②]

大会选举王守仁、王宗光、叶敦平、毕厚富、朱章玉、许镇国、杨秉哲、李润培、吴彤深、汪祥迪、张定海、陈兆能、陈全福、季学玉、姜斯宪、顾云云、徐大中、徐凤云、翁史烈、龚发志、蒋秀明、谢绳武、潘永华 23 人为第六届党委委员;选举王民、王伊宁、汤一兵、杨志勤、徐凤云、徐伯泉、朱贤博、刘建民、杨德和、柳玉义、陶爱珠 11 人为新一届纪委委员。

王宗光在第六次党代会上致闭幕词:“历史给上海交大带来了难得的机遇,但同时,历史已经把上海交大推到了命运攸关的紧要关头。等待和观望只会坐失良机,保守和自满更会停滞不前,在改革的征途上,无功即过,不进则退。我们只有振奋精神,同心同德;只有解放思想,实事求是;只有横下一条心,背水一战,才能变被动为主动,乘势而上,使学校发展与社

---

① 何友声:《团结鼓劲,深化改革,为把上海交大办成社会主义第一流大学而奋斗——在中共上海交通大学第六次代表大会上的工作报告》(1992 年 5 月 29 日)。上交档:永久- 1673。

②《中国共产党上海交通大学第六次代表大会的决议》(1992 年 5 月 30 日)。上交档:永久- 1673。

会发展紧密接轨,在激烈的国内外竞争中立于不败之地。能不能坚持社会主义办学方向,培养出富有竞争力、深受欢迎的德智体全面发展的社会主义事业建设者和接班人;能不能促进教学、科研、管理上水平、出效益;能不能较快地改善师生员工的工作、学习和生活条件,关键就看我们新一届党委能不能率先解放思想,更新观念,抓住当前有利时机,深化改革、加速发展。唯其如此,才能实现本次大会提出的战略目标,使上海交大朝着社会主义第一流大学的方向快步前进。"①

第六次党代会的成功召开凝聚了上海交大共产党员和师生员工的智慧和期盼。交大党委郑重宣布:"新的一届党委决心以只争朝夕的精神,依靠和带领全校三千一百多名党员,团结全校一万九千多名师生员工,在党的基本路线指引下,齐心协力,艰苦奋斗,把我校建设成社会主义第一流大学!"②

新一届党委和纪委分别召开第一次全体会议,选举王宗光为党委书记,徐凤云、蒋秀明为党委副书记;王宗光、叶敦平、张定海、徐凤云、翁史烈、蒋秀明、谢绳武为党委常委;选举徐凤云为纪委书记,柳玉义为纪委副书记。

王宗光,女,1938 年 4 月生,江苏无锡人。教授、博士生导师。1960 年加入中国共产党。1961 年毕业于上海交通大学电气绝缘与电缆技术专业。1961—1976 年任上海交通大学电气绝缘教研室助教,1977—1984 年任高分子研究所讲师,1985—1991 年任副教授,1992 年后任教授。1980 年,王宗光任上海交通大学应用化学系党总支书记,1984 年任上海交通大学党委副书记,1992 年 5 月—2003 年 9 月任上海交大党委书记。2000 年 2 月由中共中央组织部定为副部长级干部。曾任上海市第八届、第九届人民代表大会代表,第六届中共上海市委委员,第九届、第十届全国政协委员,2003 年后任上海交通大学校务委员会名誉主任。

王宗光 1978 年、1986 年分别获上海市三八红旗手称号和上海市巾帼奖。1991 年获上海市重点工业项目会战先进工作者、上海市高等学校优秀思想政治工作者称号。2000 年被授予全国高校党建与思政先进工作者称号。在《求是》《新华文摘》等杂志发表关于高校改革、党建等方面的多篇论文。专业长于聚酰亚胺在微电子领域的表面保护技术、界面研究及集成电路系统封装、液晶定向膜的研究开发等,对桑塔纳轿车发动机用高性能离合器摩阻材料的研究方面取得优秀成果,为轿车国产化作出贡献。曾兼任上海市汽车工程学会常务理

---

① 王宗光:《中国共产党上海交通大学第六次代表大会闭幕词》(1992 年 5 月 30 日)。上交档:永久-1673。

② 王宗光:《中国共产党上海交通大学第六次代表大会闭幕词》(1992 年 5 月 30 日)。上交档:永久-1673。

事、副理事长。以第一获奖人名义获得国家及部委、省市级奖7项，在国际专业会议和相关杂志发表论文30余篇。

学校第六次党代会后至第七次党代会前，先后担任过党委副书记的还有姜斯宪、陶爱珠、潘永华，担任过党委常委的还有俞自由。

党委书记王宗光

6月6日，王宗光在党委中心组会议上代表党委作了题为《团结　鼓劲　深化改革》的报告。她指出："新一届党委任重道远"，"重要的是校领导班子要有勇气和信心"，"人人都愿意为交大尽心尽力，任期内以奉献为唯一目的，唯一追求，愿意接受大家的监督和工作的考验；大家都愿意以事业为重，以事业发展的利弊得失来论事、论人、论关系，也就是以是否有利于培养人和工作上水平，有利于学校综合实力提高和师生的正当利益作为衡量标准；努力做到公平、公正、实事求是"，"在班子里求团结则团结在；有团结就有勇气；有勇气就能干大事，办实事"，"如果我们是一个能承上启下、团结合作、坚强有力的领导核心，能组织起全校的整体优势，那么交大的力量将是十分强大的"。

关于继续深入改革的问题，她认为学校的综合改革是全面配套的。"作为第一步，我们上上下下认准了几件必须办好的大事，先着手做起来，在实践中显示出交大领导核心及交大广大干部、党员的智慧和力量"，"要求我们要全力以赴地投入本职工作，在其位、谋其政"，"既要对上加压，也要把压力传递到交大每个角落和每位同志，变压力为动力，形成交大整体活力。希望通过一段时间的共同努力，把交大真正地转入新形势下'上水平，大发展'的轨道"。

关于围绕中心抓党建，她指出"党的工作和思想政治工作，要为推进改革、开放、学校发展，提供组织保证。当前如何加强党的干部队伍建设，加强思政工作队伍建设极为重要。建设一支勇于开拓、甘于奉献、年富力强，能打硬仗的骨干队伍，要在观念上、认识上打开视野，开辟舞台，涌现人才"，"调动人们的积极性要作为思政工作的主要任务。要使改革成为群众的自觉行动。要靠党的工作和思政工作，要通过各种方式、方法和途径，使群众了解自己的利益与责任，权利与义务，自觉地为此而奋斗，得应得的利益，尽应尽的义务，把自己的利益融化、依托于学校利益、国家利益之中,把各项事业搞上去。”[①]

上海交大这艘航船在新一届党委的带领下已经聚起力量,扬起风帆,以只争朝夕的精神朝着既定目标,开启新的航程。

二、列入“211工程”建设及国家教委上海市共建上海交大

1993年2月13日颁布的《中国教育改革和发展纲要》指出:“要集中中央和地方等各方面的力量办好100所左右重点大学和一批重点学科、专业,力争在21世纪初,有一批高等学校和学科、专业,在教育质量、科学研究和管理方面,达到世界较高水平。”[②]即要在21世纪重点建设100所大学和一批重点学科,简称“211工程”。“211工程”是国家推进高等教育发展、促进高等教育与经济社会发展相适应的一项战略性项目和措施。

“211工程”建设是上海交通大学发展的重大机遇,动员全校力量、万众一心、尽早进入“211工程”建设行列是全校上下的共同心愿。1993年4月6日,学校党委召开第六届委员会第四次全体会议,提出“抓发展——确保列入国家‘211工程’的前列,面向21世纪,到2010年创建成世界一流大学”[③]。这是上海交大第一次正式提出创建世界一流大学目标。当月,上海交大成立了“211工程”领导小组,聘请136位教授组成10个工作小组。领导小组先后撰写了学科和师资队伍建设、人才培养、科学研究、校办产业、国际交流、内部管理、基本建设、精神文明与党建、综合办学实力、资金筹措等10个专题报告;全面分析了学科建设情况,厘清了学校的学科建设“家底”,明晰了学科优势和“短板”学科。在此基础上,学校于10月提交了《上海交通大学“211工程”论证报告》,报告包括《发展规划及实施方案》《学校整体建设子项目》和《重点学科建设子项目》等。

1993年开始,我国着手高等教育管理体制改革,国家教委开展与地方政府共建和推动高校间开展合作办学为主要形式的高教管理体制改革试点。上海市委、市政府历来重视上海交大。1993年5月31日,中共中央政治局委员、上海市委书记吴邦国一行来校视察。吴邦国肯定上海交大主动为地方经济服务的思想,并专门题词“建一流城市,创一流大学”。9月15日,上海市委副书记陈至立来校考察时表示:“211工程是交大的希望,也是上海的希望。上海需

① 王宗光:《团结 鼓劲 深化改革》(1992年6月6日)。载《真情岁月——任上海交大党委书记的体验》,上海交大出版社2009年版,第29—34页。

② 转引自郝维谦、龙正中主编:《高等教育史》,海南出版社2000年版,第555页。

③ 上海交通大学校史编纂委员会编:《上海交通大学纪事(1895—2005)》(下卷),上海交通大学出版社2006年版,第1010页。

要交大，交大也离不开上海。”[①]

学校高度重视这一改革动向，主动争取为国家教委和上海市共建交大创造条件。1993 年 10 月，学校向上海市政府递交了《关于上海交通大学申请由上海市和国家教委共同建设的报告》，抄报国家教委。1994 年 4 月 28 日，国家教委、上海市政府共同颁布《国家教委、上海市人民政府关于共建复旦大学、上海交通大学、上海外国语大学的意见》，标志着上海交大从此由部属院校转入中央和地方共同建设的新阶段。上海交大“仍为国家教委所属高校，同时实行国家教委和上海市双重领导的体制”，“以国家教委为主”，“原投资渠道不变”，国家教委继续“提供所需的事业、基建经费和原来享受的各种专项拨款、补贴，并按委属高校的投入增长比例增加投入”，上海市财政每年给学校“一定数量的共建补贴”。对学校从海外和国内其他地方引进的高级人才，“上海市有关部门在户口指标和减免城市建设费，以及土地征用等方面，给予与地方高校同等的待遇”。上海市人民政府会同国家教委每年确定为学校“共建一些有意义的项目”。国家教委支持学校“适当扩大在上海的招生名额，增加毕业生留上海的比例”，“上海的毕业生选留数从目前的 30%—40%逐步增加 50%左右”。[②]

国家教委和上海市共建上海交大，为学校列入国家“211 工程”建设计划创造了条件。共建加强了上海市政府对上海交大的领导和管理，从体制上理顺了上海建设依托交大的科技与人才、上海交大的发展背靠上海支持的市校良性互动的关系，为把上海交大建设成世界一流大学与上海建设“一流城市”绑在一起提供了体制保障。共建使上海交大的改革发展融入上海市整体建设发展的规划之中。依托上海谋发展，使学校分享到上海的地域优势，找到新的发展机遇，进入与上海共同繁荣发展的快车道，也使学校更加主动发挥人才优势和科研优势，为上海实施科教兴市战略、建设国际化大都市提供更多智力支撑。共建有利于上海交大参与上海市高校布局结构调整，优化教育资源配置，为提高上海高等教育的整体水平和办学效益发挥带头和示范作用。例如地处上海西南的七所高校（上海交大、华东理工大学、华东师范大学、华东政法学院、中国纺织大学、上海医科大学和上海农学院），在不改变隶属关系的前提下，在办学上进行全方位的合作，包括教师互聘、课程互选、教材合编、设施共用、资料共享和合作科研等。七校联合办公室设在上海交大。

1994 年 12 月 22—24 日，国家教委和上海市政府共同组织对学校申请进入“211 工程”进行部门预审。以清华大学校长王大中院士为组长的专家组全体成员经听取翁史烈校

---

① 《关于上海交大申请由上海市和国家教委共同建设的报告》(1993 年 10 月)。上交档：永久- 1782。

② 国家教育委员会：《关于印发〈国家教委、上海市人民政府关于共建复旦大学、上海交通大学、上海外国语大学的意见〉的通知》教直〔1994〕4 号(1994 年 5 月 6 日)。上交档：永久- 1782。

长报告、文件审查和实地考察后，一致同意通过上海交大申请进入“211 工程”的部门预审。学校吸纳各方专家意见，进一步修订完善“211 工程”建设规划，完成了《上海交通大学“211 工程”建设项目可行性研究报告》。

1994 年 12 月，参加我校“211 工程”部门预审的专家与学校教师代表合影

1996 年 8 月 19—20 日，国家教委直属高校工作办公室和上海市教委共同组织以天津大学原校长吴咏诗教授为组长的 10 位专家，分总体和仪器设备两个组，对上海交大的可行性研究报告及附件进行论证及审核。专家组全体成员一致同意通过对《上海交通大学“211 工程”建设项目可行性研究报告》的论证，并建议学校作适当修改后上报国家计委，争取尽快批准实施。

上海交大“211 工程”建设遵循党的教育方针，以人才培养为根本，以学科建设为龙头，以队伍建设为关键，以体制机制改革为动力，以创新求突破。注重顶层设计，优化学科布局结构，扶强扶优和填平补缺并举，推动学校学科整体发展。充分依托现有的综合学科布局，紧密结合国家创新战略，以国家现代化建设重大需求为导向，强化工科的群体优势；以实现原始性创新为目标，加强基础学科的建设；以提高水平、突出特色为宗旨，发展人文与社会科学、管理和艺术学科；以医、理、工紧密合作为基础，加快医学学科建设；瞄准国际前沿，促进学科交叉，逐步形成优势学科群。在资源有限的情况下，集中力量支持少数率先冲击世界一流的学科，促成部分学科冲击世界一流的合力。关注填平补缺就是指对国家和区域经济产业发展急需的、而学校原有学科布局不足、发展较弱的进行针对性的补缺扶持。

1997 年 1 月 24 日，国家计委就《上海交通大学“211 工程”建设项目可行性研究报告》正式批复国家教委。至此，上海交大较早列入国家“211 工程”建设项目。批复内容主要如下：

一、根据国务院批准的《“211 工程”总体建设规划》，同意上海交通大学作为“211 工程”项目院校，在“九五”期间进行建设。

二、上海交通大学“211 工程”的总体建设目标是，力争到本世纪末，使上海交通大学在教育质量、学科建设、科学研究、管理水平和办学效益方面得到显著提高，总体办学水平居全国先进高校之列，部分学科接近或达到国际先进水平，成为国内高等教育领域培养高层次、高素质专门人才，解决国家经济建设、科技进步和社会发展重大问题的基地之一，为到下个世纪初叶把上海交通大学建成具有国际先进水平和中国特色的社会主义大学奠定坚实的基础。

三、上海交通大学“211 工程”建设的主要内容包括：重点学科建设、公共服务体系建设和必要的基础设施建设。具体为：

（一）以重点学科建设为核心，重点建设高速信息网工程、先进机械制造技术、船舶与海洋工程、动力工程与能源利用、复杂系统控制理论及应用、先进复合材料及耐高温金属材料等 6 个学科或学科群建设项目，使其成为我国高水平博士、硕士人才培养和承担国家重大科研任务的重要基地。

（二）公共服务体系建设、基础设施建设的主要任务是建设现代教学实验室、校园网、电子图书馆、学科文献中心及华东分析测试中心（上海交通大学部分），以此推进教学内容、方法和手段的更新及现代化，改善教学公共服务基础条件，优化教学、科研和管理的运行环境。

（三）基础设施建设要紧密围绕重点学科建设进行，主要任务是新建闵行教学楼、徐汇机械楼，形成相对集中和便于管理的教学、科研、实验基地，以利于重点学科提高效率。

四、上海交通大学“211 工程”建设总投资为 24 000 万元，其中：中央专项资金 12 000 万元（国家计委安排 8 200 万元、财政部安排 3 800 万元），上海市安排投资 10 000 万元，学校自筹 2 000 万元。在总投资中，用于重点学科建设及装备 12 000 万元，用于公共服务体系建设 8 000 万元，用于基础设施建设 4 000 万元。各部分投资均含不可预见费。中央专项资金中,用于重点学科建设及装备6 000万元,用于公共服务体系建设2 000万元,用于基础设施建设4 000万元。中央专项资金要专款专用,超支不补。全部资金分5年安排使用,具体分年度投资及用向按所附《上海交通大学"211工程"项目建设计划表》执行。中央专项资金中安排的预留费的调整使用要报经我委备案。

五、原则同意可行性研究报告中另行由主管部门、地方政府及学校自筹安排资金18 100万元(其中:国家教委4 500万元、上海市2 000万元、学校自筹11 600万元)用于与学校"211工程"相配套的必要基础设施建设。具体项目按现行基本建设管理程序安排建设。

六、上海交通大学"211工程"建设所要实现的效益是,到2000年,学校综合实力得到显著增强,整体办学水平有明显提高,学校总体上全面进入国内先进高校之列。所建设的学科或学科群建设项目中,16个学科达到国家重点学科水平,其中6个学科达到或接近国际一流水平。建成8个达到国家级重点实验室水平的实验室和2个工程研究中心。在既定的在校生规模基础上,累计授博士学位1 000人、硕士学位2 700人、学士学位12 000人。力争建成一支由中国科学院院士和中国工程院院士、国际知名学者、高水平学术带头人、学术骨干为代表组成的,政治业务素质好,结构合理,整体素质处于国内高校前列的师资队伍。[①]

学校于1997年10月7日举行"211工程"开工建设动员大会,标志着学校从"211工程"申报准备阶段转向精心组织实施阶段。"九五"期间"211工程"建设(又称"211工程"一期建设)是上海交大创建世界高水平大学的启动阶段。全校上下齐心协力,紧紧围绕建设目标,经过不懈努力,至2000年底全面完成"211工程"一期建设项目。2001年5月18—19日,教育部组织专家对上海交大"211工程"一期建设进行检查验收。以南开大学原校长母国光院士为组长的专家组认为,上海交大"全面地、高质量地完成了国家下达的'211工程''九五'期间项目建设计划,包括6个重点学科建设项目、4个公共服务体系建设项目和机械工程楼、闵行四号教学楼等配套基础设施建设任务"。"通过'211工程'建设,上海交通大学在学科建设、人才培养、队伍建设、科学研究、成果转化等方面取得了重要进展。在提高和改善教学、科研和管理的装备条件、优化学科布局和结构、加强青年学术骨干和学科带头人的培养、重视学生基本技能训练和素质教育等方面效果显著。学校注重面向国民经济建设主战场开展科学技术研究,

① 《国家计委关于上海交通大学"211工程"建设项目可行性研究报告的批复》(1997年1月24日)。上交档:1997-DQ11-039。

一批重点建设学科开展科学前沿研究和解决重大科技问题的能力明显增强，取得了‘轿车活塞关键制造工艺设备及技术的研究开发’、‘6 000米深海拖曳式观察系统’、‘实用电磁型微马达关键技术研究’、‘热处理数学模型和计算机模拟的研究与应用’等一批标志性成果，经济效益高、社会效益大，为国家和上海市的经济建设、社会发展作出了很大贡献。上海交通大学‘211工程’‘九五’期间建设目标已经实现，为学校进一步实现其总体建设目标奠定了基础”。[①]

继“211工程”一期建设成功实施后，学校先后进行了“十五”“211工程”建设（即“211工程”二期）和制订了《“十一五”“211工程”初步建设方案》。2002年9月20日，学校举行“211工程”二期建设动员会。10月14—15日，学校顺利通过了“211工程”二期建设项目可行性专家论证。“211工程”二期建设主要内容包括重点学科建设、公共服务体系建设和师资队伍建设。其中公共服务体系建设项目包含校园网、数字图书馆、大学管理信息系统、现代分析测试技术平台、教学实验中心、超级计算中心等6个。2006年4月20—21日，以浙江大学校长潘云鹤院士为组长的教育部“211工程”验收专家组及教育部、上海市相关领导莅临学校，对上海交大“十五”“211工程”建设项目进行整体验收。专家认为，上海交大“十五”“211工程”建设期间，“在学科建设、人才培养、师资队伍建设、科学研究、成果转化等方面取得了重要进展，教学、科研的装备条件得到显著改善，重点学科建设和高端人才引进成绩突出，学术水平明显提高，取得了A-1型短指（趾）症致病原因的研究、抗生素基因工程平台建设的基础研究、阻燃镁合金及其应用关键技术研究等一批标志性成果，为国家及区域经济建设和社会发展做出了重要贡献”。[②] 2006年5月，学校提出了《“十一五”“211工程”初步建

2002年10月14—15日，学校举行“十五”“211工程”建设可行性研究报告专家论证会

① 《上海交通大学“211工程”“九五”期间建设项目验收专家组意见》(2001年5月19日)。上交档:2001-XZ11-042。

② 《上海交通大学“十五”“211工程”建设项目验收专家组意见》(2006年4月21日)。上交档:2007-XZ11-027。

设方案》,确定建设目标,即"把上海交通大学建成以一流的理科为基础,以强大的工科、医科和管理学科为主干,以高水平的经济学、法学、农学和人文学科为支撑,交叉学科崛起,创新基地凸现,学术大师汇聚,办学设施先进,校园环境优美,社会贡献卓著的世界知名研究型大学,若干学科接近世界一流水平,为全面建成综合性、研究型、国际化的世界一流大学打下坚实的基础"。① 上海交大"211 工程"建设的重点始终围绕重点学科建设、办学条件建设和师资队伍建设,为创建世界一流大学奠定了基础。

三、校园文明建设评估优秀

创建世界一流大学,必须要有一流的文明校园作为基础。学校的改革发展与校园文明建设始终交融同步发展。学校连续四年(1991—1994 年)被评为市卫生先进单位。徐汇校区长期保持上海市"花园单位"的光荣称号,闵行校区获 1991—1992、1993—1994 年度市绿化先进单位,学校连续两次(1991—1992 年、1993—1994 年)荣膺上海市"市级文明单位"。

1995 年初,学校正式向国家教委申请进行校园文明建设评估的项目检查,并确定把迎接校园评估作为全年工作的重点,进一步优化育人环境。全校上下借迎接检查评估和百年校庆的东风,打响了一场校园文明建设的攻坚战。

学校在迎评过程中,形成了"把创一流交大与建一流校园、育一流人才这三者联系起来"②的共识,"突出一个'根本',搞好两个'环境':'根本'就是学校以育人为根本,两个'环境'就是物质环境和精神环境;力争三个提高:就是学校的办学条件、管理水平、师生的文明素质都要有所提高;坚持四个结合:也就是校园文明建设与'211 工程'总目标的要求相结合,与进一步深化改革相结合,与迎百年校庆相结合,与上海市创建文明城市相结合。"③

1995 年 5 月,学校成立了由党委书记王宗光、校长翁史烈为组长,党委副书记潘永华为常务副组长的"上海交通大学校园文明建设领导小组",下设四个组:校园环境组、学习环境组、生活环境组、综合检查组,分别由陶爱珠副书记、潘永华副书记、张定海副校长、白同朔副校长担任组长。各院、系、直属单位同时成立由各单位主要负责人担任组长的工作组,教研室、实验室、学生班级也有专人负责。

临近迎评,后勤管理委员会和基建处的教职工放弃节假日的休息,夜以继日地工作。修

---

① 《上海交通大学"十一五""211 工程"初步建设方案》(2006 年 5 月 30 日)。上交档:2006 - XZ11 - 060。

② 《优化育人环境 争创一流大学——党委书记王宗光在上海交通大学校园文明建设检查汇报会上的讲话》(1995 年 10 月 26 日)。上交档:长期- 6097。

③ 《创文明校园 育一流人才——翁史烈校长在上海交通大学校园文明建设检查汇报会上的报告》(1995 年 10 月)。上交档:长期- 6097。

建科、校园管理科、宿管科、总务科、食堂的职工，暑假都没有休息。闵行修建中心主任孙昌辉，生过肺癌，动过大手术，但是他不辞劳苦，忘我工作。为确保大修工程的质量，由校长助理沈忠明任组长的质量监控组，负责质量和财务预、决算。

除了专业性比较强的操作由学校专业队伍进行施工外，大面积的办公楼、实验室、教室、学生宿舍的粉刷，门窗玻璃的擦洗，卫生包干区的清扫，草坪的整理，水沟的清理等都是由各单位的教师和学生自己动手，师生的参与率达到95%以上。学校组织共产党员义务劳动日、机关干部突击队、学生星期六义务劳动突击队，工作之余清扫卫生死角，出现了很多好人好事，如机械工程系年过七旬的范祖尧教授不顾年老体弱，坚持跟大家一起打扫卫生；电机工程系系主任倪倬教授，把最难擦洗的厕所便池留给自己。

学校还在暑假军训期间，组织2 500多名学生参加校园文明建设的社会实践。由解放军、政治辅导员、班主任带队，打扫学生宿舍，清除“课桌文学”“厕所文学”，粉刷墙面，清除杂草等。

为确保校园文明建设持之以恒，健康发展，一年来，学校先后制订或者修订了各种管理制度几十项。归纳起来，主要是坚持民主集中制，建立和完善民主监督制度；再一次修订教师工作规范；建立各级领导听课制度、教学督导制度；继续认真推行《上海交通大学学生素质综合测评制度》等。在闵行校区部分宿舍探索建立教育、管理、服务三位一体的宿舍管理新模式，每一幢宿舍楼管理组由一名思政教师、一名宿舍管理员及三名学生楼长和各室长组成，由思政教师担任组长，全面负责学生思想建设、寝室文化建设、卫生工作、安全保卫、勤工助学工作等，并建立了对应的工作考核、奖惩制度。

在办学条件仍旧比较困难的条件下，学校通过多种渠道筹集资金，为创文明校园打下良好的物质基础。学校兴建了徐汇校区浩然高科技大厦、闵行校区光明体育场、闵行校区大礼堂——菁菁堂以及闵行土建力学楼和闵行校区研究生宿舍——蓁蓁楼；大修了徐汇校区的老图书馆、文治堂、工程馆、科学馆、第三宿舍、第六宿舍、大操场，闵行校区的19和21宿舍、行政大楼、体育馆、电工力学楼，法华镇路校区的新大楼；整修徐汇校区主要干道，改造和建设通信系统、动力电网、上水工程、校园计算机网络工程建设等；更新草坪2.5万平方米，新建26个绿化景点、19个供学生休息和读书的“休读点”；对教室、实验室、学生宿舍、食堂、体育馆、图书馆等共39万平方米的建筑面积进行了粉刷，对阴沟、明沟、下水道、窨井盖、化粪池进行了修复和疏通。

经过全校师生员工的努力，学校校园面貌和师生精神风貌都焕然一新。

浩然高科技大厦

光明体育场

1995年10月26—28日,以国家教委直属司副司长温纯为组长的国家教委校园文明建设检查组对上海交大的校园文明建设工作进行检查、评估。评估意见主要包括:

一、上海交通大学校园文明建设工作取得了显著成效,达到了国家教委校园文明建设检查评估的基本要求,做到了校园安定、文明、整洁、优美、秩序、安全。学生的学习环境文明、安静、整洁、秩序、有纪律,教室、实验室、图书馆管理井然有序,学生宿舍做到了文明、整洁、朴素、安全,学生食堂环境整洁,饭菜品种丰富,炊管人员工作认真负责,学生普遍比较满意,学生的生活环境良好。

二、检查组一致认为,上海交通大学的校园优美,有着浓厚的高等学府的文化气息和氛围,"饮水思源,爱国荣校"的校训,"务实、求是、创新、奋进"和"起点高、基础厚、要求严、重实践"的校风和优良传统,得到了继承和发扬,创建文明校园、办一流大学、育一流人才的交大精神深入人心,称得上是我国一流的社会主义大学校园。学校党政领导高度重视,坚持一手抓改革、上水平,一手抓校园文明建设,在全校师生员工的积极参与下,校园面貌和育人环境有了显著变化,师生员工精神振奋、文明素质明显提高,学校的凝聚力和向心力进一步增强,综合管理水平上了一个新的台阶,被誉为上海市精神文明的窗口。在校园文明建设中,学校千方百计、多方集资建设新老校园,不断改善办学条件,在为师生员工创造良好的学习、工作和生活环境的同时,突出以育人为根本,加强建设和管理,进一步优化了育人环境。尤其是使广大同学在积极参与校园文明建设过程中培养和提高了自我教育、自我管理、自我服务的自觉性和能力。

三、检查组全体同志一致认为,上海交通大学校园文明建设成绩优秀。建议国家教委对上海交通大学校园文明建设取得的优秀成绩给予表彰和奖励，并授予“文明校园”的光荣称号。

四、希望上海交通大学在校园文明建设工作中要巩固已经取得的成绩，继续提高师生员工积极参与校园文明建设的自觉性，把校园文明建设这一系统工程纳入规范化、制度化建设的轨道，发扬成绩，找出差距，常抓不懈，永创一流。[①]

通过校园评估，师生员工以主人翁姿态参与校园文明建设，对校园综合治理、校风学风建设，营造健康向上的校园氛围，增强学校的凝聚力和向心力等方面，是一次显著的提升。这是对学校多年校园文明工作的一次总结，标志着学校校园文明建设跨上新台阶。

四、百年校庆及谢绳武任校长

1996 年，上海交通大学迎来百年华诞。作为我国近代最早的高等学府之一，上海交大自 1896 年创建以来，逐步形成了“起点高、基础厚、要求严、重实践”的优良办学传统，“已为中华民族培养了 10 万名学生。学生中英才辈出，仅中国科学院院士和中国工程院院士就有 120 名之多。交大毕业生的足迹遍布各个领域。清末民初之于铁路交通，三四十年代之于机电制造，五六十年代之于国防工业，八九十年代之于高科技和上海市的支柱产业，他们作出了开创性、奠基性的贡献。在历次社会变革的暴风骤雨中，交大人始终站在斗争的前列。不论是辛亥革命、反袁护国、五四运动、五卅运动、抗日救亡，还是创建新中国的伟大斗争中，交大人都以自己的热血和生命换来了民族的生存。”[②]一百年来，上海交通大学为祖国的教育事业、科学事业和经济发展建功立业，谱写出为国育才的光辉篇章。

1995 年底，上海交大共有 4 个学院，30 个系，50 个专业；全国重点学科 8 个，博士后流动站 7 个，有博士学位授予权的学科 34 个，有硕士学位授予权的学科 74 个；实验室 85 个，研究所 67 个，校、系属研究室 9 个；教职工总数 5 855 名，其中两院院士 9 名；在校生 15 526名，其中博士生 464 名，硕士生 1 801 名，本科生 10 048 名，大专生1 033人；校舍建筑总面积 664 533m^2，其中闵行校区校舍总面积 262 083 m^2；图书期刊共计1 773 811册；[③]学校占地 2 240. 928 亩，[④]包括徐汇校区、闵行校区、上中路分部、法华镇路分部等。

---

① 《国家教委校园文明建设检查组组长温纯同志的讲话》。上交档：长期- 6097。

② 《百年回首　再铸辉煌——翁史烈校长在校庆大会上的报告摘要》(1996 年 4 月 8 日)。《上海交通大学年鉴 1997》(总第一卷)，上海交通大学出版社 1997 年版，第 10 - 11 页。

③ 数据来源：《上海交通大学统计资料汇编(一九九五年)》。

④ 数据来源：《上海交通大学志》，上海交通大学出版社 1996 年版，第 581 页。

交通大学百年校庆得到党和国家领导人以及上海市主要领导的关心。1947届校友、中共中央总书记、国家主席江泽民对交通大学百年校庆十分重视。1995年12月8日,在母校百年校庆前夕,江泽民题词:“继往开来　勇攀高峰　把交通大学建设成世界一流大学”。

百年校庆江泽民题词

1996年3月28日,江泽民在中南海亲切接见上海交通大学党委书记王宗光、校长翁史烈,西安交通大学党委书记潘季、校长蒋德明,西南交通大学党委书记李植松、校长胡正民,北方交通大学党委书记、校长王金华,党委副书记张星平在内的四所交通大学的党委书记和校长,并发表重要讲话。他意味深长地指出:“百年校史,可庆可贺!这不仅是交通大学的一件喜事,也是教育界的一件盛事,在海外也会产生深远影响,有着重要的纪念意义。希望你们通过举办朴实的纪念活动,回顾建校历史,检阅办学成就,总结办学经验,坚持办学特色,发扬优良校风,再创新的辉煌,为社会主义祖国的繁

1996年3月28日,江泽民在中南海接见四所交通大学校领导

荣昌盛做出更大的贡献。”[①]党和国家领导人李鹏、乔石、李瑞环、刘华清、荣毅仁、李岚清、吴邦国、朱光亚、陆定一等先后为学校百年校庆题词。上海市市委书记黄菊、市长徐匡迪致信祝贺。

1996 年 4 月 8 日，上海交通大学建校 100 周年庆祝大会在上海体育馆隆重举行。中共中央政治局委员、中共上海市委书记黄菊，全国人大常委会副委员长吴阶平，全国政协副主席钱正英、朱光亚，上海市市长徐匡迪，浙江省省长万学远，国家教委副主任周远清，上海市委副书记陈至立，上海市人大常委会主任叶公琦，上海市政协主席陈铁迪等党政领导、社会知名人士、国内外著名高校校长、名誉教授、两院院士以及校友和师生代表出席庆祝大会。

庆祝大会由党委书记王宗光主持。10 时正，上海交大校友、原上海市市长、海峡两岸关系协会会长汪道涵郑重宣布会议开始。大会首先播放了江泽民总书记祝贺母校百年华诞的讲话录音。当听到总书记“祝愿交通大学的师生员工和海内外校友继往开来，勇攀高峰，努力把交通大学建设成为在国际上真正具有一流水平的大学”时，全场群情振奋。接着王宗光宣读了党和国家领导人为交大百年校庆的题词。

中共中央政治局委员、上海市委书记黄菊，全国人大常委会副委员长吴阶平、全国政协副主席钱正英等分别致辞。他们充分肯定了上海交通大学在人才培养、国家建设和科技发展中作出的突出贡献，衷心祝愿上海交大争创世界一流大学，再铸百年辉煌。翁史烈校长代表上海交大做了校庆报告。在大会上致辞的 3 位校友是中国科学院院士、中国工程院院士张光斗，浙江省省长万学远，中国船舶工业总公司总经理王荣生，嘉宾台湾宏基电脑集团董事长施振荣和美国安泰国际保险公司总裁柯溥仁、北京大学校长吴树青、德国柏林工业大学校长舒曼也致词。

校庆大会上，交大校友主持设计的国内首创的尖端技术产品模型纷纷亮相，主要包括长征二号捆绑式运载火箭、我国第一艘核潜艇、30 万千瓦双水内冷汽轮发电机、胜利二号极浅海步行坐底式钻井平台、东风 11 型准高速干线客运内燃机车等。

下午 2 时，百年校庆庆典在徐汇校区继续。镌刻着江泽民“继往开来　勇攀高峰　把交通大学建设成世界一流大学”题词的建校 100 周年纪念碑在中心广场落成。纪念碑由象征教育要贯彻“德智体全面发展”的 3 个分体组成，高耸碑峰寓意“继往开来，勇攀高峰”，环绕碑体螺旋上升的 100 级台阶，象征上海交大建校 100 周年，正在迈向第二个百年。碑前是五个滚动大球，象征着中国五所交大是一家。

---

① 《江泽民和他的母校——上海交通大学》，上海人民出版社 2006 年版，第 118 – 119 页。

百年校庆场景

校庆期间,校内彩旗飘扬,“百年校庆”四个大红灯笼悬挂于学校大门。来自世界各地的交通大学校友和宾朋汇聚校园。庆祝建校百周年的标语在校园随处可见,上海市西区从虹桥机场到上海体育馆的主要道路两旁的电线杆上挂满彩色丝绸标语条幅,庆祝上海交大百年校庆。“交大的校庆也成了市民的节日!”[①]

1996 年 4 月 29 日下午,江泽民回到母校。他走进徐汇校区老图书馆一楼大厅,接见了学校师生代表并合影留念。江泽民动情地说,“今天,我看到许多老教授在这里,心里感到十分激动。人呢,不管怎么样,不管做到什么位置,他不能不回忆起曾经培养过他的母校和曾经培育过他的老师,他不可能忘掉她!恐怕这一点中外是一律的,特别是在中国,我们对于尊重老师、尊重母亲很重视。”他说:“我再一次地祝愿交大,希望办成世界第一流的大学。我相信在下一

---

① 盛懿、孙萍、欧七斤编著:《三个世纪的跨越:从南洋公学到上海交通大学》,上海交通大学出版社 2006 年版,第 369 页。

个一百年里面，会起更大的变化。祝大家事业兴旺，祝老教授们健康长寿。”①随后，江泽民参观了老图书馆内刚刚落成的校史博物馆并在留言簿上挥毫题写了“交通大学校史博物馆”几个大字。他还参观了机器人系列、微型马达和国家模具CAD工程研究中心，询问母校科技成果。

校庆从4月持续到6月，参加庆典活动的总人数达45 000余人。学校举办了一系列重要仪式和活动。6月25日—6月27日，由交大美洲校友会发起主办的百周年校庆纪念活动在徐汇校区举行，来自美国、日本、新加坡、英国、德国、澳大利亚、墨西哥等国和中国香港及台湾地区的校友欢聚母校，掀起全球交大校友的又一次盛大联欢。截至6月，学校接待了来自11个国家与地区、国内31个省市的校友、贵宾24 000余人，其中1952年前毕业的校友1 800人，省部级干部50多人，院士70多人，重要贵宾670人。学校举办“今日上海交大”展览会等54项仪式和学术活动，充分展示了交大

① 《江泽民和他的母校——上海交通大学》，第82页。

1996 年 4 月 29 日,江泽民总书记与母校党政领导和师生代表合影

百年办学的辉煌业绩,以及交大迈向世界一流大学所具有的人才优势、办学优势、科技优势和地域优势。

1992 年小平同志南巡讲话后,学校经历了部市共建、"211 工程"部门预审和可行性论证、校园文明评估、百年校庆等大事,广大教职工的凝聚力大大增强,上海交大逐步进入快速发展期。百年校庆之际,江泽民总书记对母校"建设成世界一流大学"的题词和殷切祝愿,极大地鼓舞和激励了全体交大人,坚定了交大人创建世界一流大学的勇气与决心。百年校庆在上海交大发展史上树起了一座历史性里程碑。通过 20 世纪 80、90 年代锐意改革创新和苦干实干,百年校庆之时,上海交大向着世界一流大学奋进的形态初露端倪。

百年校庆后,1996 年学校制订通过了《上海交通大学"九五"建设计划和 2010 年远景目标》,为上海交大提出了新的奋斗目标和任务:"学校分三步走:第一步(1996 年百年校庆前),理顺体制,搞活机制,以'上水平'为主攻方向,以学科和师资队伍建设为龙头,内部管理体制改革为动力,后勤服务为支撑,多渠道筹资为后盾,提高办学水平和效益为目标,促成若干带头学科和重点学科脱颖而出。第二步(世纪之交),学校的综合实力显著提高,相当一批学科和学者享有世界知名度。第三步(2010 年前后),在教学质量、科学研究、学校管理及国际声誉等方面跻身世界一流大学之林。'九五'期间,学校将实施上述规划的第二步,在人才培养、科学研究、学科与基地建设、师资队伍建设、对外交流、党的建设、政治思想工作和精神文明建设、办学保障条件等 8 个方面确定具体指标和措施。"[①]简单表述为:第一步调整改革、夯实基础,"上水平";第二步内涵建设、重点突破,"进门槛";第三步,全面提升、整体发展,"入一流"。

1997 年 6 月 6 日,国务院任命谢绳武为上海交通大学校长。

谢绳武,1943 年 11 月生,浙江上虞人,中共党员,教授,博士生导师。1966 年毕业于上海交通大学工程物理系核反应堆工程专业。1966—1970 年任上海交大物理教研室助教,1970—1978 年任激光研究室助教、副主任,1978—1981 年在上海交通大学应用物理系光学专业攻读硕士研究生,1981—1991 年任应用物理系讲师、副教授、教授,副系主任、系主任。1991—1997 年任上海交通大学党委常委、副校长、研究生院院长。1997 年 6 月—2006 年 11 月任上海交通大学校长。2000 年 2 月由中共中央组织部定为副部长级干部。兼任第四届、第五届国务院学位委员会委员及光学工程、仪器科学与技术学科评议组成员,上海市科协副主席,第九届上海市政协委员,第十届上海市政协常委,上海市学位委员会副主任,上海市政府科技进步专家咨询委员,中欧国际工商学院董事长,上海市激光学会理事长,《大辞海》副主编。

谢绳武长期从事激光应用和晶体中非线性光学的研究,主持承担了多项科研课题,并取得多项重大科研成果。其中,"水下激光电视"获 1978 年全国科学大会重大科技成果奖,"飞点扫描式水下激光电视"获 1986 年国家教委优秀科技成果奖,"双轴晶体多波相互作用时最佳相位匹配问题研究"获 1999 年上海市科技进步三等奖。1991 年 1 月被国家教委、国务院学位委员会评为"做出突出贡献的中国硕士学位获得者",1999 年被国家人事部评为"有突出贡献的中青年专家"。先后获得香港城市大学、美国三一学院、日本早稻田大学、韩国国立釜庆大学、日本湘南工科大学、爱尔兰科克国立大学、英国谢菲尔德大学名誉博士学位。

谢绳武就任校长后阐述了办学思想和措施。7 月 23 日,谢绳武在上海交通大学 1997 年下半年全校干部大会上作《关于当前学校工作的几点设想》的讲话,指出:"当前我们学校的

---

① 《上海交通大学"九五"建设计划和 2010 年远景目标》。上交档:1996 - XZ11 - 014。

校长谢绳武

工作千头万绪,但是最重要的是三件大事:上水平、创一流;为国家和上海市区域经济发展和社会进步作贡献;为广大师生员工办实事,改善他们的工作条件、生活条件、学习条件。"[①]他提出,"上水平"的总目标是"按照邓小平同志关于教育要面向世界,面向未来,面向现代化的要求,实现江泽民总书记要把交通大学建成世界一流大学的目标"。"上水平"包括"人才培养上水平(教育上水平)——这是我们学校的立校之本,也是大学的根本任务","科学研究上水平——这是学校在国内外地位的重要标志","学科建设上水平——学校工作永恒的主题和龙头"以及"师资队伍建设上水平——这是办好大学的根本所在"。为此,谢绳武校长还就"上水平"做了如下阐述:

就人才培养,他指出:"人才培养的目标:要培养合格人才和优秀人才,培养国家栋梁和人民公仆","人才培养的模式和规格:要培养知识(K)、能力(A)、素质(Q)统一的优秀人才。知识包括基础知识(尤其是数理基础知识)、人文社科知识和管理知识等。能力包括外语能力、计算机应用能力、公关交际能力、文字口头表述能力、文献查询检索能力、自学能力、创新能力、分析问题和解决问题的能力。素质包括健康素质、思想道德素质和心理素质","要建立21世纪课程体系","在2000年前要实行学分制改革","保持本科生招生质量优势,提高研究生招生质量。"

就科研工作,他指出:"应当进一步加强学校的科研工作","增加我校SCI、EI、ISTP等高水平学术论文发表数","推广模具CAD国家工程研究中心经验,鼓励同国际跨国大公司建立联合实验室","促进跨学科的校内科研联系,有目的组织大项目,大课题","加强对高水平论文、成果得奖的奖励,形成机制","促进科技成果向产业转化。"

就学科建设,他要求"认真扎实地做好'211工程'6个重点学科建设工作","做好学科专业目录调整后的对应后续工作","国家新的专业目录出来后,我校研究生培养方案、教学计划、教学大纲的更新完善","对理科、管理学科、人文

---

① 谢绳武:《关于当前学校工作的几点设想——在上海交通大学1997年下半年全校干部大会上的讲话》(1997年7月23日)。载《大学与人生》,上海交通大学出版社2011版,第31-32页。

社科、环境工程学科等建设予以专题讨论”。

就师资队伍建设，他要求“重视对出类拔萃优秀青年教师的选拔、培养”，“加强对教师，特别是正教授的考核，充分发挥教授、博导在办学中的作用，修改教师工作规范”，“进一步争取增加两院院士人数”等。

最后，他表示：“上海交大正处在一个天时、地利、人和的发展有利时机，机遇和困难并存。我们全校广大共产党员、广大干部、全校师生员工决心在国家教委、上海市委、市府、市教卫党委、市教委和校党委领导下为中国的国富民强，为把上海建成国际一流大都市，为把上海交大办成一流大学而共同奋斗。”[①]

1992—2006 年，先后担任过学校副校长的有盛振邦、张定海、白同朔、范祖德、李润培、谢绳武、张伟江、陶爱珠、姜斯宪、盛焕烨、叶取源、沈为平、张圣坤、许晓鸣、张世民、张文军、丁文江、陈刚、林忠钦、印杰、沈晓明、朱正纲等。

五、第七次党代会召开及确立世界一流大学奋斗目标

继 1992 年第六次党代会后，改革和上水平成为上海交大的主旋律。全校在邓小平理论指导下，又一次解放思想、锐意进取，提出了建设世界一流大学的奋斗目标。通过“211 工程”建设，学校取得阶段性重要成果，学科建设、师资队伍、科研水平、办学规模与质量逐年扩大提升，综合实力稳步增强，海内外联合、合作办学实现突破，管理改革稳步推进，校园文明建设取得显著成绩。百年校庆全面展现百年辉煌，这一切都为学校的可持续发展创造了有利的条件。

时值跨世纪的 90 年代后期，在党中央提出“科教兴国”战略的关键时期，上海交大作为一所得到党和政府及全国人民支持的重点大学，必须牢记科教兴国、人才强国的历史使命，应该主动承担起适应社会需求，为国家提供卓越的人才培养、科学研究、社会服务和文化传承创新的大学责任。面向即将到来的新世纪，中共上海交大第七次代表大会于 1998 年 1 月 18 日召开。党委书记王宗光代表第六届党委作《抓住机遇，开拓进取，为创建世界一流大学而努力奋斗》的大会工作报告，王永华代表中共上海交大纪律检查委员会向大会作工作报告。党委报告提出上海交通大学到 2010 年前的远景建设目标是“高举邓小平理论伟大旗帜，全面贯彻党的教育方针，继续发扬优良办学传统，博采世界著名大学所长，大胆创新，深化改革，努力把上海交通大学办成一所以高新科学技术为先导，以坚实的理科为基础，以强

① 谢绳武：《关于当前学校工作的几点设想——在上海交通大学 1997 年下半年全校干部大会上的讲话》(1997 年 7 月 23 日)。载《大学与人生》，第 34－35 页。

大的工科为主干，管理学科具有特色，文法医农协调发展，基础设施完善，校园环境宜人，学术大师汇聚，社会贡献卓著，具有高度精神文明的世界一流大学”，“为了实现学校未来发展的蓝图，学校实施‘高起点、超常规、跨越式’发展战略，推进‘服务上海，发展学校’的市校互动发展战略，采取分阶段有重点的发展战略”，“到本世纪末，学校的任务是，全力完成‘九五’计划和‘211 工程’建设目标。在教育质量、学科建设、科学研究、管理水平和办学效益等方面得到显著提高，总体办学水平居全国高校先进之列，部分学科接近或达到国际先进水平，成为国内高等教育领域培养高层次、高素质专门人才，解决国家经济建设、科技进步和社会发展重大问题的基地之一。与此同时，要以人为本，加强师资队伍建设，努力构筑‘人才高地’，作为学校各项工作的中心环节。狠抓落实，为下一个 5 年学校拥有若干个接近国际先进水平的学科和最终建成世界一流大学奠定坚实的基础。”[①]

1998 年 1 月 18 日，中共上海交大第七次代表大会召开

大会选举丁文江、王民、王永华、王如竹、王宗光、王笃其、叶取源、田信灿、向隆万、许晓鸣、沈为平、陈龙、张安胜、张惠君、林江南、季学玉、胡进、胡晟、陶爱珠、盛焕烨、谢绳武、裘兆泰、潘永华 23 位同志为七届党委委员，王永华、叶永禄、江胜修、严良瑜、李长春、杨志勤、赵蒙疆、柳玉义、袁廷亮、浦虹、潘国礼 11 位同志为纪委委员。七届一次全会差额选举产生中共上海交通大学第七届委员会常务委员会委员 9 名：王宗光、谢绳武、陶爱珠、潘永华、陈龙、盛焕烨、沈为平、王永华、田信灿；选举产生党委书记、副书记，王宗光继续担任书记，陶爱珠、潘永华、陈龙任副书记。会议还选举王永华为纪委书记。

第七次党代会为上海交通大学确立了创建世界一流大学的奋斗目标，这

---

① 王宗光：《抓住机遇 开拓进取 为创建世界一流大学而努力奋斗——在中共上海交通大学第七次代表大会上的报告》。上交档：1998 - DQ11 - 047。

是学校对未来发展的一个跨世纪的宣言，彰显了交大人高远的战略眼光和争创世界一流的自信与雄心壮志。形成这个“世界一流”的目标，自 1978 年学校提出“在本世纪内把学校建成为具有世界一流水平的理工科大学”以来，交大人整整探索了 20 年。

学校第七次党代会后至第八次党代会前，先后担任过党委副书记的还有蒋秀明、苏明、潘敏，担任过党委常委的还有叶取源、许晓鸣，担任过纪委副书记的有王笃其。

2001 年，为贯彻教育部《面向 21 世纪教育振兴行动计划》、教育部和上海市“共同重点建设上海交通大学”的决定，学校党委带领全校师生员工进一步解放思想，集中全校智慧，制订了《上海交通大学创建世界一流大学发展战略和“十五”建设计划》，明确了“三步走”全面建成世界一流大学的奋斗目标：

> 第一步：“十五”期间，争取“211 工程”和“985 工程”第二期投入，重点建设闵行校区，若干个学科方向达到世界先进水平，优化学科布局结构，发展医学和法学等学科，调整师资队伍结构，统筹人才培养的规模、结构、质量、效益，科研水平和产业化能力位居国内领先，整体办学实力居于国内高校前列并具有较大的国际影响，形成综合性、研究型、国际化大学的初步架构。
>
> 第二步：在 2016 年建校 120 周年前后，把上海交通大学建成以高新技术为先导，以一流的理科为基础，以强大的工科和医科为主干，管、农、文、法具有特色，学术大师汇聚、办学条件和配套设施先进，校园环境优美、社会贡献卓著的世界著名的高水平大学。
>
> 第三步：到 2046 年即建校 150 周年，全面实现建成世界一流大学的历史性奋斗目标。①

《上海交通大学创建世界一流大学发展战略和“十五”建设计划》更加清晰地阐明了上海交大分三步走，到 21 世纪中叶全面建成世界一流大学，并在中国高校中较早提出了“综合性、研究型、国际化”的总体战略。“综合性”是基础，即发展学科综合实力；“研究型”是核心，以产出高水平的科研成果和培养高层次创新人才为目标，不断做出重大科技创新成果，培养出有创造精神的毕业生；“国际化”是学校特色和活力所在，具有立足世界的一流大学的办学理念、管理模式和运行机制，自立于世界一流大学之林，成为世界一流人才的汇聚地。

这份新世纪的建设规划蓝图，审时度势，实事求是，更科学、更全面地阐述了交大创建世界一流大学的办学定位以及循序渐进的阶段任务，为跨入 21 世纪的上海交大指明了奋斗目

---

①《上海交通大学创建世界一流大学发展战略和“十五”建设计划》。上交档：2002－XZ11－055。

标以及前进的方向。

围绕世界一流大学目标的确立,学校对世界一流大学的研究也在积极推进。1993 年,上海交大高等教育研究所《世界一流大学研究》一书正式出版。该书通过大量资料和史实,解剖了世界一流大学的特征,分析了世界一流大学成功的经验,以及我国知名大学与他们的差距。2001 年后,研究所围绕世界一流大学进行了定量实证研究、交叉学科研究和国际比较研究,此后完成的"世界大学学术排名"(Academic ranking of world Universities)在国内外被广泛引用,受到好评,推动了国际学术交流。

第二节 进入世界一流大学建设行列

一、首批进入"985 工程"建设行列

1998 年 5 月 4 日,中共中央总书记江泽民在庆祝北京大学建校 100 周年大会上发表重要讲话,指出:"为了实现现代化,我国要有若干所具有世界先进水平的一流大学。"[①]教育部制订的《面向 21 世纪教育振兴行动计划》提出要"创建若干所具有世界先进水平的一流大学和一批一流学科"(简称"985 工程")。"985 工程"提出:"从重点学科入手,加大投入力度,对于若干所高等学校和已经接近并有条件达到国际先进水平的学科进行重点建设,今后 10—20 年,争取若干所大学和一批重点学科进入世界一流水平。"[②]国务院于 1999 年 1 月 13 日批准实施"985 工程"建设计划。

"985 工程"是继"211 工程"之后对高等教育更大规模的投入,也是上海交大继"211 工程"后的一次更大机遇。在获知国家启动"985 工程"后,学校党政领导抢抓机遇、凝聚人心,立即组织力量,以只争朝夕的速度、科学严谨的态度,着手开展申报工作。学校先后编制了《上海交通大学三年建设与发展行动计划》《上海交通大学三年建设与发展上水平的量化指标》《上海交通大学三年建设与发展行动计划指导性项目》《上海交通大学三年建设与发展项目可行性报告编制办法》。学校组织各院、系、部门开展项目可行性研究和预申报工作,汇编了上海交通大学院(系)三年建设与发展行动和预申报项目目录,撰写了《上海交通大学三年建设与发展项目研究报告》。面对"985 工程"申报建设的新的历史性机遇,全校师生万众一

① 《江泽民文选》第 2 卷,人民出版社 2006 年版,第 123 页。

② 转引自郝维谦、龙正中主编:《高等教育史》,海南出版社 2000 年版,第 589 页。

心，团结合作，克服了内外困难，在众多老学长的殷切希望和鼎力支持下，成为首批进入“985工程”建设的全国九所高校之一。

1999年7月27日，教育部与上海市签署《关于重点共建复旦大学、上海交通大学的协议》，具体内容如下：

一、重点建设复旦大学、上海交通大学是要促使两所学校加快改革和发展的步伐，适应21世纪国家经济建设和社会发展的需要。经过建设和努力，使两校教育质量、学术水平和整体办学实力有显著提高，在高水平专门人才培养、高新技术研究和成果转化、高层次决策咨询等方面发挥重要作用，做出积极贡献，成为我国高层次创造性人才培养和知识创新的重要基地，并努力成为世界知名的高水平大学。

二、复旦大学、上海交通大学仍为教育部直属高校，实行教育部与上海市共建共管。上海市将两校的改革和发展纳入全市整体建设和发展规划之中。教育部支持和鼓励两校在面向全国服务的同时，更大程度参与和服务于上海的经济建设和社会发展，提供人才支持和知识贡献。

三、两校校级领导的管理和任免，按中共中央组织部有关规定执行。

四、教育部和上海市将积极推进两校参与上海市高校布局结构调整，优化教育资源配置，为提高上海地区高等教育的整体水平和办学效益发挥龙头和示范作用。

五、除对学校的正常经费安排外，在1999年至2001年三年内，教育部和上海市分别向两校各投入建设经费6亿元人民币。每校资金投入的年度安排是：1999年各投入1亿元，2000年各投入3亿元，2001年各投入2亿元。双方将根据三年中两校改革与发展的情况在2001年后继续给予必要的支持。学校可据此制定重点建设项目规划，经教育部和上海市审定后实施。

六、教育部和上海市以《中华人民共和国高等教育法》为基本准绳，尊重并维护学校依法自主办学的权限，并进一步创造条件，推进和支持两校深化校内管理体制改革，建立自主办学与自我约束相结合的运行机制，为实现政府宏观管理，学校面向社会依法自主办学的改革目标进行积极探索。

七、由原国家教委和上海市人民政府共同制订的《国家教委、上海市人民政府关于共建复旦大学、上海交通大学、上海外国语大学的意见》继续有效，与本决定不相一致的内容，以本决定为准。[①]

---

① 《教育部 上海市人民政府关于重点共建复旦大学、上海交通大学的协议》(1999年7月27日)。上交档：1999－XZ11－010。

1999年7月27日,教育部和上海市签署《关于重点共建复旦大学、上海交通大学的协议》

上海交大"985工程"建设具有创建世界一流大学的明确建设目标,其内涵包括一流学科建设、一流师资队伍建设、一流创新人才培养、一流科研工作环境和体制机制建设、一流国际合作与交流建设、一流校园环境建设等。"985工程"的成功申报和顺利建设是上海交大发展史上的大事,具有跨世纪里程碑意义而载入史册,彰显了求真务实、努力拼搏、敢为人先、与日俱进的交大精神,展示了交大人克服困难一往无前的勇气和信心。

围绕"985工程"建设,上海交大在管理体制和运行机制创新、队伍建设、平台和基地建设、条件支撑和国际交流与合作等主要方面全面展开。1999年7月,学校成立"985工程"建设委员会、"985工程"建设指挥部和"985工程"监理委员会。8月,上海交大《世界知名的高水平大学重点建设项目规划(1999—2001年)》编制完成。

"985工程"建设项目分为七个项目部,即重大科技攻关和技术创新基地建设项目部、高水平的学科建设项目部、创造性人才培养体系建设项目部、数字大学建设项目部、21世纪大学校园和精神文明建设项目部、高水平农学院建设项目部、安居工程项目部。①

重大科技攻关和技术创新基地建设项目主要包括"从数字电视技术、平流层信息平台、DNA芯片、智能机器人、微纳米技术、隐身与反隐身技术、集成电路EDA技术、燃料电池等重大高新技术攻关项目中遴选若干个进行重点支持。在关键技术上取得重大突破,创造一批国际先进水平的成果,获国家级科技大奖。要争取列入国家和上海市的重大科技攻关计划,争取世界先进水平高科技企业的投入";"从超高速全光网、ICCAD技术、网络信息安全技术、家用轿车设计制造、模具CAD、海洋工程、新材料制备、生物医学工程、新能源、工业

---

① 《世界知名的高水平大学重点建设项目规划(1999—2001年)》(1999年8月)。上交档:1999-DQ11-011。

系统控制与优化软件开发、结构工程、岩土工程等一批技术创新中心中遴选若干个进行重点建设。围绕经济建设中的共性关键技术开展科技攻关，为上海经济支柱产业和高新技术企业提供技术支撑，为改造传统产业和培育新的经济增长点服务”。

高水平的学科建设项目主要包括“从材料学、材料加工工程、机械制造与自动化、模式识别与智能系统、通信与信息系统、船舶与海洋工程、控制理论与控制工程、机械设计与理论、动力与能源工程、社会经济系统工程、金融工程等学科中选择若干个学科群、一级学科或二级学科立项重点建设6—8个世界先进水平的学科，通过三年努力，学科总体水平在2002年居于国内最前列，成为接近或达到世界先进水平的学科”；“建设一批重点学科和重点实验室”，实施“辉煌计划”，“吸引海内外中青年学术精英”，“扶持敢于攀登科学高峰的优秀中青年学科带头人和办学骨干”，“形成一支适应世界知名的高水平大学建设需要的师资队伍”；通过学科建设项目，“大力提高上海交大知识创新能力，建成国家知识创新的主要基地之一，成为国家知识经济发展的主要‘动力源’之一，为国民经济的可持续发展提供知识支撑”。

创造性人才培养体系建设项目主要包括“建设一批国家水平的人才培养示范基地”，“建设高质量的研究生培养体系”，“面向21世纪教学改革”和“建设国家水平的学生文化、德育、体育素质教育基地与创新活动基地”。

数字大学建设项目主要包括“建设现代化校园网络”，“建设上海交大管理信息系统”，“建设具有国际90年代先进水平的数字图书馆”和“建设远程教育系统”。

21世纪大学校园和精神文明建设项目主要包括“创新楼群等基本建设”，“专项维修和设施现代化”，“校园绿化及文化氛围建设”，“校园扩展”以及“21世纪大学校园整体规划”。

高水平农学院建设项目主要包括“建设现代农业技术创新中心”，“重点建设几个高水平的农学学科”以及“建设完整的农学人才培养体系”。

安居工程主要包括“住房货币化分配补贴”，“办学骨干购房奖励”以及“建设青年教师、博士后公寓”。①

学校对“985工程”建设实行新的管理体系，根据项目性质分为两大类管理：第一类项目以学院（系）、直属单位为主进行管理，项目主要为重大科技攻关和技术创新基地建设、高水平学科建设；第二类项目以项目部为主进行管理，包括师资队伍建设、创造性人才培养体系建设、数字大学建设、21世纪大学校园和精神文明建设、安居工程。

经过全校广大教职工尤其是教学及科研人员的辛勤努力，“985工程”项目建设取得重

---

①《世界知名的高水平大学重点建设项目规划(1999—2001年)》(1999年8月)。上交档:1999-DQ11-011。

2002 年 3 月 13 日,上海交通大学动力与能源工程学院“985 工程”一期重点建设项目评估验收会举行

要进展。如动力与能源工程学院“动力机械及工程”“制冷与低温工程”和“机械设计与理论”等 3 个二级学科被评为国家重点学科。项目建设期间,新增教育部“长江学者奖励计划”特聘教授 4 名,形成了一批以院士、长江学者、知名教授领衔的,在国内外有一定影响,具有特色的研究方向和队伍,队伍年龄结构合理,涌现出一批整体素质好、业务水平高、创新能力强的青年学术带头人。研究生培养质量得到全面提高,获得全国优秀博士论文 1 篇,上海市优秀博士论文 2 篇,取得 4 项国家与省部级优秀教学成果。① 通过数字大学项目部“校园网络与网络中心”建设项目,上海交大校园网建设成为五个校区互联互通、运行稳定可靠的高速校园网。校园网基本实现光缆到楼,网络覆盖各校区的所有教学、实验和办公楼以及全部学生宿舍,网络接入能力和性能显著提高,一个为数字化大学服务的高速网络传输平台已经建成。通过对信息服务软、硬件设施的改善和扩充,信息服务的内容更加丰富,服务的质量得到提高,促进了学校学科建设、科研、教学和管理水平的提高。② 2002 年 3—4 月,学校以项目部和学院为单位,聘请专家组成 31 个专家组对“985 工程”220 个建设项目进行评估验收。专家组对上海交大“985 工程”一期建设均给予很高的评价。

经过“985 工程”一期建设,学校向“综合性、研究型、国际化一流大学”迈出了一大步。1999—2001 年,学校总体实力显著增强,引进和培养了大批高水平学术带头人和中青年拔尖人才,引进了饶芳权、雷啸霖等 5 位院士,潘健生当选为中国工程院院士。分别招聘引进 15 位、学校自己培养 8 位长江特聘教授和讲座教授,教师队伍结构明显改善。基础学科进一步发展,新的学科增长点不

① 《上海交大“985 工程”项目验收资料——动力与能源工程学院》,由学校“985”办公室提供。

② 《上海交大“985 工程”项目验收资料——校园网络与网络中心》,由学校“985”办公室提供。

断涌现，学科交叉初具规模，16 个二级学科被评为国家重点学科。教学环境和条件明显改善，人才培养质量显著提高，10 项成果获国家级教学成果二等奖，5 篇博士论文入选全国优秀博士学位论文，科研经费和 SCI/EI 收录论文数量快速增加，省部级以上科研成果获奖数量增长迅速，9 项成果获国家科技三大奖，社会服务取得新成效，国际合作交流更加活跃。

在学校“985 工程”一期建设取得突出成就基础上，迎来了“985 工程”二期建设。2003 年学校着手“985 工程”二期建设的申报工作。2004 年 8 月 19 日，学校向教育部上报了《“985 工程”二期科技创新平台和哲学社会科学创新基地论证报告》，随后接受教育部组织的“985 工程”平台（基地）专家评审。按专家评审意见，学校组织修改完善建设方案，并于 11 月 8 日上报教育部《上海交通大学“985 工程”二期建设项目可行性研究报告》。教育部、财政部于 2004 年底正式批复同意《上海交通大学“985 工程”二期建设方案》及其全部 15 个建设项目。

学校“985 工程”二期建设旨在“加速向一流研究型大学的转变，形成学科布局合理、交叉学科崛起、创新平台凸现、学术大师汇聚、创新能力和科技竞争力强劲的局面，为把上海交通大学建设成世界一流大学奠定坚实基础，为国民经济建设和社会发展作出贡献”。[①] “985 工程”二期建设任务主要包括机制创新、队伍建设、科技创新平台和基地建设、一流大学条件支持和国际交流与合作五部分，建设重点是队伍建设、平台（基地）建设和机制创新。2005 年 12 月 27 日，学校召开“985 工程”二期启动动员大会，标志着上海交大“985 工程”二期建设拉开序幕。2006 年，学校陆续组织“985 工程”二期建设项目论证会 16 次。在论证基础上，各建设项目进一步完善建设方案，明确建设目标、建设内容和可考核指标。

二、上海农学院并入上海交大

1996 年 8 月，国家教委形成“共建、调整、合作、合并”高教管理体制改革八字方针。“合并”是“为了提高教育质量和办学效益，发挥学科优势互补和规模效益，因地制宜地对某些院校进入实质性融合，实现人、财、物、教学、科研五方面的统一”。[②] 学校领导班子抓住上海高校结构调整的新机遇，决定设立农学，拓展学科门类，为学校未来发展和学科综合交叉进一步创造条件。

上海农学院于 1959 年成立，1963 年因国家暂时经济、财政困难停办。1978 年 10 月，上

---

① 《谢绳武在“985 工程”二期启动动员大会上的讲话》（2005 年 12 月 27 日）。上交档：2005 - DQ14 - 023。

② 转引自《高等教育史》，第 530 页。

海农学院在上海县七宝(现属闵行区)恢复重建。作为上海地区唯一的农业高等院校,上海农学院根据上海农村经济改革和农业现代化事业的需求,确立了"以农为本、服务城乡、立足上海,面向全国"的办学指导思想,深入开展教育改革,"成为培养高级农业技术和农村经营管理人才,开展农业科技研究工作的重要基地"。[①] 至 1999 年 6 月 30 日,学校有科教人员 573 人,其中副教授以上专家 107 人。学院占地 26 万平方米(约合 390 亩),校舍建筑面积 8 万平方米,仪器设备 3 673 件,藏书 24.17 万册;已培养各类大学生 5 898 人,取得科研成果 276 项,其中 78 项获市、部级科技成果奖[②]。学校设有五个系(植物科学系、动物科学系、园林环境科学系、农村经济系、农村工程系)、两个部(基础部、社会科学部)和三个所(农业生物技术研究所、农村经济研究所、天然健康食品研究所)。设有 11 个本科专业,即农学、园艺、园林、植物保护、动物科学、动物医学、食品科学与加工、水利水电工程、农村经济与管理、国际经济贸易、金融。设有 9 个专科,即农业设施与机械、乡镇建设及管理、乡镇企业及管理、秘书等。[③]

1994 年,两校在上海西南七校联合办学过程中就开始了校际合作,上海农学院农村工程系学生曾到上海交大工程训练中心进行训练。1998 年后,上海农学院与上海交大交流更加频繁,在联合办学和合作科研方面达成了一系列协议,如 1998 年 12 月 21 日,上海农学院聘任上海交大人文社会科学学院院长叶敦平为兼职教授,1999 年 1 月 5 日,上海交大聘任上海农学院副院长、生物技术研究所所长陆苹为兼职教授等。

经过充分调研酝酿,1999 年 7 月 22 日,教育部和上海市人民政府联合签署《关于上海农学院并入上海交通大学的实施意见》,内容如下:

> 一、上海农学院并入上海交通大学后,上海交通大学仍为教育部直属高校,实行由教育部和上海市共建共管体制。继续履行原国家教委和上海市 1994 年 4 月 28 日已签署的共建上海交通大学的协议。上海交通大学的改革和发展,同时列入教育部和上海市的建设规划,在人、财、物的投入保障方面,教育部和上海市共同给予支持。
>
> 1. 教育部和上海市分别拨款的现行投资渠道不变。教育部向上海交通大学提供核定的事业经费、基建投资和相关的专项拨款,并按对部直属高校投入的增长

---

① 《上海农学院简介》,载上海交通大学规划发展处编《规划与发展信息简报》第 5 期,1999 年 3 月 18 日。上交档:1999 - XZ11 - 020。

② 数据来源:《上海交通大学年鉴 2000》(总第四卷),上海交通大学出版社 2000 年版,第 52 页。

③ 《上海农学院简介》,载上海交通大学规划发展处编《规划与发展信息简报》第 5 期,1999 年 3 月 18 日。上交档:1999 - XZ11 - 020。

比例增加投入。上海市继续向上海交通大学提供原上海农学院核定的事业经费（含目前的房改经费、公费医疗经费等），并按对市属高校拨款的增长比例增加投入；基建经费，考虑到对原上海农学院5年来投资因素，在今后继续予以一定支持。合并后，原上海交通大学继续享受共建补贴，由上海市财政核拨；原上海农学院继续享受上海市属院校补贴。

上海农学院并入上海交通大学后，年度财务收支计划、基建投资计划，按教育部和上海市两个渠道审批，财务决算分别向教育部和上海市编报。具体实施办法，由教育部有关司局与上海市教育委员会商定。不同渠道下达的基建经费、事业费及专项拨款，由上海交通大学按照国家有关规定统筹安排使用。

2. 上海农学院并入后，上海交通大学的事业编制、职工人数计划、工资总额计划、中高级专业技术职务岗位数，暂由教育部和上海市通过不同渠道下达。由上海交通大学按照有关规定统一实施管理。

二、随着上海市高教管理体制改革的深化和共建共管体制的完善，上海市将逐步加强对上海交通大学的统筹管理力度。

1. 上海交通大学校级领导班子的管理和任免，按中共中央组织部有关规定执行。

2. 上海农学院并入上海交通大学后，上海交通大学总体发展规模、校园总体建设规划，由教育部商上海市共同审定。

3. 上海交通大学在现有自主权之外，设置、调整专业目录之内的本专科专业，由上海市根据国家有关规定进行统筹和组织审批。设置、调整专业目录之外的本专科专业，由上海市按规定程序组织专家论证后报教育部审批。

上海交通大学博士点、硕士点的增设和调整由该校根据教育部和国务院学位委员会的有关规定办理。教育部和上海市支持上海交通大学加强农学领域的学科建设，努力提高其学术水平，条件具备时可逐步下放农科类硕士学位授权点审批权。

4. 原上海农学院普通本专科招生计划和成人高等学历教育招生计划，以1999年上海市教育委员会下达的计划数为基数，经教育部划转后，由上海交通大学统一安排。根据上海市发展建设需要，上海交通大学今后每年在上海地区招生数，一般不少于1999年原两校在上海招生数的总和。

三、上海农学院并入上海交通大学后，原上海农学院正式在册人员（含在编教职工、离退休人员）、在校学生和编制数、专业技术职务岗位数、资产（含土地、校舍及其固定资产、校办产业、图书资料等),均划归上海交通大学,由上海交通大学统筹安排、调整和管理。同时,要进一步创造条件,促使学校逐步成为面向社会自主办学的实体。

1. 上海农学院自批准撤销建制起,由上海交通大学统一招生,现有在校学生由上海交通大学根据有关规定统一管理(包括教学、学籍、毕业生就业及发证等)。

2. 自本文下达之日起,暂行冻结上海农学院编制、职务晋升、人员调入、工资变动(除按上级部门的有关规定执行之外)。上海农学院原有的编制数、专业技术职务岗位数和各级党政干部级别、专业技术人员职务、教职工已享有的工资待遇等,在一定时期内不因行政隶属关系的改变而改变,以后随管理体制改革的深化逐步研究解决。

四、由上海市教育委员会会同有关方面组织对并入上海交通大学的上海农学院进行审计。

五、上海农学院并入上海交通大学的交接工作,于1999年8月30日前完成。

六、其他未尽事宜,由教育部和上海市协商解决。[①]

1999年8月16日,教育部向上海市政府下发《关于同意上海农学院并入上海交通大学的通知》。9月1日,"庆祝上海农学院并入上海交通大学暨上海交通大学农学院成立大会"在上海农学院礼堂隆重举行。中共中央政治局委员、上海市委书记黄菊为两校合并发来贺信。教育部副部长周远清、上海市委副书记龚学平、上海市副市长周慕尧等领导应邀出席庆祝大会。

1999年9月1日,"庆祝上海农学院并入上海交通大学暨上海交通大学农学院成立大会"在上海农学院礼堂举行

上海交大农学院成

① 《关于上海农学院并入上海交通大学的实施意见》(1999年7月22日)。上交档:1999-XZ11-006。

立之初，院党委书记为蒋秀明，院长为吴爱忠。农学院成立后，努力实行“三个接轨、三个转变”，即“观念接轨、管理接轨、水平接轨”，“从以教学为主逐步转变为科研、教学并重，从以培养本科生为主逐步转变为培养研究生、本科生协调发展，从以农业应用技术研究为主逐步转变为高水平农业创新技术与农业应用技术的研究并重”。①

上海交大农学院成立，正赶上上海交大“985工程”建设的发展机遇。2000年5月，上海交大“985工程”中“高水平农学院建设”项目启动，计划总建设经费为4 000万元，建设项目主要由七个学科（作物遗传育种学、预防兽医学、农业生物环境与能源工程、农业经济管理、动物营养与饲料、食品科学与工程、园艺作物种质创新）、教学实验中心、植物生物技术研究中心、农科创新人才培养示范基地、课程与教材建设、校园环境建设、教学大楼修缮等子项目组成。

农学院以“985工程”建设为中心，深化教育教学改革，在学科、教学、科研、师资队伍建设以及校园建设上均有明显的发展。农学院在学科建设中，坚持以人为本、扶优扶强，向优势学科重点倾斜；新建硕士点，博士生培养同时起步；调整本科专业；改革教学计划和课程设置；引进一批具有博士学位的优秀人才，教师中具有博士学位的比例明显上升；科研经费、科研项目、科研获奖、核心期刊论文、SCI论文、出版教材、专著以及专利申报的数目稳步增长。同时，学院通过加强对实验楼、教学楼等基础设施的建设，使教学条件和校园环境焕然一新。

上海农学院并入上海交通大学是学校发展中的一件大事，标志着上海交通大学结束了没有农科门类的历史。上海农学院并入交大后，一方面“上海交大的学科门类更加综合、齐全，另一方面工科、理科、管理学科、人文社会学科和农科的交叉、联合、渗透可以促进包括农科在内的各学科建设，提高教学质量和办学效益”，②另一方面有利于提高上海高级农业技术人才的培养质量，构筑全市农业科技高地，扩大为农业经济服务的领域，对促进上海现代农业的发展，率先实现上海都市农业的现代化，具有明显的推动作用。

2002年，农学院更名为农业与生物学院。

三、办学重心转至闵行校区及共建紫竹科学园区

改革开放以来，学校历届领导班子把办学空间拓展作为重要的任务。20世纪80年代中期，上海交大成功实现了闵行新校区的开发建设，并在1987年迎接第一批2 600名新生入

---

① 《上海交通大学年鉴2001》（总第五卷），上海交通大学出版社2001年版，第224页。

② 谢绳武：《在庆祝上海农学院并入上海交通大学暨上海交通大学农学院成立大会上的讲话》（1999年9月1日）。上交档：1999－XZ11－012。

学。随着学校发展,闵行新校区的重要性日渐突出,成为学校上水平和可持续发展最必要的办学空间。在"科教兴国"和"科教兴市"战略的重大机遇面前,扩建闵行校区,并适时调整和转移学校办学重心,已经成为交大战略发展的重要内容。

扩建闵行校区并实现办学重心的转移,在继续征地扩大校区的发展空间同时,要寻求徐汇校区机、电、造船、材料等众多学科及专业办学基础转移到闵行校区所需的大额建设投资和搬迁资金。为此,学校多方探索,创新思路,寻求机会,为闵行校区二期建设争取政府、企业、社会各界的支持。

1998 年 2 月,学校向国家教委和上海市委、市政府上报了《关于共建"闵行高教新区",加快建设世界一流大学的报告》,其中提及上海交大拟率先开展高等教育办学体制和机制的突破性改革,共建"闵行高教新区",包括以上海交大为主体的"闵行大学城"并以此为依托的高科技研发园区,实现"科教兴区",成为上海市"科教兴市"的重要基地。11 月 30 日,学校呈报《上海交通大学关于闵行校区二期开发急需征用 1 200 亩土地的请求报告》,请国家教育部和上海市教委审核。国家教育部和上海市教委分别批复原则同意,但教育部明确表示,"征地及征地后建设所需资金,原则上由你校自行筹措解决"。[①]

2001 年 1 月,大型民营企业上海紫江集团董事长沈雯表示愿意资助交大闵行校区二期建设征地和交大办学重心尽快向闵行校区转移,以此依靠交大的人才优势和科技辐射带动企业跨越式发展。此议也同时得到闵行区委、区政府的积极响应和全力支持。学校领导抓住这一难得的机遇,很快作出决策,力促建设一个由上海交大、紫江集团、闵行区政府三方合作共建的、命名为"紫竹科学园区"的新型高科技研发园区。这一决策,为启动闵行校区二期建设、实现办学重心转移找到了极好的契机。

2001 年 2 月 20 日,上海交大正式发出了与紫江集团合作的意向回函。3 月 1 日,上海交大与紫江集团联合向闵行区提交《关于上海交通大学与紫江集团开展合作的报告》。6 月 8 日,三方共同签署《关于三方共同兴建上海紫竹科学园区的合作框架协议》和《关于闵行大学园区土地出资的协议》,就以下事项达成一致:

> 一、共建上海紫竹科学园区研发与产业孵化基地
>
> 以园区发展公司为主体,用市场化的方式承担上海紫竹科学园区研发与产业孵化基地的分片、滚动开发工作。
>
> 闵行区提供政策服务、税收优惠、大市政基础设施配套、规划控制、协助办理土

---

① 《关于上海交通大学闵行校区二期开发第一阶段建设工程先期立项的批复》(1999 年 12 月 13 日)。上交档:1999 - JJ11 - 17。

地批租与招商引资等便利条件。

上海交大提供人才培养、技术咨询、产业支持、协助招商引资等便利条件。

紫江集团提供资金支持、项目产业化运作、招商引资等便利条件。

合作三方承诺利用各自的资源，共同努力，为上海紫竹科学园区研发与产业孵化基地创造适宜发展的最佳外部环境（政策、人文、产业、生态环境等）。

二、共建闵行大学园区

三方同意共建以上海交通大学为主体的闵行大学园区。其共建内容主要包括以下方面：

闵行区和紫江集团出资资助上海交大在闵行区新征土地 2 800 亩（具体内容见《关于闵行大学园区土地出资协议》）。

上海交大将电子信息学院、材料科学与工程学院、生命科学技术学院、机械工程学院、环境科学与工程学院、农学院等六个学院及相关跨学科的研究院、研究所、重点实验室等从徐汇、七宝校区重点转移到闵行校区；紫江集团在三年内总投入 6 亿元资金，由上海交大统筹使用，主要用于支持六个学院的基础设施建设、实验设备添置、构筑人才高地；也可用于在骨干青年教师中设立奖教金、在博士和硕士研究生中设立奖学金以及设立支持科研成果产业化的创业基金等方面。

紫江集团出资由园区发展公司出面操作。6 亿元资金的到位时间为 2001 年支付 1 亿元（以经费置换的方式，先行垫付给交大用于支付征地费用）、2002 年支付 2 亿元、2003 年支付 3 亿元。

闵行区出资与园区发展公司合组设立创投基金，支持项目产业化。

三、共建浦江森林半岛

浦江森林半岛由园区发展公司负责开发。[①]

6 月 20 日，合作三方向上海市人民政府呈交《关于兴建上海紫竹科学园区的请示》。9 月 11 日，市政府发出《上海市人民政府关于同意建设上海紫竹科学园区的批复》，指出："上海紫竹科学园区要瞄准世界科技革命中涌现的新产业领域，发挥交通大学等高等院校在传统产业的研究优势，大力发展各种新型研发机构，建成集教育、科研及孵化于一体的现代化科学园区，以形成上海未来高科技产业的培育基地和高层次人才的积聚高地之一。上海紫

① 《上海市闵行区人民政府 上海交通大学 上海紫江（集团）有限公司关于三方共同兴建上海紫竹科学园区的合作框架协议》（2001 年 6 月 8 日）。上交档：2001 - XZ11 - 018。

2001年6月8日，上海市闵行区人民政府、上海交通大学、紫江集团共建上海紫竹科学园区签字仪式举行

竹科学园区纳入上海市高新技术产业开发区管理范围。”市政府“同意上海紫竹科学园区采用民营企业、高等院校与所在区政府‘三结合’的开发模式，以市场化机制运作，同时，上海紫竹科学园区研发基地应建成开放性的高科技园区”。①

10月26日，学校向教育部呈报《关于将教学科研重心逐步向闵行校区转移并参加上海紫竹科学园区建设的请示》。11月20日，教育部下达《关于上海交通大学将教学科研重心向闵行校区转移并参加上海紫竹科学园区建设的批复》，原则同意上海交大将教学科研重心逐步向闵行校区转移并参加上海紫竹科学园区建设。

2002年4月11日，为具体落实闵行区人民政府、上海交通大学、上海紫江(集团)有限公司于2001年6月8日签订的《关于三方共同兴建上海紫竹科学园区的合作框架协议》和《关于闵行大学园区土地出资的协议》中的有关条款，加速推进上海紫竹科学园区的建设，根据“紫江集团出资由园区发展公司出面操作”的约定，上海紫竹科学园区发展有限公司与上海交通大学签署合作协议，上海紫竹科学园区发展有限公司“出资总金额为9.08亿元人民币”，②其中3.08亿元资助上海交通大学征地，6亿元资助交大办学重心尽早向闵行校区转移。

2002年6月25日，上海紫竹科学园区举行隆重的开工典礼。政府、高校、企业联手共建上海紫竹科学园区，推进大学园区建设，成为我国发展高等教育事业的新模式。学校获得了更大发展空间和财力支持，为创建世界一流大学打下了基础。

---

① 《上海市人民政府关于同意建设上海紫竹科学园区的批复》(2001年9月11日)。上交档:2001 - XZ11 - 018。
② 《上海紫竹科学园区发展有限公司与上海交通大学合作协议》(2002年4月11日)。上交档:2002 - XZ11 - 047。

2002 年 6 月 25 日，上海紫竹科学园区开工典礼隆重举行

上海交大闵行校区二期建设与紫竹科学园区建设同步开展。闵行校区二期建设在原有基础上向东、向北新征土地，2001 年 11 月—2003 年 8 月获得第三轮建设用地批准书，完成了土地征用的全部手续。“三轮累计征用土地 2 613亩”，[①]从此形成了西起闵行沧源路，东至莲花路，北沿剑川路，南临东川路的大学校园。

学校 2001 年底启动交大闵行校区二期建设总体规划，总体规划采用国际招标，共有四家境外、三家境内设计单位参加投标。经过两轮评审评标，选定由华东建筑设计院的总体规划方案，并根据评标意见进一步优化调整。闵行校区二期总体规划体现了交大百年老校的深厚内涵，从创建一流大学校园的设计理念出发，校园规划总体布局由“两轴一带，三点一面”构成，体现科学性、

上海交大闵行校区二期规划图

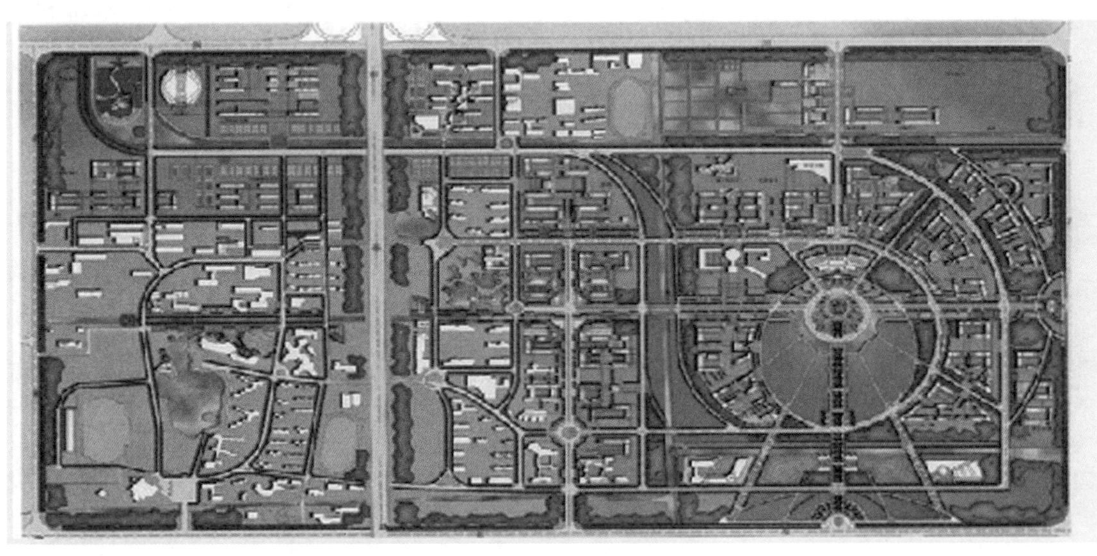

① 《上海交通大学年鉴 2004》(总第八卷)，上海交通大学出版社 2004 年版，第 85 页。

人文性、时代性、效益型;景观设计气势不凡、幽静雅致;建筑安排为功能组团布局和复合园林结构,将校园建筑与绿化、水系有机融合;内外环主干道临水、越桥、穿涵洞,车行人行分开,与各次干道相连,在蓝天绿树下蜿蜒,形成高质量、人性化的校园交通。规划方案注重与紫竹科学园区的和谐,展现出文脉绿脉交融、河道湖泊相连、功能布局合理、建筑错落有致、环境优美宜人、民族传统和时代特色辉映的一流大学校园风范。

2002 年 8 月,学校成立闵行校区二期建设指挥部,下设基建组、融资组、院系协调组;9 月成立二期建设办公室。2003 年 8 月征地工作基本完成。2004 年,学校成立以谢绳武校长为组长的闵行二期建设领导小组,并在原基建处、二期建设办公室、招标办公室基础上,成立以张世民副校长为总指挥的闵行二期建设现场指挥部及下属综合办公室、投资管理办公室、招投标办公室、工程一部、工程二部等 5 个职能机构,加强领导,协同现场指挥,加快建设进度,确保建设质量。

至 2004 年底闵行校区二期建设的道路、桥梁、水系调整、河道整治、给水、排水、供电、通信基础设施、环境景观、公用设施工程基本完成。一批单体建筑项目陆续竣工交付使用,如学生活动中心"光彪楼"、逸夫科技创新馆、文选医学大楼以及软件学院大楼、六期学生公寓、六期学生食堂等。

2004 年 10 月 12 日,文选医学大楼在闵行校区落成

2005 年内竣工和交付使用的有电子信息楼群、生物药学楼群、媒体学院大楼、法学院大楼、材料大楼及制备车间、材料激光实验室、6 号教学楼、研究生服务中心、七期学生公寓计 9 个项目 20 余万平方米建筑。另有机械动力大楼、研究生教学楼、行政大楼、农学大楼、综合实验楼、工程训练中心楼、微电子楼、空天科技大楼、船建学院大楼、国家海洋深水试验池、体育馆、八期学生公寓共计 12 个项目 27 万平方米

建筑正在建设之中；图书信息楼和教工餐厅的工程前期工作也已准备就绪。至此，纳入闵行二期建设规划的所有单体项目均付诸实施。

二期规划实施进入中后期，学校办学重心向闵行校区战略转移工作也紧接展开。2005 年 4 月 20 日，学校召开了闵行战略转移动员大会，全校动员、全力以赴，加快推进闵行校区二期建设，全面实施闵行战略转移。至 2005 年底，电信学院、药学院、软件学院、医学院、法学院、媒体设计学院、生命科学技术学院等大部分学院顺利完成向闵行校区的战略转移，学校领导和机关、部处、直属单位也陆续实施向闵行校区的整体建制转移。

2006 年，在上海市政府关心下，闵行校区二期建设工程被列入上海市重大建设工程项目。受此鼓舞，闵行校区二期建设现场指挥部全体干部职工，以实施建设规划、迎接 110 周年校庆、确保学校办学重心转移为基本目标，再接再厉加快了闵行校区二期建设和规划实施的步伐。2006 年完成了行政楼、机械与动力工程学院新楼群、微电子学院大楼、农业与生物学院大楼、空天科技大楼、综合实验楼、激光实验楼、工程训练中心、研究生教学楼——陈瑞球楼、八期学生公寓，共计 10 个项目的建设工作。

至 2006 年底，闵行校区二期建设的各种外场配套工程基本完善。气势雄伟、中西合璧的南大门和展现中国古典建筑风格、传承华山路老校门底蕴和风

2006 年 4 月 8 日，上海交通大学闵行校区东大门落成

采的东大门于110周年校庆之际落成并投入使用;两座大门两侧的林带、草坪呈现勃勃生机。为满足学生开展体育活动而新增的10个篮球场、8个网球场施工完毕;东区人工湖上的双桥全面建成并对行人开放;配合剑川路改造的五期东桥、经四路竣工并投入使用,为往来市区车辆借道A4高速公路提供了极大的方便;所有道路的路灯调试完毕,夜幕中路灯齐明,勾勒出闵行校区的清晰轮廓。

闵行校区二期建设,为学校创建世界一流大学、创造第二个百年辉煌提供了巨大的发展空间和良好的基业。办学重心的转移,绝不是一次简单的物理空间转移和仪器设备的搬迁,而是改革的深化和体现,并成为学校体制机制创新、凝炼学科方向、整合资源的良好契机。同时,通过转移,把学校的发展放到了上海市的战略布局中去谋划,融入到紫竹科学园区的建设中去提升,实现校区、园区、城区的联动发展。

第三节　向世界一流大学迈进

一、马德秀任党委书记及第八次党代会召开

1998年召开的学校第七次党代会确立了创建世界一流大学的奋斗目标。2001年,学校制订了《上海交通大学创建世界一流大学发展战略和“十五”建设计划》,更加清晰阐明了上海交大分三步走,到21世纪中叶全面建成世界一流大学,并提出了“综合性、研究型、国际化”的总体战略。学校抓住“211工程”“985工程”和闵行二期建设的重大机遇,团结拼搏,扎实工作,在人才培养、科学研究和服务社会等方面取得了一系列重大进展和显著成效。学科布局结构调整基本完成,学科水平显著提升;师资队伍结构优化,学术水平普遍提升;本科创新人才培养体系初步建成,研究生教育实现跨越发展;科研水平提升迅速,社会服务功能明显增强;多方位开展国际合作,国际化办学形成优势;抓住闵行校区二期建设机遇,一流大学校园建设步伐进一步加快;管理改革稳步推进,办学活力与服务水平不断提高;党建和精神文明建设取得新成绩。

2003年8月21日,中共中央任命马德秀为上海交通大学党委书记(副部长级)。

马德秀,女,1947年9月生,北京人,中共党员,教授、博士生导师。1972年5月—1981年8月,就读于西安交通大学工业自动化专业和自动控制专业,获硕士学位;1975年11月—1978年8月在西安交通大学工业自动化专业任教。1981年9月研究生毕业后在西安交通大学信控系任教。1982年2月—1984年8月在北方交通大学自控与微机应用专业任教,曾

任教研室副主任。1984年9月起，历任国家计划委员会科技司副处长、处长，副司长，国家发展计划委员会高技术产业发展司司长，国家发展和改革委员会高技术产业司司长。2003年9月—2014年1月担任上海交通大学党委书记，校务委员会主任。中共十七大代表，十一届全国人大代表，全国人大教育科学文化卫生委员会委员。第十二届全国政协委员、全国政协教科文卫体委员会副主任。中共上海市第九届委员会委员，上海市十二届、十四届人大代表，上海市委决策咨询委员会委员。

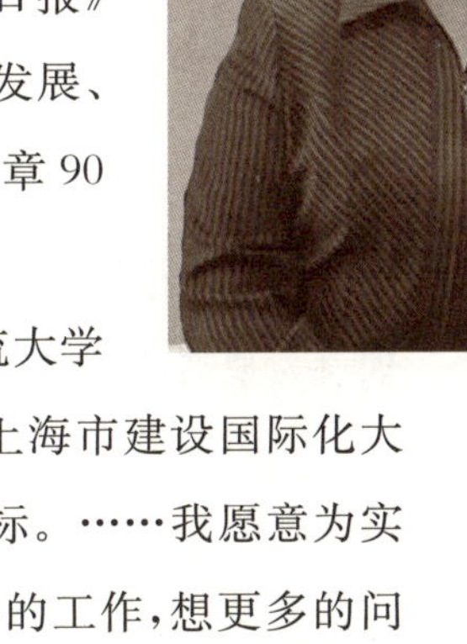
党委书记马德秀

马德秀2004年11月荣获“国家重点实验室计划突出贡献者”，并先后获得“最关心中国高等教育改革与发展的高等教育机构领导奖”以及中科院科技进步奖等多项奖励。2011年12月荣获“中国产学研合作突出贡献奖”。马德秀在《求是》《新华文摘》《中国高等教育》等重要刊物以及《光明日报》《解放日报》《文汇报》《中国教育报》等主流媒体上发表有关高校改革发展、高技术产业发展、党建和思想政治工作等方面的论文或文章90多篇。

9月10日，马德秀在就职大会上指出：“创建世界一流大学的宏伟目标，这不仅成为党和国家实施科教兴国战略和上海市建设国际化大都市的紧迫需要，而且也是我们自己选择的一个伟大目标。……我愿意为实现这一宏伟目标和大家一起发扬上海交大精神，做更多的工作，想更多的问题，付出更艰辛的劳动，竭尽全力，努力工作，发挥上海交大的优势，选择性地追求卓越！”[①]

2004年1月，马德秀书记在中共上海交通大学七届九次全委扩大会议所作的《继往开来，奋发有为，开创学校改革发展新局面》报告中强调：“当前重要的是统一三个方面的思想认识：一是统一对‘三个代表’重要思想和党的十六大报告对教育论述的认识，上海交大应该成为先进生产力的动力源，创造和传播先进文化的重要载体，以及满足广大人民群众日益增长的接受优质高等教育需求的示范区；二是统一对以改革求发展，以创新求发展思路的认识，把发

① 马德秀：《在中组部宣布中央任免决定大会上的讲话》(2003年9月10日)。载《上海交通大学年鉴2004》(总第八卷)，上海交通大学出版社2004年版，第5页。

展作为学校的第一要务;三是统一对人才强校战略的认识,搞好学校战略发展的顶层设计,在事业发展中造就大批精英才俊。”[①]

2004年12月28日,中共上海交大第八次代表大会召开

2004年12月28日,中国共产党上海交通大学第八次代表大会在上海交大徐汇校区包图演讲厅召开。马德秀代表七届党委作《振奋精神,开拓创新,为加快建设世界一流大学的进程而努力奋斗》的工作报告,王永华代表纪委作《全面推进党风廉政建设和反腐败工作,为学校改革、发展、稳定提供政治保证》的工作报告。

党委工作报告指出,学校未来发展目标是:“到2010年基本建成以一流的理科为基础,以强大的工科、生命医学学科和管理学科为主干,以高水平、有特色的法学、农学、经济学和人文学科为支撑,交叉学科崛起、创新基地凸现、学术大师汇聚、人才培养一流、办学设施先进、文化氛围浓郁、社会贡献卓著的世界知名高水平大学,若干学科达到世界先进水平,为建设综合性、研究型、国际化的世界一流大学打下坚实的基础;到2020年,若干学科达到世界一流水平,开始步入世界一流大学行列;到21世纪中叶,全面实现建成世界一流大学的历史性奋斗目标。”

为了实现这一宏伟目标,学校“要坚持以发展为第一要务,深刻理解并提升综合性、研究型、国际化大学的内涵,建立适应世界一流大学建设需要的现代大学制度,坚定不移地贯彻实施我校跨越式发展的若干重大战略”,“重点实施人才强校主战略”,“全面实施国际化战略”,“大力实施交叉集成战略”,“积极实施服务社会战略”,“加快实施闵行发展战略”。

---

① 马德秀:《继往开来,奋发有为,开创学校改革发展新局面》。载《上海交通大学年鉴2005》(总第九卷),上海交通大学出版社2005年版,第7页。

报告同时部署了今后一个时期学校的主要建设任务：大力实施和推进人才强校主战略，努力实现学科建设、教学与科研工作的新跨越，持续推进现代大学制度建设，加快闵行二期建设和办学重心转移，切实加强大学文化与精神文明建设。[①]

会议代表审议通过关于党委、纪委工作报告的决议。马德秀、王方华、王如竹、叶取源、田信灿、苏明、吴旦、吴松、吴毅雄、张世民、张文军、张申生、张安胜、张增泰、陈刚、林忠钦、郑杭、郑成良、胡近、贾金平、夏小和、徐国权、董小明、谢海光、谢绳武、潘敏、潘国礼等 27 名同志当选为中国共产党上海交通大学第八届委员会委员，马德秀为中国共产党上海交通大学第八届委员会召集人；王伊宁、王秋华、叶永禄、朱红国、纪凯风、严良瑜、林江南、金志有、陶德坤、陶燕敏、潘国礼等 11 名同志当选为中国共产党上海交通大学纪律检查委员会委员，潘国礼为中国共产党上海交通大学纪律检查委员会召集人。

12 月 29 日，中共上海交通大学第八届委员会和纪律检查委员会分别举行第一次全体会议。会议以无记名投票的形式，差额选举产生了中共上海交通大学第八届常务委员 13 名，等额选举产生了党委书记、副书记，纪委书记、副书记。党委常委：马德秀、叶取源、田信灿、苏明、吴松、张世民、张文军、陈刚、林忠钦、郑成良、谢绳武、潘敏、潘国礼；党委书记：马德秀；党委副书记：苏明、潘敏、郑成良；纪委书记：潘国礼；纪委副书记：金志有。

上海交大第八次党代会基于科学判断形势和学校所处的历史方位，立足当前、谋划未来，进一步确立了上海交大分三步走，到 21 世纪中叶全面建成综合性、研究型、国际化的世界一流大学的历史性奋斗目标，为学校今后一个时期注重内涵建设，加快建设世界一流大学进程，奠定了牢固的思想基础和坚实的组织基础。第八次党代会后，中共上海交通大学第八届委员会以科学发展观为统领，坚持以战略规划引领学校发展，团结和带领全校师生员工，解放思想、深化改革，抢抓机遇，聚焦内涵建设，抓落实，求突破，着力培育和提升学校核心竞争力，全校上下聚精会神，一心一意抓机遇、谋发展，坚定不移地推进实施学校跨越式发展的五项战略，实现了学校事业持续快速发展、综合竞争力稳步提升。

第八次党代会后至 2006 年底，担任过党委副书记的还有赵佩琪，担任过党委常委的还有沈晓明、张杰、朱正纲。

2005 年，《上海交通大学“十一五”发展规划》编制完成。校“十一五”规划的主要内容包括战略规划和 7 个专项规划，即学科建设规划、队伍建设规划、人才培养规划、科技创新规

---

① 马德秀：《振奋精神　开拓创新　为加快建设世界一流大学而努力奋斗——在中共上海交通大学第八次代表大会上的报告》。载《上海交通大学年鉴 2005》(总第九卷)，上海交通大学出版社 2005 版，第 18 - 23 页。

划、现代大学制度建设规划、数字大学建设规划、校园建设规划。规划提出了若干超常规、跨越式发展的思路、理念和举措,其中的现代大学制度建设规划,力图通过自上而下和自下而上几个环节,积极推进依法治校、民主管理和科学决策,着力推进决策规范化、管理高效化、资源配置最优化、考核评估科学化、民主监督制度化,形成充满活力、富有效率、高度开放,更加有利于科学发展的管理体系,建设健康、有序、规范的制度环境,为学校建设世界一流大学提供有力保障。

2006年2月,党委确定2006年工作基调是“聚焦、落实、突破”。“聚焦,就是把全校各方面的人力、智力、财力和物力都凝聚到学校的内涵建设上来。落实,就是通过细化目标、把已经明确的目标、任务按时间节点推进,按各自责任落实,直到把事情办成。突破,就是敢于攻坚,勇于改革,切实解决一些影响改革发展的深层次问题”。[①]

2006年9月,马德秀在中共上海交大八届五次全委扩大会议所作的《聚焦内涵建设 狠抓工作落实》的报告中指出:“内涵建设的内容非常丰富,就我校目前所处的发展阶段来说,聚焦内涵建设,重点是要加强和完善高水平研究型大学的内涵建设。当前,尤其要注重‘五个提高’,即:提高师资队伍整体水平,提高人才培养质量,提高学科发展层次,提高科研自主创新能力,提高管理效率和水平。”[②]

全力聚焦内涵建设受到广大教职工的赞同和支持。全校上下齐心协力,勇于实践,开拓创新,努力走出一条富有交大特色的内涵建设之路。师资队伍建设既通过政策聚焦,加大人才引进的力度,又特别重视中青年学科带头人和高层次后备人才的培育。人才培养进一步明确定位和目标,把培养高素质创新型人才作为根本任务,推进教学与科研的紧密结合。学科建设进一步凝炼方向,坚持有所为,有所不为,有选择地追求卓越。科学研究对接创新型国家建设的战略需要,基础研究走向国际化,与国际接轨。应用研究更好地参与到国民经济建设主战略,参与国家重大科研项目,引领产业和行业发展。按照现代大学制度建校的要求,深化管理体制改革,建立科学程序、监督规范、保障有效的管理体系。

二、上海交大与上海二医大合并

在确立创建世界一流大学目标后,尽快创办医学院已成为全校上下和海内外校友的

---

① 马德秀:《抓住机遇开好局乘势而上谋发展》。载《上海交通大学年鉴2007》(总第十一卷),上海交通大学出版社2007版,第10-11页。

② 马德秀:《聚焦内涵建设 狠抓工作落实》。载《上海交通大学年鉴2007》(总第十一卷),第20-21页。

期望。2001 年 12 月 5 日，学校向教育部呈报《上海交通大学关于建立医学院的请示》。2002 年 2 月，教育部批复同意。6 月 20 日，学校成立医学院顾问委员会，徐匡迪任名誉主任，左焕琛任主任，王振义、巴德年、陈中伟、陈亚珠、陈竺、吴孟超、何梦乔、邱蔚六、柳秉乾、侯云德、贺林、顾玉东、顾健人、曹谊林、曹雪涛、韩启德、裴钢、G. Omenn 任委员。同日，学校成立医学院理事会。谢绳武任理事长，江绵恒、刘俊、范关荣、王一飞、盛焕烨、叶取源、李宏为、吕凤岐、欧阳重、J. Woolliscroft 任理事。6 月 25 日，上海交大医学院成立仪式举行。同日，医学院召开第一次理事会暨顾问委员会联席会议。理事会决议，谢绳武担任医学院首届理事长，医学院的办院目标是：在上海交大建立一所具有国际水准与中国特色并能反映上海交大学科优势的医学院，学院实行理事会领导下的院长负责制。

与此同时，学校先后向教育部呈报《上海交通大学关于上海市第六人民医院成为上海交通大学附属第六人民医院的请示》《上海交通大学关于上海市第一人民医院成为上海交通大学附属医院的请示》。2002 年 5 月 8 日和 8 月 2 日，教育部先后批复同意。6 月 28 日，学校与上海市卫生局就建立上海交通大学附属医院举行签约仪式。8 月 23 日，上海交大附属第一人民医院、附属第六人民医院正式挂牌。9 月，学校首届 7 年制“临床医学”专业 30 名学生入学。医学院教学工作委员会、学术工作委员会年内相继成立。

2003 年 4 月 1 日，学校与上海市卫生局签订共建上海市儿童医院和上海市肿瘤研究所协议。根据协议，上海交大附属儿童医院、上海交大医学遗传研究所、上海交大肿瘤研究所将作为上海交大的医学科研和教学基地，同时积极开展与其他学科的交叉合作。4 月 17 日，上海交通大学附属儿童医院、上海交通大学医学遗传研究所、上海交通大学肿瘤研究所正式挂牌。2005 年 5 月 26 日，上海交通大学附属胸科医院正式挂牌。上海交大医学遗传研究所、上海交大肿瘤研究所有 3 位中国工程院院士：曾溢滔、顾健人、杨胜利。2003 年底，学校附属第六人民医院项坤三当选为中国工程院院士。

上海第二医科大学（简称二医大）是一所历史悠久、蜚声海内外的高水平医学院校。学校原名上海第二医学院，于 1952 年中国高等学校院系调整时由圣约翰大学医学院（1896—1952）、震旦大学医学院（1911—1952）、同德医学院（1918—1952）合并而成。1985 年改名为上海第二医科大学。校址位于上海市卢湾区的重庆南路。学校始终秉承着“博极医源、精勤不倦”的精神，逐渐形成了临床医学教学条件优裕、临床医学教育和研究相结合、办学模式多元化、人才培养复合型、课程体系多样化、教学方式方法灵活等诸多优势和特色。

1997年二医大成为国家重点建设的“211工程”大学之一。学校立足上海、服务全国、面向世界,成为整体水平处于国内一流、国际上具有一定知名度的研究型医科大学。至2005年7月,二医大取得了一批国内首创、具有国际先进水平的重大医疗科技成果,培养了30 000余名医学人才,曾在世界医学史上第一次抢救大面积烧伤病人成功,第一次利用分化诱导的原理治疗白血病并取得成功。二医大拥有瑞金医院、仁济医院、新华医院、第九人民医院、第三人民医院、上海儿童医学中心等6所附属医院。

至2005年7月,二医大专任教师总数为1 121人,其中正高444人,副高306人,具有高级职务的专任教师占总数的67%、中国科学院院士1人、[①]中国工程院院士6人、[②]“973项目”首席科学家4人、“长江计划”特聘教授4人、讲座教授1人、国家杰出青年基金获得者9人、国家突出贡献专家10人、入选国家人事部“百千万工程”9人;具有博士学位的专任教师占总数的39%。[③] 学校占地118.408亩,校舍建筑总面积145 369.60平方米。[④]

上海交大与上海第二医科大学有着长期的合作,两校在携手发展中建立了良好的合作基础。

1999年5月18日,学校与二医大签署了建立两校教学协作关系协议书。“上海交通大学承担上海第二医科大学公共事业管理专业一、二年级的除医学类课程外的全部课程教学任务,并负责上海第二医科大学公共事业管理专业学生在交大学习期间的思想政治教育及生活安排事项”,“以本次合作办学方式培养出的上海第二医科大学公共事业管理专业毕业生,由两校共同颁发毕业文凭及学位证书,加盖两校公章”。[⑤]

2000年12月5日,鉴于长期以来上海交大机械工程学院与二医大附属第九人民医院在运用先进制造技术发展个体化设计、制作人工关节方面的良好合作,两校商定组建“上海交大——上海二医大医学内植物工程联合研究所”,通过共建联合研究所,促进深层次医工科技交叉和融合,形成一个新型的、医工一体化的研究、开发工作模式,构筑一个能将成果迅速临床化和产业化的科技研究开发实体。

2001年9月5日,上海交通大学与上海第二医科大学签署协议并共同呈报教育部关于两校共建上海交通大学医学院的请示。“上海第二医科大学在学位授予、学科点建设、医科

---

① 中国科学院院士1人为陈竺。

② 中国工程院院士6人为王振义、张涤生、邱蔚六、陈赛娟、戴尅戎以及已经去世的江绍基。

③《上海交通大学医学院年鉴2006》(总第一卷),上海交通大学出版社2006版,第32页。

④ 数据来源:《上海交通大学统计资料汇编(二〇〇五年)》

⑤《上海交通大学 上海第二医科大学建立两校教学协作关系协议书》(1999年5月18日)。上交档:1999-XZ11-011。

专业师资队伍建设、医学教学专门设施和实习基地等方面给予上海交大全力支持。上海交大继续设置并扩大两校教师合作科研基金的规模，继续安排上海第二医科大学部分低年级学生在上海交大就读。积极推荐优秀本科毕业生到上海第二医科大学攻读研究生。”①

2002年2月教育部批复同意上海交大建立医学院，上海交大医学院筹备组成立，上海第二医科大学原校长、上海交大校长顾问王一飞任筹备组组长。

2003年8月25日，上海交大与二医大签订合作协议。根据协议，上海交通大学与上海第二医科大学联合培养的学生，其通识教育部分（八年制中的前3年、七年制中的前2年、五年制中的前1年）在上海交通大学闵行校区进行；其基础医学及相关实验学习，在上海第二医科大学重庆南路校区进行；其临床医学及MD学位论文学习阶段，在两校的附属医院进行。两校的其他学生，根据需要经双方协商也可参照上述方案进行培养。双方还将联合筹建“上海交通大学—上海第二医科大学国际医学中心”；联合向教育部申报《八年制医学博士（MD）教育课程计划》；扩大联合培养研究生规模，共同培养高层次复合型人才；联合进行重点学科建设，进一步加强交叉学科的建设等方面开展进一步的深入合作。

2003年8月25日，上海交通大学与上海第二医科大学合作协议签约仪式举行

为了进一步贯彻国家高校发展战略和推进上海科教兴市战略，教育部与上海市政府按照中央“集中资源，突出重点，体现特色，发挥优势，坚持跨越式发展，走有中国特色的建设一流大学之路”的要求，以强强联手、追求双赢为目标，积极促成上海交大和二医大的合并。

2005年6月10日，教育部和上海市人民政府共同签署了《关于上海交通大学与上海第二医科大学合并的原则意见》，具体内容如下：

---

①《上海交通大学关于建立医学院的请示》（2001年12月5日）。上交档：2002 - XZ11 - 022。

一、上海交通大学与上海第二医科大学合并,组建新的单一法人主体的高等学校,校名仍为"上海交通大学"。组建后的上海交通大学仍为教育部直属高校,拥有完整的民事权利,承担相应的民事责任。

二、在原上海第二医科大学和原上海交通大学医学院的基础上,组建上海交通大学医学院。建立上海交通大学医学院理事会。上海交通大学医学院享有必要的办学自主权,管理运行相对独立,经上海交通大学授权,可以独立对外从事民事活动。

三、教育部、上海市人民政府将在继续重点共建上海交通大学的同时,合作共建上海交通大学医学院,从政策、经费投入等方面共同支持上海交通大学医学院的发展,将其建设成为具有国际先进水平的医学教育和科研基地。

四、上海交通大学和上海第二医科大学合并后组建的上海交通大学医学院暂保留原上海第二医科大学行政级别。上海交通大学医学院党政正副职领导干部任免,暂由上海市委在征求教育部党组意见后任免。上海交通大学医学院的主要党政领导干部应担任上海交通大学领导班子的副职,由教育部党组征求上海市委意见后任免。

五、原上海第二医科大学的附属医院为上海交通大学医学院附属医院。该医学院附属医院的行政级别、干部任免、资产隶属、经费预算和行业管理关系等,维持现状不变。

六、上海交通大学医学院暂为地方部门预算单位,现有上海市财政拨款渠道不变。上海市按原上海第二医科大学经常性经费基数拨付事业经费,并力争每年有所增长;教育部根据财力状况,争取每年有增量投入。教育部和上海市将继续给予上海交通大学医学院"211 工程"建设专项资金投入支持。上海交通大学应将上海交通大学医学院的建设纳入学校统一的发展规划,在"985 工程"建设资金和其他增量资金的使用安排中,予以统筹考虑。

七、教育部、上海市人民政府共同成立上海交通大学与上海第二医科大学合并工作领导小组,负责领导、协调合并工作的具体实施。

八、有关两校合并工作的具体安排及其他未尽事项,由教育部、上海市人民政府按此原则意见共同协商确定。[①]

---

①《教育部上海市人民政府关于上海交通大学与上海第二医科大学合并的原则意见》(2005 年 6 月 10 日)。上交档:2005 - XZ11 - 051。

2005年7月12日，教育部下发《关于同意上海交通大学与上海第二医科大学合并组建新的上海交通大学的通知》。7月18日，新上海交通大学与新上海交通大学医学院成立大会在闵行校区菁菁堂隆重举行，从此翻开了大学与医学院发展的新的一页。中共中央政治局委员、上海市委书记代表上海市委、市政府对两校合并表示祝贺。全国人大常委会副委员长、中科院院长路甬祥也对两校合并表示热烈祝贺。教育部部长周济，中共上海市委副书记、市长韩正在合并大会上分别讲话。教育部副部长吴启迪宣布两校合并决定和新上海交通大学领导班子。中共上海市委副书记殷一璀主持大会并宣布新上海交通大学医学院领导班子。中科院副院长陈竺、上海市人大常委会副主任胡炜、上海市副市长严隽琪、上海市政协副主席王荣华等出席大会。

2005年7月18日，上海交通大学、上海第二医科大学合并大会举行

两校合并后，马德秀任上海交通大学党委书记，谢绳武任上海交通大学校长，原上海第二医科大学党委书记赵佩琪任上海交通大学党委副书记、医学院党委书记，原上海第二医科大学校长沈晓明任上海交通大学党委常委、常务副校长、医学院院长。

强强合并以后，学校致力于用足、用好“部市共建”的体制优势，明确提出“两个一流”“两个尊重”，合力推动新上海交通大学整体发展。“两个一流”就是医学院要成为世界一流，交大要成为世界一流，合并的目的是要共同成为世界一流。“两个尊重”就是既要尊重医学的办学规律，又要尊重综合性大学的办学规律，同时充分发挥综合性大学对医学院的支撑作用，积极统筹协调好附属医院管理模式。保持医、教、研体系的相对完整性，把交大原有全部附属医院归口医学院统一管理，确保医学教育科研与临床应用的紧密结合。在发展重点上，依托交大多学科综合优势和强大的理工科优势，大力推进医工、医理等学科交叉和生命医学领域的协同发展；依托附属医院数量多、实力强的优势，积极推进高水平基础医学和临床医学研究。在发展思路上,按照“一切从实际出发,先易后难,扎实推进”的思路,坚持渐进式改革,稳步推进机构融合与办学资源整合,并把价值认同作为事业发展的重要保证,稳步推进大学文化的深度融合。在研究制订大学文化建设规划时,把医学院的“博极医源、精勤不倦”等核心文化要素吸收融合到交大精神文化体系之中。学校还特别强化和宣传“交大是全体交大人的交大,医学院是全体交大人的医学院”的理念,努力用共同的事业、共同的价值取向、共同的发展目标,将原交大各院系部门和医学院的师生员工紧紧团结在一起,同心同德,统筹发展。

强强合并后的交大医学院按照“985”高校的标准,根据创建一流医学院的要求,重新制订并完善“十一五”发展规划,从战略性、整体性、前瞻性、突破性的高度来谋划新的发展。学校积极推动医学与其他学科的交叉融合,发现并培育了一批医工、医理相结合的重大科研项目;加强开放性和交互性,促进学校与医学院文化的相互包容、教学科研的相互支撑、学生学习生活的相互交流;把生命医学学科作为学校发展的重中之重,整合校内外资源,超常规建设,力争快速进入国际前沿,为综合性大学格局下医学发展打下稳固基础。2005 年 11 月,我国第一个按照大科学模式构建,集中生物、医学、物理、电子、数学、计算机等不同学科一流人才、多学科交叉的研究中心——上海系统生物医学研究中心成立。中心建设依托交大的生物纳米技术、微电子、计算机、新材料和精密机械的研究基础和人才优势,纳米、信息、材料和机械等学科的研究人员与白血病、肝癌、糖尿病、神经退行性疾病和中医药等学科方向的研究人员紧密合作。2005 年 12 月,交大“985 二期”建设项目正式启动,系统生物医学平台成为学校 5 个重大创新平台之一。该平台打破原有院系门槛,实施学科交叉,尤其是推进医工交叉、理工交叉。2006 年 8 月 28 日,上海交通大学医学院附属精神卫生中心正式挂牌。2006 年 10 月 24 日,中国福利会国际和平妇幼保健院正式成为上海交通大学医学院附属医院。至此学校有了 12 家附属医院。上海交大拥有了医学力量雄厚、整体办学水平国内一流的医学院。

上海交通大学与上海第二医科大学的强强合并,在学校发展历史上具有里程碑的重要意义。上海交通大学与上海第二医科大学两校合并组建新的上海交通大学,这是两校长期友好合作的结果,也是加快创建世界一流大学和一流医学院的理性选择。通过强强合并,“充分发挥上海交通大学多学科的综合优势和上海第二医科大学在医学领域的雄厚实力,实现学科互补,资源共享,形成强大的综合竞争力,促使学校逐步发展成为一所学科结构更加合理,综合实力更强,办学水平更高,更能适应 21 世纪高素质创新人才培养和科技发展趋势的新型大学”。[①]

三、110周年校庆及张杰任校长

2006年，上海交大跨越三个世纪，迎来了建校110周年。百年校庆后的十年，是我国经济社会和高等教育快速发展的时期，学校抓住我国实施科教兴国、人才强国的历史机遇，积极响应上海实施科教兴市主战略及建设国际经济、金融、贸易、航运中心的目标，各项事业进入快车道。学校跻身“985工程”，继续深化校内各项改革，实施闵行校区二期建设和办学重心转移，注重内涵一流发展，农学院并入上海交大，实现了与上海二医大强强合并，完成了从综合性理工大学向综合性、研究型、国际化大学的迈进。学校高层次人才队伍进一步汇聚，学科布局进一步完善，综合实力显著增强，各类学术指标在全国高校的排名持续上升，基础设施进一步改善，取得了一系列标志性成果。

2006年4月6日，江泽民回母校

2006年4月6日下午，上海交大闵行校区鲜花怒放、彩旗招展、彩球飘扬，江泽民学长再一次亲临母校。他来到闵行校区南大门，受到在场迎候的师生们的热烈欢迎。江学长参观了上海交大“110年精神文化巡礼暨10年教育科研成果展”，并与师生座谈。

座谈会即将结束时，江泽民将亲笔为母校110周年校庆的题词“思源致远”赠送给母校。他深情地说：“祖国的文字有很丰富的内涵，思源致远的含义深远。我最大的祝愿就是祝愿我们的交大师生能够思源致远，能发奋图强，能够取得更大的成绩。”[②]

2006年4月8日上午10点，在庄严的国歌声中，110周年校庆大会在闵行校区菁菁堂隆重召开。党委书记马德秀主持大会，校长谢绳武作题为《薪火传

---

① 周济：《积极推进重点共建　深化高教管理体制改革　加快高水平大学建设与发展——在教育部、上海市人民政府签署上海交通大学与上海第二医科大学合并原则意见及继续重点共建复旦大学、上海交通大学、同济大学协议仪式上的讲话》(2005年6月10日)。上交档：2005－XZ11－051。

②《思源》2006年第一期(总第49期)，第5页。

2006年4月6日，江泽民为上海交大110周年校庆题词“思源致远”

承　思源致远》的校庆报告。当大屏幕上展示江泽民的题词“思源致远”时，会场里响起了热烈掌声。全国人大常委会副委员长司马义·艾买提、全国政协副主席张怀西、上海市市长韩正、上海市人大常委会主任龚学平、上海市政协主席蒋以任等出席大会。全国人大常委会副委员长许嘉璐，全国人大常委会副委员长、中国科学院院长路甬祥，国务委员陈至立，全国政协副主席、中国工程院院长徐匡迪以及教育部、国家发展和改革委员会、中国社会科学院、国防科学技术委员会、清华大学等34所兄弟院校发来贺信。

110周年庆典，既是辉煌历史的检阅，也是新的跨越的开始。全体交大人围绕创新型国家建设，努力探索与国家、城市互动的发展模式；围绕学校建设目标，努力探索建设世界一流大学的办学道路。

在建校110周年校庆之际，上海交通大学公布了《上海交通大学章程》。《上海交通大学章程》明确交大的使命是“以世界一流大学为目标，以传承文明、探求真理、振兴中华、造福人类为己任”，[①]通过完备的组织管理体系架构及部门关系协调，提高学校部门的工作效率和学术生产力，反映当前我国现代大学制度的基本构想，体现现代大学制度中以人为本、和谐发展、学术自由、追求卓越的管理理念，为建成世界一流大学奠定了基础。

2006年底，全校有一级学院19个、二级学院4个、直属系2个；国家重点学科20个；博士后流动站23个；一级学科博士点22个、二级学科博士点142个、博士专业学位授权点2个、一级学科硕士点18个、硕士点232个、硕士专业学位授权点10个；教职工总数7 901名，其中两院院士32名；在校生45 412名，其中博士生4 709名、硕士生8 919名、在职攻读博士生231名、在职攻读硕士生9 059名、本科生19 432名、专科生1 333名、外国留学生1 729名；实验室78

① 《上海交通大学章程》（2006年4月）。上交档：2006－XZ11－001。

个，科研机构 287 个，其中国家实验室（筹）1 个、国家重点实验室 6 个、国家工程研究中心 4 个；占地 5 114 亩（包括徐汇、闵行、法华镇路、七宝、卢湾各校区），校舍建筑总面积 1 416 811m²，文献资料共计3 494 080册（种、盘）。[①]

2006 年 11 月 22 日，国务院任命张杰为上海交大校长（副部长级）。

校长张杰

张杰，男，1958 年 1 月生，山西太原人，中共党员，中国科学院院士。1982 年、1985 年先后毕业于内蒙古大学物理系半导体物理专业、固体物理专业，获学士和硕士学位。1988 年在中国科学院物理研究所获博士学位。1989—1999 年先后在德国马普学会量子光学所、英国卢瑟福实验室、牛津大学等国际著名科研单位从事科研工作。回国前已是该领域国际著名科学家。1999 年回国，1999—2003 年任中国科学院物理研究所研究员、博士生导师、光物理重点实验室主任、副所长。2003—2006 年任中国科学院基础科学局局长。2006 年 11 起任上海交通大学校长、党委常委。

2003 年 10 月，张杰当选为中国科学院数学物理学部院士。2007 年 8 月当选新一届亚太物理学会联合会（AAPPS）主席。2007 年 10 月当选德国科学院（原德意志利奥波第那自然科学院）院士。2008 年 11 月当选为第三世界科学院院士。2011 年 7 月当选英国皇家工程院外籍院士。2012 年 5 月当选美国科学院外籍院士。2007 年 10 月和 2012 年 11 月当选中国共产党第十七届和第十八届中央委员会候补委员。

在科研上，张杰主要从事强场物理、X 射线激光和“快点火”激光核聚变等方面的研究，做出有重要国际影响的贡献。他领导的科研团队是国际相关领域最有影响的团队之一。

张杰曾获第三世界科学院 TWAS 物理奖、中国科学院创新成就奖、国家自然科学二等奖、何梁何利科技奖、世界华人物理学会“亚洲成就奖”、中国青年科学家奖、“求是”杰出青年学者奖、国家杰出青年基金、中科院百人计划优秀奖、中科院科技进步奖、国防科工委科技进步奖、中国物理学会饶毓泰物理奖、中国光学学会王大珩光学奖等。曾获中科院先进工作者、中科院优秀共产党

① 数据来源：《上海交通大学统计资料汇编（二〇〇五年）》。

员、全国先进工作者等称号。

11月27日,张杰在就职大会上表示,“交大是一所有传统、有活力的大学”,“又是一所有作为、有贡献的大学”,“更是一所有希望、有前途的大学”。他说:“今天,我有幸作为交大的一员和大家并肩奋斗,深感自己责任重大。此后,我将和大家一道,共同致力于交大的发展,衷心希望得到大家的理解、支持与帮助。我愿见贤思齐,以一个交大人的标准严格要求自己,在校党委领导下,与校党政班子、各院系领导、学术骨干和广大师生团结奋进,继往开来,把交大办成无愧于百年历史,无愧于上海这座城市,无愧于我们的祖国和我们这个伟大时代的一所最好的大学!”

张杰认为,“大学的主要使命是人才培养。建设世界一流大学,就是要培养世界一流的人才。这是新世纪民族复兴的伟大事业对中国大学的最迫切要求,也是交大义不容辞的历史使命”,“中国和上海的新一轮发展,要求我们进一步提高全民族的科学文化素质,努力将人力资源上的数量优势,尽快转化为质量优势,为民族振兴不断培养出一批又一批在世界范围内最有竞争力的高质量创新人才。面对这一伟大任务,交大将当仁不让,全力担当,绝不辜负党和国家对交大的历史重托”。

对交大的未来,张杰充满激情地说道:“中国正在建设创新型国家,上海是最具创造性的城市。上海交大将成为上海和中国最需要的人才基地,成为在人才培养上最具创造性和竞争力的大学。我深信,在党中央、国务院的亲切关怀,有教育部、上海市委市政府的坚强领导,有社会各界、广大校友的鼎力支持,上海交大一定能建成世界一流大学!”[①]

2006年12月28日,张杰在学校五届三次教代会上做了《努力拼搏 敢为人先 为培养一流人才全面推进内涵建设》的报告。他指出:“我们必须以世界一流大学的标准严格要求自己,必须发扬交大人‘敢为人先’的优良传统,凝聚人心,统一思想,认真做好各项工作。”他指出今后的工作:一是争取两方面突破,即“深入推进大学文化建设,以共同的价值观凝聚人心,推进发展”和“大力加强制度化、规范化建设,进一步提高管理效率和水平”;二是抓好六项工作,即“抓紧重点学科申报”“迎接本科教学评估”“推动现代大学管理制度建设”“促进学科交叉综合”“全面启动‘985工程’二期建设”以及“继续实施校园规划建设工作,实施闵行发展战略”。他希望交大人“继承和发扬交大建校110周年的优良传统,在校党委和各级党

① 张杰:《发扬光大交大精神 建设世界一流大学(在就职大会上的致辞)》,载《上海交通大学年鉴2007》(总第十一卷),上海交通大学出版社2007年版,第4页。

组织的坚强领导下，紧紧依靠广大师生员工，团结一致，上下同心，锐意进取，开拓创新，聚焦内涵建设，提高综合竞争力，不断开创我校各项事业的新局面，为完成我们的历史使命而努力奋斗”！[①]

四、建设世界一流大学的历史使命

高等教育作为上层建筑的重要组成，是科技第一生产力和人才第一资源的重要结合点，也是精神文明的集中传承者和创造者。我国高等教育必须与日益壮大的国家经济社会发展需要相适应，必须与全面建成小康社会、建成富强民主文明和谐的社会主义现代化国家、实现中华民族伟大复兴的要求相适应。大学的使命是人才培养、科学研究、社会服务、文化传承创新。世界一流大学具有引领社会思想、文化与技术进步，支撑国家发展，创造研究成果，培养拔尖创新人才的共性。既是民族兴旺的必然，也是国家崛起的象征。建设世界一流大学是我国实现现代化的必然要求，是党中央从国家富强和民族复兴的战略全局出发作出的重大决策。

上海交通大学从建校到逐步走向成熟的过程中，始终与祖国同呼吸、共命运，与国家和社会的需要相适应，与时代前行的脉搏紧密相连。百余年来，上海交大在中国高等教育发展历程中发挥了举足轻重的作用，是国家培养高级专门人才和发展科学技术的重要基地，为国家和民族做出了卓著贡献。建设世界一流大学是上海交大的历史责任和时代使命，是党和国家交给上海交大的光荣任务，是时代的重托、民族的希望，是人民群众的热切期盼。

20 世纪 80 年代以来，学校上下经过反复研讨，认为世界一流大学是在人才培养、科技创新等方面能为国家的现代化建设做出突出贡献并持续发挥作用；有崇高的大学精神、浓郁的学术氛围和深厚的文化底蕴；有世界先进的教育思想和教学体系，培养出大批最优秀毕业生，其中不乏世界公认的杰出人才；是高水平的研究型大学，有一批享有盛誉的学术大师、一流的学术研究环境，若干学科在各自的领域中处于世界领先地位，一批被国际同行公认的重大原创性成果。上海交大立足当前面向未来，努力做到通晓国情校情、具备世界眼光。广大干部师生把上海交大跨世纪的发展目标定位于“世界一流”。这个“世界一流”目标是万众一心的共同理想。为了这个理想和心愿，交大人探索与实践了

---

① 张杰：《努力拼搏　敢为人先　为培养一流人才全面推进内涵建设》，载《上海交通大学年鉴 2007》（总第十一卷），上海交通大学出版社 2007 年版，第 37 页。

20 年。

早在 1978 年 4 月 4 日,学校召开向科学技术现代化进军全校誓师大会,时任党委书记邓旭初提出“在本世纪内把学校建成为具有世界一流水平的理工科大学”。[①] 1986 年 8 月 29 日,校党委扩大会提出“以办成第一流大学为目标”。[②] 1987 年 11 月 20 日,上海交大闵行二部一期建设工程竣工,时任上海市委书记江泽民专程赶到闵行参加庆祝大会,挥笔题下:“百年大计,教育为本,努力把上海交大办成第一流大学。”1991 年,学校制订了《上海交通大学一九九一至一九九五年发展计划》(即学校“八五”计划),明确了学校的十年战略目标,即努力把交大建设成一所具有理、工、管理、社会科学、文学艺术等多门类的,传统学科与新兴学科并举的第一流大学。1992 年 5 月,上海交大第六次党代会提出把交大建设成为社会主义第一流大学的奋斗目标。1993 年 4 月 6 日,在“211 工程”申报的关键时期,学校党委第六届委员会第四次全体会议提出到 2010 年创建成世界一流大学,这是上海交大人第一次正式提出创建世界一流大学目标。1995 年 12 月,江泽民在交大百年校庆前夕为母校题词——“继往开来 勇攀高峰 把交通大学建设成世界一流大学”。1996 年学校制订《上海交通大学“九五”建设计划和 2010 年远景目标》,提出分三步走到 2010 年前后跻身世界一流大学之林。1998 年 1 月,学校召开的第七次党代会正式确立了创建世界一流大学的奋斗目标。2001 年学校制订《上海交通大学创建世界一流大学发展战略和“十五”建设计划》,更加清晰地阐明了上海交大分三步走,到 21 世纪中叶全面建成世界一流大学,并在中国高校中较早提出了“综合性、研究型、国际化”的总体战略。2004 年 12 月,学校召开第八次党代会,进一步确立了上海交大分三步走,到 21 世纪中叶全面建成综合性、研究型、国际化的世界一流大学的历史性奋斗目标。

近 30 年来,上海交通大学的再度崛起和振兴得益于在改革开放大环境下综合国力的日益增强,是“天时地利人和”各种条件和内外因素交织作用的综合结果。国家和上海市对高等教育的空前重视和科教兴国战略的实施是上海交大最大的“天时”。起始于 20 世纪 90 年代的“211 工程”支持一流大学和学科建设,为上海交大提供了前所未有的发展条件和机遇。学校获得了国家和上海市的大额经费投入,整体办学条件、重点学科建设、公共服务体系发生了质的飞跃,摆脱了艰难办学的局面,为实现跻身世界一流大学行列目标奠定了坚实的基础。经过“211 工程”建设,学校办学实力大大增强,国际声誉明显提升,部

---

① 《上海交通大学纪事(1895—2005)》(下卷),第 691 页。

② 《上海交通大学纪事(1895—2005)》(下卷),第 884 页。

分重点学科达到或接近世界先进水平，基本具备了冲击世界一流水平的基础和条件。1995年5月国家实施科教兴国战略，经济建设、社会发展转向依靠科技进步和提高劳动者素质。国家不断增加对科学技术和教育的投入。上海交大抓住机遇，勇担重任，积极承接国家重要的教育和科技攻关项目，各项事业得到了长足发展。“985工程”是迄今支持强度最大的高等教育建设工程。上海交大全校上下万众一心、抢抓机遇、克服困难，成为国家首批“985工程”建设的九所大学之一，获得了国家和上海市持续的重点建设经费投入。通过“985工程”建设，上海交大在管理体制和运行机制创新、队伍建设、平台和基地建设、条件支撑和国际交流与合作等方面发生了历史性巨变。学校办学水平跃上更高台阶，进入了水平提升、快速发展的历史新阶段，与世界一流大学的差距大大缩小。

上海交通大学快速发展具有得天独厚的“地利”条件支撑。学校地处国家经济发展排头兵的上海，置身经济发达、交通便捷、人文荟萃的长江三角洲区位。优越的经济社会条件和国际化程度为学校的发展提供了有力的经济支持和发展环境。伴随着国家在高等教育领域的“211工程”和“985工程”建设，教育部和上海市先后签署“部市共建”两个协议，上海交大获得上海市的建设经费投入。2003年实施的《上海实施科教兴市战略行动纲要》为上海交大立足上海、服务上海、辐射全国提供了重大机遇。1999年上海市大力支持上海农学院并入上海交通大学，2005年又大力支持上海交通大学与上海第二医科大学强强合并，使上海交大向着世界一流大学的目标跨出了超常的步伐。

上海交通大学快速发展具备珍贵的“人和”条件支撑。20世纪90年代以来，上海交大瞩目的创新发展和与时俱进的累累成果，依靠的是学校党政领导班子集体智慧和坚强战斗力、识大体顾大局、高度团结的合作精神和行动，依靠的是各级干部无后顾之忧、义无反顾把交大事业搞上去、重振交大雄风的信心和决心；依靠的是广大师生员工“求真务实、努力拼搏、敢为人先、与日俱进”的精神品格和优良的校风、学风；依靠的是上下一股劲、拧成一股绳、力往一处使的实干精神。学校的发展也得益于国内外广大校友饮水思源的鼎力相助，得益于相关行业企业热忱期待的大力支持。

20世纪90年代以来，上海交大抓住了所有重大发展机遇。在学校党政领导带领下，各级干部和全校师生医务员工认真实践国家经济建设和教育事业大发展的每一次重大战略部署，遵循高等教育发展规律，科学处理规模、结构与质量的关系、重点突破和全面推进的关系、改革发展与稳定的关系等办学中的若干重大关系，实现了超常规、跨越式发展，创建世界一流大学的进程不断加快,综合性、研究型、国际化的世界一流大学格局基本形成。

“思源致远”,上海交大将恒心恒力,不断前行。

第二章
管理体制综合改革

第一节　改革的目标内涵及深化拓展

一、管理体制综合改革目标及内涵

1992年初，上海交大的改革与发展进一步深化。邓小平南方讲话似强劲东风席卷中国大地，交大人敢为人先、勇于开拓创新的精神得到了巨大的鼓励。学校决心抓住有利时机，进一步解放思想，突破难点，加快改革步伐。

党的十一届三中全会结束不久，学校高举改革开放的旗帜，在全国高教系统率先进行以劳动、人事、分配制度为核心的管理体制改革，打破了平均主义和"大锅饭"，释放了蕴藏在广大教职工身上的潜能，先后得到了邓小平等中央领导的肯定，成为高校管理体制改革的先进典型，学校也迎来了蓬勃发展的新时期。但随着改革的深入和学校的变化，不断产生的新问题限制和约束了学校各方面的继续发展，"机关中机构臃肿、服务质量不高、监督调控不力、工作效率低下；在分配上，一方面工资改革没跟上，另一方面工资外收入平均发放，使本已缩小的大锅饭又有扩大，削弱了分配的激励作用；闵行新校区初具规模，学习条件愈来愈好，学风也不错，但交通、子女教育、商业网点等还有待于进一步解决；新建的校办企业，管理混乱，效益不明显，缺乏后劲，学校自有资金的积累没有可靠的保证；多年来得不到解决的住房难，影响了教工的积极性和师资队伍建设,等等”。[①]

通过调研分析,学校所遇到的困难和问题具有综合性、系统性,因此深化改革需要对办学管理的方方面面作出整体性、全方位的系统考虑。这次改革应是管理体制综合改革,改革必须在遵循高等教育办学规律基础上,建立主动适应市场经济、富有活力和发展动力的新的办学体制与机制。着手改革,首先在制度和政策上解决深层次的机制性障碍。为此,学校在制订“八五”计划的同时,不断总结改革进程中的经验教训,正确分析学校现状,以积极稳妥的姿态,提出了学校“八五”期间以“学科建设为中心,全面推进教学、科研、管理(人事、机关、后勤、资产)的综合配套的改革方案”。[②]

1991 年初,国家教委开展高等学校校内管理体制改革的试点。6 月 18 日,学校向国家教委直属司上报了《上海交通大学管理体制综合改革方案请示报告》,要求列入第二批改革试点。

1992 年 1 月中旬,上海交大在南京召开的国家教委直属高校第二次咨询会议上做了有关上海交大管理体制综合改革方案的发言。在这次会议上,上海交大被国家教委确定为管理体制改革第二批试点单位。

当月,《上海交通大学管理体制综合改革方案》编制完成,并制定 8 项改革的试行办法,作为改革方案的附件,即《上海交通大学定编实施办法》《上海交通大学聘任制实施办法》《上海交通大学单位和个人评估考核实施办法》《上海交通大学分配制度改革实施办法》《上海交通大学加强师资队伍建设实施办法》《上海交通大学住房制度改革实施办法》以及《上海交通大学公费医疗制度改革实施办法》和《上海交通大学离退休辅助基金实施办法》。

2 月中旬—3 月中旬,学校召开校级领导和中层干部、教师参加的各种形式的座谈会 30 多次,参加人数 400 余人次,就管理体制综合改革方案统一认识,征求意见,提出要求。

3 月 20 日,学校召开管理体制综合改革动员大会。主会场设在大礼堂,另有 5 个分会场。参加会议的有全校正副教授、职工代表、民主党派负责人、工会干部、教代会代表、学科组组长和党支部书记以上干部共 2 500 余人。翁史烈校长在会上作题为《深化管理改革 提高办学水平》的报告。他强调“要牢牢把握改革的社会主义方向”,“关键在于转换运行机

① 翁史烈:《解放思想 深化改革 努力把上海交大办成第一流社会主义大学》(1992 年)。上交档:永久- 1709。

② 王宗光:《上海交通大学在改革开放中崛起》。载《真情岁月——任上海交大党委书记的体验》,上海交通大学出版社 2009 年版,第 6 页。

制”，“要苦练内功”，“狠抓学术水平，确保教学质量”。[①] 由于广大教师和职工对此极为关心，致使主会场爆满。翁校长报告过程中，时而全场鸦雀无声，时而大家围绕关心的热点议论纷纷，气氛相当热烈。

3月下旬—5月下旬，学校发动全校教职工认真讨论综合改革方案和八项试行办法，并且先后将科研、教学、实验室、校办产业四个校内管理文件正式公布执行。与此同时，校党委集中精力抓党代会的筹备。学校提出了“搞好综合改革迎接党代会召开”和“开好党代会深化综合改革”[②]的要求。

5月31日，第六次党代会闭幕后的第一天，党委就召开扩大会研究部署深化管理体制综合改革的工作。随后，由党政领导亲自组织和指挥，并由各分管领导组织力量，以争分夺秒的精神，深入调查研究，提出具体操作方案并付诸实施。

此次管理体制综合改革是上一轮管理体制改革的深化和拓展，是一场攻坚战，其指导思想和目标是：

1. 牢牢把握住改革的社会主义方向。保证改革有利于坚持四项基本原则，加强党的领导；有利于学校为社会主义现代化建设服务，培养社会主义事业建设者和接班人；有利于调动广大教职工的积极性和创造性，建设一支又红又专的教师队伍；有利于提高教学科研水平，探索办好具有中国特色的社会主义大学的道路。

2. 着力于转换运行机制。通过理顺体制、政策导向、思想教育和物质鼓励等措施，在组织领导方面健全科学决策机制，在经济管理方面形成自我积累机制。

3. 在外部条件还不十分完备的情况下，主要依靠学校自身的努力，通过苦练内功，突破深层次改革中的几个难点。

4. 通过教育、科研、管理三方面的综合改革，保证以提高水平为主要目标的“八五”计划的实现；力争使上海交通大学这所具有悠久历史和优良传统的高等学府，在她创建一百周年之际（1996年），成为具有中国特色的第一流的社会主义大学；为学校的建设与改革作出新的贡献。

概括起来是：坚持方向，转变机制，苦练内功，突破难点，提高水平，谱写新篇。[③]

---

① 翁史烈：《深化管理改革　提高办学水平》。载《高教研究》1992年第2期。

②《上海交通大学校内管理体制综合改革进展情况汇报》（1992年6月12日）。上交档：永久-1685。

③《上海交通大学管理体制综合改革方案》（1992年1月）。上交档：永久-1685。

本轮管理体制综合改革的主要内涵为转变"四项机制":即"健全科学决策机制""形成竞争机制""强化激励机制"以及"形成自我积累机制"。

健全科学决策机制,主要是"坚持党委领导下的校长负责制""正确贯彻民主集中制"以及"建立校领导述职评议制度"。

形成竞争机制,主要是"定编定岗。在职人员重新定编定岗;建立各种责任制;校部机关编制压缩10%";"择优聘用。实行自主聘用、择优上岗、聘余上交的聘任制";"逐级考核。建立包括部、处、系、所在内的单位评估体系以及包括校、系(所)、部、处各级领导和教学、科研、管理各类人员的考核办法";"建立文明办公制度;建立有主管校领导、基层单位负责人和服务对象代表参加的定期述职考评制度";"制订特殊政策,创造必要条件,实施拔尖人才促成计划、百名学科带头人支持计划、百名学科梯队苗子培养计划和吸引人才计划"。

强化激励机制,主要是"在国家工资改革方案未出台前,实行国家工资(含补贴)与校内津贴(含奖励)相结合的分配制度";"校内津贴包括岗位津贴、职龄津贴、实绩奖励、特殊津贴四部分";"设立特殊津贴,先在一部分对学校上水平起关键作用的硕士点以上学科的骨干教师实施特殊分配政策";"提高工龄工资标准";"校内津贴(含奖励)由校系二级共同承担,以校为主"。

形成自我积累机制,重点是"处理好加强学校调控与保持基层活力的关系、事业与企业的关系、行政性服务单位与经营性服务行业的关系。做到活而有序,整体与局部协调发展"。具体措施是"完善'三定一评'责任制中有关分级理财的规定,扩大'四技'收入。对多接大课题、高科技课题以及按规定时间完成课题并结清经费者,给予奖励;对于取得国家或省部级成果奖者,给予校内奖励";"理顺管理体制,发展校办科技产业";"统一管理,使经营性服务行业成为学校的一个稳定财源";"严格财务管理,堵塞经费外流"。①

在本轮管理体制综合改革进程中,学校通过转变机制,在人事、分配、机关、后勤、住房和校产等关系学校每个教职工切身利益的各个方面取得突破的同时,也有力推动了学科、师资、教学、科研等学校各方面工作的上水平。改革把广大教职工的主动性和积极性充分调动起来,为学校上高水平、出大效益,以及后一轮的大发展提供了坚实的思想、体制基础。

此轮管理体制综合改革是交大在教育经费仍然相当拮据的情况下进行的,这时期的改

---

①《上海交通大学管理体制综合改革方案》(1992年1月)。上交档:永久-1685。

革和建设是很艰苦的，但这段历程为学校“九五”期间，顺利进入“211 工程”建设和推进“985 工程”，抢到了时间，打下了基础，提前作了准备，使上海交大基本上抓住了后续的几个重大的发展机遇，顺利跨入 21 世纪。

二、深化人事分配制度改革

随着学校改革发展的深入展开，一系列新问题也逐渐显现，如“在分口管理、分级理财、搞活基层的同时，出现了某种程度的分散化倾向，影响了学校整体优势的发挥。在改变机关权限、强调服务职能上，缺乏监督机制，存在着服务不力的现象”；“在改革劳动人事制度、优化人员结构上，存在着富余人员难以安排的问题，阻碍了自主聘用、择优上岗的实现”；“在改革分配制度上，存在着教学、科研、管理等智力劳动成果难以准确测定以及一大块工资外收入近乎平均发放等问题，削弱了分配的激励作用”。[①]

（一）搞活机制

人事分配制度改革需解决的问题“就在于引入一种鼓励先进，鞭策后进的竞争机制”。具体来说，“就是通过定编、定岗、定责和精简不必要的机构，变隐性人员富余为显性人员聘余，并且把提高素质来适应岗位需要成为队伍内部自身的要求，再通过聘余人员的流动，实现择优上岗，优化人员结构，产生一种为了竞争岗位必须提高自身素质的自觉性”。[②]

1992 年 6 月 20 日，学校决定成立人力资源开发办公室（后改为人才交流中心），主要职能是“管理全校各类聘余人员，开辟新的就业渠道，组织转岗培训和各种劳务输出，促进人才交流”。[③] 同时，学校颁发《上海交通大学扩大人员流动和未聘人员管理办法（试行稿）》。《办法》以“保证全校总编制逐年减少”[④]为导向，开拓校内外、海内外劳务智力市场，扩展人员流动渠道，加速人员流动。《办法》规定，对于未聘人员，由校人才服务中心统一管理，并助其自谋职业和创造择业条件。此办法的出台，为学校安排富余人员提供了可行的依据，也为接下来的改革铺平了道路。

1994 年 9 月 20 日，学校召开 1994 年人事工作会议，明确人事工作改革的宏观思路是

---

① 《上海交通大学管理体制综合改革方案》（1992 年 1 月）。上交档：永久-1685。

② 王宗光：《关于上海交通大学管理体制综合改革方案的说明》（1992 年 1 月）。载《真情岁月——任上海交大党委书记的体验》，第 22 页。

③ 《上海交大报》第 688 期，1992 年 6 月 20 日。

④ 《上海交通大学扩大人员流动和未聘人员管理办法（试行稿）》（1993 年 6 月）。上交档：长期-5393。

“理顺体制、搞活机制、健全法制、提高师资、增加投资”,主要内容是“理顺系以下的管理体制,提倡以二级学科为基础建立研究所”;“进一步探索学院制”,“争取在1—2年内做好准备,全面推行学院制”;搞活“竞争机制”和“激励机制”,“激励手段主要还是住房、职称、工资和精神表彰四个方面”;“逐步完善和健全人事工作的多项规章制度”。这次会议提出“攀登、引凤、分流、管理四个计划”①等。

(二)机关改革

1993年和1998年,学校先后两次进行了机关改革。

1993年6月5日,学校颁发《上海交通大学一九九三年机关改革实施意见》。《意见》明确,机关改革的目标和原则是“在前段改革的基础上,进一步理顺关系,转变职能,精简人员,提高工作效率。人员编制在一九九二年精简的基础上,再平均削减25%。通过改革进一步放活院系办学主体的主动性和积极性;强化机关宏观和整体的协调与控制”。这次改革通过以下4个步骤予以保障:“通过理顺关系,确定机构”;“通过分流精简人员,减少‘皇粮’编制”;“通过四定一评,转变职能,提高效率”;“通过建立合理分配制度改善待遇”。②

这次机关改革的重点是实行“四定一评”。“四定一评”的具体内涵是:

四定是:定职能、定岗位、定编制、定工资津贴总额。一评是:评估管理水平,服务质量,工作效率,改革措施。

定职能——在管理职能方面,要按简政放权原则,努力实行职能转变,向院系办学实体放权。服务职能方面要坚持为教学科研第一线服务,为师生员工服务,推进学校整体工作上水平。

定岗位——本着一专多能、一人多岗的原则实行人员定岗,做到高效精简,形成柔性的操作运行机制。

定编制——以满负荷的原则,做到既有压力又有活力,不同机关确定不同编制数。

定工资津贴总额——参照院系三定一评办法,结合一九九三年度机关分配改革办法,以及按照单位的规模特点实行工资津贴总额承包。

评估——通过评估促进机关工作高效率、优质服务、上水平。③

① 谢绳武:《上海交通大学1994人事工作会议主报告》(1994年9月20日)。上交档:长期-5682。

② 《上海交通大学一九九三年机关改革实施意见》(1993年6月5日)。上交档:长期-5337。

③ 《上海交通大学一九九三年机关改革实施意见》(1993年6月5日)。上交档:长期-5337。

6月8日，学校颁发《上海交通大学机关干部聘任制实施办法(试行稿)》，对干部实行分批逐级聘任，按需择优上岗，剩余人员分流。“聘任期限，部处级干部原则上1—3年，科级及以下干部1—2年”。[①] 6月9日，学校颁布《上海交通大学校部机关干部定编实施办法(试行稿)》，规定“校机关干部总的编制人数精简25%，定编数为350人”，要求各单位岗位设置要根据“一岗多责、一专多能和满负荷的原则”确定。“一个部处单位一般设正职1名，副职1名，少于5人的只设正职或副职1名，15人以上的可设正职1名，副职2名，25人以上的，经批准可增加副职1名；科的建制由部处自定”，“实行岗位责任制”。[②] 10月14日，学校颁发《上海交通大学校部机关试行“四定一评”管理中关于“工资总额承包”的若干实施意见(讨论稿)》，并按照“按职责、岗位拉开差距”“十分重视工龄职龄”“重视实绩，重视贡献”“收入分配的总体水平要与社会机关人员、教师接轨”[③]就机关工作人员的分配方法做了相应的规定。

12月10日，学校召开全体机关干部会议。党委副书记徐凤云总结1993年机关改革取得的六方面收获，主要是“定编精简了人员，减少吃‘皇粮’的编制”，“精简了24.7%”；“引进了聘任机制，产生了竞争上进的动力”，“对33个部处的干部进行了重新聘任”；“加强内部管理，文明上岗，注意为基层服务”；“深入探索转换职能提出改革目标”；“人的精神面貌上自我‘加压’”；“对机关事业性收费及有偿服务情况进行了调查，基本摸清了情况，提出了进一步管理的办法”。[④]

1998年12月，学校启动新一轮的校部机关改革。学校明确这次改革的目标是“调整职能，整合机构，精简人员，提高效率”，[⑤]具体做法是“一、事企剥离，把非行政性管理功能和人员从机关中分离出去；二、以精简的原则按功能将机关总体机构设置重新整合；三、所有校部机关人员重新聘任上岗，试行校内人才市场。促进机关人员流动，试行机关干部聘用合同制”。[⑥]

配合这次校部机关改革，鼓励人员流动，创造竞争上岗环境，学校专门在校内开设人才市场，张榜公布各部、处及校内其他单位需招聘的岗位条件与岗位数。校部机关干部经年度考核合格后，每人填写岗位选择意见书，按序填写三个志愿，其中必须有两个志愿为非原部

---

① 《上海交通大学机关干部聘任制实施办法(试行稿)(1993年6月8日)。上交档:长期-5428。

② 《上海交通大学校部机关干部定编实施办法(试行稿)》(1993年6月9日)。上交档:长期-5428。

③ 王宗光:《关于学校机关改革的讲话》(1993年6月1日)。载《真情岁月——任上海交大党委书记的体验》，第48-49页。

④ 《徐凤云同志在1993年机关改革阶段总结会上的报告(摘要)》(1993年12月10日)。上交档:长期-5344。

⑤ 《上海交通大学机关改革实施方案》(1999年1月14日)。上交档:1998-DQ11-007。

⑥ 《上海交通大学纪事(1895—2005)(下卷)》，第1137页。

门岗位。各部门在聘任时,必须达到10%以上人员流动率。

1999年1月18日,校内人才市场在包兆龙图书馆正式开张。1月底,聘任工作基本结束。重新聘用上岗后,分流出来的机关人员有的继续在机关内部流动,有的流动到校外,有的进入企业化系统。为了保证改革的顺利进行,在反复调研、认真吸收兄弟院校改革经验的基础上,先后制定了《机关改革人员分流计划》《关于校机关改革各级干部聘任上岗的有关规定》《校部机关人员岗位聘任制暂行办法》《关于我校新从事业单位剥离的独立核算部门人员待遇的试行规定》《关于我校待岗人员生活待遇的有关规定》等一系列文件,指导改革。

改革取得了进一步成效。其一,机构设置过多问题获得明显改善。到1999年1月底,"校部机关机构从原有38个调整到21个,机关编制从588个减少到324个,正处岗位从35个减少到20个,副处岗位从60个减到42个"。[①] 其二,机关管理工作理念、作风、效率发生了显著的转变。校部机关自觉服务于院系,服务于师生员工,服务于学校上水平、创一流的大局。机关工作作风明显转变,竞争上岗,每个机关工作人员增强了危机感,机关工作效率大为提高。机构消肿,人员精简,管理职能进一步明晰,以事设岗,岗责分明。其三,在基本完成机构设置和人员聘任后,抓紧确立机关部处的工作任务,落实目标责任制,实现学校对机关部处负责干部的规范考核。与此同时,通过用工机制和分配机制的改革与完善考核制度相结合,使机关部处负责干部和管理人员增强了责任感和紧迫感,进而保证了服务教师、服务基层的活力,为学校上水平、创一流提供了良好的基础。

(三)院系体制和劳动工资改革

在机关改革的同时,院系体制和劳动工资改革也同时进行。1997年7月7日,学校颁布了《上海交通大学实施校、院、系(所)三级管理体制暂行条例(试行稿)》。《暂行条例》明确,"学院是在学校领导下的拥有相应权力的办学管理实体,负责本院的教学、科研、产业、学生、党建等各项工作;系(所)是学院下属的一级办学组织,在学院的领导下,集中精力搞好教学、科研、学科建设"。[②] 8月25日,学校发布《关于学校实施以院为实体的管理运行机制的通知》:"自一九九七年九月一日起,凡是成立学院的单位,除理学院外均实行以学院为实体的管理运行机制。"[③]

---

① 《上海交通大学纪事(1895—2005)》(下卷),第1137页。

② 《上海交通大学实施校、院、系(所)三级管理体制暂行条例(试行稿)》(1997年7月7日)。上交档:1997-DQ11-019。

③ 《关于学校实施以院为实体的管理运行机制的通知》(1997年8月25日)。上交档:1997-DQ11-019。

1997 年底，院系体制全面调整工作完成，学校由原来的 29 个系调整为 13 个学院、2 个直属系。启动和推进院为实体，从根本上说是为了抓联合、促发展、有规模、上水平，在学科建设、师资队伍建设、联合办学、科研合作、综合改革等方面均发挥学院整体活力。

院系体制调整同时，学校开始推进院系劳动工资改革方案的试点工作，实施院系工资总额动态包干与上水平目标全面挂钩，即试行将院系工资总额动态包干转为以院系上水平为目标，资源与任务挂钩的改革方案。

在 1997 年电子信息、电力、生命科学技术等 3 个学院试行目标与部分工资总额挂钩的基础上，校党委决定 1998 年度全校所有的院（系）实行目标任务与经费总额全面挂钩。这是学校对多年来以编制数为主要依据下达院系工资总额的做法进行的一次较大改革。这一改革的指导思想是"淡化编制，强化岗位，推进师资队伍与学科建设，促进院办学实体和教学、科研上水平"，其基本原则为"学校向院系下达的经费资源与院系承接任务的数量质量挂钩"。工资改革的具体操作办法："院（系）经费资源主要分两部分下达。第一部分由学校将教学、科研、管理的日常任务分别折算成本专科教学的标准课时数、研究生教学的标准折合数、科研标准指数、实验室管理指数和学生折合数后，再将学校拟投入教学、科研、管理的编制费总量分别按比例分解到每一个折合数或指数，即与本专科教学、研究生教学、科研、实验室管理以及学生管理和教职工管理的日常任务直接挂钩；第二部分经费资源由学校另行拨款，并由学校制订教学、科研、实验室管理工作上水平的年度目标任务与奖励办法，分别给予支持上水平的经费，年末根据考核情况拨给相应经费。各院系在承接学校下达经费总量的基础上，有权对不同岗位承担不同任务的教职工发放不同的工资津贴。"①

在资金不宽裕的情况下，学校挤出资金投入改革。1997 年试点时在 1996 年院（系）经费总额基础上增加投入 300 多万元，1998 年又增加投入 350 万元，1999 年根据项目增减变化及某些折算力度变化增加投入约 750 万元②。实践证明，改革淡化了编制概念，强化了用人的成本管理意识，促进了院（系）为提高队伍素质而重视人才流动和队伍的结构重组。同时，改革强化了广大教师完成工作任务和上水平的责任意识，调动了广大教师的积极性、主动性和进取性，从而更好地奖励先进、稳定骨干、增强凝聚力、提高教学质量和科研

---

① 《上海交通大学年鉴 1999》（总第三卷），上海交通大学出版社 1999 年版，第 127 页。

② 王宗光：《校内管理体制改革的若干探索》。载《上海交通大学年鉴 2000》（总第四卷），上海交通大学出版社 2000 年版，第 26 页。

水平。

（四）推进全员聘用制

进入21世纪后，学校又着手推进全员聘用制。作为过渡，2001年，学校推行职务聘任合同制。各学院(系)根据学科发展、队伍建设和教学、科研任务的需要，科学设岗，个人申请，按岗聘任。根据学科分类管理原则，成立学校教师职务和专业技术职务两个聘任委员会及30个聘任领导小组。两个聘任委员会下设理工类、文科类以及专业技术类三个工作委员会协助工作。校教师职务聘任委员会、专业技术职务聘任委员会负责教授及其他专业技术正高级职务的聘任以及副高级职务聘任的审定；各聘任领导小组具有相应系列副高级职务以下(含副高级职务)聘任权，并负责推荐拟聘正高级职务人员名单。学校对申报者的代表性论著、科研成果送审鉴定进行了改进，统一由人事处送审、取回，使鉴定结果更趋于公平、公正，具有参考依据。

经过几年的酝酿与完善，2006年，学校全面实施全员聘用制。此次人事改革以“稳定人才，吸引人才，建设高素质教师队伍，管理队伍和实验技术队伍”为目标，把“尊重历史，尊重现实，面向未来，谋求发展”作为改革原则，在“总量控制、合理设岗、择优聘用，合同管理”①的工作思路指导下开展工作。上半年，学校先后出台了《上海交通大学聘用合同制实施条例》《上海交通大学关于实施全员聘用方案的指导意见》《上海交通大学待岗人员管理办法》等文件。学校于7月12日—7月14日在青浦，8月15日—16日在莫干山分别召开了院(系)、直属单位和机关部、处两次人事组织干部会议，对人员聘用制改革中可能出现的问题进行讨论，统一思想，坚定信心。9月初，人事处下发了人手一册的《上海交通大学全员聘用文件汇编》。同时，根据国家相关规定和学校实际情况，人事处与各单位进行了多轮的编制、岗位数控制指标讨论，完成了全校各单位定编设岗的工作。按照聘用合同的签订程序，2006年12月25日，校长与各部门党政负责人签订了聘用合同。随后校领导授权各部门党政负责人与本部门其余人员签订聘用合同。此项工作于2006年12月底完成。

全面推进人员聘用制改革，实现学校在用人制度上的重大转变。通过聘用合同的签订，规范学校与教职工双方的行为，维护双方的合法权利，落实“单位人”向“社会人”的过渡。人员聘用制帮助教职工转变观念，淡化身份，明确岗位规范，加强聘期管理，真正激发教职工的工作热情，实现其自身价值。聘用合同签订的过程也有助于各单位进行岗位和人才的梳理和筛选，根据自身的发展规划，合理有效地利用好岗位数，改善各类人员结构，有利于学校形

---

① 《上海交通大学积极推进全员聘用合同制》。载《上海市教育委员会简报》第17期，2006年3月31日。

成合理的、可持续发展的师资队伍。

第二节 后勤、住房、校产改革

一、后勤社会化改革

后勤作为高校的基础性和保障性工作，是高等教育事业不可或缺的组成部分。随着我国高等教育事业的发展，学校建设规模不断扩大，后勤服务范围及需求日益增大，后勤服务队伍人员也日益庞大。一方面，高校办学经费严重不足，而后勤保障仍需要大量人、财、物的资源投入，使高校越来越不堪重负；另一方面，运行体制机制的问题，导致后勤服务效率及后勤人均劳动生产率低、服务质量差，难以满足服务对象的需求。如何转变机制、体制，进行后勤改革，提供优质服务，有力支撑高等教育的快速发展，已成为全国高校面临的新课题。

1985 年 5 月，中共中央颁布的《中共中央关于教育体制改革的决定》指出："高校后勤服务工作的改革，对于保证教育改革的顺利进行极为重要。改革的方向是实行社会化。学校所在地方的党政领导机关要把解决好这个问题的责任担当起来。"1993 年 2 月，中共中央、国务院颁布的《中国教育改革和发展纲要》再次明确提出："学校后勤应通过改革逐渐实现社会化。"

1994 年初，上海交大着手实施新一轮的后勤体制改革，目标为"全面实现后勤社会化"。[①]

1994—1998 年，是学校后勤改革的第一阶段，即后勤的准企业化改革阶段，主要以大包干形式进行后勤服务在核算、考核及管理等方面的机制改革，目的是通过改革，优化服务系统，提高运行效率，降低服务成本，适应学校发展需要。

1994 年 2 月 5 日，学校将徐汇、闵行、法华路三个校区的总务后勤合并归一，正式成立后勤工作管理委员会(简称后管会)，建立起了"小机关、大实体、多服务"的事企过渡运作模式。小机关即后管会，按照企业建制设置人事部、财务部、监检部、办公室，初步形成企业集团公司管理部门的雏形；服务实体按公益性服务、有偿服务及经营服务等不同性质，成立 9 个中心：徐汇校区有饮食服务中心、修建服务中心、生活服务中心，闵行校区有饮食服务中心、生

---

① 翁史烈：《抓联合 创效益 促发展 上水平 努力实现我校 1994 年七项目标——上海交大 1994 年工作要点》。上交档：永久-1769。

活服务中心、劳动技术服务中心,法华路分部有生活服务中心、公用事业中心和医教中心。后管会代表学校加强对整个后勤的宏观管理和调控,起到统筹规划、政策指导、组织协调、检查监控作用。学校对后管会进行大包干,各中心独立经济核算。后管会对各中心按企业化的管理模式,进行以任务、经费及工资奖金津贴总额包干为基础内容的经济责任总承包。

至1998年底,经过5年改革探索,取得显著成效。“后勤党员、干部、职工的市场经济意识加强,有了生存危机感,服务质量全面提高,并且取得了一定的成绩,服务质量满意率从改革前1993年的55%上升到73%;管理效率明显增长,管理成本和校拨经费大幅度降低,学校投入生活后勤运行经费从1993年占校总支出的8.9%下降到1999年的2.5%”。[①]

后勤改革虽然成效显著,但随着改革的深化,事企交叉管理模式越来越不适应社会化的要求,体制与机制不匹配的矛盾(人事聘用、干部政策、分配政策)日益突出。为此,根据学校第七次党代会关于“到本世纪末,要以企业化、产业化为目标,把我校后勤系统组建成相对独立的第三产业集团”[②]的目标,学校开始酝酿跨出后勤改革的更大步伐。

1998年12月15日,学校召开后勤部门负责干部会议,标志学校后勤改革的第二阶段启动,后勤向企业化、社会化方向发展。这个月,《上海交大深化后勤社会化改革方案》正式出台。

1999年,随着高等教育大规模扩招开始,从中央到地方各级领导对高校后勤社会化的力度不断加强,要求更加明确。1999年11月,第一次全国高校后勤社会化改革工作会议在上海召开,标志着全国高校后勤社会化改革实践全面启动,全国高校掀起一场后勤社会化改革热潮。同年,交大被列为上海市8个试点单位之一,以联办形式进入“上海高校后勤服务中心”。

学校抓住机遇,转变观念,加大改革力度和速度。这轮后勤改革,旨在“进一步转换体制及机制,事企剥离,系统转换,编制分开,挖掘潜力,减员增效,开拓市场,逐步与社会同行业接轨,建成面向市场、优质服务、效率优先、企业管理的社会化经济实体,继而成为第三产业集团”。[③]

这轮改革实现了甲乙方的规范分离。1999年1月,学校成立后勤保障处作为甲方,代表

① 《社会化——高校后勤改革的一场深刻革命——上海交通大学后勤改革纪实》。上交档:1999-XZ15-004。

② 王宗光:《抓住机遇 开拓进取 为创建世界一流大学而努力奋斗——在中共上海交通大学第七次代表大会上的报告》。上交档:1998-DQ11-047。

③ 《上海交大深化后勤社会化改革方案》(1998年12月)。上交档:1998-XZ15-004。

学校对后勤工作实施宏观行政管理，其主要职能是“宏观行政管理”“财务资产管理”“审计监控管理”及“综合服务管理”。10月，工商注册成立后勤发展有限公司。2000年3月，上海交大后勤集团正式成立代表乙方。集团下辖3个公司和2个中心：达通实业公司、后勤发展有限公司、思源实业有限公司、农学院后勤管理中心和公共事业服务中心。至此，学校后勤整体转制为名副其实的企业实体。后勤集团“与后勤保障处形成契约合同关系，集团下成立餐饮、修建、交通运输、物业管理、综合服务等行业化专业公司或实体，实行独立核算、自负盈亏、自主经营、自我发展，逐步过渡成为产权清晰、权责明确、政企分开、管理科学的真正现代企业集团”。后勤集团引进竞争机制，“实行全员聘用合同制”，同时，采用人性化管理办法，“原校事业编制的后勤职工人事关系统一转为校内企业编制，‘老人老办法、新人新办法’，学校档案内保留其事业性社会保障体系待遇（包括养老金、公积金、公费医疗、住房津贴及新出台政策）”。①

成立后勤集团是交大后勤社会化改革的重要步骤，目的是加速实现学校后勤管理模式与运行机制的根本转变，以专业化、企业化、集约化为发展方向，建立新型的高校后勤服务保障体系。这有利于学校合理调配使用自己的后勤资源，优化重组行业结构，提高后勤综合实力，为师生员工提供更优质服务。

2000年，学校参与承办的大学后勤社会化国际论坛在沪举行

此项改革达到了人事分离，减员增效；分配不与学校接轨，降低人员成本；资产清晰，实行全成本核算，逐年减少学校投入；提高服务技能，参与社会竞争；规范行业标准等效果。

2001年8月，上海交大教育服务产业投资管理（集团）有限公司（简称教服集团）工商注册成立。教服集团是依托交大、主要为我国高等教育事业

① 《上海交大深化后勤社会化改革方案》（1998年12月）。上交档：1998-XZ15-004。

提供后勤保障的新型经济实体。集团以原交大后勤集团为母体,由达通实业总公司、后勤发展有限公司、思源实业有限公司等三个独立的法人实体和农学院后勤管理服务中心、公共事业服务中心两个服务中心组成。主要经营范围为宾馆接待、餐饮、物业管理、交通运输、修建装潢、园林绿化、医疗保健、幼儿教育等后勤综合服务。公司立足高校,按照校园经济及校园消费市场不同层次的特点,通过有效的资源调配和资本运作,实现行业重组,形成服务互动,最大限度地满足高等教育事业日益增长的后勤保障需求。

教服集团的成立,将市场经营从学校后勤服务体系中剥离出来,参与社会市场竞争,拓宽校外市场,通过校校合作、校企联营,在社会市场中形成独树一帜的高校后勤服务产业集团,建立起一个新型的社会化、市场化、专业化服务体系,使高校的后勤真正走向社会。教服集团是在后勤社会化改革的历史大潮下由后勤集团衍生设立,与后勤集团"两块牌子、一套班子",以校外市场的盈利作为校内低价优质服务的补充,其运作方式使后勤实体在服务于校内市场的同时,不断开拓社会市场和现代服务行业,为实现后勤可持续发展打下坚实基础。

上海交大在高校后勤改革中,解放思想,深化改革,产生了许多亮点,如:1996 年和 1998 年,学校的金秋菊花展两次获得上海市教育系统菊花展一等奖;1997 年,全国高校第一家自助洗衣店在交大开张营业;1998 年 4 月,上海高校第一家教育超市在交大开张营业;1998 年 5 月,上海高校新型学生公寓的第一根桩基在交大闵行校区打下,这是吸引外来资金投资建设的总面积 35 000 平方米的第一批后勤社会化改革学生公寓;1999 年 9 月,上海高校第一批新型学生公寓在闵行校区全面竣工,并于 11 月率先于全市高校达到全体学生住进修缮一新的四人间;1999 年 10 月,上海市第一家高校后勤的注册法人企业上海交大后勤发展有限公司成立,突破后勤的行政事业色彩,成为后勤服务走出校园、走向社会的全新载体。

1999 年 11 月 1 日,中共中央政治局常委、国务院副总理李岚清在教育部部长陈至立,上海市委副书记龚学平,校领导王宗光、谢绳武等陪同下,视察了闵行校区新建的学生公寓、教育超市和小吃广场,对学校及上海高校后勤社会化改革取得的成绩给予高度赞许。

2002 年 12 月,由后勤系统自筹资金建造的总建筑面积 14 000 平方米的后勤大楼(达通广场)在徐汇校区西北角竣工。

学校后勤社会化改革,打破了传统的"学校办后勤"理念,改变了后勤服务的传统体制与模式,后勤服务设施、基础条件、后勤运行效率、保障能力和服务质量得到极大改善。员工队伍思想观念和素质显著转变，逐渐增强了服务意识、职业意识、成本意识、竞争意识，不断提升服务技能水平；安置因学校征地而进校工作的800名征地职工到后勤工作，为学校的稳定发展做出了重大贡献；后勤的事业编制职工从1998年的1 500名下降至2006年的692名，节省出近800个事业编制，为学校人才引进腾出了空间；后勤内部管理的企业化模式全面建立。

1994—2006年的十余年间，学校占地扩大了1倍多，校舍建筑总面积扩大了1倍多，在校学生从1万多增加到4万多人。在学校跨越式发展过程中，对后勤服务保障支撑的要求越来越高，但学校后勤坚持积极的改革实践探索，坚持"师生至上，服务第一"的宗旨，为师生提供高水平的服务，为学校的建设和发展提供了更为坚实的后勤保障。

二、住房制度改革

如何为教职工解决住房是学校办学中长期面临的问题，关系到教职工切身利益，是稳定教师队伍、构筑人才高地、建设一流大学的重要保障。

上海交大教职工住房长期以来实行学校自建、自行分配和自行管理的制度。住房分配主要依据教职工家庭人均居住面积、职称、职务、工龄、年龄等因素积分排队的实物福利性分配。由于办学经费短缺，学校的住房建设不能满足教师职称正常晋升后达到最低标准的需要。20世纪80年代后，学校必须集中有限建设资金投入闵行新校园的开发建设，同时学校办学规模进一步发展，教职工队伍迅速扩大，长期积累造成教职工住房欠账过多，住房问题成为影响学校发展和上水平的"瓶颈"。根据教育部1997年统计资料，与清华、北大、复旦、西安交大、南大、浙大等六所高校相比，上海交大教职工人均住宅建筑面积是最低的。以1999年为例，学校的住房标准是：高级职称75平方米，中级职称56平方米，初级职称42平方米(均指建筑面积)，实际上还有很多教师、干部、员工未能达标。教师无法安居，影响师资队伍的稳定。

学校深谙安居才能乐业的道理，下决心进行住房制度改革，在建房和分房两个方面入手，以改革为抓手，转变观念，拓展思路，调动各种积极因素，调集各类资源，克服困难，努力解决教职工住房问题，决心不把制约学校发展的住房"瓶颈"带入21世纪。

1992年，学校制定了《上海交通大学"八五"教工住房基建调整方案》，确定"八五"期间"建房6—7万平方米"，其中"徐汇校区确保2.7万平方米，力争3万平方米的目标”。[①]

同时,学校积极推进住房分配制度改革,本着国家为主、集体支持、个人分担相结合的“三个一点”原则,积极筹措建房资金。学校制订了《上海交通大学筹措住房建设资金细则》,对住房建设基金的募集、管理和使用作了具体的规定;制订了《上海交通大学住房制度改革实施办法》,提出了住房购买、有偿分配和单位集资等举措,积极拓展住房建设资金的筹措渠道。对引进人才和奖励也做了相应的规定,发挥住房分配对学校上水平的促进作用。《实施办法》包括以下五项基本内容:①“买房给优惠”。规定学校新建住房及套出的自管独用成套住房均可出售给教职工,并规定每批出售新房不少于总房源的20%。②“实行住房有偿分配”。规定每次新建住房的35%作为有偿分配。③“向单位集体筹资”。规定新分到住房的教职工所在单位(或配偶所在单位)从自有预算外资金(发展资金、福利基金、奖励基金)中缴纳一定比例的建房资金。④规定“住房分配向闵行校区倾斜,向对交大发展作出贡献人员倾斜,向中青年教职工倾斜”。规定“新住房50%按住房困难程度积分排队分配,35%作有偿分配用房,10%作引进国内外人才用房,5%作对有突出贡献人员奖励用房”。⑤“设立交大住房建设基金”。[②]

1993年,学校根据国务院文件规定,作为上海市“已租公有住房出售”的首批试点单位,对已租住本校住房的住户,按市政府文件规定出售住房“共1 541套,计8.6万平方米”。[③] 自此,学校多数教职工拥有了自有产权的居住房屋,进入了“自有、自住、自管”住房新体制,同时学校回收了一批资金。年底学校利用回收的售房款,在钦州北路885弄参建住宅两幢,计72套,6 000余平方米;通过改造翻修,在番禺路875弄建成住宅100套,4 600余平方米;在法华路校区内新建56套住宅,2 800余平方米。1994年、1995年,学校作为“瓶颈用房”将上述住房分配给各类办学骨干及引进人才,努力使有限的住房资源发挥更大的办学效益。

然而,主要依靠国家投资、学校自建住房、实物福利分配住房的制度仍然未能从根本上改变困境,学校教职工住房问题依然十分严峻。

1994年初,学校组织房改政策研究小组,探索住房分配机制转换,解决教职工住房问题。他们认真学习《国务院关于深化城镇住房制度改革的决定》,对我国经济体制向市场经

---

① 《上海交通大学“八五”教工住房基建调整方案》。上交档:永久-1709。

② 《上海交通大学住房制度改革实施办法》(1992年11月13日)。上交档:长期-5393。

③ 《上海交通大学志》,上海交通大学出版社1996年版,第592页。

济转轨形势下高等学校住房建设和分配进行了研究和探索，提出了“住房商品化、货币化”[①]改革目标，拟定了《上海交通大学住房津贴实施办法(讨论稿)》。该实施办法于1995年5月三届三次教代会上获得同意，并被要求进一步修改完善后授权常任主席团审议通过。

经三届三次教代会决议，并请示国家教委同意，学校通过南洋房产公司将自建的虹桥路60号约1万平方米高层住宅与龙华西路、姚虹西路的2万平方米多层住宅进行置换，获得更多房源，解决更多教职工的住房困难。

1996年1月31日，学校在六届十次党委全会上提出住房改革的基本思路：“一是加速福利型分房向货币化方向发展；二是加大住房建设力度；三是住房政策要作为稳定骨干队伍的有利杠杆。”[②]

围绕这一基本思路，学校责成方案起草小组广泛听取各院系、各部门、各类教职工意见，研究住房货币化分配的可操作性措施，研究教职工住房市场化带来的相关问题和对策。学校对住房改革方案进行了多次讨论和审议，最终形成了《上海交通大学教职工公寓使用和管理条例》《上海交通大学单身教职工公寓使用和管理条例》《上海交通大学教职工优惠购房和有偿分房实施办法》《上海交通大学教职工住房准货币化分配试行办法》《上海交通大学住房奖励津贴管理条例》《上海交通大学教职工贷款购房实施办法》和《住房储蓄基金操作细则》等七个文件，在1998年1月21日第三届教代会常任主席团扩大会议上通过。

《上海交通大学教职工优惠购房和有偿分房实施办法》规定“自1998年1月起取消住房实物分配办法”，[③]住房改革跨出了转折性的一大步。

《上海交通大学教职工住房准货币化分配试行办法》规定，“自1998年1月1日起学校为本校教职工设立‘教职工住房储蓄基金’，教职工住房储蓄基金由学校发放的‘住房津贴’和教职工本人缴交的‘住房储蓄金’两部分组成”；“学校发放的住房津贴分为‘基本津贴’和‘奖励津贴’”；“住房基本津贴仅对在职教职工发放，按月计算和存储。其额度不低于教职工工资总额的10%”；“住房储蓄金按教职工工资总额10%在本人工资中按月扣存”，[④]并对于

---

① 《上海交通大学发展规划及实施方案——“211工程”论证报告之一》(1994年10月)。上交档：1996-DQ11-028。

② 王宗光：《认清形势　自我加压　开拓进取　务求实效　全面推进上水平出效益》(1996年1月31日)。上交档：1996-DQ11-009

③ 《上海交通大学教职工优惠购房和有偿分房实施办法》，由校房产处提供。

④ 《上海交通大学教职工住房准货币化分配试行办法》，由校房产处提供。

1997年以前进校而住房分配未"达标"的教职工,规定以"一次性购房补贴款"予以补偿,该补贴款额度与该教职工住房情况、分房积分、校龄等因素相关。

《上海交通大学住房奖励津贴管理条例》规定,奖励津贴是为"增强住房分配对于办学的激励作用"而设立,主要用于"引进的院士、博士生导师等专业技术人才"以及"在教学、科研等办学岗位上有突出贡献的在职教职工"。[①] 该《奖励津贴管理条例》还规定了住房奖励津贴发放额度、管理机构和支付方式。

《上海交通大学教职工贷款购房实施办法》所指的"购房贷款"是在政府规定的住房公积金贷款外由学校在建设银行设立的资金,目的是进一步提高教职工购房能力,鼓励教职工"使用明天的收入居住今天的住房",加快住房解困的步伐。上述房改办法出台的当年,就有144户教职工家庭通过上述方式改善了居住条件,学校出资补贴近300万元。

学校十分重视教职工公寓的建设、使用和管理,通过自建、合作、购买和"筒子楼"[②]改建等途径,在徐汇和闵行校区设立教职工公寓。《上海交通大学教职工公寓使用和管理条例》较好地解决了青年教师和引进人才临时居住的需求。教职工公寓为学校资产,由学校分配和管理,能够确保学校住房资源不因人才流动而流失。学校坚持只设教职工单身公寓,只允许在校外建筒子楼,在满足青年教职工居住需求的同时有效地保障了校园教学科研的良好环境。

在加大住房建设、理顺住房分配体制的同时,学校抓住当时房产市场低迷、政府出台"消化存量房"政策的机遇,在上海市住宅发展局的组织下,适时与上海市中星集团、中环集团和住友集团合作,引进价值1.5亿元成本价住房,并成立了上海市住宅科技投资股份有限公司,学校以消化"存量房"的业绩获得该公司10%(1 500万元)的股权。学校由此获得钦州路840号高层和古美二街坊(莲花路525弄)共计322套房源,其中60套一室一厅住房作为博士后公寓使用,其余262套房源按照学校制定的《上海交通大学优惠购买我校与市住宅发展局合作住房实施细则》,供各类办学骨干以成本价购买,房价的30%由学校补贴。教职工购房均兑现了学校"一次性补贴"。该批住房的引入,较好地解决了一大批办学骨干的住房需求。

此后,学校继续通过市场争取批量购房的房源,得到长春新苑、明辉苑、书香公寓等处住

---

① 《上海交通大学住房奖励津贴管理条例》,由校房产处提供。

② 又称兵营式建筑,一条长走廊串连着许多个单间,每个单间大约为十几个平方米的面积,厨房卫生同层楼共用,是20世纪七八十年代中国企事业单位住房分配资源紧张下的产物。

宅，开发商以低于市场价供交大教职工购买。与此同时，学校还利用闵行校区土地资源自建住房，按建造成本价出售给教职工。除了争取房源供教职工购买外，学校则鼓励更多的教职员工直接购买社会上的商品房。

为了保障房改政策的全面施行，1999 年，学校加大力度，在“985 工程”中设立了“安居工程”子项目，投入 2 个亿，推动落实住房补贴，以帮助更多教职工面向市场购房，同时进一步扩大校内公寓建设。当时上海的房价正处于低位，一大批教职工抓住时机，利用学校提供的购房补贴款作为首付，住房从解困到改善。据房地产处统计，“安居工程自从 1998 年实施以来，至 1999 年底，我校已有近 1 000 名教职工解决了住房困难，其中 45%以上教职工是购买由学校集中联系或组织建造房源”。[①]

实行住房准货币化分配，把住房建设投资由国家、单位统包的体制改变为国家、单位、个人三者合理负担的体制；把各单位建设、分配、维修、管理住房的体制改变为社会化、专业化运行的体制；把住房实物福利分配的方式改变为按劳分配为主的货币工资分配方式。这一改革顺应了我国社会主义市场经济改革和发展的形势，有利于学校办学资源合理分配和使用，有利于学校集中精力办学和上水平。广大教职工改变了等待学校分房的传统观念，逐步确立了向社会购房的新理念。

2000 年，通过总结前阶段住房准货币化改革的经验，并结合国家房改货币化政策出台，学校对《上海交通大学教职工住房准货币化分配试行办法》进行了修改，正式颁布《上海交通大学住房改革（货币化）方案（试行）》。《方案》明确“自 1998 年元月起，停止住房实物分配，实行住房分配货币化”，“1997 年 12 月 31 日之前，住房建筑面积未达到（当时职称、职级和婚姻状况）标准的各院（系）、校部机关、直属单位中目前在编在岗的人员（含 1997 年 12 月 31 日之前，保留学校事业编制在校办企业工作的人员），为解决、改善住房困难购买住房时，学校给予一次性住房补贴，并于购买住房时支付。原学校对教职工发放的住房基本津贴（工资总额 10%）停止实行”。[②] 一次性住房补贴额的计算方法为：学校按住房未达标部分建筑面积每平方米 800 元计算。学校教职工住房建筑面积仍按下列标准执行：高级职称（含副高级职称）为 75 平方米；单身教职工为 42 平方米；其余教职工为 56 平方米。

---

① 数据来源：上海交大房产处。

② 《上海交通大学住房改革（货币化）方案》（2000 年 6 月 26 日）。上交档：2000 - XZ11 - 035。

此前,学校还出台了《上海交通大学新进人员住房津贴若干配套政策(试行稿)》,对1998年1月1日后进校的新进人员的住房津贴做了规定:“住房津贴分别为本科200元/月,硕士、中级职称500元/月,博士800元/月,博士后或副教授1 000元/月,教授1 200元/月,博士生导师1 400元/月。校内特聘教授1 800元/月,‘长江学者’2 500元/月,院士4 000元/月;津贴按合同期逐月发放,总计可发放10年。”[①]

《上海交通大学住房改革(货币化)方案(试行)》和《上海交通大学新进人员住房津贴若干配套政策(试行稿)》的制订和实施,标志着学校的住房分配从准货币化转变为货币化,广大教工自此开始走上了面向商品市场货币化购房的新路。

2001年6月,国家教育部为保护和鼓励上海交大住房货币化改革的积极性,考虑学校原定住房标准偏低的实际情况,同意给予8 000万元的住房补助资金。

后来随着上海房价不断上涨,对教职员工的住房建筑面积标准及补贴额度相应有所提高。2003年,学校又酝酿并规划资金来源推出第二轮货币化改革方案,重点解决离退休教工的住房补贴,尤其是早期离退休教工可以分批先期兑现补贴。学校提高了住房补贴标准,并加大了新进人员的住房补贴。2003年12月24日,四届五次教代会通过了《上海交通大学住房制度改革补充办法》。《办法》把学校教职员工分为离休干部、退休干部、在职人员和新进人员四部分,按不同标准进行补贴。

住房的货币化改革,从根本上转变了全校教职工住房分配实物化的观念,摆脱了“要住房,找学校”的传统模式。大部分教师、干部和职工抓住机遇,解了燃眉之急,住房困难得以解决,并逐步过上了体面的生活。这些为上海交大广引国内外优秀人才创造了良好环境,更为稳定地建设一支高水平的师资队伍提供了坚强后盾。

三、校办产业改革

20世纪90年代初期,在社会主义市场经济兴起的热潮下,有些教职员工跃跃欲试,寻机“下海”创业。学校在科技成果转化、产业开发、实现人员分流、产业创收反馈学校补充办学经费不足等方面作了一定尝试,有一定成绩,但“在服务性事业单位实行企业化管理以及兴办科技企业上,出现了事业与企业不分、重创收轻服务和上缴学校甚少等问题,不同程度地

---

① 《上海交通大学新进人员住房津贴若干配套政策(试行稿)》(2000年5月29日)。上交档:2000-XZ11-035。

侵蚀着学校的权益，影响了学校财力的集聚”。[①]

为了让校办企业健康成长，学校坚持通过改革，按市场经济基本规则促使校产逐步走上企业发展轨道。学校首先要做的就是把校办企业的经营权同所有权分离开来，并真正实现学校对企业的宏观管理与企业的自主经营、企业人员的分配与效益挂钩，通过“一脱一挂”，来规范企业的行为，做到“活”与“管”的统一。

1992年4月22日，学校印发《校办科技产业管理办法和有关政策》，对企业的利润分配、工资总额与经济效益挂钩、企业成本管理、“四技”服务项目的管理等都作了具体规定。该文件在贴息贷款、利润分配、住房等方面制订奖励政策，鼓励学校的科技成果转让给校办企业和校办企业努力开发新产品，还对企业经营者（厂长、总经理）和其他领导班子成员的年收入与完成承包经营业绩挂钩做了规定。1993年5月19日，学校颁布《校办科技产业有关政策的补充规定》，鼓励学校的科研成果应尽快在校内外产业转化。

1995年4月24日，学校召开校办科技产业工作会议，要求校办科技产业理顺体制、规范管理、加速发展。会议要求，校办企业应支持学校的办学经费，并遵循“事企分开、以市场为导向、自负盈亏、合理分流人员”[②]等基本思路和原则。

此后数年，学校“全面推行现代企业制度，尽快完成校内公司改制，实现产权明晰和投资多元化”，并实施“改革校产体制”“改变公司机制”“重塑校产形象”“加强监督管理”“完善考评体系”[③]等举措。

1997年12月17日，上海交大企业管理中心成立。中心以资产为纽带，积极开展资本经营，参与区域经济，开展了多项投资项目。

1998年12月，为加强学校对校办产业的管理，促进企业间的专业化协作，实现国有资产的保值增值，学校成立上海交大产业集团和上海交大产业投资管理（集团）有限公司。上海交大产业投资管理（集团）有限公司注册资本2亿元人民币。

上海交大产业集团是以资产为纽带，由学校控股或参股的企业组成的经济联合体，以期站在全局的高度，充分利用学校在高层次创新人才和科研产品开发实力的综合优势，在促进校内企业的专业化协作和大力推进高科技成果的产业化两方面起“龙头”作用。上海交大产业投资管理（集团）有限公司是产业集团的核心企业，是具有独立法人资格的有限责任公司，

---

① 《上海交通大学管理体制综合改革方案》（1992年1月）。上交档：永久－1685。

② 李润培：《理顺体制　规范管理　加速我校科技产业的发展》。载《上海交大高教研究》1995年第2期。

③ 《当前上海交大校产发展的若干举措》。上交档：1997－XZ17－003。

授权管理学校参股、控股企业。它通过科学管理和资产运作,逐步建立并完善学校校产资本出资人制度和现代企业法人财产制度,确保学校资产的保值、增值。其重点是以资产经营的重组,寻找和孵化高科技成果为“突破口”,实现“产学研”与市场经济的接轨。

为规范交大科技企业的管理,实现企业管理科学化、法制化,2000年7月,产业集团理事会决定集团内部进行体制改革。上海交大产业集团、上海交大产业投资管理(集团)有限公司和上海交大企业管理中心正式施行三块牌子一套班子运转模式,按《公司法》来规范企业运作,形成了以股权关系为纽带,由多个法人实体组成的综合性企业集团。集团下设综合部、企管部、发展规划部、监审部、结算中心、财务部、工程部。集团扩大对外投资项目,组建多家高新技术项目公司,加快交大科技园区的建设经营,加强企业管理,并进行企业资产清理、整合、重组,完成改制,提升企业核心竞争力。

经过改革调整,学校产业规模有所扩大。1992年学校校产“产值5 917万元,利润1 109万元,上交学校433万元”。① 到2006年底,“集团公司总资产17亿元,净资产7.8亿元,所属企业(持股20%以上)科研经费达1.6亿元”。②

上海交大产业集团旗下的骨干企业有:

南洋国际实业股份有限公司,其前身是1983年成立的南洋国际技术公司。1992年12月校党政领导抓住发展股份制的新机遇,将原有的南洋国际技术公司改为股份制的南洋国际实业股份公司,通过发行股票,筹集了1亿多元资金。次年6月在上海证券交易所挂牌上市。南洋公司依托学校在科研、教育、人才和信息方面的优势,探索高科技成果产业化的道路。

上海交大昂立股份有限公司。公司始于1990年,由学校与上海茸北工贸实业总公司共同投资36万元创办上海昂立食品厂,将微生态活菌制剂运用于保健食品,研制生产出昂立1号,行销全国。1997年底,在吸纳大众出租、新路达集团等新股东加盟后,昂立改组为国内保健品行业第一家发起式股份制公司,开拓出高校知识资本和社会资本相结合的发展新路。2001年,公司正式上市,成为一家主要从事现代生物医药与保健食品研发、生产和营销的现代高科技企业,相继开发昂立系列产品。

上海申通国际科技公司是上海交大的全资企业,成立于1992年10月,是具有独立法人资格,集科、工、贸为一体的全民所有制企业。公司由直属的全资、合资、合作及境内外两部

---

①《上海交通大学志》,第522页。

②《上海交通大学年鉴2007》(总第十一卷),上海交通大学出版社2007年版,第225页。

分子公司组成。公司依靠上海交大的科技实力和人才优势，先后与美国、日本等国内外有关高科技企业合作，在造船、电脑系统的设计与开发、计算机网络系统、高分辨率电视系统、工业用密封材料等多领域取得成果。公司在完成上海交大淮海西路土地批租开发项目后于2004年歇业。

1992年，交大为了盘活徐汇校区土地存量，抓住上海市实施对外土地批租政策的机遇，意图通过土地批租项目的开发成功为交大争取显著效益。经国家教委批准："同意你校徐汇老校区靠近淮海西路边的约十亩土地，通过外资批租办法进行开发。"[①]1994年3月18日经上海市人民政府批准，由上海申通国际科技公司与香港华旭有限公司共同出资成立上海申通物业发展有限公司。翁史烈校长任上海申通物业发展有限公司法人代表、董事长，校长助理陈海涛任副董事长兼总经理。经积极开拓努力争取，基本上利用外来资金解决了土地批租、市政配套、建筑设计建造等的投入。1998年，一幢集会议、展览、办公等于一体的现代化、多功能、智能化的综合大楼——"申通广场"落成。

1994年5月4日，申通广场奠基仪式举行

① 《关于〈开发'淮海西路'项目加速改造与发展上海交大徐汇校区建设的请示报告〉的批复》，1992年12月17日，上交档：长期-5107。

1999 年 1 月,上海申通物业发展有限公司与上海交大产业投资管理集团有限公司签署了《关于申通广场部分楼面产权分割和申通物业银行债务转移的协议书》,交大得到了 2.7 万平方米资产,成为交大校产事业可持续发展的重要基础。

第三章
学科与师资队伍建设

第一节　学科建设与院系发展

一、加强重点学科建设

我国的重点学科是国家根据发展战略与重大需求择优确定并重点建设的，是培养创新人才、开展科学研究的重要基地，在高等教育学科体系中居于骨干和引领地位。国家教育委员会于 1987 年 8 月 12 日发布了《国家教育委员会关于做好评选高等学校重点学科申报工作的通知》，决定开展高等学校重点学科评选工作。根据通知精神，重点学科的门类要比较齐全，科类结构比例和布局应力求合理，要有利于促进学科间的横向联合，逐步形成高校科研优势。重点学科点应承担教学、科研双重任务，逐步做到自主地、持续地培养与国际水平大体相当的博士、硕士、学士；能够进行较高水平的科学研究，解决"四化"建设中重要的科学技术问题、理论问题和实际问题，能为国家重大决策提供科学根据，为开拓新的学术领域、促进学科发展作出较大贡献。

在此次重点学科评选中，1988 年上海交大 8 个学科被批准入选，即振动冲击噪声、金属材料及热处理、热力涡轮机械、通信与电子系统、自动控制理论及应用、模式识别与智能控制、船舶与海洋工程结构力学、船舶与海洋工程流体力学等。

1993年,学校新一届党政领导班子确立了"突出重点,狠抓水平,建设一流大学"的学科发展指导思想,并制定了学科建设基本思路的54字方针,即"强化带头学科,改造传统学科,加强集中统一,促进纵横交叉,稳住基础,发展急需,分层次地建设学科梯队,有步骤地改革学科管理体制"。[①]

1994年1月,学校党委召开六届五次扩大会议。会议强调:"学校内部在优化二级学科及大学科建设同时,要十分重视学科交叉、学科界面上的合作联合,可以组成以学院、研究院等形式或依托工程中心等捏成拳头打出去,对外寻找机遇,或是联合产业集团,或是进入重大工程,搞大项目、搞联合发展。"[②]根据会议精神,学校1994年工作重点强调"要发扬全校一盘棋的精神,努力促进学科拓展、增新和合纵连横,逐步形成新的学科布局","拓展——对现有老学科专业进行改造,瞄准市场经济的主战场和高科技发展新趋势,打破学科界限,进行交叉和渗透,拓展学科领域,派生出新学科专业";"增新——抓住为地方经济建设服务的机遇,从学校办学条件实际出发,探索联合办学的路子,增设若干以第三产业为主要内容的学科专业";"合纵连横——以我校新老学科的综合优势为基础,加强集中与联合,将分散在不同院系所中的相同学科进行统一管理,变分散抵消为群体合力,组成若干个大学科委员会(或学科群和研究院),以项目求联合,以研究大课题、完成大项目、开发新产业为契机,合纵连横发挥学科群的综合优势"。[③]

1994年10月,学校以申请进入国家"211工程"为契机,根据既有基础,结合国家和上海的需要,遵循突出重点、分步建设方针,提出至2000年学科项目建设计划:首先,"分两批对现有8个国家级重点学科进行加强、拓展,尽快使它们在整体上达到或接近国际同类学科先进水平";其次,"重点建设8个以一个二级学科为核心的学科群。它们是金属塑性加工(机械、电子、材料综合学科群)、复合材料(先进材料学科群)、先进制造技术(CIMS、机器人、CIPS、微器件与微机械加工等学科群)、计算机软件(计算机科学和技术学科群)、汽车设计制造(汽车科学与工程学科群)、电厂热能动力工程(能源与环境学科群)、生物医学工程及仪器(医疗器械及保健工程学科群)、管理工程(企业与经济管理及系统工程学科群)";第三,"重点建设9个学科,使下列8个学科由博士点晋升为国家级重点学科或由硕士点晋升为博士

① 《上海交大1993—1994学年第一学期工作要点》。上交档:永久-1718。

② 王宗光:《以建设有中国特色社会主义理论为指导 拓展思路 团结奋进 开创交大工作新局面——在中共上海交通大学委员会六届五次全会扩大会议上的讲话》(1994年1月15日)。上交档:永久-1769。

③ 翁史烈:《抓联合 创效益 促发展 上水平 努力实现我校1994年七项目标——上海交大1994年工作要点》。上交档:永久-1769。

点:机械制造、电路与系统、流体力学、光学、语言学与应用语言学、反应堆工程和反应堆安全、应用数学、精细化工;使'马克思主义理论教育'学科有较大发展"。[1]

1997 年 1 月 24 日,国家计委就上海交通大学"211 工程"建设项目可行性研究报告作了批复,明确上海交通大学"211 工程"建设中的重点学科建设为高速信息网工程、先进机械制造技术、船舶与海洋工程、动力工程与能源利用、复杂系统控制理论及应用、先进复合材料及耐高温金属材料等 6 个学科或学科群建设项目。经过"九五"建设,这些学科总体水平得到很大提高,竣工验收时均达到国家重点学科水平和接近世界一流水平。

例如,高速信息网工程项目主要建设内容包括扩建区域光纤通信网与新型光通信国家重点实验室、扩建远程协作通信实验室、建立无线通信与卫星通信实验室、网络优化及高速计算实验室等四个子项目。项目建设取得的标志性成果有"数字高清晰度电视(HDTV)被评为 1998 年中国十大科技进展之一;全光通信试验网(863 - 317)技术被应用于上海科技网;第三代移动通信信道编译码技术;深亚微米集成电路设计技术被评为 2000 年教育部十大科技进展之一"。[2] 验收专家组评价:"'通信与信息系统''电磁场与微波技术''电路与系统'形成了鲜明的学科特色,居国内领先地位,有的方向接近和达到了国际先进水平;'数字电视与图像通信实验室''远程协作通信实验室'为申请国家重点实验室打下了基础。"[3]

先进机械制造技术项目主要建设内容包括现代制造技术及装备实验室、计算机集成制造实验室和生产系统与控制技术实验室、智能机器人及其应用技术实验室、国家模具 CAD 工程研究中心配套等四个子项目,项目建设取得的标志性成果有"轿车活塞关键制造工艺设备及技术的研究开发获 1999 年国家科学技术二等奖、机械工业部科技进步一等奖、上海市科技振兴特等奖;实用电磁型微马达关键技术研究获 2000 年国家技术发明奖二等奖;桑塔纳轿车'2 mm 工程'获 2000 年中国汽车工业总公司科技进步二等奖;面向 CIMS 并行工程的集成框架关键技术获国防科学技术一等奖;圆度、圆柱度在位精密测量法获国家发明四等奖;现代机械设计手册获全国优秀科技图书一等奖;国家计委批准成立模具国民经济动员中心。"[4]验收专家组评价为:"机械工程学科已达到了国家重点学科水平,其中机械制造及其自动化学科以及数字化制造、自动化装备及先进工艺和模具 CAD 等学科方向接近或达到了国际先进水平,'现代制造及装备实验室'和'计算机集成制造实验室'达到了国家重点实验

---

① 《上海交通大学发展规划及实施方案——"211 工程"论证报告之一》(1994 年 10 月)。上交档:1996 - DQ11 - 028。

② 谢绳武:《上海交通大学"211 工程""九五"期间建设项目验收汇报》(2001 年 5 月)。上交档:2001 - XZ11 - 042。

③ 《上海交大"211 工程"校内项目验收资料——高速信息网工程》。上交档:2000 - XZ11 - 011。

④ 谢绳武:《上海交通大学"211 工程""九五"期间建设项目验收汇报》(2001 年 5 月)。上交档:2001 - XZ11 - 042。

室的水平。”[①]

1999年,学校开始“985工程”一期建设,共分7个项目部,其中包括“高水平的学科建设项目部”。学校在“211工程”建设的基础上,进一步加大学科建设的投入,从材料学、材料加工工程、机械制造与自动化、模式识别与智能系统、通信与信息系统、船舶与海洋工程、控制理论与控制工程、机械设计与理论、动力与能源工程等学科中,重点建设数个世界先进水平的学科。

经过“985工程”一期建设,学校的重点学科建设工作取得很大进展,原来强势学科得到新发展,一批基础扎实、有较强实力的学科也同步取得重要进展,学科交叉开花结果。例如,以通信与信息工程学科为主的电子信息学院,“所有的5个一级学科均获得‘一级学科博士学位授予权’,有4个一级学科建有‘博士后流动站’;2001年,‘通信与信息系统’、‘控制理论与控制工程’、‘模式识别与智能系统’、‘电磁场与微波技术’和‘计算机软件与理论’等5个二级学科被评为国家重点学科;特别在数字电视技术与芯片设计、燃料电池、全光通信、微特机器人及其智能控制、生产工业过程控制方法等多个研究方向形成了鲜明特色,在国内外具有较大影响。创建的具有国际水平的高清电视技术研究基地,为我国数字高清技术及产业的发展做出了突出贡献。建成了国内一流的政府信息安全、工程软件创新、企业综合化和城市智能交通等4个研究基地,为我国信息安全、企业技术进步、传统工业基础的信息化改造做出了贡献。电子信息学院科研实力明显增强,承担了大量的国家重点/重大项目,科研经费增长了150%,取得了包括专利在内的一批具有高水平的科研成果。高水平论文数量与质量均明显增长”。[②]

机械工程学科经过“985工程”建设实现飞跃:“‘机械制造及自动化’和‘机械设计及理论’2个二级学科被评为国家重点学科;特别在车身制造技术、假体工程、制造业信息化技术、成套数控装备等4个研究方向形成了鲜明特色,在国内外具有较大影响。”经过“985工程”,“机械工程学院创建了具有国际水平的车身制造技术研究基地,为我国汽车工业的发展做出了贡献。建成了‘数控和成套装备自动化研究开发中心’基地,承担的‘九五’国家重点科技攻关项目获得了显著的经济和社会效益,并获国家科技进步二等奖。还建成了一个集学科前沿研究、技术创新、社会服务、高新技术产业化为一体的制造业信息化研发和产业化基地,为我国制造业信息化做出了重大贡献。学术论文和发明专利在数量与质量上明显上

---

① 《上海交大“211工程”校内项目验收资料——先进机械制造技术》。上交档:2000-XZ11-013。

② 《上海交大“985工程”项目验收资料——电子信息学院》,由学校“985”办公室提供。

升，科研经费增长了150%，为经济建设和社会发展做出了显著的贡献”。[①]

2001年制订的《上海交大学科建设“十五”规划》明确作为国家高等学校重点学科建设的学科有数学（应用数学）、物理学（凝聚态物理、光学）、生物学（生物化学与分子生物学）、力学（工程力学、流体力学、一般力学与力学基础）、机械工程（机械制造及自动化、机械设计及理论）、仪器科学与技术（精密仪器及机械）、材料科学与工程（材料学、材料加工工程）、动力工程与工程热物理（动力机械及工程、制冷与低温工程、工程热物理）、电气工程（电力系统及其自动化）、电子科学与技术（微电子学与固体电子学、电磁场与微波技术）、信息与通信工程（通信与信息系统）、控制科学与工程（控制理论与控制工程、模式识别与智能系统）、计算机科学与技术（计算机软件与理论、计算机应用技术）、船舶与海洋工程（船舶与海洋结构物设计制造）、环境科学与工程（环境工程）、生物医学工程、管理科学与工程、工商管理（企业管理）等。作为上海市重点学科建设的学科有应用经济学（金融学、国际贸易学、数量经济学）、法学（宪法学与行政法学、经济法学、环境与资源保护法学）、外国语言文学（外国语言学及应用语言学、英语语言文学）、艺术学（设计艺术学、广播电视艺术学）、数学（基础数学、计算数学）、化学（高分子化学与物理、物理化学）、生物学（微生物学、生理学、神经生物学、遗传学）、科学技术史、光学工程、化学工程（生物化工、应用化学）、核科学与技术（核能科学与工程）、作物学（作物遗传育种）、兽医学（预防兽医学）、林学（园林植物与观赏园艺）、公共管理（行政管理）等。[②]

2001—2002年，根据《教育部关于开展高等学校重点学科评选工作的通知》规定，国家开展了新一轮的高等学校重点学科评选工作，即第二次重点学科评选。这次重点学科评选的主要目的是促进高等学校的学科建设，进一步提高高等学校教学科研的能力，形成一批立足国内培养高层次专门人才、解决经济建设和社会发展重大问题的基地；根据目前我国经济建设、社会发展、科技进步和国防建设的需要，对高等学校的学科建设方向进行引导和示范，使高等学校学科建设进一步适应现代化建设的需要；优化高等教育资源配置，集中国家和地方有限财力，通过重点建设，逐步形成布局合理、各具特色和优势的重点学科体系，巩固和扩大高等学校在人才培养、科学研究方面的综合优势。学校紧紧抓住了这一申报机会。教育部在学校申请、部门推荐和专家评议的基础上，审核批准上海交大16个学科（二级学科）为国家重点学科，即凝聚态物理、工程力学、机械制造及其自动化、机械设计及理论、材料学、

---

① 《上海交大“985工程”项目验收资料——机械工程学院》，由学校“985”办公室提供。

② 《上海交大学科建设“十五”规划》(2001年11月)。上交档：2001－JX12.12－001。

材料加工工程、动力机械及工程、制冷及低温工程、电磁场与微波技术、通信与信息系统、控制理论与控制工程、模式识别与智能系统、计算机软件与理论、船舶与海洋结构物设计制造、生物医学工程、管理科学与工程。2005年上海交通大学与上海第二医科大学强强合并后，学校的国家重点学科有所增加。至2006年底，学校的国家重点学科有20个，详见表3-1：

表3-1 2006年上海交通大学国家重点学科一览表[①]

序号	学科	序号	学科
1	凝聚态物理	11	控制理论与控制工程
2	工程力学	12	模式识别与智能系统
3	机械制造及其自动化	13	计算机软件与理论
4	机械设计及理论	14	船舶与海洋结构物设计制造
5	材料学	15	生物医学工程
6	材料加工工程	16	管理科学与工程
7	动力机械及工程	17	口腔临床医学
8	制冷及低温工程	18	儿科学
9	电磁场与微波技术	19	外科学(整形)
10	通信与信息系统	20	内科学(血液病、消化系病、内分泌与代谢病)

2002年9月20日，学校举行“211工程”二期(即“十五”“211工程”)建设动员会。10月15日，学校顺利通过了“211工程”二期建设项目可行性专家论证。“211工程”二期建设的主要内容之一为12个重点学科建设项目，即信息网与数字技术、生命科学与Bio-X、先进机械制造技术、船舶与海洋工程、热科学与能源技术、材料科学与工程、微纳米科学与技术、复杂系统信息处理与控制、电子系统与芯片设计、网格计算与新型计算模型、凝聚态物理与光电子技术、管理科学与工程。2004年，学校全面完成论证并启动了“211工程”二期重点学科建设项目。

2006年4月20日—21日，教育部“211工程”验收专家组莅临学校，对“十五”“211工程”建设项目进行整体验收。专家组评价上海交大“十五”“211工程”建设，在学科建设等方面取得了重要进展，重点学科建设和高端人才引进成绩突出，学术水平明显提高。

---

① 《上海交通大学统计资料汇编(二〇〇六年)》。

二、综合性学科布局基本形成

新中国成立后，由于院系调整等原因，上海交大理工管结合的学科特色有所削弱。1978年以后，上海交大着手综合性学科布局，逐步恢复了有关的理科系、管理系、土木工程系，改造了传统工科，有计划新建人文社会学科专业，逐步实现向综合性理工大学的转化和发展。至1992年1月，学校设有3个学院、27个系及其所属的45个专业，有博士学位授权点32个、硕士学位授权点70个，详见表3－2：

表3－2　1992年1月院系设置表

院（系）名称	下设系
船舶及海洋工程系	
动力机械工程系	
电力学院	信息与控制工程系
	电机工程系
	能源工程系
	电力工程系
电子信息学院	自动控制系
	计算机科学及工程系
	电子工程系
材料科学系	
材料工程系	
机械工程系	
应用数学系	
精密仪器系	
应用物理系	
工程力学系	
应用化学系	
管理学院	旅馆管理系
	工业外贸系
	工业管理系
	决策科学系
科技外语系	

(续表)

院(系)名称	下设系
社会科学及工程系	
土木建筑工程系	
生物科学与技术系	
文学艺术系	
体育系	

1992—1997年,学校继续加强学科建设,并设科建系实施专业招生。1992年3月,建筑工程与力学学院成立,下设工程力学系、土木建筑工程系、工业设计系。1994年8月,塑性成形工程系成立。1994年10月,会计财务学系成立。该系得到香港兴利集团张曾基、香港环球集团叶仲午各100万港币的捐赠。1996年,在1992年开办的法学本科专业基础上成立法律系。1996年4月,上海交大与美国安泰国际保险公司签订协议,合作共建上海交大管理学院。

1997年,学校推进院为实体的办学体制。这一年内,有9个学院相继成立。

1月,人文社会科学学院成立。学院下设社会科学系、法律系、文化管理系、传播系、艺术系5个系。2月,生命科学技术学院成立。该院是在原生物科学与技术系与生物医学工程教研室的基础上,由上海交通大学与中国科学院上海分院联合建立。学院下设生物科学与技术系、生物医学工程系、生态与环境工程系。6月,动力与能源工程学院成立。学院下设叶轮机械与动力工程系、内燃动力与汽车工程系、流体机械与动力工程系、制冷与低温工程系、核动力工程与自动化系。同月,船舶与海洋工程学院成立。学院下设船舶与海洋工程系、国际航运系。7月,材料科学及工程学院成立。学院下设材料科学系、材料工程系。同月,化学化工学院成立。该院是在应用化学系的基础上与化工部上海化工研究院共建而成。学院下设高分子材料科学与工程系、材料化学与物理系、化学工程与工艺系、应用化学系。8月,机械工程学院成立。学院下设机械制造及自动化系、机械设计及自动化系、机械电子工程系、汽车设计与制造系、工业与制造系统工程系。10月,外国语学院成立,学院下设英语系、日语系(筹)。同月,理学院成立,学院下设应用物理系和应用数学系。

至1997年底,全校设置13个学院,分别是船舶与海洋工程学院、动力与能源工程学院、电子信息学院、电力学院、材料科学与工程学院、机械工程学院、理学院、建筑工程与力学学院、化学化工学院、生命科学技术学院、管理学院、人文社会科学学院、外国语学院,另有塑性成形工程系、体育系两个直属系;共有38个专业,初步构建了一个涵盖工科、理科、生命、人文板块的院系结构。详见表 3－3：

表 3－3 1997 年底院系设置表

院(系)名称	下设系
船舶与海洋工程学院	船舶与海洋工程系
	国际航运系
动力与能源工程学院	叶轮机械与动力工程系
	内燃动力与汽车工程系
	流体机械与动力工程系
	制冷与低温工程系
	核动力工程及自动化系
电子信息学院	自动化系
	计算机科学与工程系
	电子工程系
	信息检测技术与仪器系
电力学院	电力工程系
	能源工程系
	电机工程系
	信息与控制工程系
材料科学与工程学院	材料科学系
	材料工程系
机械工程学院	机械制造及自动化系
	机械设计及自动化系
	机械电子工程系
	汽车设计与制造系
	工业与制造系统工程系
理学院	应用数学系
	应用物理系
建筑工程与力学学院	工程力学系
	土木建筑工程系
	工业设计系

(续表)

院(系)名称	下设系
化学化工学院	应用化学系
	化学工程与工艺系
	高分子材料科学与工程系
	材料化学与物理系
生命科学技术学院	生物科学与技术系
	生物医学工程系
	生态与环境工程系
管理学院	工业管理工程系
	工业外贸系
	经济管理与决策科学系
	会计财务学系
	旅游(酒店)管理系
人文社会科学学院	社会科学系
	法律系
	文化管理系
	传播系
	艺术系
外国语学院	英语系
	日语系
塑性成形工程系	
体育系	

综合性学科布局有利于学科间交叉、渗透、融合,有利于适应经济、科技和社会发展,有利于培养全面发展的高素质人才,所以世界一流大学大多具有多门类、多学科的综合格局。1998年召开的上海交大第七次党代会提出上海交通大学要办成一所"以高新科学技术为先导,以坚实的理科为基础,以强大的工科为主干,管理学科具有特色,文法医农协调发展,基础设施完善,校园环境宜人,学术大师汇聚,社会贡献卓著,具有高度精神文明的世界一流大学"。2001年制订的《上海交大学科建设十五规划》提出"十五"期间要"通过学科布局与结构调整、学科交叉、产学研结合、国际化办学、超常规人才引进、管理改革等举措,快速提高学科水平",同时,学科布局和结构调整,要"明确遵循调整补缺、夯实基础、重点突破、形成特

色、优化组合、促进交叉的方针，把学科建设的重点放在一级学科上。实现综合性的学科结构布局，完成由多科性大学向综合性大学的转变，基本形成综合性、研究型、国际化大学的学科格局”。[①] 学校在综合性学科布局上，主要从继续强化工科优势、大力发展生命医学学科、进一步加强理科建设、发展特色精品文科、培育新兴交叉学科等五大方面开展。

（一）继续强化工科优势

学校继续以高新技术为先导，加强工科主干优势，着力提高水平，用现代科学技术改造传统工科，顺应国际科学技术发展的趋势，适应国民经济发展需要；调整工科结构布局，加快发展基础相对薄弱但对其他学科有重要支撑作用的工科。

2003 年 12 月，船舶海洋与建筑工程学院成立大会举行

为进一步做大做强传统优势学科，学校对电子信息学院、电力学院，机械工程学院、动力与能源工程学院，船舶与海洋工程学院、建筑工程与力学学院等 6 个学院进行调整与合并。2001 年 12 月，电子信息学院与电力学院合并，成立电子信息与电气工程学院。2002 年 1 月，动力与能源工程学院和机械工程学院合并，成立机械与动力工程学院。2003 年 12 月，船舶与海洋工程学院和建筑工程与力学学院合并，成立船舶海洋与建筑工程学院。通过合并，尽管学院数量减少，但学科队伍和资源进一步得到整合汇聚。学校高度重视基地建设，通过国家实验室、国家重点实验室等建设，夯实学科核心竞争力。船舶与海洋工程是学校的传统优势学科。围绕海洋强国国家战略，学校联合中船总、七〇二所等多家单位，整合学校船建、动力、信息等学科力量，组织策划海洋工程国家实验室，2006 年成为上海市唯一获国家科技部批准筹建的国家实验室。依托强大的学校优势，学校主动承担“船舶数字化智能设计系统”重大专项，并于 2005 年 12 月教育部和财政部联合批复立项。该项目旨

① 《上海交大学科建设“十五”规划》(2001 年 11 月)。上交档：2001 - JX12. 12 - 001。

在以国际先进的数字化、智能化设计方法为核心,实现船舶性能、结构、生产建造的智能优化设计,建成面向我国造船全行业的公共软件平台。

在做大做强传统优势学科的同时,学校提前布局,培育新的学科生长点。2001 年,交通部所属上海海洋水下工程科学研究院并入上海交通大学并成立上海交通大学海洋水下工程科学研究院。建成后的研究院成为面向国内外专门从事海洋水下工程综合性研究和开发的机构,主要从事海洋和内河水下工程技术研究、潜水技术研究,以及水下应用设备的设计开发。2002 年 11 月 15 日,学校复建了中断半个世纪的航空航天工程系。2005 年,在教育部空天科学技术研究中心的基础上,空天科学技术研究院成立,由科研带动学科及专业发展。2006 年,学校成立核科学与工程学院,挂靠机械与动力工程学院。从一、二年级在校生中转出一部分优秀的学生在三、四年级学核电专业,加强核科学与工程学科专业建设。

2001 年 3 月,上海海洋水下工程科学研究院并入上海交大仪式举行

（二）大力发展生命医学学科

鉴于生命科学发展的重要价值和意义,学校适时成立了生命学院、农生学院、药学院、医学院等 4 个学院,组成生命医学群体。

生物学学科是生命医学学科的基础性学科。学校以重大科学问题和国家战略需求为导向,聚焦学科前沿,逐步形成特色鲜明的学科方向。学科统筹人才引进、团队建设、研究平台的协调发展,重点打造学术高峰,不断汇聚优秀拔尖人才。在贺林和邓子新两位院士的领衔下,遗传疾病基因研究、DNA 硫化修饰等水平快速提升。

1999 年,上海农学院并入上海交大,成立了上海交大农学院。农学院的成立增设农科,拓展门类,促进了理工管学科与农科之间的交叉,扩大了学校整体教学研究的发展领域和社会服务。2002 年,农学院更名为农业与生物学院。学校积极探索“以农为本、需求牵引、特色发展、争创一流”的发展道路,一方面加强跨学科合作与交叉，围绕都市农业培育优势特色学科和新兴学术方向；另一方面，积极面向国家战略需要，2006年成立了新农村发展研究院，并以此为载体，致力于农业科研成果的转化和推广，将科技成果融入我国农业发展中。

2000年2月，药学院成立。该院由上海交通大学和上海医药工业研究院共建。

2000年2月，药学院成立仪式举行

从"985工程"一期建设以来，学校积极布局医学学科。2002年6月25日，上海交大医学院正式成立。随后，上海交大附属第一人民医院、上海交大附属第六人民医院、上海交大附属儿童医院、上海交大医学遗传研究所、上海交大肿瘤研究所、上海交大附属胸科医院先后挂牌成立。为加快一流生命医学学科发展，学校在"985工程"二期建设中，强化建设系统生物医学等生命医学创新平台，推动以医学为主导的多学科交叉研究。

2005年7月，上海交大与上海第二医科大学合并，成立新的上海交大医学院。两校强强合并进一步完善了学校综合性大学的学科布局，大大增强了医学学科力量，使学校以强大的工科、生命医学学科和管理学科为主干的学科体系进一步凸显，为建设世界一流大学奠定了坚实的学科基础。学校充分利用合并效应和多学科优势，新增了一批国家和省部级研究基地，有力地支撑了医学院面向国家战略需求开展创新研究。在"985工程"和"211工程"建设中，学校加强目标导向，瞄准国家战略需求和国际医学前沿，重点支持一批强势医学学科方向率先冲击世界一流。基础医学领域的某些方向实现了原始创新、原创突破，在系统生物医学、Med-X等方向异军突起。

（三）进一步加强理科建设

基于学校发展定位，学校提出在应用理科取得成效基础上，进一步把握学科主流学术方向，构筑高水平基础研究基地，重点建设适应综合性大学发展需要的数学、物理学、化学等基础理科，实现从应用理科到理科的转变。理科是学校“人才强校主战略”的最大受益者之一。学校从外部引进一大批教授和青年教师,使得学校理科的水平和发展潜力大大地向前跨越。如物理学科经过“985工程”建设,引进包括院士在内的高端顶尖人才,建立起一支拥有4名长江特聘教授、4名国家杰出青年基金获得者、全国优秀教师和跨世纪人才基金获得者等在内的学术队伍。凝聚态物理学科被评为国家重点学科,实现理科领域零的突破。

(四)发展特色精品文科

2003年6月,人文学院、国际与公共事务学院成立仪式举行

2002年9月,学校成立“文科建设领导小组”及“文科建设办公室”。2005年又成立了文科建设处,随即建立了文科建设专家委员会。交大文科建设亦再次扩容。2002年6月,法学院成立。2002年9月,媒体与设计学院成立。2003年6月,人文学院、国际与公共事务学院同时成立。2000年4月,管理学院更名为安泰管理学院;2006年3月,安泰管理学院又更名为安泰经济与管理学院,下设管理学院和经济学院。至此学校构建了学科覆盖面较为完整的人文社会科学学科发展体系。

学校以“抓内涵、求突破、上水平”作为文科建设工作重点,走高水平、有特色的精品文科发展之路,文科发展步伐明显加快。以管理学、法学、经济学(含金融学)等学科的重点突进为牵引,带动人文社会学科整体发展。学校坚持错位竞争,在学科专业设置、学科方向凝练、学科队伍的知识结构上形成交大的特色和风格。例如,管理科学与工程学科被评为国家重点学科,该学科与美国安泰保险集团合作办学,在师资培训、MBA教育、科学研究、国际学术交流方面处在全国高校前列;成立了全国高校第一个科学史与科学哲学系;公共管理学科被教育部批准成为全国首批试办MPA的单位。

人文社科大力引进学术领军人才,培育学术团队,紧紧围绕国家战略,主动服务地方经济社会发展需求,相继创办世界一流大学研究中心、国家文化产业创新与发展研究基地等一批创新研究基地。这些研究机构承揽国家、政府、企业研究课题，积累成果，逐步成为政府和企业可信赖和依托的思想库、智囊团。

（五）培育新兴交叉学科

学校打破学科壁垒，充分发挥学校理工科和医学学科的比较优势，着力推进文理渗透和医、理、工、管结合，实现优势叠加，催生一批新的学科生长点，以交叉集成促进学科上水平，解决经济社会发展的重大问题和行业共性关键技术难题。

学校通过联合社会相关科研机构与整合学校院系科研力量，创立新的院系。1999 年 9 月，环境科学与工程学院成立。2000 年 9 月，信息安全工程学院成立。2001 年 5 月，软件学院成立。2003 年 5 月，微电子学院成立。

紧紧围绕国家重大科技战略目标和重大科技项目，凝练研发方向，组建学科交叉的科技创新大平台，形成高水平交叉学科大团队，构建多样化的交叉学科研究体系。学校重点在生命医学、能源、环境、信息、材料、基础学科等领域发展一批跨学科、跨学院的交叉学科创新平台，建成多个综合实力名列国内前茅的交叉学科和交叉学科基地。比如 2005 年创建生命医学领域的 Bio-X 研究院，工程学科领域的空天科学技术研究院、能源研究院、微纳科学技术研究院，2006 年创建系统生物医学研究院。

至 2006 年底，学校共设一级学院 19 个、二级学院 4 个、直属系 2 个（详见表 3 - 4）；一级学科博士点 22 个、二级学科博士点 142 个，其中 26 个为自设博士点，共涉及 62 个一级学科、博士专业学位授权点 2 个、一级学科硕士点 18 个、硕士点 232 个、硕士专业学位授权点 10 个。（详见本卷附录四）。

表 3 - 4　2006 年底院系设置表[①]

院（系）名称	下设（院）系
船舶海洋与建筑工程学院	船舶与海洋工程系
	国际航运系
	港口与海岸工程系
	工程力学系
	土木工程系
	建筑学系

① 《上海交通大学年鉴 2007》（总第十一卷），上海交通大学出版社 2007 年版，第 445 - 447 页。

(续表)

院(系)名称	下设(院)系
机械与动力工程学院	机械工程及自动化系
	动力与能源工程系
	核科学与系统工程系[①]
	工业工程与管理系
	航空航天工程系
电子信息与电气工程学院	电气工程系
	自动化系
	计算机科学与工程系
	电子工程系
	信息检测技术与仪器系
信息安全工程学院*	
软件学院*	
材料科学与工程学院	材料科学系
	材料工程系
理学院	数学系
	物理系
生命科学技术学院	生物科学与技术系
	生物医学工程系
	生物工程系
人文学院	中文系
	历史系
	哲学系
	科学史与科学哲学系
化学化工学院	化学系
	化学工程系
	高分子科学与工程系
安泰经济与管理学院	

① 2006年1月,学校在该系基础上成立核科学与工程学院,挂靠机械与动力工程学院。

（续表）

院（系）名称	下设（院）系
经济学院*	经济系
	金融系
管理学院*	市场营销系
	运营管理系
	组织管理系
	会计系
	管理科学系
	管理信息系统系
	会展与旅游管理系
国际与公共事务学院	比较政治系
	国际关系系
	公共管理系
外国语学院	英语系
	日语系
	德语系
农业与生物学院	植物科学系
	动物科学系
	资源与环境系
	园林科学与工程系
	食品科学与工程系
环境科学与工程学院	环境工程系
	环境科学系
药学院	
医学院	基础医学院
	瑞金临床医学院
	仁济临床医学院
	新华临床医学院、儿科医学院
	九院临床医学院、口腔医学院
	一院临床医学院
	六院临床医学院

(续表)

院(系)名称	下设(院)系
	三院临床医学院
	公共卫生学院
	护理学院
	检验系
	营养系
法学院	
媒体与设计学院	新闻与传播系
	电影电视系
	设计系
	美术系
微电子学院	
交大密西根联合学院	
塑性成形工程系	
体育系	

注:* 为二级学院。

从20世纪80年代末以来,特别是进入21世纪后的加快建设,上海交大强势学科的优势更加明显,新兴学科发展迅猛,基础学科亮点凸显。学校已经基本形成以一流的理科为基础,以强大的工科、生命医学学科和经济管理学科为主干,以高水平、有特色的法学、农学和人文学科为支撑的综合性大学的学科格局。

第二节 师资队伍建设

一、"以人为本"与"人才强校"

20世纪90年代初期,学校经过"七五"期间师资队伍建设的一系列措施,弥补了"文革"造成的教师队伍"断层",提高了教师队伍的学历层次和职称结构,加快了中青年骨干教师的培养,促进了教学质量和科研水平的提高。但师资方面还存在着一些问题:"面临高级教师退休的'高峰'","学科带头人年龄普遍老化","师资队伍结构尚不合理。存在高级职务教师平均年龄偏高,中青年教师高级职务比例偏低;老学科高级职务教师偏多,新学科高级职务教师偏少;基础课、基础技术课高级职务教师与专业课相比还不平衡等状况。具有博士学位的教师在师资队伍中比例偏低,在国内外具有较高知名度的中青年优秀教师也不多","青年教师队伍严重不稳"。[①]

针对以上情况,1992年初开始的学校管理体制综合改革就师资队伍提出"师资队伍结构得到明显优化""重点学科和博士点学科的梯队得到加强,培养出一批知名学者""青年教师的素质有较大幅度的提高""出现一批复合型教师"[②]等建设目标,同时提出了相应的对策和措施,稳定队伍,调动积极性,提高素质,制定特殊政策,创造必要条件,加强骨干教师队伍建设。

1994年1月,学校召开党委六届五次扩大会。王宗光提出:"师资队伍要在优化梯队建设的前提下,千方百计创造条件调整政策,倾斜骨干,支持青年。在稳定一批的同时,还要引进一批智力。"[③]为此,学校采取了"攀登、引凤、分流、管理"等一系列措施,攀登措施包括"创造条件,提出措施,使一批学术骨干勇攀学术高峰,在条件措施上给予保障,包括突破住房问题上的'瓶颈'";"优秀中青年教师的特别评聘工作";"在学科评估基础上,评选出首席教授和金牌选手"。引凤措施包括"以长期、短期、兼课等形式,有计划地邀请国外的高级人才及周边地区的杰出人才来校讲学"。分流措施包括"强化师资规范,优化师资结构,实行真正的聘任制,把最好的教师聘到教学、科研岗位上去,真正形成一支一流的师资队伍","努力开拓新的教学、科研、开发实体,使分流人员各得其所,发挥特长"。管理措施包括"加强对师资建设的领导力量,建立和完善师资信息库,为科学决策提供依据"。[④]

1995年,学校率先在上海市人才市场举行上海交通大学面向海内外招聘人才的专场招聘会。这一举措在全国高校乃至海外产生了较大的影响。

1998年,学校第七次党代会召开。王宗光在报告中明确指出"要把加强师资队伍建设,努力构筑'人才高地',作为学校各项工作的中心环节","必须把师资队伍建设放在优先发展的战略地位,放在学校一切工作的首位"。学校师资队伍建设的指导思想是:"坚持'以人为本'方针,倡导尊师重教,确保教师在办学中的主导地位,充分发挥教授的作用;进一步解放

---

① 《上海交通大学管理体制综合改革方案》(1992年1月)。上交档:永久-1685。

② 《上海交通大学管理体制综合改革方案》(1992年1月)。上交档:永久-1685。

③ 王宗光:《以建设有中国特色社会主义理论为指导 拓展思路 团结奋进 开创交大工作新局面——在中共上海交通大学委员会六届五次全会扩大会议上的讲话》(1994年1月15日)。上交档:永久-1769。

④ 翁史烈:《抓联合 创效益 促发展 上水平 努力实现我校1994年七项目标——上海交大1994年工作要点》。上交档:永久-1769。

思想,大胆改革,大力增加投入,营造一个公平、公开、公正、竞争、择优的用人环境;逐步建成一个能以优厚的综合待遇、良好的工作条件、浓厚的学术氛围和美好的事业前景吸引人才、留住人才、调动各类人才积极性的'人才高地'。"到 20 世纪末,学校师资队伍建设最迫切的任务是:"重点选拔、培养思想素质优良、理论基础扎实、学术思想活跃、具有发展潜力,特别是能参加 21 世纪国际竞争的中青年骨干教师和跨世纪学术带头人;积极选留和引进高学位、高水平的青年教师和著名教授,优化师资队伍的整体结构,顺利实现师资队伍新老交替的过渡。"[①]

在"以人为本"指导思想下,学校采取了包括"辉煌计划"在内的尊重知识、尊重人才、调动各类人才积极性的一系列创新举措,令国内外一大批优秀人才为之心动和向往,从而出现了师资队伍建设水平提升、发展推进的新局面。

2004 年 1 月,马德秀任党委书记后不久,聚焦人才强校战略。她在部署该战略时强调:"我们与一流大学的差距,主要是一流人才的差距,是教师队伍的差距。我们需要的一流人才,不仅要具有高深的学术造诣,更有宽广的胸怀,勇于挑选和使用比自己更优秀的人才。要根据中央的要求,坚持党管人才的原则,充分认识提升人才工作水平的极端重要性和紧迫性,'爱才如命','求贤若渴',把人才作为立校之本,全面实施人才强校战略。"[②]随之,学校提出"立足国内,放眼海外,吸引一流人才",并组队到美国、加拿大、欧洲等国招聘优秀人才。

2004 年 3 月,学校首次大规模在互联网上面向海内外公开招聘 170 名教授、229 名副教授,专业覆盖面广,涉及文、理、工、管、农、生、医、经、法等学科门类,向整个社会发出了上海交大渴求人才、为人才搭建施展才能之舞台的召唤,各大媒体纷纷予以报道。许多海内外人士来电询问,应聘。学校共收到应聘材料千余份,其中国外应聘者 342 名,分别来自美、英、法、德、意大利、荷兰、日本等国家。经过院系教授会议、学术委员会、同行专家评议,学校聘任委员会面试答辩,分学科群设立专家组评审、公示,最后有 74 名教授、215 名副教授被聘,校内外人员各占 1/2,其中直接来自海外的 25 位候选人被聘教授岗位,58 位候选人被聘副教授岗位。

2004 年 11 月 21 日,学校召开人才强校工作会议。马德秀指出:"以科学的发展观、人才观作为实施人才强校战略的指导思想,努力营造促进各类人才脱颖而出、健康成长的氛围。"

---

① 王宗光:《抓住机遇 开拓进取 为创建世界一流大学而努力奋斗——在中共上海交通大学第七次代表大会上的报告》。上交档:1998 - DQ11 - 047。

② 马德秀:《继往开来,奋发有为,开创学校改革发展新局面》(2004 年 1 月 17 日)。载《上海交通大学年鉴 2005》(总第 9 卷),上海交通大学出版社 2005 年版,第 7 页。

谢绳武指出："学校要在优势学科中涌现出一批学术大师、科研管理帅才，在人文社会科学领域涌现国内知名的杰出人才，形成国内外知名的学术带头人和创新团队，迅速缩短学校师资队伍水平与国际一流大学的差距。"会议确定："到2010年，全校具有博士学位教师的比例要达到70%左右；从本年起，新进教师中，本校直接留校的博士应不多于1/3，来自国际著名大学和国内学科排名前5名高校的博士不少于1/3，并逐步过渡到不直接留或基本不直接留本校的博士。"[①]

2004年12月，学校第八次党代会召开。马德秀在报告中提出"重点实施人才强校主战略"，"要以高层次人才队伍建设为抓手，以提高学术水平和创新能力为导向，以体制和机制创新为保证，力争在2010年前后，建成一支学术水平居国内前列、能承担创建世界一流大学重任的师资队伍；建成一批由国内一流、国际知名的专家学者领衔、具有国际竞争能力的创新团队；建成一支视野宽、能力强，熟悉高等教育发展规律和国际规则的管理骨干队伍"。[②]

二、引进与培养并举

学校不断探索与实践新思路、新政策，新形式，通过外部引进和内部培养并举，全方位吸引和培养优秀人才。

1994年，学校推出"攀登计划"，评选"金牌选手"和"学科首席责任教授"（详见本节第三目）。同时，学校筑巢引凤，尽力提供优越的硬环境，营造宽适的软环境，在启动经费、实验室及办公用房、仪器设备、科研梯队等方面给予大量硬件支持和政策上的倾斜，为各类人才构建科研平台和广阔的发展空间。学校除了关心教师本人以外，从子女就读到解决住房乃至家属安置都尽力做出合理的安排，以解决教师的后顾之忧，使他们能够全身心投入到教学科研工作中。对于出国在外的教师，学校定期与其保持沟通，给予关怀。

1999年，为了变"被动等待人才"为"主动发现人才"，同时做好专家的引进、后续跟踪、配套服务等工作，学校在人事处设立了"专家办公室"，具体负责高层次专家的引进和服务工作，做到机构保证，服务到位。专家办公室从引进之初的与专家联系到专家进校后的工作情况的跟踪、考核及生活问题的关心，做好全程服务工作。

学校在人才工作中始终坚持"不拘一格"的原则，完善人才引进运作机制，创新人才引

---

① 《上海交通大学纪事1896—2005》（下卷），1317页。

② 马德秀：《振奋精神　开拓创新　为加快建设世界一流大学而努力奋斗——在中共上海交通大学第八次代表大会上的报告》（2004年12月28日）。载《上海交通大学年鉴2005》（总第9卷），上海交通大学出版社2005年版，第19页。

进模式。1999年开始实施的“柔性引进”办法,以“不求所有,但求所用”为原则,构建开放和流动的人才管理模式,实施人才资源共享,使不同国家、不同体制、不同单位的人才都能为我所用。除了从国外和外省市直接聘请优秀教授兼任学校的科研工作外,还采用灵活方法引进优秀人才。例如,打破陈规,提出了“团队引进”的概念,将引进人员原有的梯队成员、重要骨干一并引进,有效地解决了引进人才的队伍建设问题,使之快速度过适应期,迅速开展工作。

青年教师是师资队伍建设的后备力量,是学校未来的中坚力量。学校始终把青年教师的培养放在十分重要的战略位置,特别是在学校第七次党代会后,通过各种渠道和途径加大了青年教师的培养力度。

学校每年为新进校的青年教师进行岗前培训,内容包括教育学相关科目的理论知识、课程学习,名师授课观摩等。学校职能部处的领导介绍学校历史、发展和相关政策。通过培训,新教师得到一个全方位的岗前指导。青年教师精力充沛,思维活跃,但缺乏工作基础条件。为了给青年教师提供一个起步的机会,使有潜力的人才尽快脱颖而出,学校设立青年教师启动基金,以专项资助等形式为青年教师提供科研启动资金。同时,采取团队培养的办法,将青年教师作为学科团队的一员进行培养,为青年教师提供一个比较宽松的成长环境。为鼓励青年教师在职攻读学位,学校制定优惠的政策,学院也积极配合创造条件。在职深造采用全额资助的形式,选派优秀青年教师赴国外一流大学、科研机构、大型企业学习交流。其中包括美国哈佛大学、斯坦福大学、普林斯顿大学、加州理工学院、德国斯图加特大学及诺贝尔奖获得者的实验室、知名跨国企业等。学校还启动各类基金,资助青年教师参加国际学术交流。在“十五”“211工程”中,学校共资助“51位青年教师到国外著名高校或研究机构进行了进修”,“100位青年教师赴国外接受了双语培训”。①

博士后是学校师资队伍建设重要的蓄水池和后备力量,博士后的培养,对于补充高层次人才、促进学科发展、学术梯队建设、构筑人才高地都起着重要作用。

学校加大博士后流动站建设工作的力度。首先抓投入。从1996年起学校就自筹资金扩招博士后,经过几年努力,2001年度学校博士后获中国博士后基金及上海市博士后科研资助的人数名列上海地区首位。其次抓发展。1991年底学校有5个博士后流动站,1995年增设力学、电子学与通信2个博士后流动站,1998年增设物理学、计算机科学与技术、生物医

① 《上海交通大学“十五”“211工程”师资队伍建设项目验收评价报告》。上交档:2006-XZ11-080。

学工程、电气工程、管理科学与工程、信息与通信工程等6个博士后流动站；2001年新增核科学与技术、数学、环境科学与工程等3个博士后流动站；2003年又新增5个流动站，分别是外国语言文学、生物学、仪器科学与技术、工商管理、临床医学；2005年与上海第二医科大学合并后，原二医大的生物学、临床医学、基础医学、口腔医学4个博士后流动站并入上海交大。至2006年底，学校共有船舶与海洋工程、动力工程及工程热物理、控制科学与工程、机械工程、核科学与技术、力学、信息与通信工程、电子科学与技术、计算机科学与技术、物理学、管理科学与工程、生物医学工程、生物学、电气工程、数学、环境科学与工程、材料科学与工程、外国语言文学、仪器科学与技术、基础医学、口腔医学、临床医学、工商管理等博士后流动站23个(其中临床医学、生物学为两个重合的科研流动站)。

在扩大博士后规模的同时，重点抓博士后培养的质量。该项工作从两方面入手。一是抓管理，1999年学校修订了《博士后管理实施细则》，2000年修订了《博士后考核奖励条例》。《细则》和《条例》的再度修订，提升了博士后工作的管理水平，也确保了博士后培养的质量。二是抓科研，积极组织博士后从事国家重点项目的科学研究，促进博士后工作更好地为区域经济服务。2000年学校组织博士后先后4次赴江、浙两省签订科研合作协议，并建立上海交大博士后科研创新基地。2001年继续在江、浙两省组织了5次由博士后参加的科技交流与科技咨询活动。

学校还充分利用工科传统优势，大力发展企业博士后。至2003年底，学校与宝钢、上汽等大型企业联合培养企业博士后累计91人，约占上海已培养企业博士后总人数的45.4%。2004年，学校与上海杉杉科技有限公司、上海期货交易所、上海隧道工程股份有限公司、中国航空无线电电子研究所、光明乳业股份有限公司、中国航空工业集团613研究所、江苏东强股份有限公司7家企业、单位签订了联合培养博士后协议。

2005年10月，在北京举行的中国博士后制度创立20周年纪念大会上，上海交大控制科学与工程博士后流动站、电气工程博士后流动站被授予“全国优秀博士后科研流动站”荣誉称号；陈善本教授、韩正之教授以及学校培养的博士后、北京神华集团的凌文副总裁被授予“全国优秀博士后”荣誉称号。从1985年设站至2006年底，学校出站博士后766名，其中留校博士后为241名。这一大批留校博士后，成为上水平、创一流师资队伍的新生力量，其中不少取得突出的科研成果。

在十余年的师资队伍建设中，“985工程”和“211工程”建设成为学校师资队伍建设的重要引擎。

1999—2001年实施的上海交大“985工程”学科建设项目部师资队伍建设子项目，其指导思想是:“以学科建设为核心,以人为本,引进和培养相结合,构筑上海交通大学的人才高地,调动广大教职工的积极性,全面促进我校的学科建设、人才培养、科学研究和师资队伍建设。”学校围绕“以人为本”,引进和培养了一批高层次高水平的学术带头人;同时不断探索内部管理体制和运行机制及劳动人事分配制度的改革,实施了以攀高峰、创大业、出人才为标志的“辉煌计划”,稳定了教师队伍,调动了广大教职工特别是教学骨干的积极性。学校在教学,科研、学科建设、队伍建设等方面都有显著地发展,为构筑世界一流大学的师资队伍奠定了坚实基础。

3 年间,学校引进和培养了一批高水平学术带头人和中青年拔尖人才,“引进了饶芳权、雷啸霖等 5 位院士”,“材料科学与工程学院潘健生教授在 2001 年被增选为中国工程院院士”,“分别招聘引进 15 位、本校自己培养 8 位‘长江特聘教授和讲座教授’,分别引进 10 位、本校自己培养 7 位‘国家杰出青年基金’获得者。有 7 位教授成为全国新一批‘863’专家组成员,贺林教授成为‘973’项目的首席科学家,徐祖耀获得何梁何利奖。成为国家百千万人才工程第一、二层次人选的有 7 人”。

在“985 工程”建设中,学校加强并重视柔性人才和智力引进。除了长江特聘教授外,用各种方式聘请国内外著名专家学者来校进行学术交流和指导,项目实施三年中,“邀请了 6 名诺贝尔奖获得者来校访问,从境外聘请了 3 名荣誉教授、12 位顾问教授、47 名客座教授;从国内聘请了 165 位兼职教授。这些各种冠名的教授在校讲课、指导研究生,进行合作课题研究,培养年轻的学科带头人,取得了一定的成果。如 2000 年学校邀请了诺贝尔奖获得者蒙代尔教授,担任了上海现代金融中心的顾问;诺贝尔物理学奖获得者朱棣文教授来学校与 Bio-X 中心的教授进行了深入交流,对 Bio-X 学科交叉和研究内容提出了具体指导。此外,学校还聘用国内外学者在学校进行阶段性的工作。三年间,先后与 22 位教授签订了柔性引进的聘用合同,他们来校进行实质性的教学和科研工作。如聘用了一位美国专家来校工作两年,将学校在 80 年代购置的价值近千万元的设备进行改造升级并开发新的功能,节约了几百万元人民币。聘请了美国斯坦福大学的一位纳米技术领域的高级专家作为校内讲座教授,帮助学校建立了一个先进的纳米技术实验室,并培养高级研究人员。”

项目建设中,学校非常注重在职教师的培养和培训,鼓励教师参加国内外的学术活动,在政策上积极鼓励年轻教师进行在职攻读博士硕士学位,要求 35 岁以下的教师进行高一级的学位学习。“三年中有 80 人攻读在职博士学位、55 人攻读硕士学位。根据现代教学手段和方法的发展和教学的需要,对教师进行现代教学技能的培训并明确教学上岗要求,从 2001 年起开始对所有 50 岁以下的任课教师和新进教师进行现代教育技术手段的培训。三年中有近150人参加了ESEC外语培训，全校已有50多门课采用双语教学。公派教师出国学习进修、合作研究、学术访问和参加国际会议的人数年年增加。三年间，学校公派教师出国2 751次，其中短期出国为2 378人次，长期出国373人次。学校还有意识地加强年轻管理骨干的出国培训，学校出经费将他们送到美国密西根大学进行2个月的培训，教师和管理干部在国际活动的空间不断加大”。①

2001年开始的学校“十五”“211工程”中的师资队伍建设项目，目标是通过人才引进、出国培养等多种手段，在短期内迅速扩大和提高学校师资队伍的数量和质量。项目主要内容包括人才引进计划、青年教师高访计划、双语培训计划。为保证项目顺利实施，学校制定了《上海交通大学特聘教授管理办法》《上海交通大学人才引进条例》等一系列规范性文件，保证项目实施的质量。至2005年止，“学校共通过人才引进的方式聘任教授189人，其中大部分是在本学科内具有一定国际影响力的高水平学者。他们中的大部分在学校做出了出色的工作，许多已经成为本学科的带头人，有些发展成为本学科的大师级人物。”

2001—2005年，“学校两院院士由16人增至25人，‘长江学者’由23人增至45人，国家杰出青年基金获得者由11人增至33人，新增‘973’首席专家7人。高层次人才的数量和质量得到迅速提高，高层次人才队伍初具规模”。②

三、实施多项计划

20世纪90年代以来，学校在“以人为本”的指导思想下，围绕创建世界一流大学的目标，不断推出师资队伍建设改革举措，1994—1995年推行“攀登计划”，1999年开始贯彻实施教育部“长江学者奖励计划”，1999年开始实施“辉煌计划”，下大力气、成功地培养和引进了一大批顶尖人才，以不懈的努力构建起交大的人才高地。

（一）“攀登计划”

1994年，学校提出“攀登计划”，即在学科评估基础上，评选出金牌选手和学科首席责任教授，并采取超常规的措施，促使他们专心致志地去夺取学术上的制高点。

其一是评选“金牌选手”（跨世纪优秀人才）。

实施“金牌选手”（跨世纪优秀人才）选拔培养计划目的是“为了让我校一批出类拔萃的优秀中青年骨干教师脱颖而出，加以重点培养，使他们尽快成为我校各学科的学术带头人，

① 《上海交通大学“985工程”一期重点建设项目校内评估验收报告——师资队伍建设》（2002年3月27日）。上交档：2002-XZ11-053。

② 《上海交通大学“十五”“211工程”师资队伍建设项目验收评价报告》。上交档：2006-XZ11-080。

去争取国内外学术竞争中的金牌”,选拔对象为“基础扎实,业务拔尖,品德高尚,有事业心,有良好发展潜力,有志于为教育科学事业献身,为交大上水平作贡献,年龄在50岁以下(含50岁)的优秀中青年教授”。工作目标是“在学术上要努力开拓新领域,在理论上应有重大建树;要主动承担大课题、大项目,奋勇拼搏,出高水平成果,争取国家级大奖和国际级奖励;要尽早成为国内外著名学者,其中若干名应成为中科院和中国工程院院士候选人”。①

在条件保障上,“学校在一年内解决他们的住房达标问题;学校给予他们每年至少有一次出国交流、讲学、进修或参加国际会议的机会,如果出国经费有困难,学校将酌情给予资助;每月发给一定的校内特殊津贴;凡正式出版教材、专著,由学校提供出版经费;每两年安排一次为期一个月的学术休假和疗养;学校和系里为他们配备科研、行政事务秘书”。②

1994年2月10日,学校选拔出首批金牌选手5名:许晓鸣(自动化系)、郑杭(应用物理系)、严隽琪(机械工程系)、沈灏(应用数学系)、张申生(计算机科学及工程系)。1995年2月20日,选拔出第二批金牌选手6名:缪国平(船舶及海洋工程系)、王如竹(动力机械工程系)、张文军(图像研究所)、邹亚明(应用物理系)、沈为平(建工与力学学院)、吴冲锋(管理学院)。

其二是评选“学科首席责任教授”。

试行“学科首席责任教授”制度的目的在于“把培养、选拔、引进各个学科带头人的工作制度化、规范化、经常化、目标化,从而保证学科建设能高速、持续、健康地发展”。评选对象为“凡是本学科内学术水平高、学术思想活跃、品德高尚、精力充沛、有较强学术领导与组织管理能力,有志于团结、带领本学科成员为建设第一流学科而奋勇拼搏的教授”。其职责是“跟踪国内外学科发展动向和趋势,明确本学科的研究方向与主攻目标,制订近、中、远期的学科建设规划,并组织实施。出面承接大课题、大项目,领导学科成员出高水平的成果。主持本学科研究生培养工作,特别是抓好博士生培养,促进本学科在研究生培养方面上新台阶。抓好学科梯队建设,确保学术梯队结构合理,后继有人。组织学科学术活动,活跃学术气氛”。

在条件保障上,“学校尊重他们在学科建设有关问题上的决策权和建议权。学校将优先解决他们住房达标问题。学校支持他们参加国际学术会议和短期出国交流、讲学。享受每月由学校提供的校内办学骨干津贴,每二年安排一次为期一个月的学术休假或疗养。学校和系里将为他们创造一定的工作条件,包括配备办公室、配备学术助手和秘书。”③

---

① 谢绳武:《上海交大师资队伍的现状与对策》。载《高教研究》1994年第2期。

② 谢绳武:《上海交大师资队伍的现状与对策》。载《高教研究》1994年第2期。

③ 谢绳武:《上海交大师资队伍的现状与对策》。载《高教研究》1994年第2期。

1994年4月7日，学校在二级学科点上评出首批5名学科首席责任教授：诸鸿文（电子工程系）、席裕庚（自动控制系）、张圣坤（船舶及海洋工程系）、盛振邦（船舶及海洋工程系）、徐敏（动力机械工程系）。1995年4月15日，学校评选出第二批学科首席责任教授6名：陈汉平（动力机械工程系）、卓斌（动力机械工程系）、孙永强（计算机科学及工程系）、张国定（材料科学系）、叶中行（应用数学系）、陈英礼（应用物理系）。

学校通过"攀登计划"，在学术梯队配备、招收研究生、设备投资、科研经费、国内外学术交流等方面为金牌选手和学科首席责任教授创造优良的条件，通过多种途径扩大他们在国内外的知名度，使学术骨干勇攀学术高峰。该计划为学校优化师资队伍结构，培养中青年拔尖人才，造就国际较高知名度学者发挥了显著的导向作用。

（二）加大"长江学者奖励计划"实施力度

为落实科教兴国战略，延揽海内外中青年学界精英，培养造就高水平学科带头人，带动国家重点建设学科赶超或保持国际先进水平，1998年8月，教育部和李嘉诚基金会共同启动实施了"长江学者奖励计划"。

该计划的实施，是学校促进学科发展与师资队伍建设，构筑人才高地和探索用人机制的重要机遇。学校通过各种媒体和国际互联网，积极宣传，如在《人民日报》海外版刊登的特聘教授招聘广告，在海外学者中引起反响；学校领导、院系领导和教授们利用出访、参加学术会议、科研合作等机会加强交流和沟通，力求使更多的优秀人才了解交大、关心交大，乃至加盟交大。

在实施计划过程中，学校严格把关，保证遴选人才的质量水平。设置特聘教授岗位的学科方向主要集中在学校一些优势学科、"十五"期间重点发展的新兴学科或国家重点实验室、教育部重点实验室、国家工程技术中心等。特聘教授的定位是在新世纪赶超国际先进水平的学科领军人，是学校知识创新和学科上水平的中坚力量。

2000年，为了配合计划顺利实施，学校出台了《关于"长江学者奖励计划"特聘教授及校内特聘教授的配套政策》，按照"精心论证，按需配套"的原则，从政策上保证特聘教授上岗后实验用房、工作用房的落实，学校还要求各院系在"985"工程建设费用中为他们提供科研启动经费，并根据各人科研工作需要和应聘学科的差别，予以调整。学校每年资助特聘教授参加高水平国际会议、出国讲学、出版专著等，其目的都是在最短的时间里为他们搭好"舞台"，使他们尽快进入角色，尽早投入教学和科研工作。

同时，学校在待遇、住房、配偶工作安排、子女就读等方面予以关心。首先，学校结合教育部"长江学者奖励计划"，在待遇上给予倾斜，除了国家和地方规定的工资、福利等以外，与教育部津贴配套，每年另给予岗位津贴。第二，在住房上实施货币化政策，学校每月给予住房津贴,共可享受10年。如要买房,可一次性先支付50%,余款再按月支付。一些暂不买房的长江学者,学校则提供公寓房。第三,根据实际情况,尽可能地帮助他们的配偶找到合适工作岗位。第四,学校利用自己有附属小学和中学的优势,解决其子女就读。对于一些有特殊要求的特聘教授,学校还通过市教委等部门协助妥善解决。

通过加大"长江学者奖励计划"实施力度,学校引进培养了一批高水平的中青年学科带头人,并通过他们的努力,推动了整个学科发展乃至整个学院的发展,为学校上水平、创一流夯实了师资队伍建设的基础。

(三)"辉煌计划"

1998年底,为贯彻校第七次党代会提出的"以人为本"的指导思想,并配合国家教育部推出的"长江学者奖励计划",学校决定实施"学科上水平、教学高质量、办学高效益、构筑人才高地为核心"[①]的辉煌计划,厉兵秣马为上海交大迎接21世纪的辉煌做好提前准备。

辉煌计划的实施是"以重点学科建设为龙头,推动学科梯队、团队优化重组的建设过程,是新一轮劳动人事制度深化改革的过程"。辉煌计划"充分体现以人为本,以发展吸引人,以事业凝聚人,以工作培养人,以业绩奖励人,创造条件支持人的理念。以此吸引海内外中青年学界精英,使一批整体素质好、学术水平高的学科带头人和拔尖人才能脱颖而出,激励支持优秀中青年办学骨干勇挑重担,锐意进取,充分调动广大教师的积极性和敬业精神,逐步营造一个有学术氛围、团结奋进、开拓创新、充满活力的工作和生活环境"。[②]

第一阶段辉煌计划以三年为期,实现辉煌目标要反映和体现"本学科在国内外地位和水平;本学科的特色、优势和奋斗目标;学科梯队、团队建设的目标和具体措施;研究方向的前瞻性和可持续发展性;高水平学术论文(SCI、EI等)的发表情况和目标;科研成果的标志性程度(国家、省部级奖、专利等);知识创新、教学创新的实质性进展和突破;重要课程体系改革、教学成果(国家、省部级奖)的标志;学科实验基地建设目标;本科生、研究生、博士后、留学生培养和发展;重大国际合作和交流,在国际上重要学术组织的地位;院(系)发展的总体规划,等等"。[③]

学校着重把握"辉煌计划"的岗位设置和人选的遴选,坚持按需设岗,以岗聘人,岗优酬优,严格管理,严格考核。"辉煌计划"设立4个层次。第一、第二层次,由学校管理。第一层次岗位,要求上岗人员"有接近院士的学术水平,在国内外有较高知名度;其所主持的学科

---

① 《上海交通大学"辉煌计划"实施细则(试行)》。上交档:1999-XZ11-008。
② 《上海交通大学"辉煌计划"实施细则(试行)》。上交档:1999-XZ11-008。
③ 《上海交通大学"辉煌计划"实施细则(试行)》。上交档:1999-XZ11-008。

（一般为一级学科，至少是二级学科）应位于国内领先及国际前列；或有重大学术创新成果，或是国家重大科技攻关项目主持者"；"年龄一般不得超过55岁。"人员上岗后，学校每年支持8—20万元不等的岗位津贴，每期3年。第二层次岗位，要求上岗人员是"办学的中坚力量，应具有统领一级学科建设的水平和能力，一般应是国家重点学科（二级学科）、国家重点实验室、国家级工程中心的负责人或学科带头人，或是已被评选为国家级跨世纪接班人，杰出青年科技基金获得者，或是知识创新中有杰出成绩的中青年教授，或是重大课程体系的责任教授，或是学院的院长等"，"年龄一般不得超过60岁"。[①] 人员上岗后，学校每年支持岗位津贴3—5万元。第三、第四层次由学院管理，各学院可以围绕学校的辉煌计划，结合学科梯队建设，实施学院的人才建设工程，特别是对办学骨干和40岁以下硕士及以上学位的中青年优秀教师干部分两个层次给予0.8—3万元岗贴的奖励，经费由校院系统筹。

在推行"辉煌计划"中，进入各层次岗位的人员，都有明确的岗位任务目标，或侧重于高水平、高质量的教学，或侧重于基础研究、技术创新和重大项目的攻关，按岗位给予不同的岗位津贴，向为学校教学、科研和学科建设作出贡献的办学骨干和教师倾斜，实行动态管理和严格考核，考核结果与津贴分配挂钩。

"辉煌计划"在薪酬力度上有突破性，显著提高对知识分子劳动价值的认可。通过该计划，调动了广大教师特别是办学骨干的积极性，吸引了人才，稳定了队伍，以利承接大课题，主攻大项目。1999—2001年是学校改革开放以来师资队伍建设发展变化最大、学历层次提高最快、团队建设进展较快的三年。详见表3-5、表3-6：

表3-5　"辉煌计划"实施前后教师年龄结构比较[②]

专任教师	计划实施后		计划实施前	
	人数（人）	平均年龄（岁）	人数（人）	平均年龄（岁）
教授	499	51.60	340	55.34
副教授	751	41.09	584	43.51
讲师	498	34.01	464	33.40
助教	148	27.18	265	26.77
合计	1 896	40.91	1 653	40.44

---

① 《上海交通大学"辉煌计划"实施细则（试行）》。上交档：1999-XZ11-008.

② 《上海交通大学"985工程"一期重点建设项目校内评估验收报告——师资队伍建设》（2002年3月27日）。上交档：2002-XZ11-053。

表 3-6 “辉煌计划”实施前后教师学历结构比较

职称	计划实施后		计划实施前	
	人数	比例	人数	比例
博士	613	32%	316	19%
硕士	765	40%	619	37%
合计	1 378	72%	935	56%

四、高水平师资队伍建成

1992 年以来，上海交大坚持以人为本，把师资队伍建设置于学校优先发展的战略地位，并采取各种切实可行的措施，致力于师资队伍结构的优化和整体素质的提高。经过多年积累，学校建成了一支综合实力较为雄厚，整体素质较高的教师队伍，形成了以两院院士及一批中青年学术带头人为核心，以一批年富力强的教授和副教授为骨干，以高素质青年教师为后备的人才体系。同时，高学历的中青年教师比例逐年提高，师资队伍结构日趋优化，学科梯队初具规模。

(一) 专任教师的数量有所增加，高层次人才队伍初具规模

2006 年底，学校专任教师总量由 1992 年的 1 775 人增加到 2 930 人，其中有教授 681 名。通过培养和引进等，具有国际影响的高层次专家人数大量增加。两院院士由 1992 年的 5 名增至 32 名，其中中国科学院院士 15 名、中国工程院院士 18 名、双院士 1 名(详见表 3-7、表 3-8)、“973”①首席科学家 9 名(见表 3-9)、教育部“长江学者奖励计划”特聘教授和讲座教授 51 名、国家杰出青年科学基金②获得者 39 名、“百千万人才工程”③国家级人选 26 名、国家自然科学基金委创新研究群体 2 个。

表 3-7 2006 年上海交大中国科学院院士一览表

序号	姓名	所属学部	学术领域	当选时间
1	杨槱	技术科学	船舶与海洋结构物设计制造	1980
2	张煦	信息技术科学	信息与通信系统	1980
3	沈天慧	化学	化学	1980

---

① 1997 年 6 月 4 日，原国家科技领导小组第三次会议决定要制定和实施《国家重点基础研究发展规划》，随后由科技部组织实施了国家重点基础研究发展计划，亦称 973 计划。

② 为促进青年科学技术人才的成长，并鼓励海外学者回国工作，加速培养、造就一批进入世界科技前沿的跨世纪优秀学术带头人，1994 年国家特设立国家杰出青年科学基金。

③ 1994 年 7 月由国家人事部提出，1995 年底在全国范围内组织实施，旨在加强中国跨世纪优秀青年人才培养的一项重大举措。

（续表）

序号	姓名	所属学部	学术领域	当选时间
4	周尧和	技术科学	材料科学	1991
5	刘永坦	信息技术科学	雷达系统、信号处理	1991
6	徐僖	化学	高分子材料科学	1991
7	李家明	数学物理	物理学	1991
8	徐祖耀	技术科学	材料科学	1995
9	陈竺	生命科学和医学	血液学和分子生物学	1995
10	雷啸霖	信息技术科学	材料物理学	1997
11	张杰	数学物理	物理学	2003
12	卢柯	技术科学	材料科学	2003
13	颜德岳	化学	高分子化学	2005
14	贺林	生命科学与医学	遗传生物学	2005
15	邓子新	生命科学与医学	微生物学	2005

杨槱

张煦

沈天慧

周尧和

刘永坦

徐僖

李家明

徐祖耀

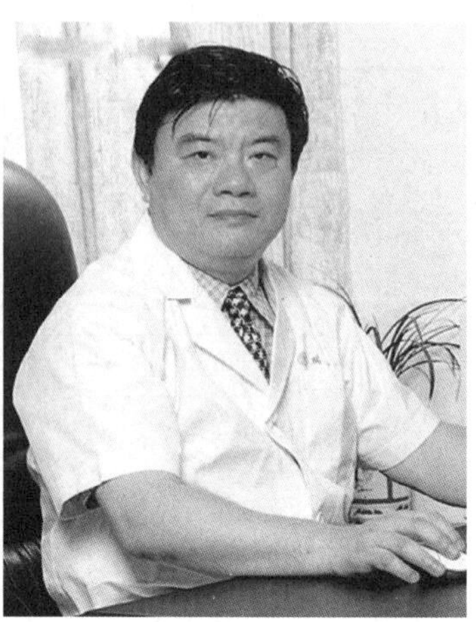
陈竺

雷啸霖

张杰

卢柯

颜德岳

贺林

邓子新

表 3-8　2006 年上海交大中国工程院院士一览表

序号	姓名	所属学部	学术领域	当选时间
1	王振义	医药卫生	血液学	1994
2	阮雪榆	机械与运载工程	塑性加工和模具技术	1994
3	顾健人	医药卫生	肿瘤分子生物学	1994
4	曾溢滔	医药卫生	医学遗传学	1994
5	刘永坦	信息与电子工程	雷达系统、信号处理	1994
6	谢友柏	机械与运载工程	机械学、摩擦学	1994
7	何友声	机械与运载工程	流体力学、高速水动力学	1995
8	饶芳权	机械与运载工程、工程管理	发电设备制造	1995
9	翁史烈	能源与矿业工程	热力涡轮机	1995
10	葛修润	土木、水利与建筑工程	岩石力学	1995
11	张涤生	医药卫生	整形外科学	1996
12	陈亚珠	医药卫生	高电压技术、生物医学工程	1996
13	杨胜利	医药卫生	生物技术	1997
14	邱蔚六	医药卫生	口腔颌面外科学	2001
15	潘健生	机械与运载工程	热处理工艺与设备	2001
16	陈赛娟	医药卫生	血液细胞和分子遗传学	2003
17	戴尅戎	医药卫生	骨外科学	2003
18	项坤三	医药卫生	糖尿病学	2003

王振义

阮雪榆

顾健人

曾溢滔

谢友柏

何友声

饶芳权

翁史烈

葛修润

张涤生

陈亚珠

杨胜利

邱蔚六

潘健生

陈赛娟

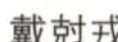

戴尅戎

项坤三

表 3-9　2006 年上海交大“973 计划”项目首席科学家一览表

领域	首席科学家	所属院系	项目名称	备注
生命	曹谊林	医学院	组织工程学重要基础科学问题研究	滚动课题
生命	盛慧珍	医学院	干细胞的基础研究与临床应用	
生命	陈国强	医学院	基于生物信息学的药物新靶标的发现和功能研究	
生命	陈　竺	医学院	疾病基因组学理论和技术体系的建议	滚动课题
生命	贺　林	生命学院	中国人口出生缺陷的遗传与环境可控性研究	合作
综合交叉	任秋实	生命学院	视觉功能修复的基础理论与关键科学问题	
综合交叉	林忠钦	机动学院	巨型重载操作装备的基础科学问题	

(续表)

领域	首席科学家	所属院系	项目名称	备注
材料	丁文江	材料学院	镁合金强韧化基础研究	
信息	倪明选	电信学院	无线传感网络的基础理论及关键技术研究	

“长江学者奖励计划”特聘教授37名:陈竺、张文军、王健农、崔维成、窦晓鸣、胡钧、马红孺、敬忠良、黄震、曹谊林、王铸钢、沈文忠、刘允才、毛军发、陈善本、严晋跃、王如竹、廖世俊、孟光、张获、张亚非、丁汉、林忠钦、姚忻、贺林、盛慧珍、徐学敏、车顺爱、唐克轩、邓子新、程旭、马宁、陈国强、杨洪全、任秋实、王浩伟、房静远。

“长江学者奖励计划”讲座教授14名:倪军、盛祖杭、杨驰、李杰、杨彤、危岩、沈洁、林宗利、江晓东、黄炳茹、陆平、周林、陈方若、沈浩。

国家杰出青年科学基金获得者39名:邓子新、郑杭、林忠钦、王如竹、黄倩、房静远、马利庄、丁汉、周秀芬、汪小帆、曹珍富、陈竺、贺林、王健农、马红孺、孟光、车顺爱、曹谊林、傅育熙、楼森岳、毛军发、吴冲锋、陈赛娟、陈国强、张文军、孔向阳、黄震、高峰、李建国、王铸钢、韩泽广、廖世俊、沈文忠、时钟、朱向阳、任秋实、周青、胡钧、卢柯。

“百千万人才工程”国家级人选26名:沈晓明、王亚光、马红孺、周秀芬、王健农、胡卫生、黄倩、黄震、房静远、吴冲锋、韩泽广、许晓鸣、彭志海、李建华、敬忠良、宁光、胡伟、宋怀东、郑杭、陈国强、李建国、孟光、许迅、车顺爱、朱军、王如竹。

国家自然科学基金委创新研究群体2个,带头人分别为毛军发,研究方向:片上系统的理论与设计;陈赛娟,研究方向:白血病的系统生物学和靶向治疗研究。

同时,学校也涌现了一批模范教师、师德标兵和教学名师。1998—2002年,朱卡的、李征帆、何友声、洪嘉振、裘兆泰、俞勇等先后被评为全国优秀教师、模范教师、师德先进个人、全国师德标兵。2003年与2006年,首届、第二届国家教学名师奖评选,上海交大洪嘉振、郑树棠、乐经良、孙麒麟榜上有名。

(二)教师队伍结构不断优化

(1)青年教师队伍日益壮大。上海交大高层次教师队伍中青年教师的数量和所占比例有了明显的提高,基本解决了队伍断层的问题。教师队伍老、中、青结合更加合理,学科带头人后备力量更加充足,教师队伍更加活跃,更具发展潜力。至2006年底,681名教授中,45岁以下290名,占42.6%;1 078名副教授中,45岁以下827名,占76.7%。1 759名正、副教授,45岁以下1 117名,占63.50%;而1992年,1 004名正、副教授中,45岁以下仅有43名,占4.28%。

(2) 教师队伍的学历层次明显提高。教师队伍学历结构不断优化，高学历教师的比例逐年提高。2000年，专任教师中博士毕业占27.6%。至2006年底，硕士毕业以上的教师有2 375人，其中博士毕业的教师达到1 600人，占专任教师总人数的54.6%。大批高学历年青教师充实教师队伍，对师资队伍总体素质的提高起到重要作用。专任教师学历情况见表3-10：

表3-10　上海交大专任教师学历情况表(2000—2006)①

年份	2000	2001	2002	2003	2004	2005	2006
教师总计	1 847	1 877	2 012	2 172	2 254	2 886	2 930
博士/ 占教师百分比	511/ 27.6%	583/ 31.1%	757/ 37.6%	949/ 43.7%	1 129/ 50.1%	1 429/ 49.5%	1 600/ 54.6%
硕士	637	694	708	707	653	848	775
本科生	651	558	508	479	435	557	507
专科及以下	48	42	39	37	37	52	48

(3) 教师队伍的学缘结构更加合理。“海纳百川，有容乃大”。为了避免“近亲繁殖”，学校重视优化教师队伍的学缘结构。如在2004年的专任教师中，具有一个非本校学位的教师数达到1 570人，占专任教师总人数的70%，有效地促进了不同学术思想之间的交流，使学科发展更具活力。

① 数据来源：《上海交通大学年鉴》，上海交通大学出版社2001—2007年版。

第四章
人才培养与教育创新

第一节　人才培养的目标与模式

一、“四型”培养目标和创新培养模式

1993年初开始，学校落实《中国教育改革和发展纲要》精神，结合争取进入“211工程”前列、开展“211工程”大讨论，最终形成了“211工程”论证报告之一的《上海交通大学发展规划及实施方案》。该方案在人才培养上，明确指出“学生知识和能力培养的模式要适应‘宽厚型、复合型、外向型，德、智、体全面发展’的要求”。[①]

1994年暑假期间，学校在杭州召开了“教学改革工作研讨会”，对“三型”人才作了具体说明。宽厚，“意味着专业口径宽，基础知识厚”；复合，“意味着知识结构的复合，让学生兼有某些交叉学科之长”；外向，“意味着面向世界”。[②]

1998年1月18日，学校第七次党代会召开，明确学校在人才培养工作方面的目标是：“全面贯彻党的德智体全面发展的教育方针，进一步深化教育改革，努力提高教学质量和办

---

① 《上海交通大学发展规划及实施方案——“211工程”论证报告之一》(1994年10月)。上交档：1996-DQ11-028。

② 《教学改革工作研讨会纪要》(1994年9月18日)。上交档：ZH1-194-27。

学效益，实施知识、能力、素质教育，使上海交大成为全国和上海培养具有扎实科学、工程、人文基础和创造性思维能力的高层次人才的重要基地，为在21世纪初使本科教育率先进入世界先进行列和研究生教育接近世界一流水平奠定基础。”[①]第七次党代会把人才培养工作目标与实施知识、能力、素质教育和培养学生创造性思维能力联系在一起，为学校培养创新人才指明方向。

1998年3月，上海交大教育思想讨论动员大会召开

1998年3月—6月，学校深入开展了教育思想大讨论，中心议题是学校的定位、人才培养的目标和模式，即办什么样的学校、培养什么样的人、怎样培养人。通过这次教育思想的讨论和学习，全校师生形成了八点共识：①转变教育思想，更新教育观念是教育教学改革的先导；②上海交大的定位——世界一流大学；③人才培养是学校的根本任务，是立校之本；④学校的人才培养目标——“四型”优秀人才；⑤人才培养模式——实行“KAQ”（知识、能力、素质）教育，努力实现“三个转变”；⑥重视创新能力培养，提高全面素质；⑦建立面向21世纪的培养计划和课程体系；⑧教学方法和教学手段的改革是整个教学改革的一项重要内容。

人才培养目标的定位是这次教育思想讨论的重点。学校领导和广大教职工一致认为：“交通大学作为全国重点大学，应该而且必须超越时代，面向未来，应该而且必须超越单纯培养‘专家’‘工程师’的视野和模式，着力培养宽厚型、复合型、开放型、创新型的优秀人才。他们应当具备基础扎实、知识面宽、能力强、素质高这四个特点。这里，能力主要指获取知识的能力、运用知识的能力、适应能力和创新能力，其中创新能力是核心；素质主要包括思想道德素质、

① 王宗光：《抓住机遇　开拓进取　为创建世界一流大学而努力奋斗——在中共上海交通大学第七次代表大会上的报告》。上交档：1998-DQ11-047。

文化素质、业务素质和身体心理素质,其中思想道德素质是根本,文化、业务素质是重点,身体心理素质是基础。"[①]

通过这次教学思想大讨论,学校基本确立了"德智体全面发展,知识、能力、素质协调统一,具有宽厚、复合、开放、创新特征的高水平、高素质的优秀人才"的人才培养新目标,概括讲,即"宽厚型、复合型、开放型、创新型"的"四型"人才培养目标。这是继1993年学校提出的"宽厚型、复合型、外向型"的"三型"人才培养目标的完善与发展。

作为1998年全校教育思想大讨论的继续,1999年4月14日,学校又深入举行了一次大讨论。通过学习和讨论,学校形成了教育观念的"三个基点",即"素质教育、终身教育和个性教育",同时提出要推动人才培养的"三个转变",即"专才向通才、教学向教育、传授向学习的转变",[②]分别体现人才培养目标、培养模式、培养过程的转变。据此,初步形成了学校"创新人才培养体系"的基本框架和建设内容。

1999年4月20日,以转变教育思想和观念为先导,以"985工程"为契机和依托,围绕建设世界一流大学的总目标,上海交大"创新人才培养体系建设"项目全面启动,目标是"通过3至5年的大力度的投入和改革,在我校初步形成科学、系统、高效的创新人才培养体系,成为我国培养德、智、体全面发展,知识、能力、素质协调统一,具有创新精神和交大特征的高级人才的重要基地,在人才培养的总体水平上名列国内前茅、亚洲先进,并在若干方面达到或接近世界一流水平"。[③]

上海交大"创新人才培养体系建设"的核心是改革人才培养体制机制,为创新人才成长提供切实保障。

在本科生教育上,改革优质生源选拔机制,开展更深入的自主选拔录取招生试验;打破按专业招生的传统模式,全面实施本科生按学院招生、宽口径培养;打通学科专业限制,搭建本科教育培养大平台,为学生打下宽广厚实的知识基础;推进和完善学分制改革,让学生在选课、选师、选时上具有更多的自主权,尽可能满足学生的个性兴趣和自主发展需求;重视课程建设,建设一批国家级和上海市精品课程;加强实验室建设,大力进行实验教学改革,推行本科生研究计划、实验计划;制定相应政策,激励学生进行科学研究和设计创作等。

---

① 叶取源:《解放思想,深化改革,努力开创人才培养工作新局面——上海交通大学'98教育思想讨论总结》(1998年6月10日)。上交档:1998-DQ16-003。

② 叶取源:《抓住机遇,迎接挑战,构建上海交大创新人才培养体系》(1999年4月14日)。上交档:1999-JX13.11-007。

③ 叶取源:《抓住机遇,迎接挑战,构建上海交大创新人才培养体系》(1999年4月14日)。上交档:1999-JX13.11-007。

在研究生教育上，以提高质量作为研究生培养工作的第一要务，实施高水平的培养方案，加强研究生课程改革与建设，打好坚实、深广的基础；狠抓论文质量，重视学位论文的选题，注重体现学科发展的动态和前沿；探索人才培养的多种模式，通过合作办学、建立交叉学科大平台、产学研联合培养基地等，引导研究生参与到科学研究的前沿，不断提高创新创业能力；建立和坚持一系列严格的规章制度，真正形成研究生培养质量监控和保障体系等。

与教学改革相配套的是构筑基础教育大平台。一是基础教学设施系统，建设系列化的多媒体教室、公共计算机房、教学网络系统、现代远程教学和教学媒体制作系统、教学资料系统、体育设施等，以设施的现代化促进教学手段的改革，进而促进教育思想、模式、内容、方法的全面变革。二是校园文化系统，大力推进校风、教风、学风建设，进一步改善校园环境，提高学校的文化、学术底蕴和氛围，陶冶人，培育人，凝聚人；以建设国家水平的文化素质教育基地为抓手，提高学校的品味、教师的素养、学生的素质。三是教学内容系统，本着提高规格、拓宽面向、加强基础、整体优化、提高质量的思路，推进本硕连读改革，进一步完善本科培养计划，更新教学内容，优化课程体系，建设系列化优质课程和教材，建设若干个国家水平的工科专业人才培养基地、基础课程教学示范基地、现代远程教育基地等。

与此同时，在基础教育大平台上从一级学科出发，构筑若干个高水平、有特色的标志性专业教学平台。一方面，选择若干个专业进行重点建设，进一步拓宽专业面向，向着大机械、大电气、大材料等方向发展，改革培养模式，并建设与之配套的专业试验基地和课程体系。另一方面，在若干专业或院系全面引进美国麻省理工学院或密西根大学等世界名校的培养模式以及课程体系，推行大力度的改革措施，为学校日后的改革和发展探索新路子。

除改革人才培养体制机制外，学校还积极推进学科与科研体制改革，把引导学生进入前沿研究作为培养创新人才的重要途径，并通过一定的制度和政策予以保证，形成科研与人才培养的有机结合，为创新人才培养创造有利条件；深化劳动人事制度改革，加强师德师风建设，提高教师的创新能力和教书育人的责任感；加大产学研结合和社会实践改革力度，培养学生运用知识和创造知识的能力；探索国际化合作的新举措和途径，为学生提供更多接受世界先进教育和参与国际前沿研究项目的机会，促进学校教学模式和体系的全面更新，培养具有国际竞争力的创新人才。

“创新人才培养体系建设”项目围绕学校培养一流人才的根本任务，建设了一批高水平的人才培养示范基地、基础课程教学基地和基础实验教学基地，教学设施条件得到极大改善；开展了一系列面向 21 世纪的教育教学改革，在构建学科大类平台、专业结构调整、重组课程体系、整合教学内容、改革教学模式、建设优质课程和编写优秀教材诸方面都取得了显著成效;初步建立了研究生培养质量保证体系,研究生培养规模迅速扩大,质量明显提高;建设了高水平的学生文化、德育、体育等素质教育与创新活动基地,为营造学生创新环境创造了良好条件。

2004 年 5 月 19 日,学校 2004 教育思想大讨论拉开帷幕

2004 年 5 月 19 日,学校启动新一轮教育思想大讨论。这是继 1998 年后举行的又一次全校上下交流思想、转变观念、统一认识、深化改革的重大活动。这次大讨论取得了四点共识,即“培养一流人才是一流大学建设发展的永恒主题”“精英教育是研究型大学人才培养的根本所在”“教育创新是研究型大学发展的动力源泉”“一流师资队伍是一流大学建设的关键”。[①]

2004 年 12 月,学校第八次党代会召开。大会指出,上海交大“要坚持社会主义办学方向,贯彻党的教育方针,紧紧围绕培养一流人才的目标,用精英教育、通识教育和创新教育的理念统领人才培养工作,大力推进教育创新,着力改革培养模式,切实加强实践教育。致力于培养德、智、体、美全面发展,知识、能力、素质协调统一,具有宽厚复合开放创新特征的高水平、高素质人才。为社会主义事业培养合格建设者和可靠接班人,造就一批未来的学术大师、高级经营管理人才和具有雄才大略的领袖人才”。[②]

据此,上海交大人才培养的目标更为清晰,更为明确,即培养“四型”(宽厚、

---

① 《上海交通大学年鉴 2005》(总第九卷),上海交通大学出版社 2005 年版,第 114 页。

② 马德秀:《振奋精神 开拓创新 为加快建设世界一流大学而努力奋斗——在中共上海交通大学第八次代表大会上的报告》(2004 年 12 月 28 日)。载《上海交通大学年鉴 2005》(总第九卷),上海交通大学出版社 2005 年版,第 20 页。

复合、开放、创新）的精英人才。

二、教学成果丰硕和教学名师涌现

学校在推进和深化教育教学改革、构建创新人才培养体系中，通过不懈努力，涌现了一批优秀的教学改革成果，详见表4－1。特别是2001年和2005年，学校作为第一完成单位，共获得国家级教学成果奖20项、上海市教学成果奖97项。“多校合作，面向西部，创建基于天地网的新型教育资源共享体系”项目，创建了新的教育资源共享模式，2005年获得国家级教学成果一等奖；“创建机械大类本科教学平台，培育具有国际竞争能力的创新人才”项目，总结了学校建设学科大平台、培养宽口径创新人才的经验，获得2005年上海市教学成果特等奖和国家级教学成果二等奖。

表4－1　上海交大获国家级教学成果奖一览表(1993—2005)

年份	获奖等级	项目名称	主持/参与人	备注
1993	一等奖	全国大学英语考试的设计、实施及研究	杨惠中	独立完成单位
	一等奖	全面优化大学物理教学，建立上水平的教学新体系	孔令达	独立完成单位
	一等奖	创建机电一体化的教学体系，优化复合型人才培养模式	邹桂根	独立完成单位
	二等奖	加强教学实践环节，深化金工课程改革	陈关龙	独立完成单位
1997	一等奖	建设一流的机械设计基础系列课程	吴世华	独立完成单位
	二等奖	拓宽电子工程专业面，突出素质教育，加强能力培养，增强社会适应性	宋文涛	独立完成单位
	二等奖	面向21世纪计算机专业教学改革	侯文永	独立完成单位
	二等奖	计算船舶流体力学(教材)	刘应中	独立完成单位
	二等奖	传热学基础(教材)	杨世铭	独立完成单位
2001	二等奖	坚持理论与实践相结合，推进高校体育教育改革	孙麒麟	独立完成单位
	二等奖	产学研构建先进制造技术人才培养新体系	阮雪榆	独立完成单位
	二等奖	研究生“英语”课程体系改革与建设	王同顺	独立完成单位
	二等奖	运用多种教学手段，构建“形势与政策”教学新模式	黄苏飞	独立完成单位
	二等奖	面向21世纪课程《现代生物学导论》的建设	张惟杰	独立完成单位

(续表)

年份	获奖等级	项目名称	主持/参与人	备注
	二等奖	加强校园文化建设,提高学生文化素质	陈龙	独立完成单位
	二等奖	机械工程创新人才培养的探索和实践	陈关龙	独立完成单位
	二等奖	“材料科学与工程”专业本科教学新体系	姚寿山	独立完成单位
	二等奖	传热学(教材)	杨世铭	独立完成单位
	二等奖	计算机公共课知识结构和教学模式的研究与实践	侯文永	独立完成单位
2005	特等奖	工程硕士专业学位教育机制的创新与实践	叶取源	第三完成单位
	一等奖	多校合作,面向西部,创建基于天地网的新型教育资源共享体系	申瑞民	独立完成单位
	二等奖	改革大学英语课程设置,提高教学效益,促进学生英语综合应用能力的提高	陈永捷	独立完成单位
	二等奖	继承传统,开拓创新,建设一流国家工科数学课程教学基地	乐经良	独立完成单位
	二等奖	高分子材料领域高质量博士研究生培养的探索与实践	印杰	独立完成单位
	二等奖	创建机械大类本科教学平台培养具有国际竞争能力的创新人才	林忠钦	独立完成单位
	二等奖	大电类技术基础课程体系和教学模式的研究与实践	张申生	独立完成单位
	二等奖	培养创新型研究生的方法与实践	李征帆	独立完成单位
	二等奖	以培养创新人才为目标,深化计算机科学与技术专业教学改革	俞勇	独立完成单位
	二等奖	上海交通大学 MBA 教育品牌的构建与提升	王方华	独立完成单位
	二等奖	构建培养学生创新能力的物理实验教学体系	赵铁松	独立完成单位
	二等奖	新世纪初的计算机基础教学研究与实践	徐安东	第二完成单位
	二等奖	非生物类本科生生物教学的研究与实践	林志新	第四完成单位
	二等奖	社会主义市场经济条件下教材更新机制的研究	徐乃庄	第二完成单位

杨惠中主持的“全国大学英语考试的设计、实施及研究”项目,为大学英语考试建立了严格的命题系统,严密的考务组织,科学的计分体制,在考试的命题和题库建设体系、作文阅卷和作文分调整系统、成绩的等值处理方法、阅卷和成绩计算及统计系统,考试的效度研究等方面达到了国际先进水平,为创建我国的标准化考试体系提供了一个良好的实例,尤其为大

规模的外语教学考试树立了榜样。实践证明,“这项考试有力地推动了大学英语教学大纲的贯彻,有效地促进了大学英语教学的改革和教学水平的提高,对我国的英语教学事业,产生了积极的影响。大学英语考试也为人才的选用提供了统一的、客观的、科学的度量标准,其考试成绩和证书得到社会上各用人单位的承认,取得了良好的社会效果和影响”。[①] 该项目1993年获国家级教学成果一等奖。

孔令达主持的“全面优化大学物理教学,建立上水平的教学新体系”项目,在物理教学中建立起理工渗透、以理促工、以工为主的因材施教、分级教学的完整教学框架;在大面积物理教学宏观调控中引入竞争机制,激发学生兴趣,把握、运筹教学全局及全过程,充分地调动了教与学两方面的积极性,有效地发扬了交大学生“演绎强、基础厚”之长。通过加强实践性教学环节,建立开放型实验机制,运用计算机电教片等现代教学手段,更新传统课堂教学模式,创造多元化物理教学环境等,多方位迈出补“归纳差、创造弱”之短的改革步伐。“其改革举措扎实有效,为培养物理基础深厚,实验训练有素,思维开阔的科学型、技术型人才提供了成功的经验,使交大物理教学在工科院校中处于国内领先地位”。[②] 该项目1993年获国家级教学成果一等奖。

邹桂根主持的“创建机电一体化的教学体系,优化复合型人才培养模式”项目,优化课程体系,确立以精密机械设计、传感器、微机及接口技术为轴心的三门主干课。精化教学内容,在知识体系上注意理论深度,注意纵(分支内)横(分支间)渗透、相互协调、避免不必要重复。开设了以雷达减速器为对象的精密机械设计课程,奠定了学生机分支的工程训练。首次开设了为期三周的传感器课程设计,将电类课程分支中的数字电路、模拟电路、可靠性设计、误差分析等九门课程有机地融合在一起。开设了为期三周的微机接口电路课程。建立稳固的生产实习基地,制订了适合专业要求的学生实习计划,编写了人手一册的实习指导书,探索适应经济新机制的实习管理,使生产实习规范化。[③] 该项目1993年获国家级教学成果一等奖。

吴世华主持的“建设一流的机械设计基础系列课程”项目,对机械原理与机械设计(包括课程设计)两门主干课,大力进行CAI及能力培养为基本点的教学改革。建立CAI兴趣小组,编出相关软件改进提高,再用于课程设计实践中去;在小组试点基础上师生结合再改进,扩大内容,编制成功了四个CAI软件,即齿轮设计计算、带传动设计计算、轴的设计计算、轴承的设计计算。在机械原理课程设计中进行了“只定任务,不划框框,发挥学生创造性,自己编程上机探索最佳设计结果的教学改革”,鼓舞了学生们的主动性与积极性。在三个重要的教学环节上(课

① 《全国大学英语考试的设计、实施及研究》。上交档:ZH1-193-37。

② 《全面优化大学物理教学,建立上水平的教学新体系》。上交档:ZH1-193-37。

③ 《创建机电一体化的教学体系,优化复合型人才培养模式》。上交档:ZH1-193-36。

内讲授、测验考试、课外学习深化)以讲得生动有效、学得主动积极、有利于教学质量提高为目的进行教学方法的改革与建设,初见成效。[①] 该项目1997年获国家级教学成果一等奖。

申瑞民主持的"多校合作、面向西部,创建基于天地网的新型教育资源共享体系"项目,以"教学基本单元—实时课堂"为基础的资源建设与共享新途径有效地利用了东部名校固有的课堂教学活动,将东部名校名师课堂及时映射到西部课堂,成功地将面向教育系统的两大传输系统平台有机结合起来,为远程教育、优质教育资源共享提供了一个具有自主知识产权的天地结合的远程教育传输平台。建立面向西部的跨校教学支持、管理系统,提高了学生学习主动性,保证了教学质量。经过几年的研究与实践,上海交大、西安交大、浙江大学等高校联合课题组创建了以"多校合作、面向西部"为模式、"名校实时课堂"为途径、"跨校教学支持、管理系统"为依托、"天地合一的技术平台"为支撑的新型教育资源共建共享体系。该系统在实际运行中性能稳定、维护方便,为资源共享提供了有力支撑。[②] 该项目2005年获国家级教学成果一等奖。

高素质的教师是培养创新人才的关键。学校广大教师的专业知识水平、敬业精神、教学能力和水平、教育技术的运用以及教书育人等方面的良好素质为培养创新人才提供了坚实保障。2003年和2006年,首届、第二届国家教学名师奖获奖者评选,上海交大洪嘉振、郑树棠、乐经良、孙麒麟四位教授榜上有名。他们在学术研究中取得突出成就的同时,积极主动承担本科生基础课和专业基础课教学任务,并在教学实践中运用现代教学思想努力把握教育教学规律,在引领教学内容、方法和手段的改革,创新课程教材和教学模式,创建合理教学梯队等方面做出了突出成绩。至2006年,学校共有国家级教学名师奖获得者4名,上海市教学名师奖获得者14名,详见表4-2:

表4-2 上海交大国家、上海"教学名师奖"名单

获奖年份	级别	获奖教授
2003	国家级	洪嘉振、郑树棠
	上海市	洪嘉振、郑树棠、张惟杰、邹慧君、孙麒麟、侯文永
2006	国家级	乐经良、孙麒麟
	上海市	王一飞、乐经良、蒋寿伟、俞勇、蔡珣、刘西拉、王如竹、王鸿利

① 《建设一流的机械设计基础系列课程》。上交档:1996-JX13.19-004。

② 《多校合作、面向西部,创建基于天地网的新型教育资源共享体系》。上交档:2005-JX13.19-08。

洪嘉振

郑树棠

乐经良

孙麒麟

第二节　本科教育

一、实施本科教学改革

20 世纪 90 年代，学校坚持本科教育是立校之本，高度重视并强化本科教育，从招生、培养方案、培养模式、实验室建设、教学管理、学风建设等方面实施了一系列改革。

（一）招生改革和生源选择

1994 年 2 月 24 日，学校向国家教委呈报《关于 1994 年招生、收费制度改革的实施办法》。《办法》规定："我校于 1994 年本科招生时不再区分'公费生'和'自费生'，采取同一录取标准招生,招收新生一律缴费上学。”自此,从1994年招收新生开始,上海交大本科生全部实行缴费上学。

与此同时,学校设立优秀学生奖学金、专业奖学金和地区奖学金,以奖励优秀学生,鼓励学生学习国家所需的专业,支援边远地区困难学生完成学业。具体措施是“对优秀学生设立上海交通大学优秀学生奖学金,奖学金分A、B、C三等。A等奖学金每年每生1 500元,B等奖学金每年每生1 000元,C等奖学金每年每生500元”,“对报考某些专业的考生设置专业奖学金,凡报考我校核工程、铸造、焊接工艺及设备、塑性成形工艺及设备、金属材料及热处理、应用数学、应用物理、工程力学、应用化学(扣除精细化工的学生)的考生,可免交学费每年1 000元,在上述专业学习期间可连续享受四年”;“对以下省(区)的考生,设地区奖学金,每生均减免学费每年1 000元,连续享受四年,分配就业时原则上回原地区。广西、云南、贵州、新疆、宁夏、青海、内蒙、黑龙江、甘肃。以上九省(区)的考生如列全省(区)前十名者,可享受全免学费1 500元。到二、三、四年级参加选优,被评为优异生者,可享受全免学费1 500元/年的待遇”;“对经济困难学生,可申请贷学金和国家专项奖学金”。[①] 此外,学校还通过助学贷款、勤工助学等多种办法,吸引和保证一批有潜力的优秀学子进入交大,保证不让学生因经济困难而辍学。

在招生改革中,学校于1995年2月开办了教改联读班,这是在十余年教改试点班和少年班的基础上,及时总结培养优秀拔尖人才经验的新尝试。该班“是在具有保送资格的优秀高三学生中,由所在中学推荐,经过我校考核,选拔其中优秀者,实行高中和大学本科的联读”。[②] 其办学特点是全面培养、因材施教、发挥个性、扬长避短。联读班实行淘汰和导师制。学生在一年半或两年的基础课阶段,着重加强数、理、化、机、电和计算机、英语能力的培养以后,思想表现、学习成绩好,能力较强的学生,进入联读班专业课阶段的学习。学校为这些学生配导师,并请德高望重的院士、博导或名教授带他们,提早接受科学研究的方法和素养的熏陶。这些学生在专业课阶段,在导师的指导下,在拓宽知识面的基础上,侧重培养综合素质和科研能力。在完成专业课阶段的学习和毕业设计(论文)后,成绩优良的学生可免试直升研究生学习深造。实践表明,教改联读班学生无论在学习成绩及综合素质、能力方面在同一年级中都属于领先者,并在多项国际、国内竞赛中取得好成绩。

---

① 《关于报送我校1994年招生、收费制度改革的实施办法》(1994年2月24日)。上交档:ZH1-194-15。

② 《关于我校举办教改联读班的报告》(1995年3月9日)。上交档:ZH1-195-05。

（二）优化培养计划和按学科类办学

根据学校1993年要求的“宽厚型、复合型、外向型、德智体全面发展的优秀人才”的人才培养目标，各院系在修订的培养方案和教学计划中，基础课和技术基础课的比例都有较大幅度增加。例如机械工程系试行按系招生，新生入学时不分专业，打破原有课程设置的界限，建立新型的机械设计基础课程体系，实现两个转变，即传统设计向现代设计转变、传授设计知识向培养综合设计能力素质转变。数学系对高等数学和工程数学进行组合教学改革。物理系改编近代物理教材，进行多媒体教学试点等。为培养复合型人才，理工科专业普遍增设了经管和人文学科的课程；经济管理专业则增设工程技术方面的课程。为培养外向型人才，各课程设置密切注视发达国家学科建设动向，体现本学科发展的前沿；教学内容尽可能多地反映世界最新科技成果。如电子工程系突出信息高速公路和多媒体教学，机械工程系、船舶及海洋工程系、动力机械工程系、建工学院等院系加强CAD、人工智能等课程教学。学校还加强外语教学，使大学4年外语教学不断线。同时，全校设置4门共同基础课程，即计算机文化、程序设计、微机原理及应用、软件开发技术，以加强学生计算机能力的培养。

1995年，为进一步改变专业划分过细、口径过窄的状况以及提高办学效益，学校决定从1995—1996学年起，首先在1995级新生中试行按学科类培养，围绕人才培养目标，重新设置课程体系。具体做法是：“(1)将现有的47个专业分为5个大类、15个类。(2)按类成立教学指导委员会，由本类内资深教授、优秀教师和相应院系的负责人组成，其职责是制订具有权威性的本类教学计划。教务部门根据他们制订的计划向有关院系下达教学任务，各院系进行实施。(3)学生在同类之中有较大的选课自由。提倡淡化专业，每届高年级设置若干专业方向，使学生在选择专业方向上也有一定的灵活余地。对于学校优异生允许跨类选方向，对于优秀生则在类内优先选方向。”①

1998年，学校根据教育部颁布的新本科目录，对全校专业作了合并与调整，“本科专业由51个减为35个，减幅为31.4%”，②此举进一步拓宽了专业口径。在调整专业设置的同时，学校抓紧制订新的培养计划。首先，确定了制订计划的指导思想，即“拓宽面向、加强基础、更新内容、整体优化、重视实践、加强能力、提高素质、减少学时”。其次，在各院（系）共同研究、反复探讨的基础上，出台了《上海交通大学关于制订本科培养计划的若干意见》。学校以此为依据，成立了各个学科大类的“教学委员会”和学校“公共课、基础课程教学委员会”，

---

① 《关于按学科类办学的决定》(1995年2月)。上交档：ZH1－195－07。

② 《上海交通大学本科教学工作优秀评价自评报告》。上交档：2000－JX13.11－002。

负责各宽口径专业培养计划的修订工作。属同一学科类(大类)的若干院(系)组建学科类的教学委员会,由有关院(系)的领导、学科带头人、教师组成,研究、制订学科类的培养计划,并指导、协调有关方面的教学工作,特别是基础课和专业基础课的教学。

新的培养计划"总学时数由2 800学时减为2 500学时以内",[①]突出了知识结构和课程体系的整体优化,其中包含85%左右的共同课程和课程组可供选择,另外15%左右的不同课程和课程组则形成了不同的专业方向。加强了素质教育和能力培养,减轻了课内学习总量,鼓励学生的个性发展。例如,在全校强化自然科学、人文科学、工程技术等选修课程组,要求不同专业门类的学生修读完成相应的学分;除公共基础类课程外,学科基础类及专业主干课程逐步向全校开放以供选修。这一系列措施拓展了学生选课的范围和机会,增强了他们的主动性和积极性。

1997年,院士上本科教学讲台

在此期间,学校还实施"杏坛工程"——名教授上本科教学讲台。首次讲座于1997年3月15日举行,由84岁高龄的中科院院士、电子工程系教授张煦作《信息高速公路》学术报告。此后,管理学院吴健中、生命科学学院朱章玉、数学系程极泰、中国工程院院士阮雪榆等名教授先后作《漫谈系统工程》《生命工程与人类生存发展》《漫谈混沌》《先进制造技术六国考察记》学术报告,每次讲座均座无虚席。

(三)加强实验室建设,增强学生实践能力

1997年,学校"211工程"的"现代教学实验室"项目全面启动。"现代教学实验室"项目共设8个子项目(基础课、技术基础课教学实验中心、计算机教学中心、现代化教室、现代教学媒体制作中心、现代检测技术实验中心、前沿学科

---

① 《上海交通大学本科教学工作优秀评价自评报告》。上交档:2000-JX13.11-002。

实验教学中心、现代设计制造技术实验中心以及文学艺术教育中心）、34 个小项目，涉及 17 个院系、部处和直属单位，实际投入 3 627 万元。该项目建设了一批重点基础课程教学基地和一批先进的基础教学实验中心，以及以“现代远程教育”和“计算机辅助教学”为标志的教育技术基地，推进了教学内容、方法、手段、实验及实践环节的改革与建设。该项目的建设为上海交大顺利通过教育部组织的“本科教学工作优秀评价”，并为启动和实施“985 工程”的“创新人才培养体系建设”奠定了基础。

1999 年，学校获得教育部分配的世界银行贷款 235 万美元，进一步提高学校实验教学基地的水平，除重点建设工程训练中心、物理实验中心、化学实验中心、力学实验中心外，还立项建设多媒体教室系统、语言语音实验室、计算机基础教学公共机房、电子电工实验室和生物教学实验室等。

1999 年，学校“985 工程”的“创新人才培养体系建设”项目全面启动，其中的一项内容为建设一批国家水平的专业人才培养基地、基础课程教学基地、教学实验中心。项目拨款约 4 400万元，按照国家级基础教学实验基地的标准，在校建设十大“基础教学实验中心”，包括物理、化学、力学、工程训练中心、电工电子、基础生物等。

经过以上项目的建设，学校本科教学条件和实验设施整体上了一个新台阶。如物理实验中心 300 平方米室内放置着各种实验设备，学生可自主选择实验项目，拟订方案，独立完成实验；200 多平方米的物理演示厅内选了具有典型性、代表性、先进性的演示 100 多项，涵盖了物理教学的全部内容，与课堂教学紧密结合，激发了学生科技活动的热情；8 000 平方米工程训练中心内有数控机床、电火花加工、线切割加工、全自动注塑机等现代工程企业常见的工程设备和加工技术，每天可容纳 800 多名学生进行先进的工程训练。同时，学校还要求所有科研实验室向本科生开放，如海洋工程国家重点实验室建立以案例教学为特色的海洋工程实验教学模式，使学生可以自选专题，参与和进行前沿课程实验研究。

学校在本科培养计划中安排了 90％以上的各科类学生进行金工或电工的工程训练，并十分重视生产学习基地的建设。学校与宝钢集团、上海电机厂、石洞口电厂等大型企业签订了长期的厂校合作协议书，并与一批相关企业签订了生产实习基地协议。

学校鼓励教师、学生积极参与课外科技活动和社会实践。重要的科技、实践活动在明确目标、内容、安排、考核办法之后，经批准列入培养计划。学校还制订相应办法，使在国内外重要竞赛中获得奖项的学生在优秀生选拔、直升研究生、奖学金评选等方面予以优先考虑；指导教师也可得到相应的奖励。

学校还制订和完善了《关于做好毕业设计（论文）工作的若干规定》等一系列规章制度，

明确了毕业论文(设计)工作的意义、原则、要求和管理办法,并严格执行,取得了良好效果。毕业论文(设计)结合工程或社会实际的题目达85%左右,总体质量较高。

1998年3月,在日本大阪举行的"国际机器人大赛"中,仲欣、杜忠达设计制作的"聪明的猴子"和"灵巧大力士",捧回了"市长杯"

几年间,学生在国内外科技比赛中屡获殊荣,如1993年获第34届国际数学奥林匹克金牌,美国国际大学生数学建模竞赛一等奖、二等奖。1998年,机械工程学院在校本科生仲欣、杜忠达设计制作的"聪明的猴子"和"灵巧大力士"机器人,在日本大阪举行的NHK'98国际机器人大赛中,荣获"市长杯"。1999年,电子工程系本科生王玮的作品"面向软件无线电的数字发射机"获第六届"挑战杯"全国大学生课外学术科技作品竞赛一等奖。1999年和2000年,学校代表队两度获得美国国际大学生数学建模竞赛(MCM)一、二等奖。

(四)举办专业试点班、推进"本硕连读"试点

1997年,学校从机械学院开始,举办了以院为办学主体的学习麻省理工学院等名校培养模式的专业试点班;1998年起在电力、电子信息、动力与能源学院扩大试点,寻求教学模式的多样化以及与国外先进培养体系的衔接点。此类试点班的生源一般来自本院学生,其宗旨一是拓宽专业口径,二是在专业平台的基础上突出学生创新精神和实践能力的培养。专业试点班有选择地引用国外培养计划、教材,较大力度地改革教学模式,拓宽专业面向,重整课程体系,加强实践环节。以机械试点班为例,培养目标是具有宽厚基础、大局意识、领导能力、创新精神的"通才";在培养计划中,创新实践、创新设计的环节贯穿始终;重新构建了实践教学体系,加强了工程性、设计性、综合性和创新性;在毕业设计工作中,体现综合素质培养的原则,要求学生进行知识集成、知识创新;并进一步完善导师制。2000年,学校与美国密西根大学签约共建机械学院,参照密西根大学的教学体系和课程,引进教材和进行相应的教学实验,在新的教学体系下承认学分,授予双重学位。

从1997年开始,学校在工程力学系开展"本硕连读"试点,此后向多个院(系)推广。这项举措将本科生、研究生两个阶段的培养计划、课程体系进行整

体性、系统性的贯通和整合，以研究生教学促进本科教学，优化人才的知识、能力结构，并避免不必要的重复，提高效率；同时，鼓励优秀本科生继续深造，为研究生教育提供优秀生源。

（五）加强教学管理，抓好学风建设

1995年初，学校开始建立教学督导制度，聘请热爱教育事业、致力于教学改革、教学经验丰富、治学严谨、爱护学生、有高度责任心的教授、副教授担任学校的教学督导。教学督导的职责是“定期检查各院系、各课程的教学质量，指导教学工作，研讨学校的教学发展形势，为学校领导及职能部门定期提供教学情况和建议，为教学改革提供决策依据”，主要工作是“定期听课，每周1至2次，了解教师讲课和学生听课的情况，对教师执行工作规范、教学环节的基本工作要求给予评价，提供教师评优、升职的依据”，“不定期召开教师、学生座谈会，建立信息反馈制度，沟通教与学的情况交流”，“每月向教务处提供一份教学情况表或意见书，教务处根据不同情况分别与有关部门沟通”，“参与学校的教学检查工作”，“巡视考场，检查考试情况，严肃考试纪律，并将有关情况及时向有关部门反映”，“由教务处定期召开教学督导会议，交流和汇总情况，总结经验，商讨改革措施”[①]。这些教学督导尽管年逾古稀，但身体力行，言传身教。他们治学态度严谨，为指导中青年教师教书育人、为学校的教学改革，发挥了积极的作用。如“年逾八旬的王端骧教授通过监考，就改进考试问题，先后于7月5日和9月2日两次致函教务处。作为首届联读班班主任的张馥宝教授，也就联读班工作写下长篇汇报，提出改进意见”。[②]

此后数年，学校相继修订了《教师工作规范》《教书育人守则》《班主任工作条例》等，并出台了《任课教师职责》《本科课程管理暂行办法》《本科实验教学管理暂行办法》《院系班主任工作考核细则》《院系教务员（本科教学）职责》《教学事故认定与处理暂行办法》等一系列文件，进一步明确了教师的职责、任务以及教学行为的规范，使师德、教风建设有章可循。

学校还在期中教学检查中，开展学生、教师互评活动，在广泛征求意见的基础上，对教学工作中存在的问题进行整改。

在建设优良教风的同时，学校也在学生中开展优良学风教育活动，不断完善规范规章制度并严格付诸执行。

1993年，学校重新修改了学生违纪处分条例中有关违反考场纪律的条款，严格了考场

① 《上海交通大学关于建立教学督导制的实施办法》，上交档：ZH1－195－06。

② 上海交通大学教务处编：《教学情况交流》，1995年9月22日，上交档：ZH1－195－44。

纪律,加强监考巡考。以1993—1994年学年度闵行校区为例,学校“总共处分41名学生”①,从警告至勒令退学并公开公布处理结果,取得了一定警示作用。

1994—1995学年学校进行教学检查,许多院系认真负责找问题、找差距,在肯定成绩的同时,对存在问题分析原因,并积极拟定改进措施。如船舶及海洋工程系和动力机械工程系针对迟到现象,采取“设计考勤表,分给任课教师,要求教师上课前点名,记录汇总到教务办,对于迟到者除教育外,累次数视轻重处罚”②的措施,督促学生树立良好的学风。

同时,学校加强了考试制度建设,对基础课程实行教考分离,基础课、技术基础课采用流水作业法评阅试卷;对考试作弊者,除该门课程计零分外,不得参加正常补考,并取消优秀生、优异生、三好学生等荣誉和评奖资格,取消攻读第二学科学士学位资格,并视其情节轻重给予记过直至开除学籍的处分。1996年,在期中、期末考试前,加强了事前教育,考试时严格执行考场规定,该年因违反考试纪律受处分的学生比1995年减少20.8%。对于学习成绩不及格者,学校根据有关具体规定,分别给予取消评优和评奖资格、试读、重读、退学等处理。1997—2000年,因学习成绩达不到规定要求而退学的学生有90余名。学校还加强了领导干部巡考、监考制度,校领导每学期至少安排一次巡考,部门正职领导每学期至少安排一次监考。

学校教学管理和学风建设的积极措施,取得了良好的效果。在上海交大,学生进教室“抢”前排,进图书馆“抢”座位,进机房“抢”机位的现象非常普遍。

二、本科教学评估优秀

根据《教育法》和《中国教育改革和发展纲要》的精神,国家教委决定从1995年起分批对普通高等学校进行本科教学工作评价。1996年7月,学校召开教学工作会议,向全校师生提出创建本科教学工作优秀学校的目标,决定从1997年起开展本科教学优秀单位建设与评价工作,并确定正式向教育部提出2000年下半年接受教育部优秀评价的申请。学校决定以迎接评价为契机,以评价方案为导向,在全校范围内进行充分动员,结合“211工程”建设,比较集中对本科教学进行一次重点的检查、评价和建设,使本科教学在现有基础上再上一个台阶。

1997年3月,学校组建了教学工作评价专家组,由徐祖耀院士任组长,开始全面对院系

① 《教学检查总结》,1994年6月,上交档:ZH1-194-24。

② 上海交通大学教务处编:《教学情况交流》,1995年6月16日,上交档:ZH1-195-44。

进行自评。5月—10月，专家组深入学生班级和部分院系听课，利用业余时间与教师、学生广泛交谈，了解情况；检查了高等数学、线性代数、大学物理、物理实验、大学英语、中国革命史等课程的建设情况和问题；了解师资建设的现状和教学质量；召开教师座谈会，直接听取了教师对教学质量的自我评价，研讨有关问题；还与部分院系的教学管理人员交换意见和情况，并针对差距提出措施。

1999年10月18日，学校迎评创优工作全面启动。学校成立了以谢绳武、王宗光为组长的领导小组，组建了以何友声院士、徐祖耀院士、范祖尧教授为组长的校评价工作专家组及其他相应小组。学校为迎评创优工作确立了“三个结合”的指导思想：“第一，迎评与学习邓小平理论，转变教育观念相结合；第二，迎评与推进本科教育教学改革、建设和发展相结合；第三：迎评与进一步规范、强化教学管理工作相结合。”[①]11月24日，学校召开“上海交通大学迎评创优动员大会”，全校教职工全身心投入，努力创建本科教学工作优秀学校，开创学校人才培养工作的新局面。

《高等工业学校本科教学工作优秀评估方案》评价指标体系包括办学思想、专业、课程、师资队伍、教风与学风、管理、教学改革、教学管理、教学效果、社会评价。学校加强领导，部处协同负责，院系分口整改，全校广泛投入，对照评价指标体系，各院系进行自评，各部处进行自查，积极准备评优所需要的各种资料、素材。学校在单位自评、自查的基础上，组织专家组对院系的本科教学工作进行预评，并对有关部处、直属单位的迎评准备工作进行重点抽查。各院系、部处、直属单位在自评(查)、互评(查)、学校预评的基础上，找准各自的薄弱环节，将迎评工作落实到整改上。

2000年11月6日—11日，受教育部委托，以清华大学原党委书记方惠坚为组长的高等学校本科教学工作评估专家组一行14人，对上海交通大学的本科教学工作进行了实地考察。考察期间，专家组深入学校4个校区，与各院系师生开展直接对话，全面了解学校本科教学情况；听课56节，对90名学生进行业务素质与能力面对面考察；调阅102份毕业设计或毕业论文、16个班级的试卷、46份实验报告、8个班的课程作业；召开各种座谈会27个，走访教务处、学生处和16个院系；查阅大批文件和资料档案，发出并回收904份问卷调查。11月11日，考察结束。专家组形成了以下评估意见：

---

① 谢绳武：《全校动员、深化改革，努力创建本科教学工作优秀学校——在上海交大迎评创优动员大会上的讲话》(1999年11月24日)。上交档：1999-JX13.11-003。

一、主要成绩

1. 学校党政领导对本科教学工作评估高度重视,按照“以评促改、以评促建、着力改革、重在建设”的原则,领导全校开展了积极认真的创建工作。1996 年,学校以迎接评估为切入口,对学校面向 21 世纪教学改革、建设和发展的战略举措进行了规划和部署;1998 和 1999 连续两年在全校开展教育思想大讨论,进一步明确了办学指导思想和教学改革思路;1999 年在完成了综合自评后,加快了“211 工程”“世界银行贷款”“985 工程”中教学建设项目的进度。由于领导重视,思想明确,发动深入,措施得力,教学管理成效显著,使学校在本科教学创优评建工作中取得了教学基本建设和教学改革的突出成绩,使学校面貌焕然一新。

2. 学校办学指导思想明确。以建设世界一流大学为历史性奋斗目标,地处改革开放前沿的上海市,主动适应现代科技、经济和社会发展的需要,及时调整学科结构,增设了新的文、理、工、管、农专业,学科专业设置的总体格局科学、合理。

3. 学校认真贯彻教育方针。确立了以“宽厚、复合、开放、创新”为特征的高层次、高水平、高素质的优秀人才培养目标,符合学校的定位。重视因材施教,采取各种措施,发展学生个性,培养学生德智体美全面发展,使拔尖人才脱颖而出。

4. 学校不断深化教学改革和建设。培养计划反映了培养目标对知识、能力及素质的要求。积极推动教学内容、课程体系的改革,加强现代化教学手段的建设,措施得力,成效明显。高度重视培养学生的创新意识和实践能力,鼓励学生开展多种形式的工程训练、教学实验、课外科技活动、社会调查和社会实践。全面进行教学条件和设施的更新,取得了突破性的成效。

5. 学校采取多种措施大力加强师资队伍建设。以各种方式引进优秀人才来校任教,重视在职教师的培养和提高,鼓励青年教师在职攻读硕士和博士学位,坚持“以人为本”的指导思想,实施一系列政策,激励优秀教师从事本科教学工作。

6. 学校发扬深厚的文化底蕴,新建若干文化设施,积极开展文化、艺术、体育、科技活动。营造了优美的校园环境和健康向上的校园文化,形成了优良的校风及学风。学生在良好的文化环境和氛围中不断提高文化素质,健康成长。

7. 在优良的传统、教风和学风的熏陶下,学生努力学习邓小平理论,学术思想活跃,基础扎实,适应性强,培养出一大批优秀人才,毕业生受到用人单位的普遍欢迎。

二、特色

上海交大在百年办学历史中,以“饮水思源、爱国荣校”为校训,形成了强大的凝聚力，激励着广大师生员工和海内外校友奋发图强，用知识和智慧报效祖国，报效母校。遵循这一校训，学校致力于培养高质量人才，形成了以下传统和特色：

1. 学校十分重视交大精神的培养和塑造。在学科建设中注重逼近国内和国际前沿，在队伍建设中注重引进和培养高水平学术骨干，在教学改革中注重培养具有强劲竞争力的人才，在文体工作中注重普及健康向上的校园文化，形成了"努力拼搏、敢为人先、与日俱进"的交大精神品格。

2. 学校主动探索人才培养的新路子。把高标准、严要求、重实效的原则贯穿于人才培养的整个过程和每个环节，通过在改革中不断充实和完善，逐步形成了"起点高、基础厚、要求严、重实践、求创新"的教学传统和特色。

3. 学校积极调整办学理念和思路，抓住机遇、大胆尝试。突破部门界限，实现优势互补；突破中央与地方界限，实现两级共建；突破行业界限，促进产学研合作；突破国界，发展国际联合办学；突破学校归属，发展校际联合；突破学科界限，促进跨学科联合，形成了多渠道、多层次、多模式的联合办学。①

2001 年 1 月 15 日，教育部发文正式宣布：上海交通大学本科教学工作评估结论为优秀。这次评优是对学校人才培养工作进行的一次全面的、系统的回顾和总结，同时构建了本科教学工作的长效机制，为面向 21 世纪不断推进和深化学校的教育教学改革，进一步完善创新人才培养体系，提高学校综合办学实力、水平和质量，打下更为坚实的基础。

三、本科教学创新实践

本科教学优秀评估之后，学校总结过去，推动现在，部署未来，立足改革，建设一流。全校上下团结一致、再接再厉，着力培养"宽厚型、复合型、开放型、创新型"的高水平、高质量、高素质人才，努力开创学校本科教育的新局面，使学校本科教育提高到一个新水平，继续走在全国高校的前列。

2001 年，学校相继颁布《关于在 2001 级新生中推行和完善学分制改革的实施意见》《上海交通大学关于修订本科培养计划的若干意见(修改稿)》《上海交通大学实行学分制管理暂行规定(试行)》《上海交通大学学分制学籍管理暂行办法(试行)》等文件，并在 2001 级新生

① 《教育部关于公布上海交通大学等三所高等学校本科教学工作评估结论的通知》(2001 年 1 月 15 日)。上交档：2000 - JX13. 11 - 001。

中试行。

2002年3月13日,学校颁布《上海交通大学关于加强本科教学工作,提高教学质量的实施意见》,就提高本科教学和质量推出七大举措,包括"进一步确立人才培养在学校一切工作的中心地位,并将其贯穿于学校一切办学活动的过程之中";"加强领导,改进作风,把提高教学质量放在突出位置";"加强师德建设,建立一支高水平、高素质的教师队伍";"进一步加大教学经费投入力度,在已有工科数学、工科物理、文化素质教育等3个国家级教学基地的基础上,再创建机械基础、电工电子基础、生物、力学、化学、工程训练、计算机基础、物理实验等8—10个国家级水平的教学基地和示范实验中心";"实行完整意义上的学分制,全面深化教育教学改革";"推进高等教育国际化进程,跃上国际教育大平台";"建立科学、完备的教学质量管理、监控、保障体系"①等。

学校在加强本科教育、进行教育教学创新实践中,继承发扬交大优良办学传统,全方位、多层次地深化教育教学改革,在构建"创新人才培养体系"中,不断强化"起点高、基础厚、要求严、重实践、求创新"的教学特色。

(一) 改革选拔机制和重视就业工作

2003年起,学校作为教育部批准的首批开展自主选拔录取改革试点高校之一,主要在上海市通过举办"上海交通大学冬令营"的方式,自主选拔录取优秀学生。经过三年的实践,成效明显,在国内外获奖的交大代表队,其成员很多来自其中。为此,学校决定开展更深入的自主选拔录取试验。

从2006年开始,上海交大在冬令营活动基础上,在上海市优秀应届高中毕业生中开展自主招生工作试验,以学校组织的不同学科专家组成的综合面试考核为主,择优预录取。学校的自主招生原则为"中学推荐,高校面试考核,综合评价、择优录取、宁缺勿滥,高考成绩重在研究对比,公正透明,接受监督",报名资格为"符合2006年高考报名条件、已取得报名资格的应届高中毕业生,已参加我校2006年冬令营活动(自主选拔录取资格和优秀生选拔)中考核成绩优秀的学生;部分重点中学校长推荐的德智体美全面发展或特长明显的优秀学生;确有某项专长、具备培养和发展潜力者(个人自荐、中学推荐,我校初审)",并规定"已被我校确定为自主招生预录取的学生仍必须参加今年的全国统一高考,高考成绩作为正式录取参考依据,并将在进校后的转专业申请和按院招生专业分流时占有一定的权重";"对面试考核

① 《上海交通大学关于加强本科教学工作,提高教学质量的实施意见》(2002年3月13日)。上交档:2002-XZ11-024。

未通过或专业志愿不能满足而不能录取者，仍按参加我校冬令营给予的政策（即自主选拔录取或其他优惠加分政策），在统一高考录取时执行；对其他自荐和中学推荐的参加面试考核而未被录取的学生，视面试情况，给予一定的优惠录取政策，在统一高考录取时兑现”。[①]

2006 年 4 月，上海交大自主招生面试现场

2006 年首次通过自主招收的新生有 291 名，多为具有创新精神和创新意识的优秀青年。

20 世纪 80 年代，国家教委批准清华大学和上海交通大学两校首先推行双向选择就业试点；1993 年，又明确在直属高校中全面推行双向选择。进入 21 世纪，随着大学扩招，面对比较严峻的就业形势，学校积极调整应对策略，不断开拓就业工作的广度和深度，提出了明确的指导思想：以世界一流大学为目标，以提高学生就业率与就业层次为中心，以发展职业辅导和开拓就业市场为重点，从提高学生自身综合素质和增加就业渠道等内外两个方面开创学校毕业生就业工作新局面。2004 年 9 月国务院“全国再就业工作表彰大会”上，学校荣获“全国就业先进工作单位”称号。

（二）完善学分制改革

早在 1979 年，学校就开始试行学分制教学管理。20 多年来，学分制虽不断有所变化和发展，但仍存在着约束颇多、灵活性不够的问题，已不能满足现实的需要。2001 年 6 月，学校推出《关于推进和完善学分制改革的实施意见》，主要内容为：①实行更为自由的选课制。2001 级开始实行的选课制内涵是：在学校规定的范围内，允许学生按照自己的志愿、意向和本人条件选择学习课程和上课时间，自主安排学习内容和进程；对于由多位教师开设的内容相同的课程，允许选择任课教师；允许学生通过公平竞争、公正选拔的原则选择学科（专

① 《上海交通大学关于深化高考改革、开展自主招生试验的请示》（2006 年 2 月 14 日）。上交档：2006－JX13.13－008。

业)或学科(专业)方向。2001级学生在选读完一年级课程后,允许有3%—5%的学生可重新选择专业。②实行学分绩点制。其中把以百分制表示的考核成绩转换成课程绩点的计算方法,按《上海交通大学实行学分制管理暂行规定(试行)》办法执行。③实行导师制。学生进入专业学习阶段,各专业应为每班配置一至二名指导教师,亦可由学生选择指导教师,将指导学生学习和学生参加教师科研结合起来。④实行弹性学制。允许学生在取得规定的学分数后提前毕业;也允许延长学习年限,但一般不超过六年。允许延长学习年限的主要目的是为了便于学生选读双学科学士学位、培养复合型人才,或本科生提早进入科研、开展科技创业等需分阶段学习者创造条件。⑤取消补考制,实行重修制。⑥放开双学科学士学位制度。⑦实行四学期制或两学期四小节制。[①]

这个实施意见是学校对1979年教学改革后试行的学年学分制的一次重大改革。其具体内容归纳起来就是在引导学生"厚基础"的过程中,允许学生在选科、选课、选时、选师等方面有更多选择;鼓励学生个性发展,实施因材施教,激励学生自主学习,进一步激发教与学的积极性,培养适合社会发展需要,既有宽厚的理论基础、专业技能和较强的实际应用能力,又有不同个性的高素质复合型创新人才。

(三) 进一步探索宽口径人才培养模式

1999年,学校根据教育部颁布的新专业目录,全面制订了本科培养计划,在加强基础、拓宽专业面向等方面取得了积极进展。但由于条件限制,专业拓展面还不够宽。为此,学校于2001年修订本科生培养计划,进一步强调"拓宽专业面向,构建学科平台""构建基础教学平台和学科教学平台,控制课程总量"[②]等原则。

新的培养计划规定,"四年制课内总学分不超过140学分,五年制不超过170学分;对于培养国家有关规定的注册工程师、注册建筑师的专业,四年制不超过145学分,五年制不超过180学分"。对课程设置及学时分配则规定"理工类。必修课:选修课=7:3。其中公共基础课占40%,人文、社科、经济、管理课占15%,学科基础课占35%,专业前沿及特色课占10%";"文管类。必修课:选修课=6:4。对应于理工类专业的'人文、社科、经济、管理'课程模块,文管类专业应在其中注意安排科技类选修课"。[③]

学校以新的培养计划为依据,一方面通过课程体系调整,形成公共基础课、专业基础课、专业方向课三大本科生教学平台,便于学生选科、选课;另一方面为各专业提供人文、社会科

① 《关于在2001级新生中推进和完善学分制改革的实施意见》(2001年6月22日)。上交档:2001-DQ16-005。

② 《上海交通大学关于修订本科培养计划的若干意见》。上交档:2000-JX13.11-045。

③ 《上海交通大学关于修订本科培养计划的若干意见》。上交档:2000-JX13.11-045。

学、自然科学、经济管理等通识教育选修课模块，满足学生拓宽基础的需求。学校对选修课还做出如下规定：非经管专业学生必须选修4学分经管类课程；文管类学生必须选修4学分科技工程类课程；全体本科生必须选修6学分文化素质类课程；必须选修4学分英语类课程；必须选修4学分体育类课程；必须选修一定数量的基础理论类课程；必须跨学科选修一定数量的课程。[①] 在此基础上，专业课和专业选修课按计划的120%安排教师，一般公共课安排春秋两季开课，更方便学生选师、选时。

2002年学校取得设置本科专业自主权后，全校逐步形成基础类专业、热门类专业、传统优势类专业等三大板块，学生也逐步实行按专业大类培养。2003年有包括电子信息与电气工程学院、机械与动力工程学院、安泰管理学院、农业与生物学院等在内的13个学院实现按院招生，学生入学一年后根据学校规定以及自己兴趣和学习情况再选择理想的专业深造。10%的学生可跨学院转专业。对学生的培养过程中注重发挥工科优势，尽量实现理、工、管、文的相互结合和渗透，建立新的课程体系，如机械工程学科探索“大机械”概念的专业建设；电气工程及自动化与信息工程专业相结合，实施“大电气”专业建设；计算机科学与技术专业则始终跟踪世界名校的改革动向。学校相应地建立了校级公共基础课程教学平台，并构建了机、电、文、管、生等院级学科教学平台，如电气信息类学科平台涵盖了计算机、自动化、信息工程、电气工程及自动化等6个专业，构建了包含6大核心课程和5门专业先导课程的大电类技术基础课程教学平台。

为尊重学生个性发展，学校鼓励一部分优秀学生在经过一段时间的基础理论学习，并对专业发展有较深的了解之后，完全根据自己的专长、兴趣与爱好，第二次自主选择专业。原则上凡第一学年各门功课考核成绩良好，在本专业年级排名前15%以内者，均可申请自主选择专业。各院(系)均拿出本年级本专业学生总数3%—5%的名额供外院(系)学生转专业用，每年最终转入或转出的学生总数应不超过本院(系)本年级在读学生总数的5%。2002—2005年，共有509名学生重新选择了专业，从而使学生在“厚基础”的过程中获得了更多的自主权和主动性。

(四) 重视课程、教材与教学基地建设

1986年，学校成立了课程与教材建设委员会，负责有关工作的规划以及建设项目的遴选、审核、检查、验收等。在“985工程”一期建设中，学校投入专款用于系列化优质课程和优秀教材的建设。

学校始终将基础课程作为课程建设的核心，确保学生在基础知识、基本理论方面打下扎

---

① 《上海交通大学实行学分制管理暂行规定》。上交档：2001－DQ16－005。

实的根底。早在1986年,学校就制定了《上海交通大学评选“一类课程”暂行办法》,开展“一类课程”评定工作,每年评出一批“一类课程”。

2003年,教育部启动国家精品课程的评选工作。2004年2月,教育部公布了2003年度国家精品课程名单,上海交大取得优异成绩,有7门课入选,分别是理论力学(洪嘉振)、大学英语(郑树棠)、材料科学基础(蔡珣)、生命科学导论(张惟杰)、工程热力学(童钧耕)、现代机械工程图学(蒋寿伟)、自动控制原理(田作华),在全国高校中位居第三位。同年,学校又出台《上海交通大学“精品课程”建设奖励实施办法》,通过制度化的保障措施,建设由校一类课程、校级精品课程、上海市精品课程和国家级精品课程组成的优质课程体系。

经过学校及教师的不懈努力,协同奋战,至2006年底,学校共有22门课程进入国家精品课程行列,详见表4-3:

表4-3 上海交大国家精品课程一览表

入选年份	课程名称	负责人	所属院系
2003年	理论力学	洪嘉振	船舶海洋与建筑工程学院
	大学英语	郑树棠	外国语学院
	材料科学基础	蔡珣	材料科学与工程学院
	生命科学导论	张惟杰	生命科学技术学院
	工程热力学	童钧耕	机械与动力工程学院
	现代机械工程图学	蒋寿伟	机械与动力工程学院
	自动控制原理	田作华	电子信息与电气工程学院
	组织胚胎学	王一飞	医学院
2004年	大学物理	高景	理学院(物理系)
	数学实验	乐经良	理学院(数学系)
	生物医学图像处理	庄天戈	生命科学技术学院
	检测技术基础	施文康	电子信息与电气工程学院
	大学体育	孙麒麟	体育系
	交响音乐鉴赏	胡企平	人文学院
2005年	大学物理实验	赵铁松	理学院(物理系)
	现代遗传学	徐晋麟	生命科学技术学院
	制冷与低温原理	王如竹	机械与动力工程学院
	医学微生物学	郭晓奎	医学院

（续表）

入选年份	课程名称	负责人	所属院系
2006 年	流体力学	丁祖荣	船舶海洋与建筑工程学院
	市场营销学	王方华	安泰经济与管理学院
	高等数学	乐经良	理学院（数学系）
	口腔颌面外科学	张志愿	医学院

学校重视教材编写，早在 20 世纪 80 年代，学校就有了优秀教材奖励制度，规定每两年进行一次校级优秀教材评选。1996 年 6 月 4 日，国家教委颁发全国第三届普通高校优秀教材奖，上海交大 5 本教材获奖，其中 3 个一等奖：《传热学基础》（杨世铭）、《分析动力学》（陈文良等）、《工科大学物理学习辅导系统》（胡盘新等）；2 个二等奖：《大学物理教程及习题集》（1—4 册）（吴锡龙等）、《理论力学》（刘延柱等）。

2000 年，学校出台了《上海交通大学教材立项管理办法》，重点资助公共基础课程和学科基础课程教材、填补学科空白的前沿教材、反映学校教学改革和课程建设成果的教材、具有学科竞争力的系列教材的建设以及在教学实践中反映良好的修订教材。2003 年学校又修订了《上海交通大学优秀教材评选办法》，以加大奖励力度。该办法规定教师升职时，教材与科研成果同等对待；对获得省部级以上奖励的教材，按不同等级，分别给予相应的奖励、相应的岗位津贴和研究经费等。

2002 年全国普通高等学校优秀教材奖评选揭晓，学校有 12 种教材获奖，其中一等奖 2 种：《研究生英语系列教材》（刘鸿章等）、《马克思主义哲学原理》（叶敦平）；二等奖 10 种：《21 世纪大学英语》（翟象俊等）、《数学实验》（乐经良）、《现代机械工程图学》（蒋寿伟等）、《控制理论基础》（王显正等）、《现代制造技术导论》（蔡建国等）、《计算多体系统动力学》（洪嘉振）、《材料科学基础》（胡赓祥等）、《大功率电子学与电机控制》（谭茀娃等）、《计算机在生物医学中的应用》（庄天戈）、《大学物理 V2.0》（胡其图）。

1996 年 11 月，国家教委公布首批（共 6 个）"国家工科基础课程教学基地"，上海交大获得数学、物理两个基地。此后，学校结合本科教学改革，大力推进基地建设，完善基地运行机制。同时，高度重视基地建设与教育教学改革的互动作用以及与师资队伍建设的互动作用，在"辉煌计划"、职称评聘、经费投入等方面给予政策倾斜。教学实验楼、实验设备等硬件设施也不断改善，全面按照国家基地优秀标准进行建设。经过努力，至 2006 年学校建有国家和部委人才培养与教学基地共 10 个，详见表 4－4：

表 4-4 上海交大国家和部委人才培养和教学基地

	基地名称	建成时间
国家人才培养基地	国家生命科学与技术人才培养基地	2002 年
	国家集成电路人才培养基地	2003 年
国家教学基地	国家工科基础课程数学教学基地	1996 年
	国家工科基础课程物理教学基地	1996 年
	国家工科基础课程电工电子教学基地	2004 年
国家部委研究基地	国家文化产业创新与发展研究基地	1999 年
	国家药品临床研究基地	1999 年
	教育部战略研究基地“世界一流大学研究中心”	2004 年
其他基地	国家大学生文化素质教育基地	1999 年
	教育部“两课”教师在职攻读硕士学位培养基地	1999 年

这些基地在人才培养、学科建设、师资队伍建设、办学条件改善、教学研究与改革、课程与教材建设、实验室开放、学术交流、示范辐射作用等方面发挥了重要作用,并取得了一批标志性成果,形成了自己的特色。

2004 年 4 月,国家工科基础课程数学、物理教学基地评估验收会

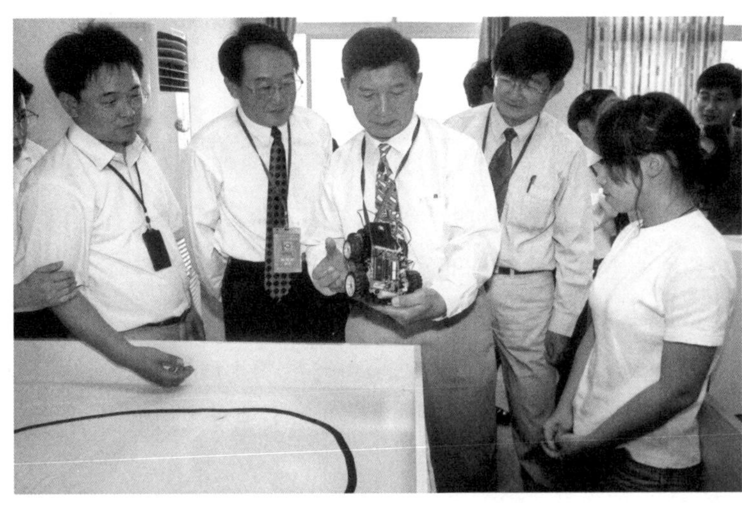

2004 年 9 月，国家工科基础课程电工电子教学基地接受评估验收

（五）推进实践性、创新型教学

2001 年，学校修订的本科培养计划提出如下具体意见："四年制专业一般应安排总量不少于 60 学分（40 周）的实践教学，包括教学实验、上机、实习、课程设计、毕业设计（论文）以及各类课外科技、社会实践活动等。理工类专业实验课学时应占总学时数的 15％，不得低于 12％；化学类、生物类、农学类和物理类专业应达到 25％，不得低于 20％。非计算机专业的理工经管类的上机时间不少于 300 小时，农、文科类不少于 250 小时（均不含毕业设计和论文）。各类教学实习时间，理工经管类专业不少于 12 学分（8 周），文科类专业不少于 9 学分（6 周）。课程设计的安排，机类不少于 3 门，电类不少于 2 门，其他学科类的社会实践（专题）不得少于 2 次，累计 9 学分（6 周）。各专业毕业设计（论文）选题应符合教学要求，满足学校有关毕业设计（论文）工作的各项要求。理工经管农类的毕业设计（论文）学分要求不低于 21 学分（14 周），文科类专业不低于 13.5 学分（9 周），各专业应创造条件将毕业设计覆盖一年。……重要的课外实践活动必须落实在培养计划中，明确活动的名称、学分、时间安排、考核办法等，学生可取得相应的学分和成绩。新的培养计划，要明确规定课外创新实践学分 4 个学分（计划内课外）。"[①]

根据新的本科培养计划，学校大力进行实验教学改革：建立与理论教学相协调的实验教学新体系，按照基础训练—综合实验—设计创新三个层次组织实验

① 《上海交通大学关于修订本科培养计划的若干意见》。上交档：2000－JX13.11－045。

教学,精选、改革和重组原有实验;减少验证性实验,增加综合型、设计型与创新型实验内容与比例;实验课程实行独立设课,单独授予学分;充分运用现代实验教学手段,并将科研成果引入实验;编写或引进新型实验教材;进一步开放实验室,鼓励学生自选实验,参加研究型实验或科研项目。

为了培养学生的创新能力,学校精心设计了纵贯4年的4个不同阶段:以新生研讨课为主体的启蒙阶段、以大学生创新与创业大讲堂为基础的发展阶段、以大学生创新实践为核心的提升阶段和以毕业设计(论文)为代表的高峰体验阶段。

(1) 启蒙阶段。学校每年以小班研讨形式面向一年级学生开出新生研讨课,覆盖了自然科学、人文科学、经济管理、工程实践、交叉学科等众多领域,满足了学生选课的需求。开课教师中有长江学者、国家杰出青年科学基金获得者,有教学名师,也有科研新锐。

(2) 发展阶段。学校以"创新与创业"大讲堂为基础,以名家论坛、小班精讲、创业大赛为主要形式,穿插团队训练、素质拓展等活动。校、院普遍组织为期一个月左右的大学生科技节,各学院还结合专业特色建立应用数学协会、计算机协会、物理协会、上海市造船学会学生分会、土木工程学会等学生专业科技类社团。

(3) 提升阶段。2001年10月,学校正式启动推行本科生研究计划(Participation in Research Program,简称PRP)、实验计划((Participation in Experiment Program,简称PEP),要求一、二年级本科生开展"PRP""PEP",提前实行理论和实践、教学和科研、教学和实验的结合,成为培养本科生创新意识和动手能力的一项有效措施。该计划至2006年共开展了12期。基于PRP课题的"可折叠崎岖表面自适应障碍小车""仿人形机械手"等项目在2004年首届全国大学生工程技术创新设计大赛中分别获大学组金奖、最佳创意奖,并分获"2004世界工程师大学——未来工程师联展"的二等奖和三等奖;"汽车防雾喷剂"项目获第4届"挑战杯"中国大学生创业计划大赛银奖。

(4) 高峰体验阶段。学校要求学生毕业设计(论文)的时间要长、水平要高,并为学生配备了数量充足的高水平指导教师,85%的理工类学生的毕业设计(论文)选题来自高水平的科研项目,学生的科研创新能力得到充分的锻炼。

学校还加强产学研合作,积极聘请企业资深专家参与创新人才培养体系探索、课程与教材建设、基地建设、专业教学、实践教学等;鼓励学生参与企业的生产实践和科技创新活动,向学生提供实境式锻炼机会。如2004年12月—2005年1月,学校"国家生命科学与技术人才培养基地"18位2001级本科生分别在交大昂立、中药创新基地等一批生物类高科技企业进行实训。在近两个月时间里,他们既参与公司的研发工作,又对国内生物高科技企业的现状、发展前景以及生物技术产业化的整个过程做了深入的调查和研究。

为激励学生进行科学研究和设计创作，培养学生的创新意识和创新能力，学校制订相应政策，使学生在学习期间所取得科研成果计入学分，如“参加各种设计大赛、学科竞赛、科技竞赛的获奖者，获国家级、国际级奖项者计2—5学分；获省（部、市）级一、二等奖计1—2学分”“学生在教师指导下参加课外科技创新活动，或承担学校科技创新（PRP、PEP）项目，取得成果者，可取得1—2学分”“作为主要作者之一，在国外或国内刊物上（列入学校统计的刊物）发表的论文每篇计1—2学分”“学生参加其他社会调查、社会实践，参与各类科研、生产、经济、管理以及人文与社会科学等课题，视其内容、时间与成果，主要看成果，经院（系）或导师审定可计一定学分”[①]等。

在社会实践上，学校注重社会实践基地的筛选，规范社会实践的考评制度，重视调查研究和工作理论的总结。从2000级新生开始，学校实行素质拓展记录册管理办法，将学生课外实践教育进行记录，积极探索以过程评价为主、结果评价与过程评价相结合的评价体系，使学生实践教育更加制度化、科学化。2004年，学校推出大学生社会实践的品牌项目——“思源计划”，形成了高校与地方联动的工作机制。2005年，学校把社会实践工作纳入了“十一五”人才培养规划，出台了《上海交通大学关于进一步加强和改进大学生社会实践的意见》，建立了立体式、网络化的工作体系和各方联动的工作机制。

经过上述积极措施，学生的创新精神和创新能力得以很大程度提高，并在各类科技赛事中得到了充分展现。学校ACM团队在2002年和2005年ACM国际大学生程序设计竞赛中，力克众多国际知名大学代表队，勇夺全球总冠军，成为唯一获得此殊荣的亚洲地区大学。

ACM国际大学生程序设计竞赛是由美国计算机协会组织的、面向全球大学生、计算机程序设计最高水平的年度性竞赛，被称作计算机领域的“奥林匹克大赛”。

2002年3月25日，上海交大代表团队在取得亚洲赛区第一名后，参加在美国夏威夷举行的第26届ACM国际大学生程序设计竞赛总决赛。当时有来自27个国家的65个代表队参赛，上海交大由计算机系俞勇教授带队，林晨曦、陆靖、周健三人组队参赛。在竞赛规定的5个小时内，3人配合默契，凭借严密的逻辑思维、独特的战略、扎实的基本功和充沛的精力，以完成竞赛的全部6道题目且罚分最少而力克美国麻省理工学院和斯坦福大学、加拿大滑铁卢大学、中国清华大学等代表队，一举夺得总决赛冠军。这是中国高校乃至亚洲高校第一次获得如此殊荣。

2005年4月，第29届ACM国际大学生程序设计竞赛全球总决赛在上海举行，这是ACM全球总决赛首次进驻亚洲，来自六大洲29个国家和地区的78支预选赛区冠军队向全球总决赛发起冲击。由计算机系俞勇教授带队，戴文渊、赵爽、杨博海组成的上海交大代表

① 《上海交通大学实行学分制管理暂行规定》。上交档：2001-DQ16-005。

2002 年 3 月,上海交大学生获得第 26 届"ACM 国际大学生程序设计竞赛"总冠军的奖牌

队顶着主场作战的巨大压力,在近 5 小时并不占优势的情况下,硬是在最后 10 分钟创造奇迹,再一次不负众望,赢得冠军。

两次获得总冠军,这是交大教师以不拘一格的眼光,用创新思维培养学生的一个成功范例,在国内外引起不小震动。当天,上海市委领导批示予以祝贺:称:"上海交大代表队为国家、城市和学校争了光,赢得了荣誉。"4 月 8 日校庆当天,学校又收到教育部的贺信:"在参加本届竞赛的 29 个国家和地区的 78 支参赛队伍中,你校代表队脱颖而出,继夺得第 26 届 ACM 国际大学生程序设计竞赛总冠军后再次一举夺冠,为祖国赢得了荣誉,希望你们再接再厉,为祖国教育事业作出更大贡献。"[①]

2006 年,学校代表队在美国国际大学生数学建模竞赛中取得特等奖,同时还获得 Ben Fusaro Award 冠名奖。

2005 年 4 月,上海交大学生获得第 29 届"ACM 国际大学生程序设计竞赛"总决赛冠军

① 《三个世纪的跨越:从南洋公学到上海交通大学》,第 412 页。

另外，学校还有一大批团队在电子设计大赛、数模竞赛、国际机器人大赛、国际商务挑战赛、“挑战杯”全国大学生课外科技竞赛等高水平赛事中争金夺银。1999—2006年学生科技竞赛获奖情况详见表4-5：

表4-5　1999—2006年部分学生科技竞赛获奖情况①

竞赛名称	主办组织	获奖情况
ACM国际大学生程序设计竞赛	美国计算机协会	2002、2005全球总冠军
ASME国际大学生机械设计竞赛	美国机械工程师协会	2002亚军、2004季军
美国国际大学生数学建模竞赛	美国工业与应用数学学会	2006全球特等奖、Ben Fusaro Award冠名奖
全球国际商务挑战赛	美国华盛顿大学	2002、2005全球亚军
Robocup国际足球机器人竞赛	Robocup组委会	2004全球第八
中国机器人竞赛	中国自动化协会	2002—2005中型组冠军
全国大学生数学建模竞赛	教育部	1999—2006全国一等奖
全国大学生电子设计大赛	教育部、信息产业部	1999冠军“索尼杯”，1999—2006年每届均获一等奖
大学生电子设计大赛(嵌入式)	教育部	2002(1项)、2004(2项)一等奖
全国大学生英语竞赛	教育部	历年获特等奖
全国大学生智能汽车竞赛	教育部	2006第二名
“挑战杯”全国大学生课外学术科技作品竞赛	团中央、教育部等	第二届冠军，第五届—第九届“优胜杯”

第三节　研究生教育

一、扩大研究生培养规模

1992年底，全校在校博士、硕士研究生1 312人，本、专科生数10 007人，前者仅为后者的近13%。

① 《上海交通大学本科教学工作水平评估自评报告》，2007年10月，上交档：2007-JX13.11-325。

1993年,学校要求"研究生教育和学位工作要进一步解放思想、转变观念、把握时机、开拓进取,加快改革开放步伐",并提出"在保证质量的前提下,着力于提高规模效益","着力于提高研究生的培养质量和研究生教育的办学水平","在优化学科结构和改善布局的基础上,适当调整博士和硕士学位授权点","积极争取教委给本校扩大下放硕士学位授权学科专业点的调整和审核增列权,以及增列博士生导师的审核权;争取本校成为能进行自行确定培养硕士生的学科专业,争取标准和人数、改革培养和管理方式的试点","加强研究生教育与科研、生产的结合","在研究生教育的国际合作办学上跨出新步子,以培养更多更好的能按国际惯例办事的外向型涉外人才"[1]等。

1993年学校硕士生、博士生分别比计划扩招38.4%、25%。1994年学校推出硕博连读生制度,允许学生用4年半到5年时间读完硕士和博士课程。尽管如此,1995年研究生人数仍只占全日制学生总数的16%。

1995年3月,学校召开研究生教育工作会议,会议明确了研究生工作的三大目标,即"扩大研究生培养规模,提高研究生培养质量,充实调整研究生学科点的设置",并提出了积极发展研究生教育的10项措施,包括逐步扩大研究生培养规模、从严要求抓好研究生教学工作、严格加强对研究生的管理、切实配备研究生教师队伍、根据需要确保研究生经费的投入、尽早规划并解决研究生的住宿用房、进一步开展联合办学、认真做好硕士课程进修班的工作、充实调整研究生学科点的设置、加强研究生院的自身建设[2]等。

1996年,学校通过的《上海交通大学"九五"建设计划和2010年远景目标》,明确人才培养要"减少专科生,稳定本科生,发展研究生,重点发展博士生"。[3] 1998年学校第七次党代会后,随着世界一流大学建设目标的确立,学校对研究生教育在学校人才培养中的地位有了新的认识,对加强研究生教育也就有了新的要求,并且把研究生教育放在了更为重要的位置。

1999年,国家扩大高校招生规模,上海交大顺应社会需求和学校发展实际,从2000年开始扩招研究生,当年招生数由1999年的1 678名增加到2 452名。

---

① 盛振邦等:《解放思想 转变观念 把握时机 开拓进取 推动研究生教育上一个新台阶》。载《上海交通大学通讯》1993年第2期。

② 谢绳武:《积极发展研究生教育 争创世界第一流大学——上海交通大学1995年研究生教育工作会议主报告》(1995年3月31日)。上交档:ZH1-295-57。

③《上海交通大学"九五"建设计划和2010年远景目标》。上交档:1996-DQ16-002。

与此同时，加强专业学位教育也逐渐成为扩大研究生培养规模中不容忽视的一部分。1998 年 3 月 20 日，经教育部批准，学校有权授予硕士专业学位名称的有工商管理(MBA)和 10 个学科的工程硕士。2000 年 8 月，学校首批获准试办公共管理硕士(MPA)专业学位教育。2002 年学校增设高级工商管理(EMBA)和农业推广 2 个硕士专业学位授权点；2003 年 9 月 30 日，又设法律和临床医学 2 个硕士专业学位授权点。至 2006 年学校共有硕士专业学位授权点 10 个，为工商管理硕士(MBA、EMBA)、公共管理硕士(MPA)、工程硕士、农业推广硕士、法律硕士、临床医学硕士、口腔医学硕士、兽医硕士、会计硕士、风景园林硕士；博士专业学位授权点 2 个，为临床医学博士、口腔医学博士。2001 学校录取的博士生、硕士生、在职攻读硕士生人数首次超过了本科生数。2004 年，研究生在校规模首次超过了本科生在校规模。2006 年，学校与上海第二医科大学强强联合后组成新的上海交通大学对外招生，共录取研究生4 655名，其中博士生 1 193 名、硕士生3 462名，另招收在职攻读博士生 100 名、在职攻读硕士生 3 267 名。研究生在校规模达到22 918名，其中博士生 4 709名、硕士生 8 919 名、在职攻读博士生 231 名、在职攻读硕士生 9 059 名。本科生在校 19 432 名[①]，研究生和本科生的比例为1. 18 : 1。1992—2006 年的 10 余年间，上海交大研究生培养规模已有了 10 多倍的扩展，详见表 4 - 6、表4 - 7：

2000 年，江、浙、沪、皖四省市研究生毕业招聘会在学校浩然高科技大厦举行

① 数据来源：《上海交通大学统计资料汇编(二〇〇六年)》。

表 4-6 上海交大博士生、硕士生、本科生招生数(1992—2001 年)[①]

学年	招生数		
	博士生	硕士生	本科生
1992—1993	47	473	2 502
1993—1994	86	585	2 513
1994—1995	69	688	2 437
1995—1996	280	606	2 562
1996—1997	328	688	2 640
1997—1998	345	773	2 670
1998—1999	339	953	2 736
1999—2000	420	1 258	3 729
2000—2001	522	1 930	3 791
2001—2002	675	2 962	3 307

表 4-7 上海交大博士生、硕士生、本科生招生数(2002—2006 年)[②]

学年	招生数				
	博士生	硕士生	在职攻读博士生	在职攻读硕士生	本科生
2002—2003	865	2 232		1 321	3 629
2003—2004	954	2 240		2 271	3 702
2004—2005	957	2 423		2 552	3 835
2005—2006	1 193	2 973	187	3 053	4 577
2006—2007	1 193	3 462	100	3 267	4 970

在扩大规模的同时,学校改革招生工作,努力开拓优秀硕士生、博士生的生源,通过采取扩大免试直升、直接攻博、提前攻博等措施进一步提高研究生生源质量,使研究生培养工作有扎实的基础。

二、加强学位点建设

1992 年学校有博士学位授权点 32 个、硕士学位授权点 70 个。1993 年国家经过审核,公布的第五批博士和硕士学位授权点名单中,上海交大新增 2 个博士学位授权点和 3 个硕士学位授权点。

---

① 数据来源:《上海交通大学统计资料汇编》,1993—2002 年版。

② 数据来源:《上海交通大学统计资料汇编》,2003—2007 年版。

1996年，国家公布了第六批博士和硕士学位授权点名单，上海交大新增1个一级学科博士学位授权点、3个硕士学位授权点。

1997年国务院学位办下达了学位授予单位自行审批和调整的硕士点的名单，在对硕士学位点进行自行评审的同时，也可对博士学位点进行申报。学校在研究生院、各院、系的共同努力下，迎来了学位点跨大步的增加。

1998年，经国务院学位委员会批准，在全国第七批博士和硕士学位（包括博士、硕士学位授权一级学科）的授权审核中，上海交大新增3个二级学科博士学位授权点：微电子学与固体电子学、计算机应用技术、核能科学与工程；新增6个博士、硕士学位一级学科授权点：力学、机械工程、材料科学与工程、动力工程及工程热处理、控制科学与工程、船舶与海洋工程。国务院学位委员会还审核同意上海交大自行审批增列5个二级学科硕士学位授权点：计算数学、水声工程、环境科学、会计学、旅游管理。经上海市学位委员会审核，上海交大增列9个二级学科硕士学位授权点。

学校领导和广大研究生导师按照学校第七次党代会提出的“强化作为学科水平重要标志的硕士点、博士点和博士后流动站建设，二级学科硕士点、博士点数还要增加，综合水平要提高，并争取设立多个一级学科博士点”[①]的要求继续努力。

在加强学位点建设的同时，上海交大致力于建设一支高水平的博士生导师队伍。

1995年国务院学位委员会下达《关于改革博士生指导教师审核办法的通知》，明确“从1995年起，国务院学位委员会不再单独审批博士生指导教师，逐步实行由博士学位授予单位依据国务院学位委员会和国家教委的有关规定，在审定所属各博士点招收博士生计划的同时遴选确定博士生的指导教师的办法”。[②] 学校及时适应这一变革，决定根据国家教委下达的博士招生名额总数，自行审定各学科点招收培养博士研究生计划的同时，以“坚持标准，严格要求，保证质量，公正合理”[③]的原则，遴选确定招收培养博士生的指导教师，实行博士生指导教师岗位制，强调遴选博士生指导教师聘任上岗，确保遴选博士生导师的质量。

1996年，学校首次召开博士生培养工作会议，在研究和总结博士生教育的基本情况后，根据学校“到本世纪末，研究生教育的各项主要指标力争进入全国高校的前五名，部分主要

---

① 王宗光：《抓住机遇　开拓进取　为创建世界一流大学而努力奋斗——在中共上海交通大学第七次代表大会上的报告》。上交档：1998－DQ11－047。

②《关于改革博士生指导教师审核办法的意见》。上交档：ZH1－295－03。

③《上海交通大学关于改革博士生指导教师审核办法的实施细则》。上交档：ZH1－295－03。

指标进入前三名”的目标定位,明确提出要“建设一支高水平的博士生导师队伍”。[①] 这一目标定位对博士生导师遴选是有力推动。学校于1997年、1998年、1999年先后聘任273名、284名、356名教授担任博士生指导教师。

1999年8月,学校公布《上海交通大学关于选聘博士生指导教师工作的实施细则》。《实施细则》明确,选聘博士生指导教师应“有利于我校学科建设的发展和学科结构调整”“有利于为国家培养经济建设、科技进步和社会发展所需要的高层次专门人才”,[②]并提出了各学科博士生指导教师应具备的基本条件、选聘博士生指导教师的程序、注意事项等内容,使博士生导师遴选工作在确保质量的同时规范化。

进入21世纪,根据国务院学位委员会《关于进一步下放博士生指导教师审批权的通知》精神,学校制订了《上海交通大学关于博士生指导教师工作的实施细则》,更好地规范博士生导师遴选工作。

2000年,学校开展了全国第八次博士、硕士学位授权申报工作。经国务院学科评议组审定、国务院学位委员会批准,学校有物理学、仪器科学与技术、电子科学与技术、信息与通信工程、计算机科学与技术、电气工程6个一级学科和生物化学与分子生物学、环境工程2个二级学科获得了博士学位授予权。至此,学校一级学科博士点由原来的8个增加到14个,二级学科博士点由原来的42个增加到57个。此外,经上海市学位委员会审核,上海交大新增8个硕士学位授权点。同时,学校还自行审批增列15个硕士学位授权点。

2003年,为进一步加强学科建设,促进新兴、交叉学科的发展,鼓励学位授予单位根据人才需求状况来调整优化学科、专业结构,国务院学位委员会和教育部在全国高等院校中开展了在博士学位授权一级学科范围内自主设置学科、专业的改革试点工作。根据学位办规定,经上报国务院学位委员会办公室备案,学校获准在原有14个一级学科内自主设置22个二级学科博士点。该年,学校开展了由国务院学位委员会组织的全国第九次博士、硕士学位授权审核工作。经国务院学科评议组审定、国务院学位委员会批准,学校增列了数学、光学工程、环境科学与工程、工商管理4个一级学科博士学位授权点;增列了基础数学、高分子化学与物理、结构工程、应用化学、眼科学、农业经济管理6个二级学科博士点。由此,学校一级学科博士点增至18个,二级学科博士点增至93个(包括自主设置的22个博士点)。同时,学校还自行审批增列42个硕士学位授权点。

2005年7月,学校与原上海第二医科大学合并后,博士点、硕士点又有增加。在年内随

---

① 谢绳武:《提高质量 争创一流,努力开拓我校博士生教育的新局面》(1996年4月)。上交档:1996-JX12.11-010。

② 《上海交通大学关于选聘博士生指导教师工作的实施细则》(1999年8月)。上交档:1999-JX12.16-251。

后开展的全国第十次博士、硕士学位授权审核工作中，经国务院学科评议组审议和国务院学位委员会批准，学校共有金融学、产业经济学、宪法学与行政法学、岩土工程、蔬菜学、马克思主义中国化研究6个博士点获得学位授予权，在经济学、法学和农学三个学位门类取得了博士学位授予权零的突破，同时在“机械工程”一级学科下自主设置了“汽车电子工程及控制”博士点，还自行审批增列17个一级学科、2个二级学科硕士学位授权点。

2006年底，学校有一级学科博士点22个，二级学科博士点142个，其中26个为自设博士点，博士专业学位授权点2个，博士生导师1 023名。一级学科硕士点18个，硕士点232个，硕士专业学位授权点10个。1992—2006年，学校的博士点、硕士点、博士生导师都有了大幅增长，表明学校研究生学位工作在学位点建设大踏步前进的同时，博士生导师遴选工作也取得了跨越式发展，详见表4-8、表4-9：

表4-8　上海交大学位点、博士生导师数(1992—1997年)[①]

年份	博士点	硕士点	博士生导师
1992	32	70	63
1993	34	73	101
1994	34	73	150
1995	34	74	214
1996	35	77	222
1997	30	58	273

表4-9　上海交大学位点、博士生导师数(1998—2006年)[②]

年份	一级学科博士点	二级学科博士点	博士专业学位授权点	博士生导师	一级学科硕士点	硕士点	硕士专业学位授权点
1998	8	42		284		74	2
1999	8	42		356		74	2
2000	14	57		369		103	3
2001	14	57		413		103	3
2002	14	57		487		103	5
2003	18	93		568		146	6
2004	18	96		729		146	6
2005	22	150	1	1 033	17	263	10
2006	22	142	2	1 023	18	232	10

① 数据来源：《上海交通大学统计资料汇编》，1993—1998年版。

② 数据来源：《上海交通大学统计资料汇编》，1999—2007年版。

三、提高研究生培养质量

随着研究生教育规模扩大,学校对发展研究生教育提出更高要求,更着重质量的提高。学校从研究生培养方案制订,研究生课程、教材、教学设施建设,研究生人才培养模式与制度创新、狠抓论文质量等方面具体落实。

(一) 修订研究生培养方案

1998 年,学校根据国务院学位委员会 1997 年颁布的《授予博士、硕士学位和培养研究生的学科、专业目录》,对硕士生和博士生的培养方案进行修订并推出新的《上海交通大学研究生培养方案》,包括《上海交通大学关于攻读博士学位研究生培养工作的规定》《上海交通大学关于硕博连读研究生培养工作的规定》《上海交通大学关于攻读硕士学位研究生培养工作的规定》《上海交通大学关于研究生在学期间发表学术论文要求的规定》等。《上海交通大学关于攻读博士学位研究生培养工作的规定》和《上海交通大学关于攻读硕士学位研究生培养工作的规定》明确,培养方案应具体体现博士生、硕士生"业务上的培养目标","其研究方向应考虑国家建设的需要,把握学科发展的主流与趋势,并结合本学科的实际情况确定,应注意根据新兴学科、边缘学科和交叉学科的发展,有计划地调整研究方向",培养方案的内容主要包括"本学科的课程与学分安排,同时应对培养目标、研究方向、思想政治和德育教育、课程教学大纲、论文安排等作出明确的规定"。[①] 修订的培养方案以提高硕士生、博士生培养质量为指导思想,加强研究生课程包括学位课程和非学位课程的改革和建设,突出课程的基础性和宽厚性,并对学位论文质量、学生创新能力培养提出新的要求。根据新方案,学校每年开设近 900 门硕士课程和 180 余门博士课程。

从 2000 年起,学校机械工程、动力与能源工程、计算机科学与工程等 3 个一级学科试行按宽口径的新培养方案开展研究生培养工作。在研究生的课程设置和培养模式方面,借鉴国外一流大学的经验,扩大研究生的知识面,加强研究生动手实验和创新能力的培养,同时部分课程引进国外教材并采用英语授课,使研究生的培养质量显著提高。

2001 年 8 月,为使新增博士、硕士点在培养研究生方面有据可依,研究生院组织学科负责人多次讨论,广泛征求意见,在参考国内外著名院校相关学科点的研究生课程设置的基础上,结合学校研究生培养的实际,制订并推出有针对性的《上海交通大学研究生培养方案——2000 年新增学科点》,确保新增学科点研究生培养质量的提高。

---

① 《上海交通大学关于攻读博士学位研究生培养工作的规定》《上海交通大学关于攻读硕士学位研究生培养工作的规定》。上交档:1998 - ZX12. 11 - 013。

2004年，学校又一次全面修订研究生培养方案。新的培养方案遵循“科学、规范、拓宽”的原则，树立全面质量观念，实行“知识、能力和素质”的全面教育，“注重研究生的综合素质、创新能力、适应能力、动手能力以及外语和现代信息技术的应用能力的培养”。各学科在保持原有的特色和优势的同时，“根据学科发展的新趋势、新动向对原有的研究方向进行更新，尤其是注意新兴学科和交叉学科的发展，为学科建设和人才培养留有进一步的发展空间”。①

从1998年修订培养方案，2000年试行宽口径培养方案，2001年推出有针对性培养方案，到2004年又一次全面修订研究生培养方案，表明学校、研究生院、各院系对研究生培养方案的高度重视，也使得学校的研究生培养方案日益科学、合理、规范、有效。

（二）加强课程、教材、教学设施建设

（1）课程建设。1998年后，学校结合研究生培养方案的落实，加大建设一流的研究生课程体系的力度，其中包括建设面向理工科研究生的基础公共课和面向博士生的系列公共选修课。新的课程体系将原有的基础公共课从数学类拓宽到理化、人文、生物和管理类，将原有博士生的公共课拓展到机械、电力电子、信息、控制、材料、管理等学科，形成具有国内一流水平的覆盖理工管专门类的跨学科公共课程体系。

2004年修订的研究生培养方案中，明确课程设置应体现“科学、拓宽、分层次、国际化”的原则，“科学是指课程体系的设置科学合理，符合研究生教育规律。拓宽是指课程覆盖的知识面要有一定的广度，在一级学科或至少二级学科的层面上设置课程，部分课程可在相关学科层面上设置，坚决避免按导师个人的研究方向设置专业基础和专业课。分层次是指硕士生课程和博士生课程要统筹考虑，课程的内容和要求要有区别，其中硕士生课程应注重基础性、宽厚性和实用性；博士生课程注重综合性、前沿性和交叉性。国际化是指课程的设置要参考世界著名大学同类学科的课程设置体系，特别是已与国外大学建立起合作办学关系的学科，其课程设置应与合作办学的需求尽可能统一起来”。②

（2）教材建设。2002—2005年，学校有8种教材入选国家研究生教学用书，分别是《研究生英语系列教材》（刘鸿章）、《信号处理与软计算》（史习智）、《微波与高速电路理论》（李征帆、毛军发）、《Internet技术及其实现》（胡越明）、《设计管理》（刘国余）、《中国当代戏曲文学史》（谢柏梁）、《非线性力学》（刘延柱）和《信息安全数学基础》（陈恭亮）。这些教材均是研究生导师反复潜心钻研、勇于探索研究生教育而辛勤耕耘的结晶，概念清晰，理论深刻，基础扎实。

---

① 《研究生院关于制定新增学科点研究生培养方案的通知》（2004年）。上交档：2004-JX12.15-01。

② 《研究生院关于制定新增学科点研究生培养方案的通知》（2004年）。上交档：2004-JX12.15-01。

(3) 教学设施建设。学校在这方面加大经费的投入。1996 年,"研究生多媒体文献阅读实验室"和"研究生专用语言实验室"先后建成投入使用。1997 年,由上海市教育发展基金会资助 100 万元、学校配套 110 万元的上海市首个研究生电子文献检索中心建成。该中心拥有 30 余种中外文光盘数据库,是当时上海高校容量最大、门类最全的电子数据库,不仅为上海交大,而且为上海市各高校和科研院校的研究生及其导师提供了一个现代化的电子数据库检索、国际互联网络漫游、国际联机检索的服务场所。同年,又一座全新的多功能现代化语言教学设施——设在上海交大新上院 415 教室的第二个研究生专用语言实验室建成。

2003 年,学校结合"985 工程"一期,投入 850 万元,建成 8 个研究生公共实验室:机械类 CAD/CAE/CAPP/CAM 开发实验室、研究生集成电路设计实验室、研究生现代数字信号处理技术开放式实验室、高级计算机技术实验室、材料测试分析研究生公共实验室、现代工程分析测试技术开放式研究生实验研究中心、生物技术开放式研究生实验室、自动控制研究生公共实验中心。这 8 个研究生公共实验室的建成,为上海交大研究生实践能力、创新能力的培养提供了高水平的实验环境,也使学校研究生的教学设施又上一个新台阶。

(三) 创新培养模式和制度

1996 年,学校首次召开博士生培养工作会议,提出要"改革培养模式,着力培养宽厚、复合、应用、开放型高层次全面人才"。[①]

此后数年,学校积极探索创新人才培养的多种模式,通过与世界一流大学合作办学、研究生到国内外访学、建立交叉学科大平台、产学研联合培养基地等多种形式,引导研究生特别是博士生参与到科学研究的前沿,在实践中不断提高创新创业和国际化能力。

2004 年初,学校制订了研究生工作"稳定规模、提高质量、优化结构、深化改革、创建一流"[②]的 20 字发展思路。同年,学校从两方面着手,大胆地进行研究生人才培养模式的改革创新。

一方面是推进校企联合,培养高层次创新人才。2004 年 9 月,学校与宝钢建立科研战略联盟,校企联合培养研究生,表明校企双方在产学研联盟培养高层次人才方面迈出了一大步,进入了实质性的合作阶段。校企联合培养方案既强调基础理论又强调应用型课程。招生和课程学习阶段在高校,学位论文阶段在企业的设计和研发部门中进行。学生通过所学课程和学位论文答辩,由学校授予学位。学校聘请 32 位宝钢专家担任交大材料学院、机械

---

① 谢绳武:《提高质量　争创一流,努力开拓我校博士生教育的新局面》(1996 年 4 月)。上交档:1996 - JX12. 11 - 010。

② 马德秀:《继往开来,奋发有为,开创学校改革发展新局面》。载《上海交通大学年鉴 2005》(总第九卷),上海交通大学出版社 2005 年版,第 8 页。

动力学院、自动化系、管理学院的研究生导师。宝钢集团也相应设立了专门的研究生联合培养管理机构，并为联合培养的研究生提供住宿、科研工作场所、资料检索查阅等必要的生活保障和科研工作条件，同时也为研究生提供一定的生活和科研经费资助。该年年底，材料科学与工程学院、机械与动力工程学院和电子信息与电气工程学院共有 26 名硕士生和 2 名博士生正式成为宝钢研究生联合培养基地的研究生。这批研究生实行双导师指导，企业导师作为主导师，学校导师作为副导师，从事的课题和论文也都是经过选择认定、企业急需解决的关键技术问题。这种培养模式“推进了研究生培养模式和机制的改革，促使高校深入经济建设的主战场；利用了社会资源创造理论联系实际的良好环境，提高研究生的教育质量；加强了高校师资队伍建设，形成高校导师和企业高级研发人员间有序、合理地流动机制；提高企业的人才积聚和储备能力，并促使其增大研发投入和增强创新能力；增进了学生团队协作的意识和精神，提高综合素质、实践能力和创新能力；降低了学校所承担的研究生培养成本，减轻了就业压力。”[①]除宝钢以外，学校还先后与上海电气、上汽股份等签订了联合培养研究生的协议，陆续选派研究生到这些企业进行学习研究。

2004 年 12 月 21 日，上海交大与上海电气建立全面战略合作伙伴关系协议签约仪式举行

① 谢绳武：《提高大学自主创新能力，推进创新型国家建设》。载《上海交通大学年鉴 2006》（总第 10 卷），上海交通大学出版社 2006 年版，第 37 页。

另一方面是面向国家战略需求,培养高层次创新人才。核电是我国未来重点发展的战略产业之一。上海交大紧紧围绕国家发展核电工业这一战略需求,积极整合校内外资源,联合社会力量,加大投入,创新体制和机制,加快培养核电人才。2004年11月,学校与中国核工业集团公司签署人才培养合作协议,为秦山核电厂培养工程硕士,初定每年培养各类人才100余名;与此同时为中国核工业集团下属成都核动力研究院、上海728研究院、浙江三门核电公司等培养人才。2005年1月,学校与中国电力投资集团公司签署人才培养合作协议,制订为期5年的核电人才合作培养计划,并每年进行100名左右的核电人才转岗培训。"中电投"还通过其他形式,委托学校培养本科生、研究生和相关师资力量,开展各种类型在职培训工作。2005年3月,学校与中国广东核电集团公司签署人才培养合作协议,首期招收30名技术骨干攻读工程硕士学位。"中广核"提前从学校三年级学生中定向招收30多名本科生。拟定每年学校向中国广东核电集团输送各类核电人才约200名。

2005年,学校首次派出11名博士生到清华大学、北京大学、中国科技大学等10所国内重点高校及科研院进行访学。这是教育部资助实施的研究生教育创新计划项目之一,在国内高校尚属首次。该项目旨在加强学术交流,接触学科前沿,拓宽博士生知识面,提高博士生培养质量。为此,学校还专门制订《上海交通大学博士生国内访学制度管理办法》。

2006年,学校又推出博士生国外访学计划,选拔资助了53名博士生前往欧洲、北美洲、亚洲、大洋洲等20所国外著名高校,师从一流导师,联合培养。

1998年11月,学校开始实施研究生督导制度,以检查研究生培养工作,进一步提高研究生尤其是博士生培养的质量,加速实现学校"上水平,创一流"的目标。首次聘请的7名研究生督导均为学有专长、治学严谨、熟悉研究生培养全过程的已经退休或即将退休的资深教授。研究生督导直接对研究生院和校学位委员会负责。研究生督导的工作职责主要是"审阅研究生的培养方案并检查监督方案执行情况;了解培养过程中存在的问题并提出解决问题的建议;列席学位评审委员会会议和学位论文答辩会;根据研究生院的安排对博士和硕士的学位论文进行抽查"。[①] 研究生督导由学校聘请,每届任期两年。首届研究生督导为范祖尧、秦士元、吴人洁、吴健中、吴铭岚、李介谷、沐定夷,范祖尧任组长。研究生督导对学校研究生工作中发现的问题提出意见,并且将意见向研究生院和校学位委员会反映。根据所抽查论文的结果,每年确定若干篇优秀论文和质次论文,撰写论文评语,供校学位委员会在确定优秀论文和质次论文时参考。研究生督导组在每学期初根据学校的总体部署制订本学期

① 《我校首次设立研究生督导以期提高研究生培养质量》(1998年12月1日)。上交档:1998-JX12.11-014。

的工作计划，并在学期末检查计划执行情况。

与提高研究生培养质量有关的还有研究生兼“三助”(助教、助研、助管)制度。这个制度始于1984年，在研究生培养过程中，起到了“培养了研究生的独立工作能力”“提高了研究生的工作责任心和社会责任感”“提高研究生本人的业务能力和培养质量”“促进了课程建设，提高了教学质量”[①]等积极作用，并切实帮助研究生解决实际问题，为研究生健康成长创造良好条件。

1998年学校把实施产、学、研合作研究制度注入研究生兼“三助”制度，不仅使研究生在承担助教、助管、助研工作中提高能力、认识社会、了解国情，而且解决了部分“三助”制度的运行经费，改善了研究生生活待遇。1998年，全校研究生通过“三助”工作获得报酬共185万元。

2001年初，学校颁布了《关于提高我校博士生兼任“三助”酬金标准的实施意见》，对博士生兼任“三助”的酬金标准起点予以相应的提高。此举为研究生学习生活创造了良好条件，推动了研究生成长成才的主动性和积极性。

以2003年为例，参加教学助教、科研助教和管理助教的研究生共有6 028人，酬金总额达2 809.86万元。在国家计划内非定向和自筹研究生中，90%的硕士生有“三助”岗位，人均“三助”年收入达3 530元；94%的博士生有“三助”岗位，人均“三助”年收入达6 010元。

(四) 狠抓论文质量

1999年3月，由教育部组织开展的全国首届优秀博士学位论文评选，[②]上海交大榜上无名。这对正在开展“研究生教育质量年”的学校、研究生院领导触动很大。

该年6月2日，学校召开了研究生工作会议，会议的重点是全面提高研究生的培养质量，尤其是提高博士生的学位论文质量。会后，学校出台了《上海交通大学关于提高博士学位论文质量的若干规定》《上海交通大学优秀博士学位论文评选办法》《上海交通大学优秀博士学位论文奖励基金施行办法》等3个文件。学校从规范博士生培养过程入手，强化博士学位论文工作阶段的过程管理，通过实施“开题报告制度”“学位论文中期考核制度”“学位论文预答辩制度”“学位论文一票否决制度”“博士生学习期间论文发表制度”“学位申请一次不通过率制度”“优秀博士学位论文评选制度”和“学位论文抽查制度”(简称“八项制度”)[③]，初步

① 《上海交通大学研究生院研究生兼任助教工作总结》(1992年6月12日)。上交档：ZH1－292－04。

② 评选工作每年进行一次，每次评选出的全国优秀博士学位论文不超过100篇，简称“全国百篇”。

③ 《上海交通大学年鉴2000年》(总第四卷)，上海交通大学出版社2000年版，第85页。

建立和完善了博士生的培养质量保证体系。

“学位论文一票否决制度”是指“10 位同行专家参加通讯评议，只要其中有一位专家认为该论文没有创新性成果或创新性不明显，应暂缓安排其论文答辩。学位办可以组织复议，在复议中只要有一位专家认为该论文在创新性方面未能达到要求，则不能组织答辩。论文作者可继续研究，做出创新性成果，在一年内重新申请答辩，逾期不再受理”。[①]

“学位申请一次不通过率制度”是指“各学院学位评定分委员会首先对博士学位申请者的论文质量和答辩情况进行审核，并就其学位申请进行投票表决，对通过者按质排序，相对评分，评选出前 10%和后 10%论文；前 90%学院可一次审定通过，送校备案；其中前 10%可推荐作为优秀博士学位论文候选；后 10%学院无权审批通过，只可提出意见，提交校学位评定委员会进行审核。最终经校学位评定委员会审定，以无记名投票表决作出是否授予博士学位的决定。对未达到最低得票数的申请者，暂缓授予其博士学位，并要求作者继续研究，修改论文，多发表与学位论文有关的学术论文，在以后的一年内重新申请学位，逾期不再受理”。[②] 1998—2001 年，有 11 名博士生被暂缓授予学位。

2000 年，为了进一步推动博士生学位论文质量的提高，学校颁布《上海交通大学优秀博士学位论文奖励基金施行办法》，对获得全国优秀博士学位论文、上海市优秀博士学位论文、上海交通大学优秀博士学位论文的作者及其导师分别予以相应的奖励。获得“全国优秀博士学位论文”的作者，如留校工作，连续五年按国家奖励额度一比一配套奖励；对其导师在以后的三年中每年给予相应的科研经费，资助其指导博士生的论文工作。同时，对于在论文工作中取得优秀成绩的博士生，其学习期间给予资助，每人每月给予一定的生活补助。

以上指导文件、管理措施、质量保障体系和奖励办法有效促使博士生专心从事科学研究和学位论文工作，激励他们在博士生导师精心指导下，完成并提交富有创新性的博士学位论文。2000—2006 年，累计有 15 名博士生的学位论文被评为全国优秀博士学位论文，其中 5 名博士还获得教育部“高等学校全国优秀博士学位论文作者专项资金”：张鹏申请的“低温流体的流动与传热及相关物理现象和机理研究”项目获 65 万元资助，吕维洁申请的“新型原位自生钛基复合材料应用基础研究”项目获 65 万元资助，范军申请的“浅海海洋环境中复杂目标回波特性研究”项目获 64 万元资助，童善保申请的“心脏停搏脑损伤及神经保护的电生理研究”项目获 42 万元资助，高超申请的“纳米表面复杂结构超级支化聚合物的合成、组装及

① 《上海交通大学年鉴 2000 年》(总第四卷)，第 88 页。

② 《上海交通大学年鉴 2000 年》(总第四卷)，第 87 页。

应用研究”项目获66万元资助。2000—2006年，上海交大入选“全国优秀博士学位论文”见表4-10。

表4-10　入选“全国优秀博士学位论文”一览表(2000—2006)

年份	论文题目	作者	导师	所属学院
2000年	“心室纤高颤动力学特征”的非线性分析和应用研究	张绪省	朱贻盛	生命科学技术学院
	高速集成电路互连和封装结构的电磁性研究	郑　戟	李征帆	电子信息学院
2001年	显形问题的理论和数值研究	尤云祥	缪国平	船舶与海洋工程学院
	结构动力缩聚技术:理论与应用	瞿祖清	傅志方	动力与能源工程学院
	数控机床误差综合补偿技术及应用	杨建国	薛秉源	机械工程学院
2002年	船舶结构损伤剩余强度计算与安全评估	魏东	张圣坤	船舶与海洋工程学院
	超流氦膜沸腾的物理机制研究	张鹏	王如竹	机械与动力工程学院
	机械模糊可靠性理论与研究方法	黄洪钟	胡宗武	机械与动力工程学院
	高速芯片内互连系统的电特性分析	袁正宇	李征帆	电子信息与电气工程学院
2003年	原位合成钛基复合材料的制备、微结构及力学性能	吕维洁	张荻	材料科学与工程学院
	单位小水线面水翼复合型高速船性能及概念设计研究	柳卫东	裘泳铭	船舶与海洋工程学院
2004年	水下复杂目标回声特性研究	范军	汤渭霖	机械与动力工程学院
	脑电信号的非广度熵分析及其在心脏停搏损伤检测中的应用研究	童善保	朱贻盛	生命科学技术学院
2005年	超支化聚合物的分子设计、合成、表征及功能化研究	高超	颜德岳	化学化工学院
2006年	白血病相关融合基因的克隆和功能研究	顾柏炜	陈赛娟	医学院

1992—2006年，学校坚持实施高水平的培养方案，以一流的要求进行课程、教材、设施建设，不断尝试研究生人才培养的模式创新与制度创新，从而开创了交大研究生培养工作的新局面，为国家和社会培养了一批高层次创新人才。

生命科学技术学院博士研究生陈实被评为2003—2004年度上海市新长征突击手标兵，成为该年度获此殊荣的唯一一位高校代表。陈实2001年进入上海交通大学攻读博士学位，在邓子新教授的指导下，致力于“抗生素基因工程和基因组学”研究。2003年，他成功克隆了负责合成抗生素——杀念菌素的一个完整的巨大抗生素基因簇，并定位其各种功能基因，提出了杀念菌素基因簇的结构组成、多烯链形成和释放机制以及抗生素组装的分子模型。这项重要研究成果发表于国际化学生物学顶级刊物《Chemistry & Biology》上。陈实取得多项科研成果，作为主要完成人之一荣获上海市科学技术进步一等奖、陈嘉庚青少年发明奖二等奖(一等奖空缺)、明治乳业生命科学优秀奖、上海联合利华研究与发展基金奖学金、美国麻省理工学院博士后奖学金等。他的研究成果申请国际PCT专利1项，国家发明专利2项，法国、日本和韩国发明专利各1项；研究得出的遗传信息被录入国际基因银行数据库GenBank(AY310323)。

2005年4月，物理系博士研究生张翼在孙弘教授的指导下，在《物理评论快报》上发表了题为《Atomistic Deformation Modes in Strong Covalent Solids》的论文，并被选为该期杂志的封面论文(2005年94卷14期)。论文中采用量子力学密度泛函理论为基础的第一性原理计算方法，无需任何实验参数，计算报道了轻元素(如B、C、N)超硬材料的强度(或硬度)与材料结构、化学组分和原子键特性之间的精确联系，研究成果对设计、合成新型的超硬材料，改善已有超硬材料的强度物性等有重要的指导意义。为此张翼入选参加第55届林岛诺贝尔奖获得者大会。

此外，上海交大的研究生在国内各种科技及创业比赛中屡获殊荣，如1997年，机械工程学院硕士研究生朱海鸿的作品“柔体机器人”获第五届“挑战杯”全国大学生课外学术科技作品竞赛一等奖；2004年、2006年，物理系陈洸博士领衔的“光亚科技”创业团队、管理学院MBA学员组成的“上海瓷龙化工有限公司”分获第四届、第五届“挑战杯”中国大学生创业计划大赛金奖等。

第四节 继续教育

一、推进成人教育

上海交通大学成人高等教育起始于1956年，初称夜校部，“文化大革命”期间一度停办。1978年夜校部更名为夜大学，并恢复招生。1987年，学校设立成人教育处，下设夜大学办公室和自学考试办公室。1992 年 5 月，为发展成人教育，经国家教委批准，学校撤销成人教育处，成立成人教育学院，统一管理全校的成人教育工作，副校长白同朔兼任首任院长。1993 年 6 月，教务长陈全福兼任成人教育学院第二任院长，杨海兴任主持工作的副院长。1994 年初，翁史烈校长在中共上海交大六届五次全会扩大会议上提出：“成人教育要向多层次发展，不仅办好夜大，还要加强高层次的继续教育，开拓办学新路子，为将成教院建成为一个办学实体而努力。”①

1999 年，学校进行机关改革工作，成人教育学院正式从机关剥离，转变为办学实体。为适应这一转变，成人教育学院制定了“发展与一流大学相适应的终身教育体系，为上海市的区域经济发展服务”②的发展目标。

2000 年 7 月，学校明确成人教育学院“扩大规模，优化结构，走外延发展之路，构建终身教育体系”③的发展方针。

2005 年 4 月，学院制订了 2006—2010 发展规划，提出学院“服务国家，造福社会，培育英才”的大众化教育办学方针和“层次叠加，特色教育，国际合作，人才建设”④四大发展战略。

2006 年 5 月，上海交通大学成人高等教育五十周年庆祝大会举行

① 翁史烈：《抓联合　创效益　促发展　上水平　努力实现我校 1994 年七项目标——上海交大 1994 年工作要点》。上交档：永久-1769。

②《上海交通大学成人高等教育五十周年(1956—2006)》，第 9 页。

③《上海交通大学成人高等教育五十周年(1956—2006)》，第 10 页。

④《上海交通大学成人高等教育五十周年(1956—2006)》，第 11 页。

上海交大成人教育学院有夜大学和成人教育全日制等学历教育，并积极发展继续教育和职业培训。

夜大学的培养对象是参加国家成人高等教育统一入学考试的各类人员，主要以业余教学形式为主。夜大学教育注重提高办学质量，加强教学过程管理，建立了学院自己的专业主任和教学督导队伍、多学科组成的专兼职教师队伍以及班主任队伍。在专业设置上，不仅有体现上海交通大学特色的理工类专业，又有社会需要的热门经管类专业，也有文理并举的复合型专业。为了适应社会的需求，夜大学不断调整和更新专业设置，在办学规模、办学质量、办学层次等方面都得到了很大的发展和提高，学生的来源更为广泛，涵盖了两岸四地，其中有全国“五一”劳动奖章获得者、上海市劳动模范、优秀发明企业家等。1996 年在国家教委组织的普通高等院校成人高等学历教育评估中，学院被评为“优良学校”。2005 年被教育部授予“学历文凭电子注册先进集体”。

全日制学历教育面向全国(含港澳台地区)和海外招生。大陆学生、港澳台学生和海外学生必须分别通过国家成人高等教育入学考试、学院单独命题入学考试和面试方可入学。2006 年，全日制学历教育共开设专升本、本专科 10 个专业。在开设的专升本(全英语授课)专业中，两岸四地和海外学生同堂上课，使用最新的原版教材，聘请院内外教师、海外留学归国教师和外籍教师授课，办学模式与国际接轨。本专科专业中，工商管理专业限招港澳台学生，学院针对港澳台学生群体的特殊性安排教学计划和教学活动。在日常教学活动中，学院重视学生综合素质的培养，积极组织和开展新生入学教育、课外学习竞赛、文艺体育活动、学术和就业指导讲座、社区志愿者服务以及社会实践等活动，为培养实用、复合、创新人才奠定基础。

自 1982 年以来，上海交通大学接受上海市高等教育自学考试委员会的委托，先后承担了电气工程、电子技术、工业自动化、计算机及应用、饭店管理、电子与通信工程、电力系统及其自动化和农业推广等 8 个专科或本科专业自学考试的主考工作。2006 年，开设的自学考试专业有工业电气自动化技术、计算机及应用、饭店管理和农业推广四个专科及工业自动化、计算机及应用两个独立本科。专业全部课程通过国家考试的学生获得由上海交通大学和上海市高等教育自学考试委员会共同颁发的毕业证书，其中本科专业的学生通过学位考试后可获得上海交通大学的学位证书。

在稳定发展学历教育的同时，学校积极发展继续教育和职业培训，特别是高层次的继续教育和外籍人士的职业技能培训。力求两翼齐飞，满足经济和社会发展对人才的需求。

学院整合自身和社会各界的优秀师资力量，为上海、浙江、江苏、云南等地的企事业高级管理人员、民营企业董事长和总经理开展各类高级管理研修班。学院引进国外先进课程，开展“中外教师参与的国际合作教育”；借助国外先进技术和教师力量，对中国学生进行职业培训；招收在沪的外籍学员（大多数来自欧美），用全英语进行高层次的职业技能培训，来自美国、英国、俄罗斯、澳大利亚、德国、新西兰、荷兰、西班牙、加拿大、新加坡以及日本等国家的学员参加了学院外籍人士职业技能培训课程的学习；开展全日制助学和全球大学预科教育，为特殊需求的学生群体提供服务；根据市场需要，对包括医学和农村紧缺人才在内的各类在职人员进行各种类型的培训；此外，学院注重校企合作，联合上海市五星级酒店，共同培养旅游事业紧缺人才。

2001 年和 2003 年，为保证全方位、高质量地发展终身教育事业，学院分别在凯旋路1726 号和 2088 号建设了凯旋路校区，共有 2 栋多媒体教学大楼、60 余间教室，可同时容纳近 6 000名学生上课。整个校区采用中央控制室集中控制的内部网络系统、电话系统、有线电视系统（可同时播放 12 套内部有线视频节目）、内部远程网络系统、内部音视频系统、安全监视和防盗安装空调，配备独立播放影视教学 DVD 机，配有先进的屏幕手写功能计算机。10 间远程教学教室内还有学生即时应答系统，7 间语音教室可进行良好的英语听力、会话教学。现代化的教育设施为学生提供了一流的教学环境，使学院的教学有了可靠的保障。

学院还建立了国内成人教育院校最早的独立网络，通过互联网与学院内部网络的无缝连接，构成学院内部、学生和社会之间完整的信息沟通体系。学院还自主开发了“教学管理信息系统”，结合“Internet 作业系统”“Internet 教学评价系统”为学生提供全天候教学服务，实现了课堂的全面延伸。

学院聘请院内外资深教授和经验丰富的专家担任专业主任和教学督导，建立了以数十位教授领衔的多学科专兼职教师队伍。他们努力提高教学质量；认真实施学院的特色教育战略，开创精品课程、“双证”课程和“全英语授课”课程；针对不同学生群体安排教学活动，重视思想教育，全面培养学生的能力。进入 21 世纪，学院组建了一支高素质、专业化、高学历的专任教师队伍，先后成立了英语、经济管理和计算机三个教研室；有专任教师近 30 名，其中博士占 50%，具有海外访问和留学经历的占 65%。专任教师具有专业知识扎实、教学经验丰富、治学严谨等教学特点，他们与有经验的兼职教师共同开展教研活动，承担了各项教学任务。

同时，学院广纳优秀人才充实管理开发队伍，具有博士和硕士学位的占 45%。各部门的主管和管理骨干既懂管理、开发，又能胜任教学，二者相辅相成，组成一支双肩挑教师队伍。

至2006年,学院共有工、医、农、文、法、经济和管理等学科50多个应用型专业(含专升本、本科和专科),在校学生16 750多名;另有参加学校主考专业的自学考试在读学生约8 000名。

二、建立网络教育

2000年7月12日,国家教育部发文批准上海交大为现代远程教育试点学校。同年7月21日,学校正式成立网络教育学院,归口管理全校网络教学工作,同时决定原上海交通大学远程教育研究中心挂靠网络教育学院。网络教育学院的主要任务是:"充分利用学校数字化优质教学资源,积极开展学校现代远程教育,为全面贯彻落实国家教育部《面向21世纪教育振兴行动计划》,服务区域经济、满足社会需求、扩大高等教育规模、提高国民素质、构建终身教育体系作贡献。"[①]

2000年7月,上海交通大学网络教育学院首届新生开学典礼举行

学院的管理模式是在学校的领导下实行教职员工聘任制。学校聘任少量精干专职教师主持专业教学,授课教师主要来自学校各学院,同时在全市范围内聘请优秀教师;管理人员和技术人员实行全员聘任、竞争上岗。学院为了走出"适应市场、服务社会、自主办学、自我约束、多元投资、持续发展"[②]的新路,实行事业单位企业化管理。

学院的教学模式是以下三种教学模式的有机结合。一是基于IP的实时、交互、多媒体远程教学,通过视频会议系统、电子白板,教师在主教室授课,学生集中在各远程分教室听课;二是基于WEB的智能化网络教学。学院建立了教学网站,将数字化的课程和课件放在网络上供学生随时随地上网点播;制作智能化平台如自动答疑系统、自动作业系统、网上学习园地等,并通过E-Mail、

① 《上海交通大学年鉴2002》(总第六卷),上海交通大学出版社2002年版,第129页。

② 《上海交通大学年鉴2002》(总第六卷),上海交通大学出版社2002年版,第130页。

BBS等构成师生课外交互的良好环境；三是师生面授教学。

根据国家教育部下达给网络教育学院的办学权限，学院可以举办学历教育、非学历教育；办学层次可以是本科、专科；招生录取可以是国家计划内、国家计划外；学习形式可以是全日制、业余制、走读、住读；计划外本科生均采取自主招生、自主考试、自主录取的模式。

学院的教室（教学站点）分布于市内、市外。建院之初，学院与上海电信公司合作在徐汇校区、浦东浦三路、松林路、虹口区天宝路、长宁区江苏路、闸北区通阁路建设了6个教学站点、41个高标准多媒体远程教室。在外省市，学院与上海电信公司、宁波电信公司合作建立了宁波远程教学站。所有教室均配备了摄像机、投影仪、计算机、大屏幕投影系统、电子白板，每个座位配置了网线和电源接口，不少教室配备了学生桌面PC机和语言听音设备，主教室均配备自动跟踪摄像机。2003年，网络教育学院建成8个可同时开展卫星直播、Internet直播的交互式多媒体远程主教室和14个高标准的远程教学点，所有教室均提供宽带无线上网。高标准的多媒体教室通过上海电信提供的高速ATM网将上海市的教学点联系在一起；通过自主开发的卫星远程教学系统，实现外地学生与本地教师的交互与教学；师生可以实施网上直播、网上点播、网上作业、网上答疑、网上助教、数据分析中心等网络教育活动。2004年在上海电信公司的支持下，学校在江苏路500号电信世界大楼建立10个高标准的教室，设备一流，技术先进，可同时开展卫星直播、Internet直播的交互式多媒体远程教学，为进一步开展网络教育提供了可靠的保障。2005年，学院积极推进在黄金商业圈建立教学中心的计划。在徐家汇港汇大厦开设了全新的教学中心，迁入投诉与服务中心、部分招生办公室和制作部工作人员。新教学中心采用了当时最先进的网络教育设备，完善了学院“多元化学习”的现代教学模式，为学习者提供课堂面授、在线直播、网上点播等多重学习方式，充分发挥了网络教学自由、自主、个性化的优势。

学院从成立之初就提出了“质量是网络教育的生命线”[①]，并确定了学院的工作方针：“练好内功、稳步发展、保证质量、形成特色。”[②]2001年，学院一方面制定了各项规章制度，汇编了《教学计划汇编》《专升本学生手册》《研究生课程进修班管理手册》《远程教学站工作手册》；另一方面，采取了一系列切实有效的质量保证措施，如建立了“网络教学委员会”和数学、英语等基础教学部，实行“专业主任”制度；实行任课教师聘任制度，任课教师严格的试讲上岗、上岗培训制度，实行严密的教学质量检查、考核制度；实行严格、科学的入学标准以及

① 《上海交通大学年鉴2002》（总第六卷），上海交通大学出版社2002年版，第130页。

② 《上海交通大学年鉴2002》（总第六卷），上海交通大学出版社2002年版，第130页。

相配套的证书颁发制度、班主任工作制度、教学站点巡查制度;实行全员教学质量岗位责任制等。

2005 年,教育部启动了全国网络教育学生英语、计算机等课程的统考工作。学院成立了统考办公室,配备了优秀的授课教师、专职助教和强大的管理队伍,结合学生业余学习的特点,利用学院技术优势,同步与异步、网络与面授形式相结合,授课到人、辅导到人、管理到人,全方位做好统考的教学、辅导、管理工作。学院参加了 2005 年 12 月、2006 年 3 月、2006 年 6 月、2006 年 10 月四次全国统考,在四次统考中通过率均名列全国前三。

网络教育学院还不断开拓思路,努力实践"三国互动英语课程"这一国际间新型教学模式,开设了跨越中、日、韩三国的英语学习网上互动课程。上海交通大学、日本北海道大学、韩国梨花女子大学三国师生共同使用网络文本交流系统进行互动。教学活动主要以教师提出话题,所有学生同步文本回答的方式进行,教师可拓展或转移话题,引导学生进一步参与。2005 年 10 月—2006 年 10 月三国互动英语课程试运行 10 次,总课时数为 20 学时,中、日、韩三国共计 327 名学生参加课程学习。

2005 年,"多校合作、面向西部,创建基于天地网的新型教育资源共享体系"项目获国家级教学成果一等奖,这是全国教育技术、远程教育、成人教育领域唯一的教学成果一等奖。项目在实现教育资源共享、支援西部高等教育、开发远程教育关键技术等方面取得了显著的创新成果。自 2002 年 9 月起,西藏大学、宁夏大学等西部高校通过天地网教育系统共享上海交大、西安交大、浙江大学优质实时课堂教学资源,受到了西部高校师生的普遍欢迎。

2006 年,网络教育学院有教职工 106 名,设有 6 个类别、10 个专业、4 个校区(徐汇、上中、七宝、嘉兴南洋),在市内的 14 个区县以及市外的 10 个地区设有教学点。学院共有学生 16 714 名,其中校外站 6 489 名。

第五章
科学研究与科技创新

第一节　建设科技创新体系

一、调整科技体制与政策

20 世纪 90 年代初期，教师的科研积极性日益提高。但当时学校的科研工作主要基于学科组的组织基础，大多数规模小，学科层次不高；科研项目小型、分散；科研队伍整合较难，领军人物较少。为改变这种情况，学校决定顺应社会发展和经济建设需要，结合科学研究上规模、上水平的发展要求，不断调整完善科研体制与机制，发挥大学在科学研究和科技创新中的主力军作用。

1993 年 1 月 12 日，学校召开“八五”期间第一次全校科技大会，提出在新形势下，要凝聚力量，加强组织和协调，争取一批重大项目，出重大成果；要重视基础研究，增强论文意识、报奖意识和国际学术交流意识。根据这一精神，学校在 1993 年工作要点中明确提出要建立和完善两种制度，“一是科研投入制度。从 1993 年起学校拨款 100 万元/年作为科研补助，支持重大基础科研和应用基础科研，助力基础科研上水平。二是人员分流制度，以稳住一块，放开一片。全校列 1 000 名科研编制。其中约 10％作为基础性科研编制，按项目经评审可得到学校科研基金的补助，以保证上水平；90％的科研编制人员面向经济建设主战场，在学校上高水平,出大效益中发挥作用";要制定和实施两套政策,"一是经费分配新政策,在经费分配上进一步让利,使科研任务饱满的一线科研人员的收入有较大幅度提高。二是成果奖励政策。对已获奖项目学校增加一至三倍的奖励幅度,鼓励出大成果"。[①]

随之,学校相继出台《上海交通大学科研经费管理方法和有关政策》《关于科研经费管理和科研奖励办法的规定》《上海交通大学科技成果奖励条例》《加强我校校属科技期刊工作的几点措施》《基础性科研编制补贴经费暂行管理条例》《关于科研经费的使用和管理办法》《关于鼓励承接和完成大项目的若干规定》等一系列制度和政策。

这些制度和政策,从实际出发,完善科研经费的分配和使用办法,鼓励广大教师争取重大课题的积极性和奖励在科研工作中取得重大成果的人员;加强科研项目管理,建立必要的制约办法,集中力量,抓好重点科研项目;加强科研成果的鉴定和报奖工作;对已确定的重大课题在人员、设备和实验用房等方面优先给予保证;完善科技成果转让和转化工作的具体管理办法,并在体制上保证科研系统和开发系统的协调。

1994 年 1 月,校党委六届五次扩大会提出"合纵连横"的思路,即以新老学科的综合优势为基础,加强集中和联合,将分散在不同院系中的同类学科进行统一管理,逐步形成群体合力。通过实行学科间、高校间及研究单位间的联合,集中优势,瞄准上海支柱产业加强科学研究,在汽车工业、计算机通信、信息港建设、生物医药等方面主动出击,承接课题,直接为国民经济建设服务。

根据"合纵连横"的要求,1994 年 1 月 18 日,上海交大先进制造技术研究院成立。该院联合校内机械工程、自动化、计算机、新材料和管理科学等学科组成科学研究团队,推动我国先进制造技术的发展。1994 年 5 月 25 日,学校成立汽车科学及工程研究院。该院为学校与上海汽车工业总公司共建,把校内与汽车有关的学科联成一个学科群,要求它在上海市汽车工业的技术进步、国产化攻关、企业管理和人才培养中,起到智力支柱的作用。1994 年 6 月 6 日,学校成立计算机科学技术研究院,把校内与计算机有关的近 500 名研究人员组织起来,为上海商用计算机技术发展、软件开发、计算机人才培养等作更多贡献。1995 年 3 月 23 日,上海交通大学材料与化工研究院成立,该院由材料科学系、材料工程系、复合材料研究所、高分子材料研究所、精细化工研究所和信息存储研究中心联合组成。

1997 年 9 月 15 日,学校召开科技体制改革试点研讨会。根据《国务院关于"九五"期间深化科技体制改革的决定》和上海交大的建设目标,学校决定启动科技体制改革,并明确科技体制改革的基本思路是:"学校在总体上规划、构筑全校的基础研究体系和技术开发体系,

---

① 《上海交大 1993 年工作要点》。上交档:永久-1718。

明确主攻学科，制定配套改革方案，加大政策倾斜力度，促进机制转变；依托学院，完成学科内部的结构调整和资源优化配置，组织精干力量，以重点实验室为核心，211 工程重点建设学科为支撑，稳定一支基础研究的骨干队伍，建立有效的评估、考核、开放、运行制度，实现人员的合理流动，并处理主攻学科和相关学科的关系，依靠学科群体的力量，大力提高主攻学科的科研水平。”经过研讨，12 月，学校颁发了《关于启动上海交通大学科技体制改革的决定》，决定年内先在二个主攻学科上启动改革，即高速信息网工程和船舶海洋工程学科，并在 1998 年扩大改革的范围和提高改革的力度，争取在“九五”末期，初见成效，实现科技体制改革的目标。新的科技体制“是一个网状、矩阵式结构，即纵向是以学科分类为基础的学院、系的办学体系，横向是以产业、高新技术领域为背景的跨学科、跨学院的研究院、研究中心等形式，而在纵横交叉点上则分布着一系列开放的科研基地”。①

1998 年 1 月，学校第七次党代会召开，提出：“‘九五’期间，要抓住国家科委、国家教委实施科技体制改革试点和学校进行新一轮综合改革的机会，实行‘抓大放小’‘稳住一头，放开一片’的方针，通过确定主攻方向、重组科研队伍、优化资源配置、加大政策倾斜、加强学科交叉协作等有力措施，从根本上形成有利于承接大项目、出高水平大成果的体制和机制，把我校的科研总体水平推向全国高校前列。”②

2005 年 11 月 6 日，系统生物医学研究中心揭牌

学校抓住科技体制改革的机遇，在世纪之交完成结构调整，机制转变，从组建跨系学科委员会、学科群，到成立研究院和各类中心，逐步形成一个网状的矩阵式结构的科研体制架构。如 1998 年与通用汽车公司共建技术研究院和动力技术研究所，1999 年建立空间结构研究中心，2000 年建立 Bio-X 生命科学研

① 《关于启动上海交通大学科技体制改革的决定》(1997 年 12 月 8 日)。上交档：1997 - KY11 - 013。

② 王宗光：《抓住机遇　开拓进取　为创建世界一流大学而努力奋斗——在中共上海交通大学第七次代表大会上的报告》。上交档：1998 - DQ11 - 047。

究中心、2001年建立海洋水下工程科学研究院，2002年建立国家数字化制造技术中心，2003年建立空间科学及技术研究中心，2005年成立系统生物医学研究中心等。这些科研机构的建立，使资源有机整合，队伍得到汇聚，科技研究不断上水平、创一流。

1991年底，学校共有51个研究所和研究室。到2006年底，学校科研机构已达287个，包括各类研究院、研究中心、研究所等（详见本卷附录五）。

1999年3月24日，为了推进科技成果产业化，学校成立高新技术产业化办公室（简称高新办）。高新办作为学校高新技术产业化工作的职能部门，直接对口国家和地方有关职能部门与机构，“发挥沟通信息、承上启下，组织和推动科技产业化工作的作用，并通过对科研成果转化项目的认定、分类、筛选和推向市场，提供从合作厂商选择、资金筹措到工商税务登记、法律咨询以及政策落实的一条龙服务”。[①] 2001年，上海交大国家技术转移中心获教育部批准成立。技术转移中心积极参与、推进高新技术产业化，为缩小我国与发达国家产业技术水平的差距而努力。

2003年5月26日，上海交大召开科技创新大会

2003年5月26日，学校召开科技创新大会，提出科研工作要力求“接大项目、建大基地、创大成果、出大人才”，并要紧紧抓住“专利、军工、学科交叉三大科技要务”[②]。为此学校于9月18日出台了《上海交通大学关于调整部分科技政策的

① 《上海交通大学纪事(1895—2005)》下卷，上海交通大学出版社2006年版，第1140页。

② 《抓住机遇　扎实工作　深化改革　大力推进科技创新》(2003年5月26日)。上交档：2003-KY11-017。

决定》，对部分科技政策作了调整，包括“为了进一步提高我校论文质量，决定在生命学院和材料学院进行按影响因子奖励的院内试点”，“为切实推进以院为实体的管理模式，逐步适应科研项目由单位负责制向课题责任人制转变”，“对免扣科研项目实施严格管理”，“为了推进学科交叉项目的运作和管理，设立大项目经理人制度，由科技处指派专人负责大项目的全方位管理”，“对于符合科研大项目条件并获得上海市科委配套的科研项目从学校学科建设费中予以配套支持”，“获国家自然科学奖或国家发明一等奖、二等奖分别追加 985 经费奖励 150 万元、80 万元；获国家科技进步一等奖、二等奖，分别追加 985 经费奖励 100 万元、50 万元”①等。

2004 年，学校决定成立学科与基地建设处，统筹协调“211 工程”“985 工程”建设，科研基地建设和文科发展建设工作。

2005 年 11 月，为了进一步贯彻落实中央十六届五中全会“关于加强自主创新能力建设”的重要精神，“加快科技创新体系的建设，切实提高我校培育大基地、构建大平台、搭建大团队和组织大项目的能力，提高我校的国家重点学科和交叉学科发展的水平，打造一支善于谋划、精于运作、勇于开拓、管理规范、结构合理的科技发展、学科建设等管理团队”②，学校经研究决定，撤消科学技术处、高新技术产业化办公室和学科与基地建设处；成立上海交通大学科学技术发展研究院和学科发展与建设处，“211”“985”办公室独立建制，原学科与基地建设处的基地建设与申报职能归并到科学技术发展研究院。副校长林忠钦兼任科学技术发展研究院院长。科学技术发展研究院下设重大项目部、生命医学部、创新平台与基地部、科技合作部、军工科研部暨先进技术与装备研究院（党委副书记苏明兼任院长）、成果与知识产权办公室。

科学技术发展研究院将高校科研行政部门的职能从以往的科研项目管理扩展为集策划、组织、协调、管理、服务为一体的多功能科研服务部门。科研院对接国家科技发展战略和服务区域经济发展的需求，积极收集各类科技信息；协调全校科技资源的整合与共享；组织规模化研究团队，争取国家重大科技项目；快速把握市场需求，加快科技成果转化的速度，特别提高对国家科技发展战略和重大科技问题的敏锐性，能迅速反应、快速组团、协同作战，从而进一步提升学校的科学研究水平。

---

①《上海交通大学关于调整部分科技政策的决定》(2003 年 9 月 18 日)。上交档：2003 - KY11 - 018。

②《关于成立上海交通大学科学技术发展研究院和调整学科与基地建设处的通知》。上交档：2005 - DQ13 - 042。

二、加强实验室与创新基地建设

学校“八五”期间按照“保证教学,促进科研,注重效益,择优支持”[①]的方针,择优支持了基础及技术基础实验室;为促进科研,择优支持了一些专业实验室,特别是重点加强了国家重点实验室、部门重点实验室建设。

1991 年 12 月 16 日,学校金属基复合材料国家重点实验室建成并通过国家验收。此后的四年时间里,学校又有 3 个国家重点实验室建成:1992 年 6 月 16 日,海洋工程国家重点实验室建成并通过国家验收;1995 年 9 月 19 日,振动、冲击、噪声国家重点实验室建成并通过国家验收;同年 10 月 24 日,区域光纤通信网与新型光通信系统国家重点实验室建成并通过国家验收。

1997—2001 年,学校充分利用“211 工程”的“现代教学实验室”项目、“世行贷款教学实验中心建设”项目以及“985 工程”的“创新人才培养体系建设”项目,建设了一批重点基础课程教学基地和一批先进的基础教学实验中心,进一步提高学校实验教学基地的水平,并布局和加强重点实验室建设。如在“211 工程”建设中,把扩建区域光纤通信网与新型光通信系统国家重点实验室列为首个重点建设项目——高速信息网工程,予以大力度建设。经过两年努力,在国内首个实现了具有完整的网络分层和网络管理的三节点全光域自身试验环网。

在实验室建设中,学校通过加强实验室队伍建设、提高实验室设备利用率、坚持实验室评估机制等措施,致力于创建一流的实验基地。2001 年 1 月,学校正式设立大型精密贵重仪器设备开放基金和维修基金。该基金的实施,有效提高了“大精设备”利用率,受到师生的欢迎。学校同时强调“大精设备”一定要实现资源共享,供全校师生选用,并为校外单位选用提供方便,为上海区域经济发展做贡献。

2006 年底,“学校有各类实验室 78 个,校实验室用房面积 13.35 万平方米。实验室工作人员 1 022 人,其中,教师 285 名,占 27.89%;实验室工程技术人员 603 名,占实验室工作人员总数的 59%,其中,高级职称(高级工程师和高级实验师)168 名,占 27.86%;中级职称(工程师和实验师)310 名,占 51.41%。……学校教学、科研仪器设备固定资产总额 19.60 亿元,109 819 台(套),其中,单价 10 万元以上的仪器设备金额 10.59 亿元,2 419 台(套);计算机软件金额 2.08 亿元,1 127 套。”[②]

---

① 《上海交通大学一九九一至一九九五年发展计划》。上交档:长期- 5047。

② 《上海交通大学年鉴 2007》(总第十一卷),上海交通大学出版社 2007 年版,第 195 页。

除加强实验室建设外，学校还加强国家工程研究中心的建设。

1996年4月6日，国家模具CAD工程研究中心在学校挂牌成立。该中心是经国家计委批准在上海模具技术研究所基础上建立的模具CAD领域内高水平科研机构和成果转化开发机构。该中心还设有硕士点、博士点和博士后流动站。其工作重点是“针对冲模、压铸模、锻模三大类模具设计制造技术，进行工程化研究，开发模具计算机辅助技术、辅助加工等成套技术，并进行技术转移，推动模具行业的技术进步”。①

2000年3月，上海交大正式获准组建“轻合金精密成型国家工程研究中心”。该中心“立足我国资源的现状，重点研究开发轻合金的绿色制备技术、轻合金制品的近终形精密成型技术和轻合金的回收再利用等技术，并进行技术集成和产业化开发，在满足我国轿车、家电、通信等领域对轻合金及其制品市场需求的同时，不断扩大轻合金的应用领域，进行技术扩散，为推进企业的技术进步服务”。②

2003年10月，纳米技术及应用国家工程研究中心经国家发展和改革委员会批准成立。该中心由上海交大、复旦等10家股东单位共同出资组建。其主要任务是以国家战略和市场需求为导向，立足于纳米技术研发与工程化平台，致力于纳米技术在环境治理、功能材料、生物医药、新能源、信息技术等领域的应用研究与开发，通过自主研发、产学研联合、引进吸收等多种模式，研究开发产业技术进步和结构调整所急需的关键共性技术，实现科研成果放大以及产业化，搭建产业与科研之间的桥梁。

2005年5月，组织工程国家工程研究中心在闵行区紫竹科学园区成立。这个全新的运作模式摒弃传统科研院所的形态，以股份制为组织架构、以市场为目标、以科研成果为生产力、以交大医学院为后盾，试图以最快的速度将组织工程成果规模化、产业化。作为国家重大科技项目和上海市科教兴市重大产业科技攻关项目，中心受到国家发改委和上海市政府的重视和支持。

2006年底，学校有国家实验室（筹）1个、国家重点实验室6个、国家部委部门重点实验室12个、863国家高技术网点开放实验室2个、国家工程研究中心4个、教育部工程研究中心3个、上海市工程技术研究中心2个、WHO合作中心3个、上海市重点实验室19个，详见表5-1：

---

①《上海交通大学年鉴1997》（总第一卷），上海交通大学出版社1997年版，第96页。

②《上海交通大学年鉴2001》（总第五卷），上海交通大学出版社2001年版，第106页。

表 5-1 2006 年上海交大重点实验室、工程研究中心一览表[①]

国家实验室	海洋工程国家实验室(筹)
国家重点实验室	海洋工程国家重点实验室
	机械系统与振动国家重点实验室[②]
	金属基复合材料国家重点实验室
	区域光纤通信网与新型光通信系统国家重点实验室
	医学基因组学国家重点实验室
	癌基因及相关基因国家重点实验室
国家部委部门重点实验室	薄膜与微细技术教育部重点实验室
	高温材料及高温测试教育部重点实验室
	动力机械与工程教育部重点实验室
	电力工程新技术教育部重点实验室
	细胞分化与凋亡教育部重点实验室
	系统生物医学教育部重点实验室
	微生物代谢工程教育部重点实验室
	功能基因组学和人类疾病相关基因研究教育部重点实验室
	医学胚胎分子生物学卫生部重点实验室
	人类基因组研究卫生部重点实验室
	内科消化卫生部重点实验室
	水下技术综合交通部重点实验室
863 国家高技术网点开放实验室	国家“863”/CIMS 工艺设计自动化工程实验室
	国家“863”高技术机器人装配系统网点开放实验室
国家工程研究中心	模具 CAD 国家工程研究中心
	轻合金精密成型国家工程研究中心
	纳米技术应用国家工程研究中心
	组织工程国家工程研究中心
教育部工程研究中心	太阳能发电及制冷教育部工程研究中心
	网络信息安全管理与服务教育部工程研究中心
	数字医学教育部工程研究中心

① 《上海交通大学统计资料汇编(二〇〇六年)》,第 50-52 页。

② 原为振动、冲击、噪声国家重点实验室,2006 年改为此名。

（续表）

上海市工程技术研究中心	优化与控制软件上海市工程研究中心
	食品安全上海市工程技术研究中心
WHO合作中心	WHO新生儿保健合作中心
	WHO免疫遗传学与免疫病理学合作中心
	WHO癌症研究合作中心
上海市重点实验室	上海市兽医生物技术重点实验室
	上海市信息安全综合管理技术重点实验室
	上海市胚胎与生殖工程重点实验室
	上海市人类基因组研究重点实验室
	上海市医学检验重点实验室
	上海市激光医学研究重点实验室
	上海市生殖医学重点实验室
	上海市组织工程研究重点实验室
	上海市中西医结合防治骨关节病损伤重点实验室
	上海市血管生物学重点实验室
	上海市发育生物学重点实验室
	上海市口腔医学重点实验室
	上海市内分泌肿瘤重点实验室
	上海市环境与儿童健康重点实验室
	上海市眼底病重点实验室
	上海市数字媒体处理与传输重点实验室
	上海市网络化制造与企业信息化重点实验室
	上海市胰腺疾病重点实验室
	上海市“电气绝缘与热老化”重点实验室
其他	国家级国防科技重点实验室
	国家级国民经济动员中心
	国家技术转移中心
	国家船舶海洋深水实验池
	上海系统生物医学研究中心

海洋工程国家重点实验室

金属基复合材料国家重点实验室

机械系统与振动国家重点实验室

2005年,学校“985工程”二期建设正式启动,组建科技创新平台(基地)是重点建设项目之一。该项目围绕国家重大基础研究、重大科技计划、重大工程专项,整合校内外力量(其中包括校内国家重点实验室、部委实验室的力量),旨在大力提高建设学科的科技创新能力和解决经济社会发展的重大问题的能力,打造一批世界一流学科群。科技创新平台与基地包括科技创新平台建设项目13个、哲学社会科学创新基地建设项目2个,详见表5-2:

表5-2 上海交大创新平台与基地一览表

科技创新平台Ⅰ类	船舶与海洋工程科技创新平台
	系统生物医学科技创新平台
	材料科学与工程科技创新平台
	数字技术科技创新平台
	制造科学与装备技术科技创新平台

（续表）

科技创新平台Ⅱ类	能源转换与利用科技创新平台
	现代生物技术科技创新平台
	微纳制造与系统科学科技创新平台
	空天科学与技术科技创新平台
	基础科学科技创新平台
	医学科学科技创新平台
	数字医学科技创新平台
	核电技术与成套装备科技创新平台
哲学社会科学创新基地	中国都市圈发展与管理创新基地
	现代语言应用与外国文学理论研究创新基地

重点实验室、工程中心、创新平台、创新基地搭建了一流的科技研究平台和学术交流基地，形成了一支高水平的基础研究与应用基础研究队伍，稳定而有效地提升学校科学研究水平，为学校实现世界一流大学目标提供了必要条件。

三、完善论文奖励制度

1993年9月1日，为促进高水平科技论文的发表，学校制订了《加强科技论文工作的几点措施》，包括“扩大《上海交通大学学报》版面，停办一些非公开出版的校内科技期刊”，“修改教师和专业技术人员职务评审条例，将论文的数量、质量和发表的期刊作为晋升的条件”，“将论文作为申请校基础性科研基金的条件”，“博士生必须在国内外承认的期刊上发表1—2篇论文，才能申请答辩；博士后研究人员在离站前亦要在国内外承认的期刊上发表论文2—3篇”，“将发表论文作为教师工作规范中考核的重要内容”，“学校每年要对上述期刊尤其是权威期刊上发表论文的教师和科技人员进行奖励。定期公布发表科技论文排行榜，对优胜者给以重奖；对在国际期刊上发表论文者提供平价外汇额度支持，并拟建立学校科技论文基金”。[①]

同年12月8日，学校发出《关于奖励在国内外科技期刊发表学术论文的通知》，规定凡1993年1月31日—12月31日期间，在《国内科技期刊投稿指南》所列期刊上发表

---

① 《加强科技论文工作的几点措施》(1993年9月1日)。上交档：短期-1963。

学术论文,每篇给予一定额度的奖励;从1994年起,实行发表即申报、申报即奖的办法。同时,凡被《科学技术会议录索引》(ISTP)、《科学引文索引》(SCI)、《科学评论索引》(ISR)和《工程索引》(EI)检索系统收录的论文,学校每年检索一次,翌年初给予一定额度的奖励。

1996年,为鼓励广大师生在国际学术期刊上更多地发表高水平的科技论文,学校发布了《关于提高〈SCI〉和〈EI〉收录论文奖励额度的通知》,规定凡自1995年1月1日起被国际《SCI》(科学引文索引)、《EI》(工程索引)两大检索系统收录的师生作为第一作者发表的学术论文(由于《EI》中会议论文不作为学校《EI》论文排名的考虑因素,故《EI》中会议论文不列入范围),在《关于奖励在国内外科技期刊发表学术论文的通知》中规定的奖励额度的基础上予以提高。

以上措施促使学校科技论文排名上升。1997年,学校科技论文发表排名如下,SCI统计排名:发表论文共62篇,居全国高校第25位;被引证论文67篇,108次,居全国高校第23位。EI统计排名:发表论文共141篇,居全国高校第14位。ISTP统计排名:发表论文共80篇,居全国高校第12位。

1998年,为了进一步提高学术论文水平及在国际学术界的影响和地位,学校提高研究生申请学位以及教师考核和职工评聘时发表学术论文的要求;实行院系完成任务同资源配置挂钩;将《上海交通大学学报》从双月刊改为月刊,并积极争取进入EI统计源。与此同时,学校颁布了《上海交通大学加强高水平科技论文发表的若干措施》,对原有的论文奖励政策进行较大幅度地修订。该文件的主要内容有:①对被SCI光盘收录的论文、被EI光盘收录的国外期刊论文、被EI光盘收录的国内期刊论文以及在《Nature》《Science》杂志上发表的论文,每篇奖励相应数额的现金和科研经费;对于在SCI光盘上被引用的论文,每篇引用一次奖励一定数额的科研经费。SCI、EI同时收录时只计一篇,奖励办法与被SCI收录论文相同。②学校继续执行校基金评审制度,并且划出专项经费资助自1998年1月1日起进校工作的具有博士学位的教师,每人给予启动经费。③学校教师、研究生在SCI、EI核心检索源国外刊物上发表论文所需的版面费,经第一作者申请并获批准,可由学校提供部分或全部版面费。④继续做好对基础研究的配套支持工作,从1998年起对当年以上海交通大学为第一申请单位获得的国家自然科学基金项目作以下配套:面上项目、重点项目、重大项目每项配套一定数额的科研经费。获得国家杰出青年基金(只限A类),每项配套一定数额的科研经费。⑤设立上海交通大学重大创新发展基金,专门用于支持重大科研项目和关键创新技术的启动。⑥从 1998 年起，每年对于收录在当年中国科技信息情报研究所公布的 ISTP、国内核心期刊光盘上的以上海交通大学为第一作者单位的论文，每篇奖励相应数额的奖金。[①]

经过努力，到 2001 年学校科技论文排名明显上升。该年度科技论文情况如下：被 SCI 收录并发表的论文数为 589 篇，居全国高校第 7 位；被引证论文 155 篇 347 次，居全国高校第 18 位；被 EI 收录并发表的论文数为 842 篇，居全国高校第 2 位；被 ISTP 收录并发表的论文数为 238 篇，居全国高校第 3 位。与 1997 年的论文数相比，SCI 增加 527 篇，增长了 8.5 倍，排名上升了 18 位；被引论文增加 88 篇，239 次，排名上升了 5 位；EI 增加 701 篇，增长了近 5 倍，排名上升了 12 位；ISIP 增加 158 篇，增长了近 2 倍，排名上升了 9 位。

2003 年 9 月 18 日，学校又颁布《上海交通大学关于调整部分科技政策的决定》，其中为了进一步提高学校论文质量，决定“在生命学院和材料学院进行按影响因子奖励的院内试点，学校对试点单位可给予上浮 10％论文奖励金的支持”。[②] 此举又一次促进学校科技论文数量与质量的提升。2005 年度学校科技论文情况如下：被 SCI 收录并发表的论文数为 2 169 篇，居全国高校第 3 位；被 EI 收录并发表的论文数为 2 951 篇，居全国高校第 2 位；被 ISTP 收录并发表的论文数为 1 074 篇，居全国高校第 3 位。

四、营造良好学术氛围

1994 年 3 月 1 日，为强化校园学术氛围，推动科研工作上水平，学校在推出一系列科研管理改革措施的同时，还开始举办形式新颖而具实质内容的科技沙龙活动。沙龙每两周活动一次，每次指定一个主题，根据不同主题邀请相关学者参加。并敞开门户，欢迎青年学者共同参加。沙龙的主题有大课题、大项目、大联合；计算机专业发展与产业化；汽车；超级 863；医疗器械；如何发挥优秀青年教师作用；材料科学；先进制造技术；电磁新能源；燃料电池；成果报奖；CIMS 推广；环境保护和舰船技术等。作为一个常设的活动，沙龙的举办，达到了“深化改革，推进科研工作；及时进行科技信息交流，迸发学术思想火花；促进学科联合与发展，探索科技发展新方向，加快科技成果的转化”[③]目的。

---

① 《上海交通大学加强高水平科技论文发表的若干措施》(1998 年 8 月 18 日)。上交档：1998 - KY11 - 010。

② 《上海交通大学关于调整部分科技政策的决定》(2003 年 9 月 18 日)。上交档：2003 - KY11 - 018。

③ 上海交大党委校长办公室：《上海交大信息》第七期，1994 年 3 月 3 日。上交档：长期- 5600。

2000 年，科技创新沙龙在活动

1996 年，正值上海交大百年华诞，学校以此为契机，大力拓展校内学术报告、学术会议等活动。这一年，各类研讨会、报告会等超过百人的学术会议达到 50 多场，不少海内外知名校友借百年庆典的机会，以学术报告会等形式回报母校。许多会议不仅具有一定规模，而且层次、质量比较高，会议主题涵盖面也比较广。与此同时，有些院、系还举办高质量的小型专家讨论会、专题学术讲座。

2001 年 10 月 19 日，微软董事长比尔·盖茨在上海交大作学术演讲

2001 年，学校的学术报告开始向社会辐射。该年学校开创性地连续在《文汇报》学术报告栏上发布了一系列高水平学术报告信息，仅当年 10 月 19 日—11 月 23 日就达 50 余场（详见表 5-3）。复旦大学、华东理工、东华大学、华东师大、南洋模范中学、南洋中学等学校师生踊跃来校听讲座，尤其是诺贝尔奖获得者雷恩博士的报告、两院院士的报告、比尔·盖茨的报告等，受到社会的高度评价和广泛欢迎。此举既活跃与丰富了校内学术氛围，增进与加强了学术交流，也进一步提升了交大的学术声誉，促进了整个上海市高校学术文化的积极开展。

表 5-3　上海交大 2001 年部分学术报告一览表(2001.10.19—2001.11.23)[①]

日期	地点	学术报告	报告人	单位
10.19	交大文治堂	21 世纪的计算——未来十年的设想	比尔·盖茨	美国微软公司
	交大文治堂	空间的极限	Rick Rashid	美国微软公司
	交大文治堂	21 世纪的智能编辑	Tony Hoare	微软剑桥研究院
	交大文治堂	一个为了未来的课程	John Hopcroft	美国康奈尔大学
10.22	交大教学二楼	集成电路 CAD 的新进展	葛守仁	美国加州大学伯克莱分校
10.24	交大机械楼	系统设计 A、B	卢志杨	美国加州大学
10.24	交大闵行校区物理楼	软凝聚态物理学概论	马红孺	上海交大
10.24	交大闵行校区化学楼	日本燃料电池研究进展	余晴春	上海交大
10.25	交大闵行校区化学楼	京都地球温暖化国际会议决议回顾及最近动向	山口务	日本地域振兴整备公司
10.26—27 日	交大浩然大厦	上海市环境保护“十五”规划	徐祖信	上海市环保局
		防止温暖化和地球再生计划	山口务	日本地域振兴整备公司
		人类文明的发展与能源技术	滨川圭弘	日本立命馆大学
		生态城市的三性建设	吴　旦	上海交大
		上海市街道机动车污染物扩散规律研究	黄　震	上海交大
		中国的 CO_2 排出量消减及技术合作的可能性	手琢哲央	京都大学
10.29	交大闵行校区化学楼	环球地球化学研究	G. Mueller	德国海德堡大学
10.29	交大闵行校区上院	“9·11”事件后的国际政治	胡　伟	上海交大

① 《上海交通大学年鉴 2002》(总第六卷),上海交通大学出版社 2002 年版,第 152-154 页。

(续表)

日期	地点	学术报告	报告人	单位
10.29	交大科学馆	大肠杆菌代谢的转录组和蛋白质组的组合分析	Sang Yup Lee	韩国高等科学与技术学院
10.30	交大闵行校区教学楼	日本高电压工程技术的过去、现在和未来	Toshio Suzuki	日本中央电力研究院
10.30	交大闵行校区生物楼	用核磁共振方法研究生物膜上钾离子通道的结构与功能	田长麟	美国佛罗里达州立大学
10.31	交大闵行校区教学楼	电缆和电力变压器的故障诊断新技术	Tatsuki Okamoto	日本中央电力研究院
10.31	交大包兆龙图书馆	从物质到生命:化学?!	雷恩(Jean-Marie Lehn)	巴黎法国学院
10.31	交大机械楼	现代美国工业结构	卢志杨	美国加州大学
11.1	交大浩然大厦	超分子活性和传输过程	雷恩(Jean-Marie Lehn)	巴黎法国学院
11.3	交大安泰教学楼	面向21世纪的中国创投产业与全球华人经济	陈友忠	宏基技术投资亚太有限公司
11.5	交大闵行校区东区	DNA的限制与修饰	周秀芬	上海交大
		武王伐纣与天文年代史学	江晓原	上海交大
		胶体相互作用	马红孺	上海交大
11.6	交大安泰教学楼	电子商务沟通综论	Shirley Taylor	伦敦工商会
11.7	交大闵行校区东区	现代汽车工业的轿车车身制造技术	林忠钦	上海交大
		经济全球化与国际精英人才培养	王方华	上海交大
		现代金融工程	吴冲锋	上海交大
		我国数字电视研究现状与发展	张文军	上海交大
11.8	交大浩然大厦	高等教育创新人才培养的理论与实践	周远清	中国高等教育研究会
11.10	交大办公厅	以“三个代表”思想推进新时期党建伟大工程	胡　伟	上海交大

（续表）

日期	地点	学术报告	报告人	单位
11.11	交大安泰教学楼	中国加入 WTO 与上海经济发展	蒋以任	上海市政府
11.12	交大博学楼	互联网与思想政治工作概论	谢海光	上海交大
11.12	交大博学楼	互联网文化的昨天、今天与明天	顾晓鸣	复旦大学
11.12	交大浩然大厦	认识自然与自身——脑科学研究的启示	杨雄里	中国科学院
11.14	交大博学楼	网上舆情的引导和管理	沈沪飞	东方网
11.14	交大浩然大厦	知识经济与教育	杨福家	复旦大学
11.15	交大浩然大厦	弘扬科学精神，反对伪科学	何祚庥	中国科学院
11.15	交大包兆龙图书馆	经济全球化背景下高校思想理论教育的思考	顾海良	教育部社政司
11.15	交大安泰教学楼	互联网经济与企业信息化管理	盛焕烨	上海交大
11.15	交大安泰教学楼	积极推进上海工业企业信息化	朱维嘉	上海市经委信息中心
11.15	交大安泰教学楼	物流管理与企业信息化	陈文玲	国务院研究室工交贸易司
11.15	交大安泰教学楼	关于信息化发展的理论思考	王浣尘	上海交大
11.16	交大安泰教学楼	加入 WTO 与企业管理创新	王忠明	国家经贸委经济研究中心
11.19	交大文治堂	中国加入 WTO 的历史与前景——亲历 13 年谈判的感慨	刘光溪	上海外贸学院
11.22	交大浩然大厦	Microsoft 软件开发过程	陈宏刚	美国微软公司
11.22	交大浩然大厦	汽车操纵先进测量和控制技术	刘思行	美国 Bandag 联合技术中心
11.23	交大浩然大厦	人机智能交互研究	Thomas S. Huang	美国工程院院士、美国伊利诺斯大学
11.23	交大闵行校区学术活动中心	21 世纪的电子技术——从微电到纳米	武田英次	日立中央研究所

2003 年后，学校相继开设了“文治讲坛”“院士讲坛”“焦点讲坛”，邀请的专家学者范围、层次也日益宽广、提高。如 2004 年，学校的学术报告达 380 余场，不仅超过日均一场学术报告，而且全年超过 45％的场次是由国际知名学者、中国科学院、中国工程院院士作的学术报告，营造了良好的高水平学术氛围。

为加强学校科技期刊管理工作，1994 年初，学校成立了科技期刊工作委员会，建立了较健全的期刊管理制度,进一步落实了期刊工作的有关政策,学校在用房、经费和人员编制等方面都给予了相应的支持。这一措施对加强各期刊的自身建设,活跃学校的学术氛围,提高学校科技论文发表的数量和学术水平都起了积极作用。

2006年底,学校主办或协办的的科学期刊有《上海交通大学学报》(自然科学版)、《上海交通大学学报》(社会科学版)、《上海交通大学学报》(医学版)、《中国文化产业评论》《系统管理学报》《上海管理科学》《马克思主义美学研究》《当代外语研究》《机械设计与研究》《工业工程与管理》《模具技术》《传动技术》《实验室研究与探索》《微型电脑应用》《科技英语学习》《海洋工程》《振动与冲击》《噪声与振动控制》《系统工程理论方法应用》《Communications on Pure and Applied Analysis》(理论与应用分析通讯)、《肿瘤》《微米/纳米科学与技术》《铸造工程·造型材料》《力学季刊》等。

第二节 科学研究与科技服务

一、组织重大科技攻关

1994年1月,学校召开党委六届五次扩大会,对科研工作提出了"加强联合,集中优势,承担国家重大项目、攻关项目、863项目"[①]等要求,并在会后制订并实施了三个计划:"攀登计划",即对承担国家重点攻关项目或千万元级科研项目的研究所、室或个人给予强有力的物资保障或精神鼓励;"长征计划",即由校领导带队赴10个省市和校友所在的国家部委、大型企业争取大项目;"聚沙计划",即广泛发动校友和各方面朋友为学校承接科研项目献计献策。

1995年5月,党中央、国务院召开全国科学技术大会,确立了科教兴国发展战略。此后,学校在"211工程"和"985工程"建设过程中,逐年强化组织力量,积极投入国家科技战略主战场。校领导亲自率领学校有关部门、院系负责人和科研骨干到访国家有关部委、大型国企和重要省市,争取各类科研攻关项目。学校广大科研人员,经过不懈努力,完成"八五""九五""十五"国家科技攻关项目,其中的不少项目经鉴定达到国际先进水平,并获得了国家科技大奖。

---

① 王宗光:《以建设有中国特色社会主义理论为指导 拓展思路 团结奋进 开创交大工作新局面——在中共上海交通大学委员会六届五次全会扩大会议上的讲话》(1994年1月15日)。上交档:永久-1769。

（一）蔡炳初主持的“实用电磁型微马达关键技术的研究”项目

电磁型微马达是微电子机械系统、微小机器人和微型驱动器等的主要部件之一，在生物医疗、航空航天、精密仪器以及微型机器人等领域中均有广泛应用前景，成为20世纪80年代末期国内外的研究热点。

蔡炳初

蔡炳初团队在1995年研制成功2 mm电磁型微马达原理型样机的基础上，进行微马达实用化关键技术的攻关，成功地解决了直径仅1 mm、12个磁极的微转子写入技术；采用三氧化二铝作定子绕组绝缘材料提高其电气寿命；在结构上采用两片定子中间夹一片转子的层状结构；定子采用导磁材料基板，并在其绕组中引进导磁材料，使定子绕组嵌入在导磁材料中，解决了磁路的闭合问题，同时增强了定子的导热能力，大大提高了微马达的转速和输出力矩。研究团队于1997年6月和1998年1月先后研制出直径2 mm和直径1 mm的实用化电磁型微马达，经封装后，2 mm和1 mm微马达的外形尺寸分别为2.3 mm×2.3 mm×1.5 mm和1.3 mm×1.3 mm×1.5 mm，完全具备实用化条件，有力地拓宽了该微马达应用的领域。“经过在直肠内窥镜、微泵和微直升飞机上较长时间的试运行，结果表明该马达具有使用寿命长、输出力矩大、转速可调、转向可逆及运行稳定等诸多优点”。①

“实用电磁型微马达关键技术的研究”项目获2000年度国家技术发明奖二等奖。

朱继懋

（二）朱继懋主持的“6 000米深海拖曳观察系统”项目

1991年3月，我国被联合国批准为国际海底先驱投资者，并获得了一块15万平方公里国际海底，作为多金属结核开辟区。朱继懋主持完成的6 000米深海拖曳观察系统集图像处理、数字技术、精密制造、电子技术和海洋工程等多学

① 《国家科学技术奖励推荐书——实用电磁型微马达关键技术的研究》(1999年)。上交档：1999－KY12－176。

科优势,于1995年至1998年先后三次在太平洋夏威夷海域矿区考察中使用。"下水作业共计200小时,行程300多海里,获取了该区域内海底5 000米深处多金属结核分布的大量电视录像和数百张抽样照片,图像、照片清晰,为我国确定放弃区域工作和最终获得了面积7.5万平方公里矿区的永久开采权作出了贡献"。[①]

多金属结核物产于深海3 000—5 000米以下海底,研制的系统必须既能实现6 000米大深度的海底矿产资源实时调查,又必须在海底拖曳时保持一定的运动稳定性,因此,在拖体总体设计上采用了垂直推进器可控拖体姿态、可转动的单点拖吊方式和防碰撞结构等先进技术,从而保证了拖曳的稳定性和结构的可靠性。信息传输采用了图像压缩实时显示和数字传输关键技术,解决了万米同轴缆无中继放大超长距离海底图像信息实时传输的难题。6 000米深海拖曳观察系统的研制为我国海底资源的勘察和科学研究提供了先进设备和技术,部分关键技术已被其他国际公司采用。

"6 000米深海拖曳观察系统"项目获2000年度国家科技进步奖二等奖。

(三) 张文军主持的"高清晰度数字电视关键技术与设备"项目

从20世纪90年代起,世界范围内开始了用数字电视取代模拟电视的革命性变革。张文军项目组用了2年时间完成了功能样机启动到第一代数字样机研制成功。之后又开展数字电视芯片及数字电视信息业务软件的研制。研发团队"在数字视频多路并行编解码、高速数据采集与分(合)路处理、数字信道编码调制系统方案、载波与时钟恢复、信道均衡器结构设计等多方面实现了技术创新,解决了数字电视系统的7项关键技术,并研制完成11套具有自主知识产权的国产设备。特别是其中所形成的数字编码调制技术方案,经过国家组织的测试和专家论证,已经成为国家制订自主的数字电视有线/无线传输标准所依据的重要技术基础。项目关键技术先后申请国家发明专利33项,其中13项已获授权"。

"通过上述设备所形成的HDTV编码传输接收系统使我国成为继美国、欧洲等之后世界上第四个拥有该系统的国家"。该设备"促成直接销售收入1 578万元,技术转让3 600万元。并直接促成了由国家计委牵头组织的数字电视专项的设立,实现国家投资2.8亿元,吸引其他投资3.595亿元"。该成果"标志我国首次形成了一批核心自主知识产权,为推动我国数字电视广播行业进步、体制标准研究和产业化进程等方面做出了开创性贡献"。[②] 1999

① 《国家科学技术奖励推荐书——6 000米深海拖曳观察系统》(1999年)。上交档:1999-KY12-172。

② 《国家科学技术奖励推荐书——高清晰度数字电视关键技术与设备》(2002年)。上交档:2002-KY12-127。

年10月，该成果成功参与了国庆五十周年HDTV现场转播实况，这是我国数字电视发展历史上的里程碑。

张文军

“高清晰度数字电视关键技术与设备”项目获2003年度国家科技进步奖二等奖。

（四）丁文江主持的“阻燃镁合金理论研究及应用关键技术开发”项目

由丁文江领衔的课题组从1998年开始，针对我国镁合金制品生产技术落后状况，通过深入的基础研究，在阻燃机理上获得突破，一举攻破了技术难点，研制成功了可以在大气中直接熔炼和铸造的“阻燃镁合金”。该项目“通过合金化的途径使镁合金表面获得一种具有自愈合保护功能的复合致密氧化膜，实现了镁合金的无保护熔炼和加工，简化了镁合金加工工艺，降低了生产成本，并且避免了环境污染”，“发明了一种涂层转移法精密模具铸造技术，使涂层完整地复制了模型表面的形状和光洁度，提高铸造模具表面光洁度和尺寸精度，缩短了镁合金铸造模具的加工周期，降低了成本。研究成果申请国家专利17项，其中已经授权6项”。

丁文江

“阻燃镁合金及其相关应用技术的推广、扩散和技术转化直接带动了镁合金的应用，推动了汽车工业、电子信息产品制造工业和国防军事工业的科技进步和跨越式发展。项目组和上海汽车股份有限公司、青岛海尔集团、海信集团、奇瑞汽车公司等一大批企业建立了镁合金产品应用合作关系，配合国家‘863’计划电动汽车转向设计制造新型电动汽车镁合金零部件，累计创造产值1.7亿元，利润2 485万元”。项目的完成，“带动了我国镁深加工产业的发展，为我国镁产业发展作出了重大贡献”。[①]

“阻燃镁合金理论研究及应用关键技术开发”项目获2003年度国家科技进步奖二等奖。丁文江于2013年当选为中国工程院院士。

① 《国家科学技术奖励推荐书——阻燃镁合金理论研究及应用关键技术开发》(2002年)。上交档：2001-KY12-139。

诸鸿文

（五）诸鸿文主持的“国家信息安全应用示范关键技术研究与应用”项目

诸鸿文主持的该项目密切结合我国政府上网、金融、网络媒体领域内急需解决的若干信息安全问题，通过对公钥基础设施关键技术、大规模网络安全综合管理与监控技术、网络媒体内容安全综合管理与监控技术、信息系统安全检测与评估技术等信息安全共性关键技术研究与应用，探索在单项技术突破、系统集成创新基础上，构建政府上网安全应用支撑系统、金融数据交换与安全防御系统、网络媒体内容安全监管与综合防御系统，为我国信息安全保障体系建设进行了有益的探索和实施。

项目“共申请国家技术发明专利 62 项，批准专利 15 项”，并取得了良好的社会效益和经济效益。据不完全统计，“在政府上网、银行等累计拦截各类非法访问 20 000 多起，抵御了 1 100 多种网络攻击，实现了区域 17 家银行业务系统互联互通与安全数据交换；区域工商管理网上年检用户达 7 万户，10. 4 万纳税户采用了网上电子申报，申报税款占全市税收总额的 60%以上，覆盖全部税种；证券行业安全在线系统为大宗交易提供安全服务，累计交易金额达 41 亿元人民币，研究成果应用于银行、政务、公安、电力等多个行业的系统建设中，取得新增产值 14 223 万人民币，利税近 4 000 万元人民币”。①

“国家信息安全应用示范关键技术研究与应用”项目获 2005 年度国家科技进步奖二等奖。

除完成国家科技攻关项目外，学校还服务党中央、国务院的重大战略部署“西部大开发”。上海交大从 1990 年至 2000 年 10 年中，“为中西部省市共开发科研合作项目 184 项，总金额 1 879. 93 万元。其中中部省市合作项目 120 项，经费 1 330. 45 万元；西部省市合作项目 64 项，经费 549. 48 万元”。② 学校先后与西部省市的有关政府部门建立了全面科技合作关系，包括新疆生产建设兵团农四师、宁夏回族自治区工业厅、甘肃省天水市人民政府、甘肃省酒泉地区行署、甘肃省金塔县人民政府等，使学校科技成果在西部转化，为西部地区经

① 《国家科学技术奖励推荐书——国家信息安全应用示范关键技术研究与应用》(2004 年)。上交档：2005 - KY12 - 071。

② 《上海交通大学年鉴 2001》(总第五卷)，上海交通大学出版社 2001 年版，第 83 页。

济发展作贡献。

2001年，为发挥上海交通大学的科技、人才优势，促进宁夏科技事业的发展，根据交大和宁夏大学“一对一”对口交流合作协议的有关条款，双方达成了3个具体实施备忘录。着重在生物技术和能源化工两个重点实验室开展合作，主要通过联合申报项目、师资培训、学术交流、技术指导、样品测试优化和设备优惠使用等形式进行。“其中能源化工重点实验室的科研合作内容主要有汽油添加剂的开发和煤基炭材料高值化加工等；生物技术重点实验室合作内容有宁夏地区遗传资源的保护与开发研究、宁夏特色植物相关基因的克隆与表达研究、宁夏特色中草药指纹图谱建立的研究和宁夏特种植物资源的综合开发利用等，同时以植物生物技术、工业废水、生活垃圾与污水生物降解与综合利用技术等方面的成熟科研成果为切入点，积极在宁夏建立成果推广与转化前沿基地，加速成果的转化，并加速宁夏地区传统产业的改造和新兴产业的发展”。①

二、加强基础研究

1994年1月，学校提出：“加强基础研究，特别是支持国家自然科学基金项目研究。增加专款投入。稳定研究队伍。”②1998年1月，学校召开第七次党代会，会上明确提出“基础研究方面，要力争跻身于国家基础研究核心之列”。③ 2003年，校党委七届八次全委会进一步强调，基础研究要“充分尊重研究者的个性和研究兴趣，容忍各种不同风格自由发展，既欣赏成功又包容失败，就是要鼓励各位专家教授通过长期积累，争取在理论上的突破，通过对未知世界的探索，为人类发展和社会进步，开辟多种多样的可能性”。④

学校按照“择需、择重、择优”的原则组织科研队伍，鼓励科技人员加强基础研究，争取基础研究重大基金和发表基础研究高水平论文，争取国家自然科学基金的项目、“863”计划（国家高技术研究发展计划）项目、“973”计划（国家重点基础研究发展规划）项目。与此同时，学校又根据“有所为有所不为”的方针，确定有限目标，突出重点，大力协同，取得了颇丰的收获。

1992—2006年，学校获得的国家自然科学基金的项目数从107个增长到585个，其拨入

---

① 《上海交通大学年鉴2002》（总第六卷），上海交通大学出版社2002年版，第159页。

② 王宗光：《以建设有中国特色社会主义理论为指导　拓展思路　团结奋进　开创交大工作新局面——在中共上海交通大学委员会六届五次全会扩大会议上的讲话》（1994年1月15日）。上交档：永久-1769。

③ 王宗光：《抓住机遇　开拓进取　为创建世界一流大学而努力奋斗——在中共上海交通大学第七次代表大会上的报告》。上交档：1998-DQ11-047。

④ 王宗光：《认真实践“三个代表”重要思想向着创建世界一流大学目标大步迈进》。上交档：2003-DQ11-001。

的经费从1994年的203.6万元增长到2006年的8 753.6万元。学校承担的国家“863”项目从2000年的53个增加到2006年的159个,投入经费从2000年的1 278.7万元增加到2006年7 830.7万元。学校承担的国家“973”计划项目课题从2000年的13个增加到2006年的40个,其投入经费从2000年的321.8万元增加到2006年的1 918.0万元。至2006年,学校“973计划”项目首席科学家共有9名:陈竺、贺林、曹谊林、盛慧珍、陈国强、丁文江、任秋实、林忠钦、倪明选。同时,学校科研人员承担的多项基础科学研究获得了国家科技大奖。

(一) 贺林主持的“A-1型短指(趾)症致病原因的研究”项目

1903年,法拉比(Farabee)在他的哈佛大学医学院博士毕业论文中首先报道了A-1型短指(趾)症,即世界上第一例孟德尔常染色体显性遗传病。此后的近百年,科学家们对这一疾病的基因定位一筹莫展。

贺林领导的联合研究室,与有关研究单位合作,深入贵州和湖南与外界隔绝的边远山区,从布依族、苗族和汉族中找到了3个A-1型短指(趾)畸形大家系。他们对该病的致病基因进行了精确定位(位点定在2号染色体35—36区)、克隆,首次发现了人的IHH基因和该基因上的三个突变位点是导致A-1型短指(趾)症的直接原因。该项目其他的源头创新内容包括:“第一次把动物发育生物学研究中的焦点基因IHH在骨骼发生与发育中起重要作用的认识扩展到了人;发现了IHH基因与身高形成相关。由于该病是孟德尔常染色体显性遗传病,因此所得结果可直接用于基因诊断从而达到有效地遏止这三个家庭或类似家庭后代今后出现患儿的目的。”项目鉴定专家评议:“此项研究成功破解了人类第一例孟德尔常染色体显性遗传病的近百年之谜,在人类遗传史上的价值举足轻重。”该成果论文在《美国人类遗传学》和《自然遗传学》杂志刊登后,受到国际学术界高度重视,在两年左右时间内已被引用了几十次。研究成果还申请了两项专利。①

“A-1型短指(趾)症致病原因的研究”项目获2003年度国家自然科学奖二等奖。贺林于2005年当选为中国科学院院士。

(二) 任引津主持的“职业性急性化学物中毒诊断的应用研究”项目

1987年,全国卫生标准技术委员会职业病诊断标准分委员会下达了制订“职业性化学物中毒诊断总则”课题,任引津担任负责人。课题组主要成果是制订《职业性急性化学物中毒诊断总则》和急性陷匿式化学物中毒的诊断、急性化学物中毒性多器官功能障碍综合症的诊断、化学源性猝死的诊断以及急性化学物中毒所导致的神经系统、肝脏、心脏、肾脏、血液

① 《国家科学技术奖励推荐书——A-1型短指症致病原因的研究》(2002年)。上交档:2002-KY12-006。

等疾病的诊断等9个分则。诊断总则强调“现场抢救”的重要性，提出了针对中毒病因对症治疗和支持治疗的诊治原则，要求将现场急救、医院急诊室和强化监护病房等三个抢救环节有机结合，并制定多人次急性中毒时分级处理方案，以及各级注意事项，以备应用。总则还提出了“预见性治疗”的概念，对预防急性中毒性溶血、急性中毒后迟发性脑病、迟发性猝死等起到了重要作用。这些原则覆盖面广、易操作，保证了急性化学物中毒诊断体系的完整性、统一性，为准确诊治和执行劳保政策提供了科学依据。研究成果经卫生部批准颁布后，即成为全国各地医疗单位解决急性化学物中毒诊断及鉴别诊断的主要原则和标准。

任引津

课题组在山西假酒中毒事件、江西猪油中毒事件、广西怪病事件、广东氟乙酰胺中毒事件等震惊全国的重大事件中，进行了抢救指导，挽救了众多群众的生命。研究成果还成为医疗纠纷、终审裁决、刑事案件侦破及劳动能力鉴定的技术标准，为社会安定作出了贡献。[①]

“职业性急性化学物中毒诊断的应用研究”项目获2003年度国家科技进步奖二等奖。

（三）李征帆主持的“高速电路系统信号完整性问题基础研究”项目

李征帆

李征帆项目组针对高速电路系统的信号完整性问题，主要研究以下内容：“以电磁场理论及与其相关的数值方法解决高速电路系统中信号互连线、封装结构、馈电和接地结构的电磁建模和参数提取。在电磁建模和参数提取的基础上，对高速电路系统布线网引起的互连线效应和馈电接地系统同步触发引起的同步开关噪声进行分析。在参数提取和电路分析的基础上寻求从信号完整性的角度优化系统的途径。”项目“研究工作立足国内，具有自己的特色和创新，在高速电路系统互连封装结构的电磁建模和电路分析均提出多种和国外不同的独特理论和方法”，“通过10年以上研究的积累，研究成果

① 《思源》2004年第一期，第14页。

以22篇在IEEE Transactions上发表的论文以及2本专著涵盖了所研究领域的各个方面,系统性和全面程度在国内外位居前列。"

该项目的研究除了理论成果外,也开始推广应用。"所编制的软件可提供高速电路系统的参数提取、布线网电特性仿真和参数优化设计,已成功地用于1998年我国十大科技成果之一的高清晰度电视功能样机的试制,并开始用于高速PCB板故障诊断(华为公司)和高速MCM的多层板设计(电子集团13所),Intel公司也开始用我们的软件提取互连线的参数"。①

"高速电路系统信号完整性问题基础研究"项目获2004年度国家自然科学奖二等奖。

(四) 项坤三主持的"体脂、胰岛素抵抗与代谢综合症关系的研究"项目

项坤三项目组应用了多项难度大的关键技术,其中扩展高胰岛素—正葡萄糖钳夹技术是国际公认的测定机体胰岛素敏感性的金标准,为我国的肥胖与胰岛素抵抗研究提供了与国际同步的技术平台。该项目揭示了代谢综合征及其相关疾病的流行现状,为重新修订中国人肥胖诊断标准提供了重要依据。

课题组对"体脂恒定调控网络"的10个关键基因进行系统检测,在国内外首先创新性地运用了三个以上多基因联合分析的方法,揭示基因对肥胖的影响存在叠加和/或协同作用。多个基因的联合分析更易于检出肥胖易感人群及预测肥胖程度,从而为在人群中筛查肥胖易感个体,进行一级干预提供了途径。课题组依据中国人体脂特点,采用胰岛素敏感性的精确检测技术进行肥胖、糖尿病者胰岛素抵抗状态的判定,又经大样本人群调查证实了代谢综合征患病与体脂的关系,并从分子生物学的角度支持了多基因变异的遗传背景对肥胖程度的影响,从而从分子水平、代谢性状、临床特点及流行病学等不同层面为我国肥胖及代谢综合征的发病机制研究、科学防治提供了依据。②

"体脂、胰岛素抵抗与代谢综合症关系的研究"项目获2004年度国家科技进步奖二等奖。项坤三于2003年当选为中国工程院院士。

(五) 苏肇伉主持的"危重婴幼儿先天性心脏病的急诊外科技术研究"项目

苏肇伉及其课题组成员针对危重婴幼儿先天性心脏病的特点,对手术调整方法、关键手术技术、体外循环技术、器官保护技术以及术后监护技术进行研究、改革和创新,提出危重婴幼儿先天性心脏病在明确诊断后48小时内进行"急诊外科手术"的概念和可行性,探索急诊

---

① 《国家科学技术奖励推荐书——高速电路系统信号完整性问题基础研究》(2003年)。上交档:2003-KY12-108。

② 《思源》2005年第一期,第16页。

外科手术的有效性，以提高我国危重婴幼儿先心病的生存率。课题组首先打破国内先天性心脏病无急诊手术的概念，首次提出“急诊手术”的新思路作为组织和运行模式，以临床基础研究成果为技术依托，全面提高婴幼儿危重、复杂先心病外科治疗水平。其次建立两种新机制，即“绿色通道”机制和“内外联动”机制，设立医院内外诊治网络，对婴幼儿危重和复杂先心病诊治过程中开通“绿色通道”，保证患儿诊治过程简捷、快速、通畅。第三是研究应用三套新技术，即革新的手术技术、保护和支持围术期重要脏器（心肌、脑、肺）的技术、创新的体外循环技术。

苏肇伉

小儿先天性心脏病“急诊外科手术”从1997年实施后，婴幼儿急诊手术数量逐步增加，手术死亡率显著降低，促进了婴幼儿先心病治疗水平的整体提高，取得良好的社会效益。[①]

“危重婴幼儿先天性心脏病的急诊外科技术研究”项目获2005年度国家科技进步奖二等奖。

（六）沈晓明主持的“新生儿听力筛查及干预的研究”项目

沈晓明

沈晓明课题组研究后发现，国际通用的新生儿听力筛查检测方法容易产生较高的假阳性率，为此他们重新制定了新的技术路线，“使新生儿听力筛查的假阳性率下降到0.69%（国际同类研究为1.3%—16.7%），假阴性率下降到0.12%（国际同类研究为1.4%—1.8%）。”

科研团队在国内外特大城市中首先建立新生儿听力障碍筛查、早期诊断和综合干预技术体系，使这项研究成为迄今为止国际上筛查数量最多、筛查覆盖面最广的新生儿听力筛查项目。更重要的是，科研团队领衔起草了我国《新生儿听力筛查技术规范》，在国内外学术会议上作专题报告，举办全国继续教育学习班，使新生儿听力筛查列入我国《母婴保健法》法定筛选项目。国家卫生部、全国残联已将本项目研究成果在国内推广使用，从而使我国在先天性儿童耳聋防治领域达到了国际先进水平。2002—2005年，“沈晓明率领项目组科研人员在上

① 《上海交大报》2006年1月16日，第3版。

海市共筛查新生儿32万例,新生儿中永久性听力障碍发生率为1.46‰,对确诊患儿按听力损失程度采取不同干预措施。结果显示中度以上听力障碍患儿经过干预后其语言与认知发育明显优于未经干预的患儿,达到正常儿童水平;通过早期干预,使大部分中度听力障碍患儿聋而不哑,形成有效的听觉语言能力”。[①]

“新生儿听力筛查及干预的研究”项目获2006年度国家科技进步奖二等奖。

三、服务上海支柱产业

1994年1月,学校对科研工作提出了“要特别积极参与地方经济改革和发展,介入上海支柱产业的建设和发展”[②]等要求。此后,学校以申请进入“211工程”为契机,对上海市的支柱产业和高技术产业以及地方经济发展起较大的影响的通信与电子系统、汽车设计制造、计算机软件、生物医学工程及仪器、管理工程等学科给予更大重视。1998年1月召开的学校第七次党代会,提出了推进“服务上海,发展学校”的市校互动发展战略,并指出“要以促进上海社会进步和经济发展为己任,不断开拓产学研合作新路”。[③]

在这样的发展思路下,学校瞄准包括汽车等在内的上海支柱产业,在轿车活塞生产线、国产轿车液力变矩器生产线、汽车车身制造质量控制、轿车覆盖件精益成形技术、二甲醚城市客车等方面开展了富有成效的研究,并均有所突破。

(一) 胡德金主持的“轿车活塞关键制造工艺设备及技术的研究开发”项目

我国第一套轿车活塞生产线的大部分设备从德国引进,花费巨资,其国产化是必然趋势。胡德金课题组通过合作攻关,研制了轿车活塞生产线中的6种关键设备和仪器:半自动活塞铸造技术与装备、全自动CNC精车活塞止口技术与装备、全自动CNC镗削活塞销孔技术与装备、超精镗活塞销孔技术与装备、活塞加工在线检测技术与装备、活塞最终综合测试技术与装备。同时,他们解决和掌握了多个关键技术:“大批量生产条件下,非圆柱异型活塞销孔超精加工技术(微米级的加工技术)。在大批量、快节拍、高精度的生产条件下工件一次定位、自动定向和装夹的活塞止口和中心孔同时快速自动数控加工技术。一次定位、自动定向和装夹、不停机、不换工位、双头、双速、双偏心的活

---

① 《思源》2007年第一期,第12-13页。

② 王宗光:《以建设有中国特色社会主义理论为指导 拓展思路 团结奋进 开创交大工作新局面——在中共上海交通大学委员会六届五次全会扩大会议上的讲话》(1994年1月15日)。上交档:永久-1769。

③ 王宗光:《抓住机遇 开拓进取 为创建世界一流大学而努力奋斗——在中共上海交通大学第七次代表大会上的报告》。上交档:1998-DQ11-047。

塞销孔十个部位的高效数控镗销技术。轿车活塞生产线中的低成本自动上下料和自动连线技术。在高温和环境污染十分严重的工况情况下，活塞金属模具温度调节控制及活塞铸造半自动控制技术。轿车活塞自动检测线中的多参数、高精度、快节拍微机控制的自动检测技术。”①

胡德金

“该生产线已基本取代进口设备，成为上海活塞厂生产制造的主力军，不仅为企业节约技改投资近3千万元，而且经一年来的运行考核，每年可新增销售收入2 610万元、新增利税522万元，获得了直接的经济效益”。②

“轿车活塞关键制造工艺设备及技术的研究开发”项目获1999年度国家科技进步奖二等奖。

（二）林忠钦主持的“轿车车身制造质量控制技术及其应用”项目

林忠钦

林忠钦课题组研究人员运用现代信息技术，建立了车身产品与制造工艺知识库，开发出车身装配误差源智能诊断系统，使误差检测变成了“举手之劳”，显著提高了车身制造质量，打破了车身质量控制的技术垄断。该课题在国际上率先利用计算机对冲压成形和焊装等车身制造的全过程进行仿真，建立虚拟螺钉车系统，大大缩短了轿车的改型周期，减少了试生产工作量并降低了材料消耗。薄板冲压成形式轿车设计制造的关键技术，其质量控制涉及材料科学、模具技术、计算机辅助设计与制造、有限元数值模拟等多学科交叉。课题组以数值模拟技术取代传统的试错方法，并应用于汽车钢板选材等生产中的难题，使某车型车身副车架、横向导臂冲压生产的废品率显著降低，而且有力地推进汽车板材的国产化，扩大了宝山钢铁公司汽车板在汽车制造商的应用。

成果的推广应用使桑塔纳、别克W－Car、GL－8和赛欧车型的制造质量达

① 《机械工业部科学技术奖励推荐书——轿车活塞关键制造工艺设备及技术的研究开发》（1998年）。上交档：1998－KY12－107。

② 《思源》1999年第2期，第10页。

到国际同类车型先进水平,不但创造了可观的经济效益,还提高了中国制造轿车的声誉。[①]

“轿车车身制造质量控制技术及其应用”项目获2002年度国家科技进步奖二等奖。林忠钦于2011年当选为中国工程院院士。

(三)严隽琪主持的“数字化制造关键技术研究及其在上海的工程应用”项目

20世纪90年代后,信息化成为提升制造业整体水平和综合竞争力的战略手段。严隽琪课题组开展创新设计支撑技术、系统集成技术、异地协同技术三大共性技术的研究与开发,形成了一套较完整的、能支持上海区域数字化制造和具有普遍推广价值的方法、技术和工具。课题组开发了全国首家区域性开放式公共技术服务平台——制造热线和一整套支持平台运行的软件工具和特色技术。该平台以“信息门户IP”方式,提供制造信息共享服务和特色技术应用服务,实现了创新设计支撑技术基于网络的服务应用、信息资源基于网络的共享、创新产品设计制造过程基于网络的集成、优势企业联盟基于网络的协同运作四大功能,并开展了行业结合的公共数据中心、创新产品基于RE/RP/RT的快速制造、产品基于虚拟现实技术的创新设计、制造系统基于仿真技术的规划与优化等多种工程应用。他们还开发了适应我国企业管理模式动态多变、制造工艺流程复杂、具有自主版权的SIPM/CAPP、SIPM/PDM、3S2000/ERP、HD-2000等软件产品。

严隽琪

该成果的推广运用,使企业产值翻番。“仅其中6家企业的统计,3年来新增利润27 799.1万元,新增税收11 803.5万元,创汇42 392.6万美元,节支总额达28 378万元”。[②]

“数字化制造关键技术研究及其在上海的工程应用”项目获2003年度国家科技进步奖二等奖。

除获国家科技大奖外,学校的有些成果还获创新奖。例如2005年,由黄震领导的课题组自主研制了适合于二甲醚燃料特性的发动机燃料供给、喷射系统和燃烧系统,成功开发了D6114ZLQB二甲醚燃料发动机。在此基础上,他

① 《上海交大报》2003年3月24日,第3版。

② 《思源》2004年第1期,第12-13页。

们进一步联合上海汽车工业总公司等企业承担了二甲醚汽车攻关项目，成功研制了我国第一辆二甲醚城市客车。经国家重型汽车质量监督检测中心和国家机动车产品质量监督检验中心检测，该车动力强劲，车内外噪声比原型车大幅下降（下降 2.5 个分贝）；排放远优于欧Ⅲ排放限值，碳烟排放为零，彻底解决了城市公交车冒黑烟的问题。该成果于 4 月 29 日通过专家鉴定。首辆二甲醚城市客车于 5 月 16 日上路。二甲醚城市客车的问世，是我国汽车领域的一项具有自主知识产权的重大科研成果，对发展具有中国特色的汽车代用燃料体系，保证我国能源安全及环境保护具有战略意义。该成果在 2005 年上海国际工业博览会上荣获创新奖。

2005 年 5 月，我国第一台二甲醚城市客车在上海交通大学研制成功

四、加快高科技产业化

学校以服务求发展，积极探索产学研结合新模式，多学科交叉，校企联合，促进学校科研成果的产业化。

1994 年 1 月，学校提出“科研要发展，必须要与大企业结合，形成产—学—研的新体制”。[①] 1998 年初，学校第七次党代会明确提出，“要提高学校

---

① 王宗光：《以建设有中国特色社会主义理论为指导　拓展思路　团结奋进　开创交大工作新局面——在中共上海交通大学委员会六届五次全会扩大会议上的讲话》（1994 年 1 月 15 日）。上交档：永久-1769。

的科研水平,要非常重视推进科学技术成果的转化,特别要为上海的高科技产业化服务”。[①]

1999 年 3 月 24 日,为了推进科技成果产业化,学校成立高新技术产业化办公室。

2001 年 2 月 15 日,为加快高新技术产业化,学校又推出将高新技术产业工作纳入院系考评内容、知识产权交易股份比例分配要有利于项目知识产权的直接贡献者等多项新举措。

学校积极探索和创新产学研结合模式,先后与上海汽车工业总公司、上海电气集团、宝山钢铁股份有限公司、江南造船集团、外高桥造船公司、上海广电集团、上海华普汽车公司、胜利石油公司、华为科技公司、广东核电集团、陕西航天动力公司、山东东岳集团等进行名校名企联手创新,加快高科技产业化。如学校与宝钢的合作,采用委托开发、合作开发、技术服务,共建校企工程技术联合实验室、中心,双方互派访问学者,聘企业研究人员做学校研究生导师,共同培养研究生;合作中所产生的科技成果归双方共有,科技成果共同报奖;学校自主的科研成果和专利优先向宝钢转让等多种方式,从更深入的层面推进了学校科技研究的拓展之路,有力地加快了高科技产业化。同时,学校还通过学科链对接产业链,在整合学校优势学科的基础上,构建科技创新平台,为相关名企提升汽车板制造、新能源汽车、燃气轮机和核电发电设备领域的研发能力,为国家和上海市大力发展先进制造业助力。

在学校高科技产业化进程中,产生了一批高质量的项目。

(一) 潘健生主持的“热处理数学模型和计算机模拟的研究与应用”项目

潘健生主持的该项目属机械制造工艺热处理和表面改性领域,主要成果有“瞬态温度场—相变—应力应变相互耦合的非线性三维有限元模型;建立了界面条件剧变的模型,实现了复杂热处理操作的模拟;用三维有限元模型和计算机模拟研究表面改性层力学行为,实现了膜层的合理设计;开发成功渗碳(或渗氮)动态控制数学模型及其智能控制技术;用流场动力学模拟的方法优化了特大型气体渗碳炉的设计”。成果适用于形状复杂零件和复杂的热处理操作,覆盖了加热、淬火、渗碳、渗氮、特种膜层表面改性等几种量大面广的热处理工艺。

成果在不同部门的几十家工厂推广应用,解决了国家重点工程、军工产品和其他产品的

① 王宗光:《抓住机遇 开拓进取 为创建世界一流大学而努力奋斗——在中共上海交通大学第七次代表大会上的报告》。上交档:1998-DQ11-047。

热处理难点，提高了零件寿命和可靠性，防止出现热处理废品。该项目解决了亚洲最大的渗碳炉设计难关，使国产密封箱式炉机组提升为自动化智能生产线，实现替代进口，“直接经济效益达约 1.5 亿元”。成果对我国热处理数学模型和计算机模拟的发展起到推动作用，为开发热处理 CAD 智能技术和热处理虚拟生产打下良好的基础，对提高我国机械制造业的水平有重大作用。①

“热处理数学模型和计算机模拟的研究与应用”项目获 2000 年度国家科技进步奖二等奖。潘健生于 2001 年当选为中国工程院院士。

（二）任世瑶主持的“环境控制通风系统优化技术研究开发”项目

任世瑶

在任世瑶的带领下，上海交大一批教师协同创新，以浙江上虞风机厂和上虞联丰玻璃钢厂为基地，走出了一条节能低噪声风机和冷却塔国产化之路，先后为高级民用建筑、地铁、隧道、核电建设开发了 29 个系列、2 000 多种规格的风机产品。其中有我国第一台低噪声轴流风机，我国第一座低噪声冷却塔，国内首创的轴流式消防排烟风机和国内首创的双向旋转、气动性能相同、效率均高达 80％的消防排烟风机，达国际先进水平。

其研究成果均被列入“九五国家环境保护最佳实用技术推广计划项目”“九五国家科技成果重点推广计划项目”、国家级重点新产品项目，并已成功实施产业化和国际化。2000 年，“年利税达 7 863 万元，年创节汇 740.8 万美元。产品已应用在秦山和岭澳核电厂、上海外高桥电厂 HVAC 系统、上海、南京、广州与深圳地铁工程、长江三峡特大型大坝工程混凝土骨料冷却装置、磁悬浮列车、北京与上海的国际机场等；环控通风设备被德国西门子公司确认为该公司 HVAC 系统供应商”。② 创新开发的 LTF 型冷却塔风机、超低噪声冷却塔风机和 L47 吸收消化创新产品均获得国家质量银奖。BLSS－100 超低声冷却塔荣获国家质量金奖。1998 年 5 月，国家教委批准上海交大组建“国家节能低噪声风机及冷却塔技术研究推广中心”。

“环境控制通风系统优化技术研究开发”项目获 2002 年度国家科技进步奖二等奖。

---

① 《国家科学技术奖励推荐书——热处理数学模型和计算机模拟的研究与应用》（1999 年）。上交档：1999－KY12－171。

② 《上海交大报》2003 年 3 月 24 日第三版。

谷传纲

(三) 谷传纲主持的“基于最优控制理论的多级离心压缩机现代设计方法”项目

多级离心压缩机是石油、化工、冶金、发电、矿山、钢铁、军工等重要行业中最关键的旋转机械,主要用于提供维持系统中气体流动与化学反应所必需的压力。多年来,我国在该设备的设计与开发上一直落后于国外,实际应用上也一直依赖进口。谷传纲的多级离心压缩机气动设计技术针对大型、多段、多级离心压缩机提出三多设计(多设计工况、多目标函数、多约束条件的优化设计)与二非设计(非定常、非稳定)的概念,即不仅要有高的单一设计工况点效率,还应能满足多个设计工况点,具有良好的变工况性能和较大喘振裕度的要求,以保证压缩系统的高效性与可靠性。

项目取得了具有自主知识产权的创新成果,开发出 22 个模型级与 20 余种离心压缩机组新机型。研究成果推广应用于我国主要压缩机制造企业和设计院,取得了显著的经济效益与社会效益。据统计,“新增产值 2.3 亿元以上,直接经济效益约 1.1 亿元,其中新增利润 5 251.7 万元,新增税收 4 245.7 万元,节支 1 629 万元,同时在与国外厂家竞争中为国家节约了大量外汇,极大地促进了我国离心压缩机行业的技术进步”。①

“基于最优控制理论的多级离心压缩机现代设计方法”项目获 2004 年度国家科技进步奖二等奖。

(四) 王成焘主持的“个性化假体 CAD/CAM 技术与计算机辅助临床工程系统”项目

王成焘项目组研制成功了由 16 个软件和 8 台数控设备组成、直接面向临床的大型数字制造系统,实现了个性化假体的敏捷制造,实现了假体置换医学数字化和网络化。医生通过远程讨论系统与工程师讨论手术和假体方案,然后将 CT 数据传至工程方;经过一个专用软件 Medgraghicsl1—2 分钟的处理,患者的三维图像显示在计算机屏幕上。以该图像为依据,在一个数据库的支持下,工程师进行假体的三维设计;如果病损部位很复杂,还可以直接制作出与病骨尺寸完全相同的精确模型,然后按照模型设计制作假体,在模型上模拟

① 《思源》2005 年第 1 期,第 14 页。

王成焘

手术；一个三维几何测量系统可以对市场上提供的规格化人工关节产品进行反求，作出一部分规格化、另一部分个性化的组合设计；运用并行设计技术，主设计所得结果可以在几台并行的计算机上同时进行分析，然后由一台加工中心完成主要的机械加工过程。利用这套远程系统，完成一例人工关节置换只需要3—4天，而以前则需要三四个月的时间。

“从开发成功到现在，该项目已经为全国各地医院提供了600余例个性化人工骨和关节假体”。[①] 其他医学门类也纷纷应用这一工具开展个性化假体置换或基于CAD/CAM的整形手术，给口腔、颌面、颅外、耳鼻受损或畸形的患者带来了提高生命质量的机会。

“个性化假体CAD/CAM技术与计算机辅助临床工程系统”项目获2004年度国家科技进步奖二等奖。

（五）林忠钦主持的“轿车覆盖件精益成形技术及其应用”项目

林忠钦主持的该项目解决了汽车板综合成形性能精确评价、复杂覆盖件成形工艺稳健性设计、汽车轻量化中高强度钢板成形控制等关键技术难题，促进了我国薄钢板制造使用技术全面提高，其创新性研究有：建立钢板成形性能快速评估和高应变区域成形敏感度分析方法；在镀锌钢板镀层粉化规律和对成形性影响研究的基础上，开发镀层抗粉化性能的计算机视觉评估系统。基于正交试验建立成形质量、材料和工艺参数的关联模型，开发基于反向—隐式耦合的毛坯设计与基于响应面法的工艺敏度分析方法及相关软件；通过复杂应变路径成形过程的仿真建模，揭示压边力变化对改善板料成形性的内在机理，提出基于自适应响应面的变压边力优化方法，自行研制多点单动变压边力液压拉深实验机；首次对TRIP高强度钢的相变诱发塑性效应进行定量分析，建立描述残余奥氏体相变量与应变量关系的计算模型，提出基于TRIP效应本构关系的成形极限计算方法。

该项目“申请发明专利3项(授权1项)。项目成果在上海大众、一汽大众、上海通用、长安福特、一汽马自达、郑州日产等主要轿车企业的8个车型、100余个覆盖件中成功应用，其成形缺陷率控制在1/1 000以内，使得宝钢汽车板

① 《思源》2005年第1期，第15页。

国内市场占有率在2003年达到51.2%,两年共新增利润1.5亿元”。[①]

“轿车覆盖件精益成形技术及其应用”项目获2005年度国家科技进步奖二等奖。

(六)丁文江主持的“铝液纯净化及铝合金耐压壳体制造工艺技术”项目

丁文江项目组瞄准国家在铝加工上的重大需求,通过技术发明和创新在铝液纯净化和铝合金耐压壳体制造方面取得一系列成果,大大提高了致密性和延长了服务周期,解决了困扰我国电力工业的重大难题。在一系列成果中,极为重要的是发明了大尺寸方形孔分离器电磁净化方法和装置以及稀土熔剂、旋转脉冲除氢以及复合净化方法和装置,成功地解决了高品质铝制品中微细夹杂去除的难题,实现了铝液中气体和夹杂的高效去除,实现铝液氢含量0.06—0.08 ml/100 g Al的突破,并基本去除其中10微米以上的非金属夹杂。

“这些成果申请12项国家发明专利,并且已获得11项授权,拥有了坚实可靠的自主知识产权”,“成功实现了电站用干式绝缘容器制造的产业化,并在铸轧铝板和高纯铝原料等的生产中得到应用。建成4个产业化基地,为我国电力工业提供了大批量的互感器壳体和高压开关柜罐体等零件,并出口到欧洲和东南亚等地区。近三年累计实现产值2.5亿元,新增利税4 117万元,出口创汇314万美元。本项目的成功实施为西电东送和三峡工程等国家重大能源工程做出贡献,还推动了我国铝工业的技术进步,并对其他有色和黑色金属冶炼净化技术也具有推进作用”。[②]

“铝液纯净化及铝合金耐压壳体制造工艺技术”项目获2006年度国家技术发明奖二等奖。

此外,学校在大学科技园和四技服务工作方面也获得较大成绩。

2001年5月,国家科技部、教育部发文,首批认定上海交大科技园为国家大学科技园,当时获批试点国家大学科技园,上海高校中仅上海交大一个。上海交大科技园致力于科技资源优势组合和社会存量资产盘活,积极搭建科技成果转化的技术平台和服务平台。

四技服务是指技术开发、技术服务、技术咨询、技术转让四个方面进行科技成果转化服务的总称。1997年经学校登记认定的四技服务合同共390项,合同总金额6 123万元。1998年,经学校登记认定的四技服务合同373项,合同项目数有所减少,但合同总金额7 665

---

① 《国家科学技术奖励推荐书——轿车覆盖件精益成形技术及其应用》(2005年)。上交档:2005-KY12-072。

② 《思源》2007年第1期,第11页。

万元，创历史最高水平，在上海高校中排列第一。鉴于学校在四技服务中的贡献，该年上海交大被国家科委评选为“第四届全国技术市场金桥奖集体奖”。2001 年，学校签订的四技服务合同达 732 项，是 1998 年合同项目数的翻番；合同金额达 1.513 3 亿元，是 1998 年合同总金额的翻番，该年学校还积极组织力量参加“第三届上海国际工业博览会”，展出 34 项科技成果，200 多个项目参加技术转让和成果交易。在“工博会”上，上海交大展区成为令人瞩目的亮点，受到组委会表彰，并荣获“第三届上海国际工业博览会优秀组织奖”，是该届工博会唯一获此殊荣的高校。2005 年，学校签署的四技服务合同金额达 3.35 亿元，是 2001 年合同总金额的翻番，其中合同金额达 1 千万元以上有 3 项，100 万元以上多达 62 项。

五、加强人文社科研究

学校从学院建制、思想观念、争取项目、营造人文学术氛围、制订战略规划等方面，加强大文科建设的规划与实践，促进人文社科研究上水平。

1997 年全校 13 个学院中，归属文科的仅有人文社会科学学院、管理学院、外国语学院 3 个学院。2000 年起，学校积极开展大文科建设。2002 年 6 月，法学院成立。同年 9 月，媒体与设计学院成立。2003 年 6 月，学校对原有人文社会科学学院进行组合、充实和调整后重新组建了人文学院，同时还成立了国际与公共事务学院。至此，学校文科已经建成了管理、外国语、法学、媒体与设计、人文、国际与公共事务等 6 个学院，学科范围涵盖了语言学、政治学、法学、文学、史学、哲学、艺术学、管理学等主要文科学科，从而从体制上有力加强了文科科研。

2002 年 9 月，学校成立文科建设领导小组，党委书记王宗光任组长，同时还成立了文科建设办公室。11 月，学校召开文科建设工作会议。王宗光在会上从“世界一流大学必须建设一流的文科”“要培养具有世界竞争力的人才必须建设一流的文科”“交大的办学基础与条件使我们完全可以建成一流的文科”等三个方面阐述了学校加强文科建设的原因，并提出了学校发展文科的战略思路，即“解放思想，转变观念，明确文科进入国内一流的目标”“作好文科整体规划，明确发展思路”“出台新的发展政策，加大对文科的支持力度”“整合资源，构建合理的文科发展平台与评估体系”。[1] 自此，学校加快了文科科研工作的建设。

---

① 王宗光：《认清文科建设现状　加快人文学科发展》。载《真情岁月——任上海交大党委书记的体验》，上海交通大学出版社 2009 年版，第 121 - 125 页。

2002年,为实现建设一流文科的发展目标,鼓励学校文科科研人员多出科研成果,多争取高级别的奖项,提高学校文科科研的整体水平,学校出台了《上海交通大学文科科研获奖成果奖励条例(试行稿)》,决定从2003年1月1日起,对获得各项奖励的优秀科研成果予以奖励。主要内容有:(1)凡获得国家社科基金项目优秀成果奖的专著(含工具书、译著、学术资料)类一等奖者、二等奖者、三等奖者,分别奖励相应数额的现金和科研经费;获论文(含研究报告)类一等奖者、二等奖者、三等奖者,也分别奖励相应数额的现金和科研经费。(2)凡获中宣部全国精神文明建设"五个一工程"奖者,奖励一定数额的现金和科研经费。(3)凡获教育部人文社会科学优秀成果奖著作一等奖者、二等奖者、三等奖者,论文(含研究咨询报告)一等奖者、二等奖者、三等奖者,分别奖励相应数额的现金、科研经费。(4)凡获上海市哲学社会科学优秀成果奖、上海市邓小平理论研究和宣传优秀成果奖、上海市人民政府决策咨询研究成果奖者,均按照上海市奖励额度的150%进行奖励,其中50%为现金,50%为科研经费。①

同时,为进一步推动学校文科科研工作的开展,调动广大教研人员从事科研的积极性,不断提高学术论文的发表数量和质量,学校还出台了《关于上海交通大学文科优秀学术论文奖励办法(试行稿)》,决定从2003年1月1日起,对在权威期刊上发表学术论文(期刊的层次依次分为A类、B类、C类和D类)的教学、科研及管理人员予以相应的奖励。

2002—2006年,学校人文、社科研究与发展的课题经费收入显著增加,从而为人文社科研究的开展提供了切实的保障,详见下表:

表5-4 上海交大人文、社科研究与发展经费与课题数统计表(2002—2006)②

年份	2002	2003	2004	2005	2006
当年经费收入合计(万元)	718.7	875.2	2 206.7	2 301.3	1 650.2
课题数(项)	160	178	256	279	291

2003年4月9日,为纪念老校长、国学大师唐文治先生"以文教化",培养学生文理兼备的素质而特设的"文治讲坛"在闵行校区光彪楼多功能厅举行开讲仪式。这是上海交大人文社会科学的常设性学术论坛。仅2003年,学校就举办"文治讲坛"26讲,参加人数达1万多人次。讲座内容涵盖人文社会科学领域中的经济学、政治学、法学、文学、社会学、历史学、艺

① 《上海交通大学文科科研成果奖励条例(试行稿)》。上交档:2002-KY11-031。

② 数据来源:《上海交通大学统计资料汇编》,2003—2007年版。

术学、马克思主义理论等，一些著名经济学家、法学家等先后亲临讲坛，从而为营造人文学术氛围、搭建文科学术平台起到了积极作用。

2005 年 8 月 1 日，为了进一步加强人文社会科学的建设，学校成立了文科建设处。2006 年，学校又制定了“强化基础”“名师引领”“机制创新”“服务社会”“国际合作”[①]等五大哲学社会科学建设发展战略。

在强化基础方面，学校制定了《文科建设“十一五”建设规划》和《关于加强哲学社会科学学科建设的若干意见》，明确提出要按照专业文科的标准加以建设，并计划在一级学科层面重点建设管理科学与工程、工商管理、经济学、法学等四个一级学科，在二级学科中重点遴选 12 个左右基础文科学科加以发展，同时还计划进一步加大投入，重点建设四个文科基地与平台。

在名师引领方面，学校制订了人才引进工作计划，划拨专项资金，推出“校内特聘教授计划”，重点引进在国内外有影响的学科带头人和海内外名校博士。同时，学校进一步加大对青年人才的培养工作，设立资助项目，支持具有较强学术潜力的青年教师申报课题、出版学术专著和发表高水平学术论文。学校先后聘任著名学者周林和陈方若教授担任安泰经济与管理学院所属经济学院和管理学院院长、哈佛大学经济学教授奥利佛・哈特和麻省理工学院金融学教授王江为学校高级教授和学术顾问。

在机制创新方面，学校探索构建以“问题导向、机构开放、人员流动、聚散结合”为主要特征的科研运作新模式。学校对文科院系单独划拨资源、制定标准进行考核，每年增加拨款1 000多万元设立文科发展基金，对文科教师进行科研补贴；对各类国家和省部级人文社科研究项目进行配套投入；对高水平学术论文进行奖励；对青年教师科研项目给予启动支持等；鼓励文科和理工、工科和医科的交叉和融合；积极推行“大文科”的招生培养方式，加大人文素质教育课程改革力度，对部分重点发展学科给予“特区政策”加以支持。

在服务社会方面，学校充分发挥优势，主动加强横向合作，通过提供决策咨询服务、智力支持和承担研究课题等，积极服务社会，争取社会资源，强化自我发展能力。

在国际合作方面，学校与国际知名文科类院校建立战略合作关系，互派学生和教师修读或授课、联合开展课题研究等；承办高层次国际学术交流会议；邀请国际知名学者来校讲学；和国际接轨，申请国际认证，提升学校国际影响力，开拓文科办学视野。

---

① 《上海交通大学年鉴 2007》(总第十一卷)，上海交通大学出版社 2007 年版，第 120 页。

进入21世纪的上海交大，人文社科研究有了长足进步，在上海“世博”经济研究、科教兴市、世界一流大学研究等重大政府咨询课题和哲学社会科学研究上取得显著成绩，在获奖成果、出版著作、古籍整理、译著、发表译文、论文等方面呈现上升趋势，详见表5-5：

表5-5 上海交大人文、社科研究成果统计表(2001—2006)[①]

年份	获奖成果(国家级、省部级、地市级)	出版著作	古籍整理	译著	发表译文	发表论文
2001	5	69		18		333
2002	10	93		26	11	517
2003	3	112		25		542
2004	16	238	1	14	1	879
2005		204		15	3	789
2006	19	171		18		696

六、拓展专利与服务国防

1994年，学校出台了《关于加强我校专利工作的规定》，明确“实施发明或实用新型发明所得利润纳税后提取2%，或者从实施外观设计所得利润税后提取0.2%，作为报酬发给发明人或设计人”；“明确的职务发明所获纳税后专利转让费，其中15%归系支配，但第一发明人所得不低于7%；10%归校；75%由发明人或发明人组用于自主确定的研究开发项目的经费开支”；“发明专利重于一级杂志上的文章的分量。对取得经济或社会效益的实用新型专利可比照决定相当于哪一级的论文。有重大经济或社会效益的专利，由学校给予发明人职称特评资格”。[②]

1998年，为加快学校技术创新转化生产力的步伐，促进科技直接面向市场、服务经济建设，建立有效的竞争机制，规划市场和管理，学校又陆续推出系列政策，鼓励科研人员申请专利，进行技术创新与成果转化，主要措施有：

(1) 成立专门机构。学校高新技术产业化办公室专设知识产权管理部，为科研人员在

---

① 数据来源：《上海交通大学统计资料汇编》，2002—2007年版。

② 《关于加强我校专利工作的规定(试行稿)》。上交档：永久-1795。

成果鉴定、专利咨询、申报、转化等方面提供服务，同时负责专利的管理和奖励的申报等工作。

(2) 制定专门制度。学校出台了《关于加强我校专利工作的决定》《关于加强我校知识产权和专利工作的决定》《上海交通大学专利管理条例》《上海交通大学专利申请指南》等，加强对专利的管理，用制度保护知识产权和科研人员创新的积极性。高新技术产业化办公室还就专利申请、资助、奖励等制定了具体的服务、流程指南，为科技创新提供周到的服务。如1999年8月25日出台的《关于加强我校专利工作的决定》，主要内容有"设立专利申请基金，主要解决本校作为专利申请人的专利费用问题，包括：发明、实用新型、外观设计专利申报费和有关查新检索的费用，还包括发明专利申请审查费和维持费以及专利申请授权后的证书费和三年的年费，其中：发明专利所涉及的费用全部由学校承担；实用新型及外观设计所涉及的费用50%由学校承担。如果申请的项目能形成市场产生效益的，三年后的年费应在项目收入中支付"；"专利实施和转让酬金：本校自行实施发明或实用新型产生效益的从税后利润中提取15%，发明或实用新型许可他人实施或转让他人产生效益的，从税后利润中提取60%，作为报酬支付发明人或设计人"；"发明人在专利申请获得专利权后，应当计入学校教师工作规范中的有关办法考核，一项发明专利权折算成一篇EI论文，一项实用新型专利权折算成一篇核心期刊论文，相应业绩的计算办法请参照我校教师工作规范，但不享有相应EI论文和核心期刊论文的现金或经费奖励"。[①]

以上措施为上海交大专利工作开创新局面提供了政策上的保障。2001年，学校被列为第一批全国高校专利工作试点单位。

2002年8月，学校召开专利工作研讨会，会议指出："专利工作是交大科技创新体系非常重要的部分，专利与论文、评奖不冲突，并能有效促进评奖；学院层面要解决好专利与专利间的关系，形成有机联系的专利群，有工程背景的学科必须拥有自己的专利。"[②]会议有针对性地对专利工作进行深度研讨，进一步理顺了专利工作与基础研究、应用研究以及科技创新之间的关系。

2003年5月26日，学校召开科技创新大会，将专利作为狠抓的三大科技要务之一，由此，进一步增强了师生的专利科技创新意识。该年度专利申请量取得明显突破，达到744项，在2002年377项的基础上接近翻一番，其中发明专利占到95.4%以上。由丁

---

① 《关于加强我校专利工作的决定》(1999年8月25日)。上交档：1999-KY11-025。

② 《上海交大2002年度专利工作会议议程及会议资料》。上交档：2002-KY11-025。

文江、王渠东完成的“铸造阻燃镁合金及其熔炼和铸造工艺”的发明专利荣获由国家知识产权局和世界知识产权组织授予的“2003 年中国专利优胜奖”。学校还顺利通过全国第一批企事业单位专利试点单位考评，科技处/高新技术产业化办公室获 2003 年全国专利系统先进集体称号，王锡麟获 2003 年全国专利系统先进工作者称号。从 2003 年起学校的发明专利申请数连续 4 年位于全国高校第一，发明专利授权数连续 4 年位于全国高校第二。

2001 年，《上海交通大学“十五”建设计划》中强调“为国家和地方经济社会发展服务的同时，要善于抓住我国加强国防建设的大好机遇，发挥我校在国防军工科研中的优势，扩大研究领域，提高技术集成的力度，加强研究的系统性和配套性，争取‘十五’期间在国防军工科研方面承担更多的关键技术项目，完成更多的关键设备开发”。①

2003 年学校提出狠抓“专利、军工、学科交叉”3 大科技要务后，2004 年国防科研合同总经费突破 6 913. 7 万元，立项数达 205 项，项目经费到款额 4 009. 7 万元。2004 年立项、2005 年启动的由丁文江教授作为首席科学家主持的“镁合金强韧化基础研究”项目获得国防“973”计划项目支持，使学校成为全国首家主持国防“973”重大项目的民用单位。

2005 年，学校国防科研项目共立项 176 项，合同经费突破 1. 1 亿元，其中纵向项目经费 6 128. 4 万元、横向项目(含民用配套项目)经费 5 257. 3 万元，均呈现了继续增长的发展态势。该年度学校还在国防基础科研、民用航天、民用船舶“十一五”第一批项目申报和立项工作中取得良好成绩。其中国防基础科研项目立项 5 项，数量位居教育部所属高校之首；共获得 10 项民用配套项目，总经费 1 615 万元，超过历年同期的资助项目数和经费数额。

2006 年，学校国防科研项目共立项 264 项，合同经费达 14 064. 6 万元，其中纵向项目 81 项，经费 7 480. 8 万元；横向项目 183 项，经费 6 583. 8 万元。军工“863”项目和总装预研项目合同数和经费额均取得历史性突破，其中第一批军工“863”项目立项 18 个，总装预研项目立项 29 个。该年度，材料学院与机动学院开展“轻质高强材料控行控性一体化制造技术”学科交叉研究，被国防科工委授予“国防科技创新团队”称号。

---

①《上海交通大学“十五”建设计划》。上交档：2001 - XZ11 - 023。

第三节　科研综合实力

一、科研指标突破

1992年以来，依据学校科技发展规划并结合"211工程""985工程"建设，探索培育有组织的重大科研、交叉科学研究和自由探索式研究相结合的科技创新体系，组织重大科技攻关，加强基础科学研究，服务上海支柱产业，加强高科技产业化，加强人文社科服务，狠抓专利与服务国防，推进了学校科研快速健康发展，学校关键科研指标均有突破。

（一）科研经费数目连年攀升

"九五"期间，学校结合"211工程"建设，不断加大科研投入力度，支撑和确保了科学研究水平的提升。1995年，拨入科研经费10 731.2万元；2000年，拨入科研经费增长至50 468.6万元，为1995年的5倍。"十五"期间，学校拨入科研经费继续保持快速增长。2002年，学校科研拨入经费6.91亿元。2005年，学校科研拨入经费12.05亿元，创历史新高。1992—2006年学校科研拨入经费详见表5-6：

表5-6　上海交大科研拨入经费表(1992—2006)①

年份	当年拨入经费合计(万元)	年份	当年拨入经费合计(万元)
1992	6 019.3	2000	50 468.6
1993	8 839.2	2001	62 806.2
1994	10 695.1	2002	69 165.5
1995	10 731.2	2003	88 007.4
1996	17 143.2	2004	98 378.6
1997	23 034.7	2005	120 547.3
1998	24 600.6	2006	118 399.5
1999	28 082.2		

（二）科技论文数量、质量快速攀升

"九五"期间，学校对于基础科学研究给予特别重视，学校学术论文数以及在国内高校的学术名次也逐年上升。2000年度上海交大被《SCI》收录的论文389篇，在高校中排名第10

① 数据来源：《上海交通大学统计资料汇编》，1993—2007年版。

名;被《EI》收录的论文 649 篇,排名第 2 名;被《ISTP》收录的论文 164 篇,排名第 5 名。

“十五”期间,学校论文数尤其是 SCI、EI、ISTP 论文发表数呈现逐年递增的态势。2005 年,学校被《SCI》收录论文 2 169 篇,首次居全国高校第 3 名;被《EI》收录论文 2 951 篇,继续保持全国高校第二;被《ISTP》收录论文 1 074 篇,居全国高校第三,详见表 5-7:

表 5-7 三大检索收录论文统计表(1992—2006)①

年份	SCI	全国高校排名	EI	全国高校排名	ISTP	全国高校排名	SCI 被引征论文(次)
1992	/	/	/	/	/	/	/
1993	76	/	72	/	/	/	/
1994	52	/	110	/	/	/	/
1995	64	21	80	18	92	6	/
1996	53	25	111	15	52	11	/
1997	62	25	141	14	80	12	108
1998	113	17	164	11	74	9	109
1999	264	13	349	5	84	9	134
2000	389	10	649	2	164	5	152
2001	589	7	842	2	238	3	347
2002	744	7	1 128	2	461	2	623
2003	1 019	6	1 429	2	415	4	946
2004	1 367	4	1 643	2	627	4	1 269
2005	2 169	3	2 951	2	1 074	3	2 742
2006	2 243	3	2 826	2	1 035	4	3 640

2004 年,学校实现《Science》和《Nature》发表论文“零的突破”。1 月 2 日,国际顶级学术期刊《Science》杂志,发表了化学化工学院颜德岳及其博士生周永丰、侯健的论文《Supramolecular Self-Assembly of Macroscopic Tubes》,该论文在国际上率先报道了宏观超分子自组装现象。3 月 12 日,药学院周向军作为共同第一作者在《Science》杂志发表论文《Molecular Evolution of the SARS Coronavirus During the Course of the SARS Epidemic in China》,文章公布了中国课题组研究 SARS 的分子流行病学及解析 SARS 冠状病毒分子进化规律的最新成果;5 月 20 日,化学化工学院车顺爱在《Nature》杂志以第一作者发表论文

① 数据来源:《上海交通大学统计资料汇编》,1993—2007 年版。

《Synthesis and Characterization of chiral mesoporous silica》，论文发表后国内外许多科技媒介对此研究结果作了新闻报道。

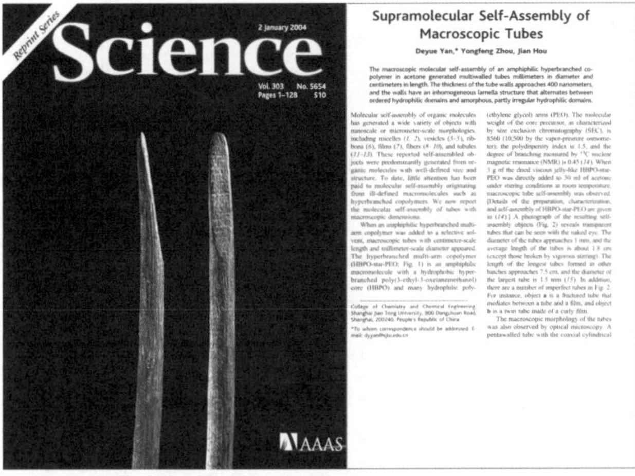

Supramolecular Self-Assembly of Macroscopic Tubes

Deyue Yan,* Yongfeng Zhou, Jian Hou

The macroscopic molecular self-assembly of an amphiphilic hyperbranched copolymer in acetone generated multiwalled tubes millimeters in diameter and centimeters in length. The thickness of the tube walls approaches 400 nanometers, and the walls have an inhomogeneous lamella structure that alternates between ordered hydrophilic domains and amorphous, partly irregular hydrophilic domains.

2004 年 1 月 2 日，颜德岳在《Science》发表论文

Reports

Molecular Evolution of the SARS Coronavirus During the Course of the SARS Epidemic in China

The Chinese SARS Molecular Epidemiology Consortium*

2004 年 3 月 12 日，周向军在《Science》发表论文

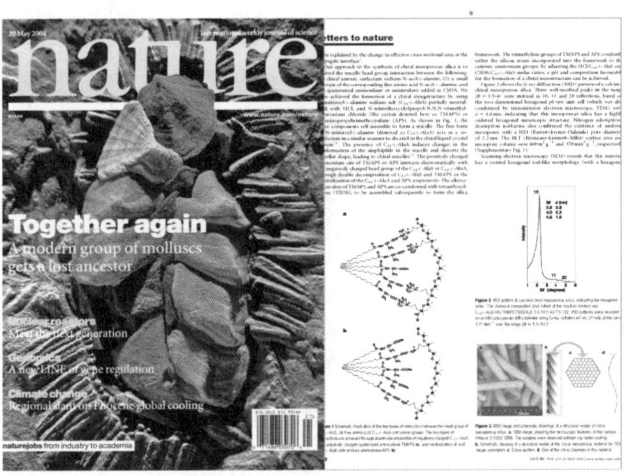

letters to nature

2004 年 5 月 20 日，车顺爱在《Nature》发表论文

（三）国家级科技成果、专利授权数逐年攀升

上海交大的科研项目中，直接面向市场，为国民经济建设服务的应用型课题超过 70％，围绕国民经济发展和国防建设需要，通过学科集成，凝练重大科学技术问题，多项国家级成果相继面世，专利申请数目不断攀升。1992—2006 年学校科技成果获奖情况及专利授权情况详见表：

表 5-8 上海交大科技成果奖励情况表(1992—2006)①

年份	国家自然科学奖			国家技术发明奖			国家科技进步奖			省(市)、部委科技奖
	二	三	四	二	三	四	一	二	三	
1992					1				2	18
1993					1	1			1	47
1994							1			27
1995				1						36
1996									1	44
1997						1		1	2	29
1998						1	1			46
1999		1	1					1	3	47
2000				1				2		27
2001										34
2002								5		49
2003	1							5		43
2004	1							4		48
2005	2						1	4		54
2006				2				3		44

表 5-9 上海交大专利授权数(1992—2006)②

年份	专利授权数	年份	专利授权数
1992	7	2000	54
1993	8	2001	38
1994	8	2002	46
1995	5	2003	208
1996	2	2004	371
1997	5	2005	536
1998	13	2006	710
1999	19		

① 数据来源:《上海交通大学统计资料汇编》《上海交通大学年鉴》。

② 数据来源:《上海交通大学统计资料汇编》,1993—2007 年版。

(四) 科技人才与团队涌现

1992 年,学校有科学院院士(当时称学部委员)5 人。2006 年底,学校有院士 32 名(中国科学院院士 15 名、中国工程院院士 18 名,其中 1 名为双院士),"973"首席科学家 9 名、教育部"长江学者奖励计划"特聘教授和讲座教授 51 名、国家杰出青年科学基金获得者 39 名、国家自然科学基金委创新研究群体 2 个。

二、科技成果突出

从"211 工程"开始,继而"985 工程",随着科教兴国战略的实施,国家加大了对高校的投入。学校按照"建大平台、接大项目、创大成果、出大人才"的指导思想,在承接完成国家重大项目攻关、高技术研究和基础研究中,在服务国家科技战略与地方经济中,产生了一批重大科技成果,特别是进入 21 世纪,高质量成果不断涌现。

1992—2006 年学校科技成果获国家科技三大奖情况见表 5-10。

表 5-10 上海交大获国家科技三大奖一览表(1992—2006)①

年份	奖项名称	获奖等级	项目名称	主持/参与人	备注
1992 年	国家技术发明奖	三	分段可控渗氮与动态可控渗氮	潘健生	第一完成单位
	国家科技进步奖	三	西汉文兼容图书馆联机管理集成系统	郑巧英	第一完成单位
		三	江西省山江湖开发治理宏观战略研究	吴健中	第一完成单位
1993 年	国家技术发明奖	三	DZ-4 定向凝固高温合金	黄颂惠	第二完成单位
		四	高性能铟镓砷 MSN 光电探测器	史常忻	第一完成单位
	国家科技进步奖	三	舰载多路复用光纤数据总线技术研究	茅仲明	第三完成单位
1994 年	国家科技进步奖	一	ICCD 熊猫系统研制	戎蒙恬	第三完成单位
1995 年	国家技术发明奖	二	胜利二号极浅海步行坐底式钻井平台	马志良	第二完成单位
1996 年	国家科技进步奖	三	炼油厂气体分离装置计算机优化控制	邵惠鹤	第一完成单位

① 资料来源:《上海交通大学年鉴》,1997—2007 年版;《上海交通大学志》。

(续表)

年份	奖项名称	获奖等级	项目名称	主持/参与人	备注
1997 年	国家技术发明奖	四	平面载体催化可燃气体检测元件与检测系统	董华霞	第一完成单位
	国家科技进步奖	二	中国教育和科研计算机网 CERNET 示范工程	汪为农	第三完成单位
		三	“埕岛中心一号”桩基液压自升式固定采油平台	张世联	第一完成单位
		三	大型旋转机械状态检测、分析与诊断技术研究	徐敏	第一完成单位
1998 年	国家技术发明奖	四	圆度、圆柱度在位精密测量法	朱训生	第一完成单位
	国家科技进步奖	一	无缆水下机器人的研究、开发和应用	黄根余	第五完成单位
1999 年	国家自然科学奖	四	聚合反应的动力学模型(基础研究)	颜德岳	第一完成单位
		三	自发辐射和受激吸收中的量子干预效应	郑杭	第四完成单位
	国家科技进步奖	二	轿车活塞关键制造工艺设备及技术的研究开发	胡德金	第一完成单位
		三	《相变原理》(著作)	徐祖耀	第一完成单位
		三	现代机械设备设计手册	翁史烈	第一完成单位
		三	浮筏技术研究	韩祖舜	第四完成单位
2000 年	国家技术发明奖	二	实用电磁型微马达关键技术的研究	张琛 蔡炳初	第一完成单位
	国家科技进步奖	二	热处理数学模型和计算机模拟的研究与应用	潘健生	第一完成单位
		二	6 000 米深海拖曳观察系统	朱继懋	第一完成单位
2002 年	国家科技进步奖	二	轿车车身制造质量控制技术及其应用	林忠钦	第一完成单位
		二	环境控制通风系统优化技术研究开发	任世瑶	第一完成单位
		二	上海科技馆重大工程建设与研究	工程类、 单位获奖	第二完成单位

（续表）

年份	奖项名称	获奖等级	项目名称	主持/参与人	备注
		二	中国高速信息示范网	胡卫生	第六完成单位
		二	轿车液力变矩器	吴毅雄	第二完成单位
2003年	国家自然科学奖	二	A-1型短指(趾)症致病原因的研究	贺林	第一完成单位
	国家科技进步奖	二	阻燃镁合金理论研究及应用关键技术开发	丁文江	第一完成单位
		二	数字化制造关键技术研究及其在上海的工程应用	严隽琪	第一完成单位
		二	高清晰度数字电视关键技术与设备	张文军	第一完成单位
		二	职业性急性化学物中毒诊断的应用研究	任引津	第一完成单位
		二	海洋平台结构检测维修、安全评定与实时监测系统	顾永宁	第七完成单位
2004年	国家自然科学奖	二	高速电路系统信号完整性问题基础研究	李征帆	第一完成单位
	国家科技进步奖	二	基于最优控制理论的多级离心压缩机现代设计方法	谷传纲	第一完成单位
		二	个性化假体CAD/CAM技术与计算机辅助临床工程系统	王成焘	第一完成单位
		二	体脂、胰岛素抵抗与代谢综合症关系的研究	项坤三	第一完成单位
		二	机器人焊接空间焊缝质量智能控制技术及其系统研究	陈善本	第二完成单位
2005年	国家自然科学奖	二	氧化物辅助合成一维半导体纳米材料	张亚非	第二完成单位
		二	心房颤动分子遗传学和细胞电生理学研究	黄薇	第二完成单位

(续表)

年份	奖项名称	获奖等级	项目名称	主持/参与人	备注
	国家科技进步奖	二	宝钢高等级汽车板品种、生产及使用技术的研究	林忠钦	第七完成单位
		二	轿车覆盖件精益成形技术及其应用	林忠钦	第一完成单位
		二	国家信息安全应用示范关键技术研究与应用(S219 工程)	诸鸿文	第一完成单位
		二	危重婴幼儿先天性心脏病的急诊外科技术研究	苏肇伉	第一完成单位
		二	百万吨级海上油田浮式生产储运系统研制与开发	陈刚	第七完成单位
2006 年	国家技术发明奖	二	铝液纯净化及铝合金耐压壳体制造工艺技术	丁文江	第一完成单位
		二	浅海海底管线电缆检测与维修装置	朱继懋	第二完成单位
	国家科技进步奖	二	新生儿听力筛查及干预的研究	沈晓明	第一完成单位
		二	非公布	易宏	第三完成单位
		二	天地网远程教育关键技术、系列产品及其应用	申瑞民	第二完成单位

1993 年初,上海交大作为第二完成单位,学校主要完成人为马志良的"'胜利二号'极浅海步行坐底式钻井平台"项目被评选为 1992 年全国十大科技成就之一。该"平台"是上海交大和山东胜利油田联合研究设计、青岛北海船厂建造的。1982 年 9 月开始研究、设计、试验,1986 年 3 月开工建造,1988 年 9 月 19 日下水,经过 4 年生产使用,至 1992 年 8 月钻井 9 口,总进尺 23 579.2 米。1990 年 10 月 24 日,被授予国家发明专利。1992 年 9 月通过国家级鉴定,达到国际首创水平。该项目还获评 1995 年度国家技术发明二等奖。

此外,从 1998 年至 2006 年,学校有 6 项成果分别入选"中国十大科技进展"和"中国高校十大科技进展"。其中张文军主持的"全数字高清晰度电视"获 1998 年度"中国十大科技进展"、江晓原主持的"推定夏商周三代纪年"获 1999 年度"中国十大科技进展"。林争辉主持的"深亚微米集成电路设计技术"获 2000 年度"中国高校十大科技进展",贺林主持的"IHH 基因的三个突变是导致'A-1 型短指(趾)症发生的直接原因"获 2001 年度"中国高校十大科技进展”,邓子新主持的“DNA 大分子上一种新的硫修饰”和“井冈霉素基因谱族与组装合成”分获 2005、2006 年度“中国高校十大科技进展”。

高水平论文问世、高质量成果涌现、高科技人才成长,伴随科研综合实力增强,使得学校科学研究在 15 年间实现了跨越式发展。上海交大已经成为培养和造就高素质、创造性人才的摇篮,成为生产传播新知识、新思想、新理论的重要基地,同时也是科教兴国、科技创新的强大生力军。在为国家以及上海的科技进步贡献力量的同时,奠定了上海交大在社会发展及国家创新体系中的重要地位。

第六章
国际化办学

第一节　国际化办学战略及实践

一、国际化办学战略

交通大学自创办之初就面向世界实施开放性办学，在西学东渐的浪潮中向日、欧、美等国学习办学经验，包括借鉴西方现代大学的学科设置、课程体系、教学内容以及教学方法，聘请外籍教师，派遣留学生，用外语授课等。20 世纪 30 年代，学校许多课程使用了美国麻省理工学院（MIT）等名校的原版教材，交通大学也有过“东方 MIT”的美誉。新中国成立后，学校向苏联学习，不断探索高等教育的改革。1978 年，上海交大组成建国以来第一个高校访美代表团——“上海交大赴美访问团”，顺利出访美国。

早在 1983 年，邓小平同志提出了“教育要面向现代化，面向世界，面向未来”。在“三个面向”教育方针的指引下，上海交大顺应社会发展的实际需要，在人才培养、教师培训、教育科研、设施设备现代化等方面加强开放，力推国际交流与合作，了解国际高等教育状况与水平，力图培养具有世界眼光、能够参与国际竞争的面向未来的现代化人才。

进入 20 世纪 90 年代，随着改革开放的深入，上海交大围绕世界一流大学建设，在国际交流与合作方面更加拓宽视野，提高层次，国际化办学的理念日益强化。

1991年初，学校加大力度促进国际交流合作，以期提高国际化的办学程度和水平，制订“八五”计划，明确国际合作交流的任务是“配合学校重点学科及师资队伍的建设，根据按需派遣原则，学校将按各学科的建设规划，通过多种渠道选派骨干教师作为访问学者出国进修以提高其学术水平。重点是培养学术带头人”；“积极开展国际间科研合作，高技术领域的科研项目将予以优先考虑”；“积极举办各类国际学术会议，鼓励各院系举办国际学术会议并给予必要的支持”；“支持、鼓励学有专长的教师出国讲学，以提高我校的声誉和推进国际合作”；“在外国留学生的招生方面，要结合我校学科发展及科研项目多收进修生、硕士生和博士生”；“继续保持与加强对海外校友的联系，经常使他们了解和支持母校的发展”。①

“九五”期间，学校以百年校庆为契机，全方位扩大国际化办学开放程度。结合“211工程”建设，学校对国际合作交流提出了具体目标，即“从实现学校发展总目标出发，以提高学术水平为中心，国际合作研究为主要内容，国际学术交流为主要方式，世界名牌大学和著名科研机构、集团公司为主要对象，开创我校国际合作交流新局面。在智力引进方面，瞄准国际著名学者与专家，力争做到引进一人，带动一批，同时要充分发挥名誉教授、顾问教授的作用；建立‘国际交流中心’，扩大留学生培养规模，招生逐步由来自亚太地区、发展中国家扩大到全世界，实行本科生、研究生、进修生多层次并进，努力使上海交大在21世纪初成为亚太地区最活跃的国际学术交流中心之一。”②

1997年10月10日，谢绳武校长(左)访美时与哈佛大学校长合影

进入21世纪，上海交大将国际化办学视为融入世界、走向世界进而建设世界一流大学的必经之路，进一步把国际化开放性办学提升为学校建设世界一流大学

① 《上海交通大学一九九一至一九九五年发展计划》。上交档：长期-5047。

② 《上海交通大学发展规划及实施方案——“211工程”论证报告之一》(1994年10月)。上交档：1996-DQ11-028。

的发展战略。2001年,《上海交通大学"十五"建设计划》明确提出了学校发展的总体战略,其一就是国际化战略,即"进一步更新教育思想,融汇国际先进的办学理念,借鉴世界著名大学的成功经验,建立现代大学制度;从全球的视野,引进世界著名的学术大师,构筑全球人才高地,参与国际竞争;推广与密西根大学等的合作经验,积极开展多种形式的实质性国际合作办学,培养能够参与国际竞争的高层次人才;扩大规模,提高层次,大力发展留学生教育,努力面向世界开放办学;全面开展国际合作科研、涌现一批活跃在世界学术前沿的著名学者和拥有自主知识产权的有影响的科学技术成果;全方位参与国际学术交流,使一批教师走上国际学术舞台。"①

国际化战略一经提出,就作为一个全局性的战略,在学校上下得到认真贯彻实施。学校要求各院系部处,要有面向世界的眼光、气魄和胆略,积极吸取世界知名大学先进的办学理念和经验。2003年,学校把国际化办学进程列入检验和考核单位领导的重要指标。

2004年12月,上海交大第八次党代会召开,会议提出,要"全面实施国际化战略",即"在经济全球化的背景下,要充分利用我国全面建设小康社会和上海建设世界级城市的重大机遇,发挥上海海纳百川、兼容并蓄的文化优势,全方位、多渠道开展与世界一流大学、世界一流的科研机构和国际著名企业的立体式合作。要把国际化渗透到学校工作的方方面面,借鉴世界一流大学的办学理念、管理模式和运行机制,引进世界一流人才,面向世界开放办学,努力提高国际合作的效率、水平和层次。"②

从2001年提出的"国际化战略"到2004年提出的"全面实施国际化战略",显示学校在国际化办学的广度、深度和力度上日益加强。

几年间,上海交大的国际化步伐明显加快,国际化办学也日趋全方位、立体化。学校全面推进与世界著名大学和国际著名企业的合作,努力建立国际化的教育环境。学校在扩大合作数量的同时,着重提高合作质量,提高协议的执行效果,确定一批不同国家的著名大学为主要合作伙伴;与更多的世界著名企业和研究机构共建联合实验室,逐步推进实验室、研究所的冠名制度;鼓励教师与合作单位的研究人员联合进行科学研究、发表论文、申请专利、主办国际学术会议等;着力推动院系的国际化进程,与世界著名大学的相应院系建立实质性的合作办学;使用原版名牌教材和双语教学,实现教授互聘、相互承认学分、互发文凭等,全面推进人才培养模式及质量与国际衔接。学校在引进世界一流教育资源的同时,扩大以我为主的境外合作办学规模,增加海外办学点。组织一批教学、科研、管理方面的年轻骨干到

---

① 《上海交通大学"十五"建设计划》。上交档:2001-XZ11-023。

② 马德秀:《振奋精神 开拓创新 为加快建设世界一流大学而努力奋斗——在中共上海交通大学第八次代表大会上的报告》(2004年12月28日)。载《上海交通大学年鉴2005》(总第九卷),上海交通大学出版社2005年版,第18页。

若干所世界知名大学做访问学者，比较系统地学习这些大学在学校管理、学科建设、人才培养等方面的经验；鼓励承办全球性或亚太地区的重要学术会议，使学校逐步成为国际学术交流的重要场所；鼓励更多教授出任国际学术刊物主编或编委、国际学术机构负责人或执委，鼓励广大教师参加著名的全球性或地区学术会议；倡导学校领导进入全球和亚太地区著名大学校长论坛，并发表演讲；根据学科发展的需要，继续聘请世界著名科学家担任学校的客座教授、顾问教授、名誉教授和名誉博士，特别是一批大师级的国外学者先后来校工作。同时，大力发展留学生教育，扩大规模，提升层次。上海交大国际交流与合作情况详见表6-1：

表6-1　上海交大国际交流与合作情况简表(1998—2006年)[①]

年份	与国外(地区)院校、公司等机构签署的主要协议数	授予外国(地区)专家、学者及友好人士荣誉称号	重要接待次数	召开国际(地区)会议和研讨会次数	招收留学生人数	公派出国人数
1998	17	名誉董事1人，顾问教授7人，客座教授5人	48	7	65	/
1999	13	名誉教授2人，顾问教授4人，客座教授17人	71	6	114	718
2000	17	名誉董事1人，顾问教授3人，客座教授10人	62	10	170	860
2001	27	顾问教授5人，客座教授32人	84	10	624	1 242
2002	31	名誉董事1人，名誉教授3人，顾问教授11人，客座教授44人，客座研究员8人，客座副教授2人	107	19	1 530	1 286
2003	16	名誉教授8人，顾问教授10人，客座教授29人，客座研究员11人，客座副教授4人	65	17	1 740	1 116
2004	26	名誉教授1人，顾问教授6人，客座教授44人，客座研究员17人，客座副教授1人	111	27	1 186	1 102
2005	29	名誉博士2人，名誉教授5人，顾问教授14人，客座教授41人，客座研究员17人	113	42	2 583	1 626
2006	22	名誉博士1人，名誉教授6人，顾问教授12人，客座教授44人，客座研究员13人，客座副教授7人	131	51	2 476	2 180

① 数据来源：《上海交通大学年鉴》，上海交通大学出版社1999—2007年版。

实施国际化战略,系统借鉴世界著名大学的办学理念和成功经验,是中国高校缩短与世界一流大学差距的重要举措,也是建设中国特色世界一流大学的重要途径。上海交大通过实施国际化战略,在实质性合作办学、国际科研合作、海外办学、国际化人才引进与培养等方面,积极开拓,力求实效,取得了显著成效,进而扩大了学校的影响力,获得了国际认可。1992—2006 年,日本天皇夫妇、加拿大总督、新加坡总统和副总理、捷克总统、美国商务部部长等国际政要先后到访学校。更为重要是的,国际化战略为上海交大提供了前所未有的活力,也为学校未来发展提供了强有力支撑。

1992 年 10 月 27 日,日本天皇夫妇来校访问

2004 年 4 月 19 日,捷克总统瓦茨拉夫·克劳斯(左 1)来校访问

2006 年 10 月 31 日,学校成立国际化办学管理委员会及专家委员会,校长谢绳武任管理委员会主任,常务副校长叶取源任专家委员会主任。

二、国际合作办学

20 世纪 90 年代初期,学校已与德国的柏林工业大学、日本的早稻田大学、横滨国立大学、美国的宾州大学等 30 多所大学签订了校际合作协议。其后的几年,类似的合作办学陆续开展。这种合作办学主要是双方共同制订培养计划、分担专业课程、提供培训与研究条件,使学校在引进国外先进的教学内容、教学模式、管理经验的同时,促进办学观念的更新、外向型人才的培养与教学师资水平的提高。

进入 21 世纪,随着经济全球化和中国加入 WTO,中外高等教育的合作和交流日益增加。在多年探索实践后,上海交大一方面认真研究借鉴国外大学特别是一流大学的办学理念、办学经验、教学计划、课程内容、教学方式、学科和科研发展动向、管理模式等，提高自身人才培养质量和学术水平；另一方面走向世界，在其他国家授予中国的学位，办研究生院，扩大上海交大在国际上的影响。

2000年8月，上海交大与美国密西根大学工学院就双方共建上海交通大学机械工程学院签署了全面合作协议，并于2001年3月获教育部正式批准。通过几年的实践，上海交大与密西根大学在创新人才培养、师资队伍建设、合作科学研究三个方面展开了深入的合作，取得了显著成效：创立了“本硕博一体化”的国际化创新人才培养体系，双方学分互认，联合培养学生；引进了国际著名大学先进教学模式、教学理念，学校安排青年教师到密西根大学，实行五个“一”的进修计划，即每个人都确定一个国际前沿研究方向、一名合作教授、发表一篇国际论文、参加一次国际会议、带回一门核心课程；聘请密西根大学教授担任我校名誉教授、顾问教授、长江学者讲座教授、客座教授、兼职博士生导师等，在国内讲学，合作进行科学研究，从而有效地引进和推广了密西根大学先进的教学理念、教学方法、教学模式、考评方法和教材；合作建设具有世界前沿水平的科研基地，在密西根大学的协助下，学校建立了美国通用汽车公司车身制造技术卫星实验室、美国GM、SUN、EDS公司资助的北美洲以外第一个PACE中心，获赠拥有软件价值上亿美元的一流科研平台。①

2000年8月21日，学校与美国密西根大学工学院共建机械工程学院签字仪式举行

2001年，在教育部直属高校咨询会议上，谢绳武校长介绍了与美国密西根大学合作办学及实施大学国际化战略的做法和经验，在全国高校中受到高度重视和广泛赞许，推动了中国高等教育国际化的进程。

与密西根大学合作共建机械工程学院，是上海交大国际化办学的新突破。这一项目的成功，开创了上海交大在国际合作方面的新局面。其后，学校推广

① 《上海交大信息》，2005年第90期，2005年6月31日。上交档：2005－DQ11－006。

与密西根大学合作共建机械学院经验，深入开展高层次合作办学。同时，明确提出要逐步使每个学院至少建立一个实质性的国际合作伙伴，探索更高层次、更加深入的国际合作办学。与国外大学签订的合作项目，主要方式包括联合培养双学位(或双文凭)项目、交流交换生与海外实习项目、暑期实习项目等。交流交换生与海外实习项目主要包括以一个学期为期限的交流交换生项目和超过3个月的海外实习项目。暑期实习项目主要包括海外暑期学校或不足3个月的海外实习。

2001年，材料学院与英国伦敦大学玛丽女王学院建立了合作与交流关系；2002年，管理学院与加拿大不列颠哥伦比亚大学(UBC)商学院联办国际MBA(UBC学位)；2003年，电信学院与柏林工业大学双学位的合作项目开展；2004年，学校与法国高等矿业学院集团签订了双学位合作协议、与德国海德堡大学签署合作协议；2005年，学校与美国佐治亚理工学院在继续进行教师交流、合作科研、学生交流、举办暑期班的基础上，正式启动两校电信双硕士项目，并招收了第一届研究生。2006年，“上海交通大学交大密西根联合学院”正式揭牌成立。与此同时，机动学院、农生学院与美国加州大学的科研合作，电信学院与卡内基梅隆大学在高层次人才培养的合作，生命学院与英国帝国理工大学在系统生物学、代谢组学的合作，材料学院与英国曼彻斯特大学工学院的合作等都相继展开。

2004年2月18日，学校与德国海德堡大学签署合作协议

2005年12月6日，上海交大—佐治亚理工学院高层会谈举行

2000—2006年，学校有230多名学生参加了双文凭或双学位项目，获得交大与国外知名大学颁发的毕业文凭与学位，有400多名学生参加了交流交换项目，赴海外近50所大学学习访问，同时有超过330名学生参加由国外知名大学组织的暑期学校项目。

至2006年底，学校已经同包括美国加州大学伯克利分校、哥伦比亚大学、康奈尔大学，德国柏林工业大学、斯图加特大学，新加坡国立大学、新加坡理工学院，日本早稻田大学、东京大学工学院在内的 20 多个国家和地区的 100 多所著名高校建立了校际合作关系，详见表 6－2：

表 6－2　与上海交大签订校际合作协议的部分海外大学[①]

国家或地区	校名
美国	密西根大学
	加州大学圣地亚哥分校
	加州大学 Riverside 分校
	纽约州立大学石溪分校
	华盛顿大学圣路易斯分校
	匹兹堡大学
	加州大学伯克利分校
	哥伦比亚大学
	康奈尔大学
	德莱赛大学
	佐治亚理工学院
	宾夕法尼亚大学
	明尼苏达大学
	佛罗里达大学工学院
	卡耐基梅隆大学
	威斯康辛大学密尔沃基分校
	怀俄明州立大学
	马里兰大学
	亚利桑那州立大学
	加州洛杉矶大学
	加利福尼亚州立大学
	弗吉尼亚大学

国家或地区	校名
德国	柏林工业大学
	卡尔斯鲁厄大学
	斯图加特大学
	康斯坦茨大学
	慕尼黑工业大学
	Saarland 大学
	康斯坦茨高等工业学校
	海德堡大学
	德累斯顿工业大学
	亚琛工业大学
	埃朗根大学
	曼海姆大学
法国	萨尔州大学
	里昂中央大学
	南特中央大学
	巴黎中央大学
	巴黎第十大学
	格林诺布尔国家理工学院
	法国高等矿业大学
	巴黎高师
	鲁恩高等工程师学院

国家或地区	校名
挪威	挪威科技大学
新加坡	新加坡国立大学
	新加坡理工学院
	南洋理工大学
韩国	韩国科学院技术大学
	浦项工业大学
	釜庆大学
	汉阳大学
	高丽大学
	工业技术学院
俄罗斯	莫斯科动力学院
	圣彼得堡国家海洋工程技术大学
	Kazan 州立动力工程大学
英国	伦敦大学玛丽女王学院
	斯屈拉斯克莱德大学
	伯明翰大学
	卡迪夫大学
	邓肯大学
	考文垂大学
	兰卡斯特大学
	帝国理工大学
乌克兰	敖德萨低温动力学院

① 郑成良、叶取源:《上海交通大学 2007》。

(续表)

国家或地区	校名
加拿大	不列颠哥伦比亚大学
	拉佛大学
	康考迪亚大学
	维多利亚大学
	滑铁卢大学
	阿尔伯达大学
比利时	布鲁塞尔自由大学
荷兰	阿姆斯特丹大学
	Delft 工大
瑞典	林谢平大学
	马达拉大学
	隆德大学
芬兰	赫尔辛基科技大学
新西兰	奥克兰大学
瑞士	洛桑联邦理工学院

国家或地区	校名
日本	早稻田大学
	东京大学工学院
	大阪大学
	横滨国立大学
	昭和女子大学
	北海道大学
	拓殖大学
	东京工业大学
	名古屋大学
	立命馆大学
	法政大学
	爱知大学
	通信电气大学
	东京电机大学
	宫崎大学
	神户学院大学
	大阪产业大学
	明治大学

国家或地区	校名
澳大利亚	德肯大学
	塔斯玛尼亚大学
	昆士兰大学
	新南威尔士大学
	蒙那希大学
	麦考里大学
	维多利亚技术大学
	邱伯大学
	澳大利亚国立大学
	悉尼大学
中国香港	香港大学
	香港中文大学
	香港科技大学
	香港理工大学
	香港城市大学
中国台湾	新竹交通大学

国际合作办学使学生体验不同国家的文化差异,开拓了学生的国际视野,提高他们的综合素质和竞争能力,并对学校的办学模式、管理体制、人才培养、学科建设等方面产生了积极而深远的影响。同时,广泛的国际合作办学提升了学校的国际地位和学术声誉,为上海交大迈向世界一流大学创造了良好的条件。

三、国际合作科研

学校瞄准前沿科学技术的发展方向,以搭建合作平台为基础,与国际一流的各类研究中心开展密切合作,实施强强联合,优势互补,不断提升科研水平和学术能力。学校一方面,与诺贝尔奖获得者等国际一流科研与学术大师进行合作,建立联合实验室或科研中心。如交大的"现代金融研究中心""Bio-X生命科学研究中心""空间科学技术研究中心"等都直接得到了蒙代尔、朱棣文、丁肇中等国际著名大师的关注与项目合作;另一方面,与国际著名大学、科研机构、跨国著名企业合作，建立研究中心，合作培养人才，协力科技攻关，成为国际著名跨国公司进行科研国际合作的前沿基地。据不完全统计，至2006年，“上海交大已经与包括斯坦福大学、麻省理工学院等在内的40所大学合作建立联合实验室；与包括美国微软、IBM、韩国三星、日本精工电子等在内的50多家世界著名跨国企业建立了战略性联合研究中心，涵盖了IT产业、汽车制造、生命科学、材料、微纳米技术等领域”。①

1998年8月18日，通用汽车—上海交大技术研究院及动力技术研究所签约暨成立仪式举行

1998年8月18日，学校与美国通用汽车公司合作成立了通用汽车—上海交大技术研究院及动力技术研究所。2000年10月，又与通用汽车公司签订了“通用汽车公司车身制造技术上海交通大学卫星实验室”合作协议，这是美国通用汽车公司在中国建立的第一个专门从事汽车车身制造的科研实体，也是美国通用汽车公司在全球的第七个战略卫星实验室。双方合作的目标是通过卫星实验室前沿性的应用实践和科学研究，为美国通用汽车公司北美研发中心的国际合作开展车身制造技术的前沿性研究，为提高中国汽车工业的整体制造水平作出积极贡献。

2006年11月1日，福特—交大合作10周年庆典举行

2001年4月起，学校Bio-X生命科学研究中心与世界排名前三位的跨国医药公司AstraZeneca(阿斯利康)合作开展“神经精神遗传学”项目研究。首期项目经费200万美元，这是我国当时与国外跨国医药公司在遗传疾病基因以及药物特异性作用机制的研究领域合作开展的一项重大基础性研究课题。

① 《上海交大信息》2005年第90期，2005年6月31日。上交档：2005－DQ11－006。

学校还与美国福特汽车公司联合建立了“CAD/CAM/CAE&PIM实验室”;与美国德州仪器公司联合建立了“DSP技术中心”;与罗克韦尔公司联合建立了“自动化实验室”;与朗讯公司建立了“上海交大—朗讯联合实验室”;与美国Sun公司联合建立了“制造业仿真实验室”;与法国施耐德电气公司联合建立了“培养与研究中心”;还与美国贝尔实验室、英特尔公司、德国巴斯夫公司、德国汉高公司、日本松下电气公司、日本日立公司、荷兰保险(ING)、荷兰飞利浦公司等多家国外企业建立了联合培训中心和科研合作关系。这些研究机构已经成为学校开展国际科学研究合作的重要纽带和实施国际化战略的重要组成部分。

学校以这些平台为基础,积极参加高水平具有国际影响的科研项目,形成了以研究项目为纽带,产学研紧密结合,优势互补,通力协作的国际合作模式,如参加了丁肇中博士领导的阿尔法磁谱仪项目,该项目受到国家和上海市领导的高度重视。材料学院焊接研究所与德国合作开展大功率激光焊接在船舶制造技术方面的应用研究项目,被科技部和德国教研部确定为2004年中德合作科研两个重大项目之一,总经费424万欧元,周期3年。德方由不莱梅大学激光应用研究所和六家企业组成,中方由上海交大牵头,沪东、江南、宝钢、外高桥等企业参加。同时,学校积极参与国际招标,承担国际合作项目。学校海洋工程国家重点实验室通过国际招标,承接并完成国际试验研究项目10余项,大大提高了该实验室在国际技术市场中的竞争力和知名度,包括美国SOFEC公司和非洲乍得的软钢臂系泊FSO模型试验研究、美国Novellent Offshore LLC公司的深水平台理论与试验研究、加拿大Seabulk System公司的好望角型卸货装置系统试验研究、挪威APL公司SAL系泊FPSO系统模型试验研究等。

2006年9月26日,交大与英特尔战略合作伙伴关系签约仪式举行

上海交大在实施国际化战略中,除了与国际著名企业建立联合研发中心外,还开展国际化技术转移工作,走“技

术引进—吸收—消化—创新"之路，拉近国内与国际科技市场的距离，为国民经济发展服务。2003年，学校与日本九州大学共同筹建了"国际技术转移中心"，为上海及其周边地区的制造业提供成熟的制造技术及相应的人才。"在交大国际化技术转移平台上，已经在新材料、新能源、新的电子技术等方面开展了一系列输出原创性的技术原形，整合与集成国外成熟的技术，推广企业所需要的技术支持和技术服务等工作，起到了良好的效果"。由上海交大、美国密西根大学、威斯康辛大学、美国通用汽车公司等共同发起建立在交大的国际"工业创新中心"，"吸引了GM、微软、UTC(美国联合技术)、日本的东芝、富士通、安川、中国的上汽、上海电气、海尔等著名企业的加盟，共同推进技术的进步和产业的可持续发展，并已在飞机制造、汽车制造、特种机器人研制以及家用电器等方面取得了一定的技术转移效果和进展"。①

此外，学校鼓励教师积极参与国际合作和交流，并鼓励部分教师和国际学术大师结对子，开展科学研究，造就国际对话能力强、熟悉国际惯例并能融入国际的科研力量。学校同时通过建成的国际科技创新平台和国际技术转移平台，柔性地引进国际先进技术，以此实现国际技术的的转移，整合与集成国外的先进技术，以及技术支持与服务等工作。通过这些国际合作，学校科研能力与学术水平得到很大提升，教师相继在《Science》《Nature》等国际一流刊物发表了高水平文章，同时也涌现出了优秀科研团队。

四、国际学术交流

学校采用"走出去，请进来"的办法，进行高水平国际学术交流，提升学术交流层次，积极营造国际化的校园氛围。

学校鼓励、支持知名教授、学者走出国门，走向世界，展示交大的科研与学术水平；有计划地选派教师到国外进修、访问、讲学、研究，学习和吸取世界最新的知识和新教学观点和教学方法，特别是带着科研任务参与国际学术活动；积极鼓励和支持博士生参与国际会议。20世纪90年代中期以来，数百名教授、学者登上国际学术会议的讲坛，进行高水平的学术交流。如2002年10月，建工学院刘西拉率团代表中国土木工程学会访美并作《中国土木工程方面的新发展》的学术报告；2002年12月，副校长沈为平参加在悉尼举行的第六届亚太工程塑性力学及应用研讨会并宣读学术报告；2003年10月，法学院王曦应邀出席在日本举办的21世纪全球环境与可持续发展国际研讨会并作题为《中国污染控制法的实施》的发言。

随着教师走向世界学术舞台，学校一些教授、学者丰硕的科研成果和创新的学术见解受

① 《上海交大信息》2005年第90期，2005年6月31日，上交档：2005-DQ11-006。

到了国际同行的好评。2006年,学校一些知名教授在国际上拥有了科技工作的荣誉称号和职务,如第三世界科学院院士邓子新、法国科学院外籍院士陈竺、《Epigenetics》和《Progress in Neuro-Psychopharmacology & Biological Psychiatry》编委贺林、国际二甲醚协会副主席黄震、国际微生物生态学会常务理事赵立平等。

在走出去的同时,学校还将国际大师请进来,以此提升学校学术水平并邀请外国专家到校进行学术交流、举办国际会议等。

学校授予世界知名学者、企业家名誉博士、名誉教授称号,详见表6-3、表6-4;聘请国际一流学者担任学术职务,来校讲学,如诺贝尔奖获得者朱棣文担任Bio-X生命科学研究中心名誉主任,丁肇中担任空天科学技术研究中心名誉主任,蒙代尔担任现代金融研究中心名誉主任;吴增远担任空气动力学研究中心主任等。同时,学校实行柔性人才引进战略,吸引外籍教师来校任教,如设立"学院讲座教授"岗位,吸引海外知名教授来校进行学术休假、讲学、合作科研、培养博士生;设立"学院特聘教师"岗位,吸引国外知名大学优秀毕业生来校工作;吸引国外博士来校做博士后研究等。

2000年8月23日,诺贝尔奖获得者朱棣文(左3)来校访问

表6-3 上海交大授予海外人士名誉博士一览表[①]

姓名	职务	专长	授予时间
包玉刚	香港实业家	航运、金融、贸易	1985.10
Mary Sue Coleman	美国密西根大学校长	生物化学、化学	2005.6
G. Wayne Clough	美国佐治亚理工学院校长	土木工程	2005.12
Colin Campbell	英国诺丁汉大学校长	法律	2006.4

① 郑成良、叶取源:《上海交通大学2007》。

表 6-4　上海交大授予海外人士名誉教授(部分)一览表[①]

姓名	单位	专长	授予时间	备注
葛守仁	美国加州大学伯克利分校工学院前院长、教授	电网络	1979.7	校友
林家翘	美国麻省理工学院教授、科学院院士	应用数学、天文物理	1979.1	
欧文	美国麻省理工学院材料科学系教授、科学院院士	材料科学	1980.1	
康恩	美国华盛顿国家标准局兼 MIT 教授、科学院院士	冶金学理论	1980.1	
陈华伟	美国佛罗里达大学工学院前院长、教授	电机工程	1983.5	校友
郑钧	美国西瑞斯库大学工程系教授，已退休	无线电磁场等	1983.5	校友
张可南	美国 RCA 公司高级研究员	微电子	1983.11	
克莱茵	美国宾夕法尼亚大学教授	计量经济学	1984.4	诺贝尔奖获得者
田长霖	美国加州大学伯克利分校副校长、教授、美国工程院院士	燃烧	1984.5	
海克涅	美国宾夕法尼亚大学校长、教授	文学、历史学	1984.6	
荒天吉明	日本大阪大学焊接研究所所长、教授	焊接	1984.6	日本科学院院士
巴·道奈	法国国家科学研究中心研究所所长	固体表面物理	1985.1	
窦祖烈	美国佛罗里达大学信息研究所	信息处理	1986.1	校友
赵曾钰	美国哥伦比亚大学(退休)	军用雷达	1986.6	校友
H. SUNG	德国康斯坦茨大学校长	生物化学	1986.1	
丁肇中	美国麻省理工学院教授	理论物理	1987.4	诺贝尔奖获得者
林同炎	美国林同炎国际咨询公司总裁	土木工程	1987.5	校友，1991 年总统奖
李政道	美国哥伦比亚大学教授	理论物理	1987.6	诺贝尔奖获得者
田炳耕	美国科学院院士、工程院院士、贝尔实验室电子物理部	集成光学	1987.9	校友
毛照宪	美国纽约州立大学生物力学教授	生物力学工程	1987.1	

① 郑成良、叶取源:《上海交通大学 2007》。

(续表)

姓名	单位	专长	授予时间	备注
历鼎毅	美国贝尔实验室光纤系统研究室主任	光纤通信	1987. 11	
杨振宁	美国纽约大学石溪分校教授	理论物理	1989. 12	诺贝尔奖获得者
WKGILOI	德国西柏林技术大学教授	计算机	1990. 4	
MANFRED. K. FRILKE	德国西柏林技术大学校长	航空	1990. 1	
冯元桢	美国加州大学圣地亚哥分校	生物工程	1993. 2.	院士
殷之浩	台湾大陆工程公司董事长	工程学	1994. 2.	校友
舒曼	德国柏林工大校长	化学	1994. 9.	
吕斯特	美国康斯坦茨大学校长	法律	1995. 9.	
Reinhard Selten	德国波恩大学经济学教授	经济学	1996	诺贝尔奖获得者
高锟	香港中文大学校长	光纤通信	1996	诺贝尔奖获得者
史德杨 Dan Slangione	美国朗讯科技公司贝尔实验室总裁	通信	1997. 5.	
Hanes-juegen Wainecke	德国 FRAUNHOFE 协会主席		1997	
许浚	贝尔实验室资深副总裁	通信	1999. 6.	
陈省身	美国加州大学伯克利分校教授	现代微分几何	1999. 9.	
蒙代尔	美国哥伦比亚大学教授	最优货币区域理论	2000. 2.	诺贝尔奖获得者
朱棣文	美国斯坦福大学	生命科学	2002. 6.	诺贝尔奖获得者
杜达斯塔特	美国密西根大学		2000. 7.	
David Alan Hopwood	美国 John Innes 研究中心	生命科学	2002. 7.	
Stephen W. Director	美国密西根大学工学院院长	机械	2000. 1.	
何毓琦	美国哈佛大学	电气工程	2003. 11.	
刘瑞文	美国 University of Noter Dame	电气工程	2003. 11.	
Thomas Kailath	美国斯坦福大学	信息系统	2003. 11.	

（续表）

姓名	单位	专长	授予时间	备注
Torsten N. Wiesel	美国纽约洛克菲勒大学	生命科学	2003. 11.	
牧野力	日本新能源产业技术综合机构	法学	2003. 11.	
Danniel Saul Goldin	美国 NASA 前局长	管理	2004. 9.	
Johann Deisenhofer	美国 Howard Huges 医学中心	生命科学	2005. 4.	
Joachim Treusch	德国 Jülish 研究中心主席	机械	2005. 5.	
Robert Huber	德国马普学会生物化学研究所	生命科学	2005. 11.	
Leroy Hood	美国系统生物学研究所	生命科学	2005. 11.	
Christian Brechot	法国国家健康和医学研究所	生命科学	2005. 11.	
郭位	美国田纳西大学	机械动力	2006. 01.	
钱煦	美国圣迭戈加利福尼亚大学	医学	2006. 01.	
Povl Ole Fanger	丹麦大学	机械动力	2006. 07.	
Barry J. Marshall	西澳大利亚大学	生命科学	2006. 03.	
James Dewey Watson	美国冷泉港实验室	生命科学	2006. 10.	
有马朗人	日本科学技术振兴财团	物理	2006. 11.	

学校在实施国际化战略的过程中，积极创造条件邀请海外知名学者、著名企业家来校进行学术访问交流，在扩大学校国际影响同时拓宽学校的国际视野。国际学术大师和企业家云集交大校园，各种学术报告、名人讲台，使交大师生与世界同步掌握学科动态发展前沿。

特别是进入 21 世纪，多位诺贝尔奖获得者来访并作学术讲演，向交大师生传递了最新、最高水平的学术研究信息，交大师生与慕名已久的大师们零距离接触，感受大师风采。如

2002年10月17日,诺贝尔物理学奖获得者霍夫特(左1)来校访问

2000年罗伯特·蒙代尔(Robert Mundell)、朱棣文;2001年杰克·凯尔贝(Jack Kilby)、罗伯特·蒙代尔(Robert Mundell)、丹尼尔·盖都塞克(D. Carleton Gajdusek)、让·玛利·雷恩(Jean - Marie Lehn);2002年罗伯特·蒙代尔(Robert Mundell)、朱棣文、白川英树、赫拉尔杜·霍夫特(Gerard't Hooft)、丁肇中;2003年让·玛利·雷恩(Jean - Marie Lehn)、丁肇中、马丁·格林(Martin Green)、史密斯(Vernon L. Smith);2004年丁肇中、朱棣文、史密斯(Vernon L. Smith);2005年Johan Deisenhofer、让·玛利·雷恩(Jean - Marie Lehn)、Robert Huber;2006年巴里·马歇尔(Barry J. Marshall)等。

2001年10月19日,微软董事长兼首席软件设计师比尔·盖茨趁参加在上海举行的APEC(亚太经合组织)会议期间专程访问上海交大,并在文治堂向交大、复旦、同济、华东理工、华东师大、上大、上师大、南航、南大、南开、浙大、中科大、天津大学、重庆大学等14所高校的近2 000名师生代表作了1小时的题为《21世纪的计算——未来十年的设想》的主题学术演讲。上海交大在各校区及时开通光纤远程直播,学校宣传部焦点网还实现网上现场实况报道,使全校师生同步收看盖茨及其他IT界的领军人物演讲会的实况。这是盖茨继1996年之后第二次访问上海交大。

2002年,诺贝尔奖得主丁肇中来校访问

2002年9月、11月两个月时间里,诺贝尔物理学奖获得者丁肇中博士两次访问交大,为师生作了两场学术演讲:《寻找由反物质组成的宇宙》

和《我所经历的实验物理学》，与交大的物理、电子通信、精密仪器、数学、超级高性能计算机等学科和研究中心的科研人员，进行多次专题学术研讨和科研合作的商议，并就国际空间站上的磁谱仪探测计划、高能粒子物理研究等内容进行广泛、具体的交流。

除了高水平的学术报告外，学校还积极举办、承办层次高、范围广、影响大的国际学术会议以及多边和双边国际学术会议。特别是进入21世纪，学校主办的国际会议逐年增多，2003年有17个、2004年有27个、2005年有42个，2006年达到51个。包括第四届全球华人物理学大会、第29届ACM总决赛、IEEE生物医学工程年会、第15届国际光伏科学与工程大会、第8届国际组织工程年会、物流与信息化国际学术会议、2006全球商学院院长论坛、第2届纳米研讨会、第6届亚洲大学校长论坛等。

同时，会议的层次也逐年提高。2000年6月18日，第16届国际聚合物加工学会年会在浦东香格里拉大酒店开幕。这次会议由上海交通大学和四川大学共同举办，系首次在中国举办。来自美、日、英、法、德、荷兰、比利时、加拿大、韩国、印度等30余个国家的200余名海外学者和150余名国内学者出席会议，包括国际聚合物加工学会主席、中国科学院院士徐僖等。为期5天的学术报告

2000年6月18日，第十六届国际聚合物加工学会年会在沪召开

2005 年 10 月 10 日,第十五届国际光伏科学与工程大会举行

和研讨,内容涵盖聚合物科学与工程的各个研究领域。2000 年 7 月 4 日,由上海交大、上海市科协、中国自动化学会、上海市自动化学会主办的第三届亚洲控制会议(ASCC'2000)在上海世博会议大酒店举行。会议期间,亚洲控制教授协会举行题为"信息技术时代的控制教育与研究"的专题研讨会。2002 年 4 月 13 日,"2002 年全球人类基因组大会公开论坛"在闵行校区举行,这是该论坛首次放在发展中国家举行,并且被安排在上海交大,表明上海交大学术地位的提高。

在国际学术交流中,学校坚持以"学生为本"的理念,鼓励、支持和倡导学生走上国际舞台,参与各种国际大赛,增强竞争能力,培养综合素质。2002 年 3 月,在美国夏威夷举行的第 26 届 ACM 国际大学生程序设计竞赛全球总决赛上,上海交大代表队以优异成绩一举夺得全球总冠军。同时,交大学生积极参加美国世界数学建模竞赛、全球国际商务挑战赛、国际足球机器人竞赛等,并取得了佳绩。2005 年 4 月,学校成功主办了第 29 届 ACM 国际大学生程序设计竞赛,这是此项赛事首次在亚洲举办。上海交大继 2002 年后第二次获得全球总冠军。

学校还以研究生为主体参与组织和参加国际大学生学术交流活动。2002 年 10 月 25 日,上海交通大学电子信息与电气工程学院和韩国汉阳大学电子与计算机科学系共同主办的“第二届中韩半导体与IT领域研究生学术论文报告会”在上海交大举行。在交流活动中，两校的14名研究生用英语宣读了他们各自提交大会的论文，内容涉及半导体、计算机、通信和集成电路设计等相关领域。

通过这些高水平的交流活动与学术会议，为学校营造了浓厚的学术氛围，进一步拓宽了学校师生的思路、视野，提升学校基础研究与前沿科学研究的水平，提高了学校在国际上的学术地位，让世界更多了解上海交大，促进了学校国际化办学的步伐。

五、留学生教育

1992年7月6日，1992届本科留学生毕业典礼举行

受十年“文革”影响，学校留学生教育一度几乎空白。20世纪80年代初，上海交大恢复留学生教育，但办学规模非常小，每年只招收几十名，主要是汉语学习班及各类进修生，学生大多来自发展中国家的公费生。1988年，学校开始招收本科留学生，招生对象主要来自亚非发展中国家，学习计算机、通信、电子等专业。1992年7月6日，1992届本科留学生毕业典礼举行。

自20世纪90年代中期开始，随着国际化办学理念的日益强化，学校愈加重视留学生教育。学校留学生教育管理机构原为国际交流与合作处下的一个行政部门——留学生教育科，后升格为留学生办公室，而后专门成立留学生教育中心。

学校发扬办学特色，广开各种招生渠道，留学生办学层次从单一的语言生发展为本科生、硕士研究生、博士研究生、进修生、长期汉语生、短期汉语生的多层次教育结构。1982—2000年学校开办对外汉语教学，已有2 000多名留学生在学校学习过汉语。这些留学生分别来自美国、德国、荷兰、韩国、朝鲜、日本等20多个国家。留学生的学习专业面也逐渐拓宽，除进修汉语专业以外，还扩展到管理、电子信息、机械、外语等专业，从上海交大学成的留学生中，不少已回国在重要岗位任职或继续深造学习。

2000 年 9 月 20 日,上海交通大学国际教育学院正式挂牌

进入 21 世纪后,学校通过改革体制、优化教育环境、实施品牌战略、整合教学资源、寻求国际合作等措施推动留学生教育各项工作更上一层次。

2000 年 5 月,上海交大对留学生教育体制作出重大改革,成立国际教育学院,首任院长为副校长张圣坤。该学院是负责留学生招生(本科、硕士研究生、博士研究生)、管理以及专门从事对外汉语教学、科研的一个独立二级学院。成立国际教育学院,理顺留学生教育机制后,学校留学生教育发展迅速,除继续办好汉语言专业之外,稳步扩大规模,着重提升层次,大力提高学位生,特别是硕、博研究生的比例。学校每年派出精干力量到国外开展各类招生宣传,扩大影响,吸收更多优质生源。招生范围逐步从亚洲及非洲发展中国家扩大并向东亚及欧美拓展,2006 年,生源覆盖 60 多个国家和地区。

学校在教育硬件建设中,投资 140 万元改造了 29 间专用教室,其中包括 7 间多媒体教室、一间语言室;又建成一所计算机房及“留学生汉语角”。留学生教育实施学分制管理,认真规范教学文件和教学大纲,组织教师编写大型教材,同时加速完成 ISIM(国际移动用户识别码)系统的升级。学校结合留学生的心理特点和中国教育方法的优势,加强课堂教学方法的研究、示范与改革,提高课堂教学质量。学校还加大留学生授课教师的进修力度,仅国际教育学院每年就有 10%以上的教师出国进修,持有对外汉语资格证书的教师比例逐年增加;重视行政人员的培训计划,采取“短期、轮训、系列、强化”相结合的方式;聘请了一部分兼通音乐、美术、武术等中国文化的行政管理人员,在“音乐无国界,艺术无隔阂”的理念下,把文化交流作为留学生教育管理的一个特色。

经国家汉办批准,学校成为国家汉语水平考试(简称 HSK)考点之一;又成立了“对外汉语研究所”,开展学科研究,确立了对外汉语教学、汉语写作学、计算语言学等研究方向；结合交大计算机和网络学科的优势，创造条件，努力开展对外汉语的远程教育研究，创建国家级对外汉语教学基地。在生命学科、信息学科、金融学科等一批交大优势课程上，半数以上课程使用外语教学，软件工程专业基本使用原版软件和外语授课，为留学生教育开辟了新天地。

2003 年学校设立留学生奖学金，用于探索和开展留学生教育质量评价体系，以吸引来自世界各国的优秀留学生。留学生奖学基金由国际教育学院每年投入 50 万元、学校每年拨款 50 万元、各院系出资 50 万元组成，来自世界各国的优秀留学生都可向学校提出奖学金申请。同时，学校将英语授课范围从专业课拓展到公共课，并建立学科的英语授课体系。留学生教育专任教师列入学校师资队伍建设规划，着力建设一支高层次留学生教育和管理的专业师资，针对留学生的具体情况组织教学。为提高留学生管理和服务效率，由国际教育学院牵头，学校各部处开展协同配合，形成了专门的服务网络为留学生提供服务。

学校在留学生教育领域努力寻求国际合作，有步骤地推进国际间的联合办学，广泛开展国际合作研究。国际教育学院成立伊始，积极与海外教育机构建立联系，扩大生源，开发新的合作形式，与国外若干教育中介机构建立了稳定的合作关系，与国外大学合作办班等。如 2004 年，学院与 14 家海外机构签订了项目合作计划；共计 31 人次参加国内外学术交流。

2006 年底，学院专任教师增至 37 名，其中具有博士学位 13 名、硕士学位 13 名，另有 9 名在职攻读博士学位。在校留学生达 1 729 名，其中博士研究生 15 名、硕士研究生 74 名，留学生层次明显提高。

第二节　中外合作办学新模式

一、创办中欧国际工商学院

1992 年 10 月，欧共体驻华大使就中国与欧共体合作的中欧管理中心（CEMI）事宜拜访了上海市政府顾问、原上海市市长、交大校友汪道涵。欧方拟将 CEMI 建设成一所独立商学院的设想得到了汪道涵的认同。汪道涵一方面向上海市委、市府领导推荐了这个项目，另一方面推荐了时任上海市人大常委会副主任、上海交大管理学院名誉院长李家镐负责筹备工作。

随后，欧方向上海提交了《成立欧洲管理发展基金会与中国某大学合资合办中国国际发展中心公司的项目建议书》，并在 1992 年 10 月 17 日向上海交大电传了《关于在中国政府和欧洲共同体委员会支持下,欧洲管理发展基金会与中国某大学合作办学构想》的文件。

在得到上海市政府和上海交大党政领导支持后,李家镐和上海交大管理学院常务副院长张国华一起起草了给中欧管理中心关于合作办学构想的回函。

1993 年,欧共体、外经贸部、国家教委、上海市政府,以及 CEMI 和上海交大都在为筹建学院紧张筹划。

1994 年 2 月 28 日,中国政府和欧盟签署了《中华人民共和国政府和欧盟委员会关于建立中欧国际工商学院的备忘录》。与此同时,CEMI 也顺利迁入上海交大闵行校区进行过渡。

1994 年 9 月 16 日和 10 月 25 日,欧盟委员会副主席布里坦博士和我国外经贸部部长吴仪代表欧盟与中国政府先后签署了《中欧国际工商学院财务协议》(以下简称《财务协议》)。

《财务协议》提出,中欧国际工商学院"作为一个具有有限责任的非盈利的教育机构,享有充分的法人资格,以使它能够执行所有财务、行政和契约活动"。

中欧国际工商学院(CEIBS)的目标是:"通过提供高级管理培训及为中国管理人员传授国际管理专长来促进中国与世界经济接轨,加强中国工商业同欧洲联盟的联系,CEIBS 旨在成为中国和欧洲联盟有效合作的有力证明,并且将争取在其建成五年内发展成为亚洲一流的工商学院。""CEIBS 的直接执行者,中方为上海交通大学,欧方是由欧洲联盟委员会同中方协商后指定的某欧洲专业机构。""中欧国际工商学院校舍将建在上海浦东开发区金桥出口加工区内,校园面积为 40 000 平方米。在学院校园建筑期间,CEIBS 将在上海交通大学闵行校区过渡。""CEIBS 的最初五年的总项目筹资要求估计总数为 2 537 万欧洲货币单位","欧盟将在第一期提供 1 485 万欧洲货币单位的援助款项,上海市政府将提供 1 052 万欧洲货币单位的配套资金。""欧洲联盟委员会提供的资金将专门用于支付设计、项目监督以及建造楼房、校园用的进口原料、内装饰和设备等费用","欧洲联盟委员会还将负担学院落成后直到 1999 年年底学校运转费用的外汇部分。包括聘请欧方教员和行政人员以及从国外聘请的华人学者的工资和津贴、科研费用以及建立和维持图书馆、数据获得、国外培训和国际通讯的费用"。"上海市政府将提供土地、用于建造 CEIBS 的楼房、校园等基础设施的当地建设投资以及全部当地设备,包括支付与建校有关的任何当地若干收费","在上海市政府的援助下,上海交通大学将筹措学院落成后直到 1999 年年底的当地运转费用,包括招收当地教职员、当地行政和辅助人员、公用设施费用、中文出版物、国内培训和当地来源的辅助设备和消费品。除了直接费用,上海交大还将提供一些必要的过渡设施"。①

① 《中欧国际工商学院财务协议》(1994 年 10 月 25 日)。上交档:长期- 6326。

作为政府间的法律文件,《财务协议》在法律上赋予了中欧国际工商学院高度的办学自主权,为把中欧办成一个中国管理教育的特区奠定了法律基础。

1994年11月8日,中欧国际工商学院在上海正式宣告成立,成立典礼暨新校园奠基仪式在浦东金桥出口加工区举行。欧盟委员会副主席布里坦、欧盟驻华大使魏根深、上海市副市长谢丽娟、原上海市市长汪道涵等共同培下第一锹土。这是中国第一所中外合作的国际化商学院。学院得到有关领导的关注,国务院副总理李岚清要求把学院"办一所不出国也能留学的学校"。国家教委主任朱开轩说:"中欧国际工商学院是中国教育领域对外改革开放的一面旗帜。"

1994年11月,中欧国际工商学院签字暨成立典礼举行

在成立仪式上,上海交通大学与由欧盟提名和授权的欧洲管理发展基金会签署了《中欧国际工商学院办学合同》。该合同规定学院的主要活动范围为:"全日制工商管理硕士课程(MBA)、在职高层管理人员工商管理硕士课程(EMBA)、各种短期强化课程、各种辅助课程"①等。

1994年11月,学院推出成立后的首个高层经理培训课程。1995年3月13日,学院首届MBA班预科模块开课。1995年5月8日,学院首届MBA和EMBA班开学。

上海交大给中欧国际工商学院提供了当时闵行校区条件最好的学术活动中心部分设施和包玉刚图书馆的五楼与六楼。随着招生规模不断扩大,中欧国际工商学院的教师、办公室、学生宿舍都面临短缺,1997年,上海交大为中欧国际工商学院在学术活动中心建造了一座两层小楼,增加了2个教室和10间办公室。作为中方办学单位的上海交通大学成为中欧国际工商学院与中国管理体制衔接的桥梁,中欧的党组织与工会分别接受上海交大党委和工会的领导。建院之初,中欧部分MBA学生曾通过上海交大申请中国的MBA学位。

① 《中欧国际工商学院办学合同》(1994年11月8日)。上交档:长期-6326。

此外,上海交大在为中欧发展的有关事项与教育部等主管部门进行沟通方面发挥了重要作用。

中欧国际工商学院在第一个五年期间(1994—1999年)取得了很大成功,"学院的全日制MBA课程招生数为每届130名,现已培养了三届共260名毕业生,其中60%在上海地区工作";"学院的在职高层管理人员工商管理硕士(EMBA)课程1999年招生数为270名。近70%的EMBA毕业学员在上海地区工作,他们中间有许多在中央及地方各级政府中担任要职的公务员,也有许多大中型企业的总裁。学院EMBA课程为国内管理教育界之首创","学院短期管理培训课程1998年培训人数已达到2 300名,为1994年创办之初的10倍,在国内商学院中名列前茅,并与一些国际著名商学院相当","学院与英国伦敦商学院、西班牙IESE商学院、加拿大不列颠哥伦比亚大学、美国加州大学洛杉矶分校安德森商学院、美国沃顿商学院、日本早稻田大学管理学院等十一所国际著名商学院开展了交换学生的项目,1999年将有近四分之一的MBA学生与上述各校学生交换学习三至四月,这说明学院的办学水准已得到国际著名商学院的承认"。①

中欧国际工商学院一期工程于1999年10月15日交付使用,"总建筑面积为18 390平方米,包括教学中心、图书馆、1号宿舍、2号宿舍、餐厅、礼堂、变电所等七个单体建筑及将各单体连接起来的连廊"。② 学院384名MBA和EMBA学生、所有高层经理培训课程学员、6名核心教授和其他访问教授,以及117名员工从过渡性的上海交大闵行校区全部迁入了新落成的浦东金桥校区。

随着我国市场经济的发展和加入世贸组织之日的到来,国内对工商管理人才特别是高层次管理人才的需求与日俱增。为此中欧国际工商学院制订了相应的发展规划。而一期建成的教学及配套设施已不能充分满足学院的发展需求,故加快实施二期建设已成为刻不容缓的当务之急。

经过各方努力,2000年1月20日和5月25日,欧盟委员会委员和我国外经贸部部长吴广生先后代表欧盟与中国政府签署了《欧洲联盟与中华人民共和国财务协议中欧国际工商学院—第二期项目》。根据协议,项目第二期五年计划资金筹措和用途是:"上海市政府将出资1 080万欧元,用于校园建设。据估算,完成整个校园建设共需1 300万欧元,其差额部分将由中方赞助商弥补","欧方出资将用于加强机构建设、聘用欧方管理人员,以及项目的监

① 《关于请求支持中欧国际工商学院项目第二期的信》(1999年5月31日)。上交档:长期-2996。

② 《中欧国际工商学院二期建设项目建议书》(2000年10月)。上交档:长期-2996。

督、审计和评估”,“欧方出资总额为1 095万欧元。办学经费的差额将由学费、其他收入以及中欧合资企业赞助商来弥补。”①

此后,在得到上海市发展计划委员会和上海市教委同意中欧国际工商学院校区二期项目建设的批复后,上海交大先后于2001年9月、10月报送《关于中欧国际工商学院校区二期工程可行性研究报告》和《关于中欧国际工商学院二期工程的补充报告》。2002年1月10日和2月22日上海市发展计划委员会和上海市教委先后就中欧国际工商学院二期工程项目可行性研究报告作了批复,原则同意中欧国际工商学院二期工程的项目可行性研究报告,明确“二期工程项目总建筑面积19 582平方米,其主要建设内容由教学中心、学生活动中心、学生宿舍、教授公寓、体育馆、餐厅等有关辅助设施构成。二期项目总投资9 266万元,其中市政府出资1 000万欧元,折算人民币7 300万元,资金由市建设财力安排,专款专用,并签订建设项目投资包干协议书;其余建设资金1 966万元由学校自筹解决”。②

随着二期建设的开展,中欧国际工商学院发展也进入了快车道,并迅速向世界一流商学院迈进。

2005年4月,中欧国际工商学院被《福布斯》中文版评为中国最有价值商学院。2006年2月,英国《金融时报》发布2006全球MBA百强综合排名,中欧国际工商学院MBA课程,名列全球第21位,亚洲第1位。

根据《中欧国际工商学院财务协议》,中欧国际工商学院实行董事会领导下的管理委员会负责制、学术委员会制、双院长制。董事长由中方办学单位上海交通大学校长担任。因此,翁史烈、谢绳武、张杰先后担任了学院第一任、第二任和第三任董事长。三位董事长关心指导学院的发展,在不干预中欧独立办学的同时,为处理好学院与中国教育制度的衔接尽其所能,为拓展学院的制度空间做出了重要贡献。翁史烈和谢绳武卸任学院董事长后,他们都被授予名誉董事长称号。1994—2006年担任过中欧国际工商学院执行院长的有杨亨(Jan Borgonjon)(代理)、冯勇明(Joachim Frohn)(兼教务长)、菲希尔(William A. Fischer)(兼教务长)、博纳德、刘吉、雷诺(Pedro Nueno),担任过院长的有:李家镐、刘吉(代理)、博纳德、张国华、朱晓明。

---

① 《欧洲联盟与中华人民共和国财务协议中欧国际工商学院—第二期项目》(2000年5月25日)。上交档:长期6328。

② 《上海市教育委员会关于中欧国际工商学院二期工程项目可行性研究报告的批复》(2002年2月22日)。上交档:长期-2996。

中欧国际工商学院作为中国改革开放在教育领域的标志性示范窗口,对于中国的管理专业教育做出了重要贡献。首先,中欧引进国际教育资源,高起点、高质量的办学模式,大大缩短了中国管理教育与国际水平的差距,带动了国内管理教育水平的整体提升,为上海和其他地区培养了相当数量的国际化管理人才,在国内外赢得了广泛的声誉。其次,中欧确立了按照国际公认的规范和标准办学的模式,积极参加国际权威认证和排名,使得教学研究水平和学院声誉迅速提升。再次,中欧进行了一系列体制上的创新,为中国教育改革积累了宝贵经验。

二、与密西根大学共建到成立联合学院

密西根大学是地处美国密西根州的一所国际著名大学。上海交大1982届校友倪军是密西根大学工学院教授,任该校吴贤铭[①]制造研究中心主任。1994年倪军荣膺美国杰出教师总统奖,与全美其他29位杰出教师到白宫接受克林顿总统颁奖。1996年倪军被聘为上海交大顾问教授,1998年成为上海交大第一批长江学者。在他牵线搭桥下,学校以及机械学院领导数次出访密西根大学。

倪军

2000年8月,经教育部和国务院学位办批准,学校与密西根大学工学院签署合作协议,双方共建上海交通大学机械工程学院。2001年3月该合作办学得到中国教育部的正式批准。

根据协议,上海交大机械工程学院参照密西根大学的培养方案和课程体系,全面修订了新的教学体系,初步形成"4+2+3"的合作办学教学体系。

"4年阶段"(学士学位):参照密西根大学的教材进行30门课程的英语授课,其中10门课由密西根大学教授在上海交大授课,20门课由上海交大教师用英语授课。部分优秀学生在上海交大完成3年学习后,赴密西根大学学习2年,可获得上海交大工学学士学位,以及密西根大学工学硕士学位或密西根大

① 吴贤铭(1923—1992),上海交通大学1945届校友,后赴美留学。先后任威斯康辛大学、密西根大学教授,主持多项美国三大汽车公司参与的研究项目,并取得丰硕成果。被聘为上海交通大学顾问教授,曾回母校讲学。

学工学学士学位。

“2年阶段”(硕士学位):学生第一年在上海交大完成15门学位课课程的学习后,第二年学院选拔优秀学生去密西根大学学习1年。密西根大学承认研究生在上海交大新的教学体系下取得的9个学分,对分别满足密西根大学学位要求和上海交大学位要求的学生分别授予密西根大学硕士学位和上海交大硕士学位。

“3年阶段”(博士学位):每年招收联合培养博士生;根据课题需要,适当时候赴密西根大学学习;联合培养的博士生论文需同时符合两校规定,对特别优秀的论文可获密西根大学博士学位。密西根大学可以在赴密西根大学攻读硕士学位或学士学位的学生中选拔优秀学生在密西根继续攻读博士学位。

“4+2+3”的创新人才培养模式的确立与实施,使得上海交大和密西根大学的合作办学从本科、硕士到博士形成了一个完整的体系,也使得上海交大机械工程学院本科教学实现了与世界一流大学的接轨。

在几年的实践中,双方致力于教学、科研、人员交流等方面的合作,在教学体系建设、学生联合培养、学位和学分的相互认可、科研基地建设、师资培养等方面取得了很好的成绩。

2001—2005年7月,有22位密西根大学教授到上海交大为本科生、研究生开设了23门课程,全部采用密西根大学的教学模式和教学资料,同时在新

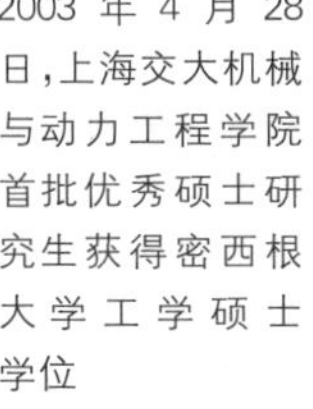
2003年4月28日,上海交大机械与动力工程学院首批优秀硕士研究生获得密西根大学工学硕士学位

课程体系的建设、开展研究合作上给予帮助。上海交大则有30名青年教师赴密西根大学进修,学习密西根大学的教学方法,进行课程移植,寻找研究新领域,参加国际学术活动,与密西根大学教授开展合作研究等。和密西根大学合作办学促进了上海交大机械与动力工程学院的更快发展。机械工程一级学科在2004年我国科学评价研究中心的评估中获得了全国第一名。

2003年4月28日,上海交大机械与动力工程学院首批12名优秀硕士研究生获得密西根大学工学硕士学位。2004年,又有6名硕士研究生获得密西根大学工学硕士学位。2005年,共有24名学生获得密西根大学工学硕士学位,1人获得本科学位。2006年共有11名学生获得密西根大学硕士学位,8人获得本科学位。

2005年6月,密西根大学校长玛丽·苏·科尔曼(Mary Sue Coleman)访问上海交大,受到了国务委员陈至立、教育部部长周济以及上海市市长韩正的亲切接见。他们对上海交通大学与密西根大学的合作模式予以了充分的肯定,并表示将会支持双方进一步的合作。访问期间,两校校长签订了《上海交通大学、密西根大学关于探索新模式拓展全面合作的协议》以及《密西根大学与上海交通大学建立上海交通大学—密西根大学联合学院的协议》,以在更广泛的领域展开更加深入的合作。

2006年4月12日,上海交通大学交大密西根联合学院正式揭牌

经过一年的努力,2006年4月12日,经教育部批准,由中美两所著名公立大学合作建立的"上海交通大学交大密西根联合学院"正式揭牌成立。该学院目标是要创建一个能在中国的土壤里生根成长的世界一流学院。学院在运行机制上将具有相对的独立性,实行理事会领导下院长负责制,倪军担任学院院长,张申生为执行院长。2006年,设置机械类和电气信息类本科专业,并开始招生。

交大密西根联合学院实施本科和研究生(硕士和博士生)教育,专业领域由原来单一的机械工程学科扩展到其他工程学科、医学、生命科学和管理学等。

交大密西根联合学院按国际一流大学的标准和模式创办运行,与密西根大学实现了双方共同管理、教授互聘、学分互认、学位互授、课程共享。

（一）建立与国际通用的管理模式

一是确定了理事会领导下的院长负责制。理事会有 10 名成员，双方各 5 名，密西根大学方面包括校长、教务长以及工学院、文理学院、医学院的院长，上海交大方面包括党委书记（校务委员会主任）、常务副校长、教学副校长、科研副校长和医学院院长。理事会每年召开两次会议，会议地点分别在上海和美国密西根州安娜堡，共同讨论学院办学现状和未来规划，确保双方合作有实质性推进。二是设立学术委员会，负责学院教学与科研重要决策。学术委员会由 7 人组成，除倪军教授兼任学术委员会主席之外，双方学校各出 3 人。每学期初，学术委员会的例会就已排好日程，两周一次通过视频越洋进行。三是聘用外籍员工参与行政管理，形成了一个国际化的行政班子。四是试行办学成本核算，交大密西根联合学院财务相对独立，独立核算，独立运作，真正做到院为实体。

（二）试行基于终身教授机制的师资聘用和考核方法

一是学院采用国际一流大学终身教职的聘任标准、评价体系和考核制度，面向全球公开招聘一流的师资队伍。二是交大密西根联合学院可以依照国际惯例自主进行人员评聘。三是学校批准凡交大密西根联合学院聘任的终身教职系列的教师均直接具有博导资格。四是教师工资结构实行与国际一流大学教师工资构成体系接轨的制度，设定收入最高限额，限定科研经费提成。

（三）构建创新性国际化专业培养体系

一是交大密西根联合学院实行三学期制，采用完全学分制下的灵活学制和与国外接轨的学分规定，以吸引更多国际一流大学的教师和学生参与教学、科研活动和共同学习。二是根据国际化、创新性的目标要求，实现了对密西根大学工学院教学体系的系统引进，90%课程实行以英语为主的双语教学，50%核心课程由密西根大学教师或国外知名大学教授讲授，通过中外教授共同执教，国际国内学生同堂学习，营造国际化学习和生活氛围，培养学生的国际化能力和素质。通过增加课程的实践环节和生产实践环节，提高学生运用知识解决实际问题的能力。实施本科阶段介入科学研究的培养方式，熏陶学生的科学探索精神，培养创新能力。三是在交大学习两年后，部分优秀的学生可以申请赴密西根大学继续学习 2 年，双方互相认可学分，在完成规定的学业要求后，可以分别获得两校的学位。

交大密西根联合学院培养模式为学校人才培养模式改革提供了新思路，对学校其他院系产生着良好的辐射作用。比如，学院面向大一学生开设工程导论课，由学院副院长领衔的教学团队负责，课程的前一个模块是热身项目，学生按要求制作一辆小车，在确定的轨道上运行;后一个模块为开放性项目,教师只提出原则性要求,学生组队自主确定目标和方案,完成设计、加工、调试、优化的整个过程,从而获得全面的工程训练。这门导论课程的目的是要让学生在大一时就树立问题意识,明显不同于满堂灌式的专业导论课程。

交大密西根联合学院模式的最大意义是通过建设"体制内特区",充分利用国内一流大学的优势,引进世界一流大学的优质资源,在高原上做增量,树立办学标杆。通过合作,上海交通大学提升了教学、科研、师资、学校管理等方面的水平,提高了国际化办学能力和国际声誉,进而对我国高等教育体制机制改革发挥有效的辐射和引领作用。交大密西根联合学院在中美两国高等教育界产生了重要影响,成为中美国际合作办学的典范。

三、在新加坡建立研究生院

国际化办学除了开展与世界一流大学合作,吸取国外大学优秀的办学理念,提高自身办学水平外,还要把学校优质教育资源推广到国外。上海交通大学大力推进教育创新,积极向国外输出高等教育。

经教育部批准,从1993年起,学校支持管理学院与新加坡华夏管理学院合作,开始在新加坡招收以华语教学为主的MBA研究生。教学计划参照西方著名管理学院的模式并保持了中国特色,课程采取理论研究与案例分析相结合的方式,教学中强调东南亚经济背景和华文华语沟通方式。1996年9月8日,首批24名新加坡籍工商管理硕士研究生毕业,被授予中国工商管理硕士学位,这也是上海交大在境外授予研究生学位的第一批学生。到2002年,在中、新双方的共同努力下,"共招收和培养了10届299名海外学员,146名学生获得了中国的MBA学位"。[①] 学生大部分来自新加坡政府机构和工商界,许多学生在政府部门、上市公司或中小企业中担任高级执行官、经理或主管;部分学生还自创公司,或在中国投资,或与中国企业进行贸易往来。这些学生成为精通华文并熟悉中国国情、投资环境和工商运作模式的重要管理人才。

经过近10年海外办学的实践和探索,上海交大在新加坡树立了良好的办学声誉,也积累了丰富的海外办学经验。在办学过程中展现出来的交大理工科方面的实力,也引起了海外同行的关注,新加坡南洋理工大学等一些高校主动表示愿与交大加强合作。为适应海外多学科办学的需要,经过长时间筹备,包括在师资、教材、教学方法及管理等方面的长期酝酿后,上海交大决定将原先单一的MBA教学点提升为海外研究生院,教学点设在南洋理工大学。

2002年10月30日,上海交通大学新加坡研究生院在新加坡南洋理工大学正式成立,同

① 《上海交大信息》(二〇〇二年第四十六期),2002年10月31日,上交档:2002-DQ11-010。

时举行了新生开学典礼，这是经我国教育部批准的国内大学在海外成立的第一个研究生院。它是新加坡引进的第九所大学，也是来自亚洲的第一所大学。

学校与南洋理工大学协商，在 MBA 项目的基础上，双方合作进一步扩展到 EMBA、环境和土木工程、船舶与海洋工程、信息技术、生命科学等方面。同时南洋理工大学也在上海交大设立教学点，培养中国急需的高层次、外向型企业管理人才。根据计划，两校合作第一个项目就是举办为期 18 个月的 EMBA。学员完成 16 门课程及一篇相当于毕业论文的研究报告，成绩合格者获得南洋理工大学的 MBA 学位证书。2003 年 EMBA 正式开始招生，学员大多为企业高级管理人才。同年 11 月 7 日，双方联办 EMBA 课程启动典礼暨研究生项目全面合作协议签字仪式举行。

根据协议，两校将在工程和管理学科研究生课程建设上进行合作，选拔、接纳对方的优秀学生完成研究生课程。学员毕业后由双方同时授予学位。除此之外，两校继续在下属各学院开设更多合作项目，诸如环境工程领域工程硕士等。

1997 年，新加坡副总理陈庆炎(左 2)来校访问

上海交通大学新加坡研究生院成为上海交大在海外从事高层次教育、授予中国研究生学位、开展名校与名校合作的一个新的重要基地，成为包括新加坡在内的世界人民了解中国研究生教育的一个窗口。上海交通大学和南洋理工大学之间的合作，有利于两校间的资源共享、优势互补，提高两校的国际办学水平和国际竞争力，大大促进中新两国和两国人民之间的文化、教育、科技和贸易交流，同时也为新加坡的经济发展和社会进步做出了积极的贡献。新加坡纳丹总统，李显龙副总理，陈庆炎副总理及科技部部长、教育部部长等为此也相继访问上海交大。

第七章
党的建设与校园文化

第一节 党建工作

一、校领导班子建设和干部队伍建设

1992 年 5 月 30 日，中共上海交通大学第六次代表大会选举产生了第六届党委。新一届党委要求各级领导，特别是校领导班子，“要通过思想上，政治上的高度一致，时时事事保持团结，切实保证整体优势的充分发挥”，“以争分夺秒的工作状态，抓紧落实和解决涉及师生员工切身利益的一系列

1992 年 5 月 29—30 日，中共上海交大第六次代表大会召开

问题”。[1] 新一届党委贯彻邓小平“南方讲话”精神，首先抓党政领导班子对学校改革、发展指导思想、目标和重大举措的思想统一，同心协力搞好学校管理体制综合改革，推进学校“上水平、创一流”。

1993 年 10 月，《邓小平文选》第三卷出版后，校领导班子遵循邓小平的党建理论，从两方面着手做好工作，一是抓根本——把“理论”指导落到党的建设的实处，二是抓关键——建设“一个实行改革、有希望的领导班子”，并提出了领导班子建设的目标，“努力使自己成为实干的、善于改革能做出实绩的班子；开创的、能抓住机遇发展自己，坚持发展才是硬道理的班子；廉洁的、群众公认能起核心领导作用的班子”。[2]

1994 年 9 月，党的十四届四中全会通过了《关于加强党的建设的几个重大问题的决定》。11 月 15 日，学校专门召开党建和德育工作会议，贯彻《决定》精神，从“切实加强党的建设，增强党的战斗力”的角度对校领导班子成员提出具体要求：一是树立共产主义理想，坚定走有中国特色社会主义道路，提高坚持党的基本理论和基本路线的自觉性，模范执行党的各项政策；二是坚持全心全意为人民服务的宗旨，密切联系群众，廉洁奉公，遵纪守法，自觉抵制拜金主义、个人主义和腐朽生活方式的侵蚀；三是按照党章规定认真履行义务，正确行使权力，在学校改革、发展和稳定中建功立业。

1998 年 1 月，学校第七次党代会召开，提出“把思想建设放在首位”，“进一步加强领导班子建设，抓紧培养和选拔优秀年轻干部”，“努力提高领导干部的理论水平和管理水平，增强领导干部在社会主义市场经济中驾驭全局、处理各种复杂问题的能力”，“进一步健全领导班子决策前的调查研究和科学论证制度、决策时的集体讨论和民主程序制度、决策后的分工负责和检查落实制度”，“继续抓好党风廉政建设”，“进一步加强基层党组织建设”[3]等。

领导班子成员认真学习建设有中国特色社会主义理论和《党章》，学习马克思主义的基本理论，用理论武装头脑，指导实践，不断提出自身改革与完善的措施，出新思路，定新举措，求新发展。同时，发挥班子成员的整体优势，克服分散化、本位主义现象，增强全局观念，保证行动、步调一致。正确处理党委与行政关系，努力做到“四分四合”，即在工作职能上分，在工作目标上合；在工作职责上分，在工作指导思想上合；在一般工作上分，在重大问题上合；

---

① 王宗光：《中国共产党上海交通大学第六次代表大会闭幕词》（1992 年 5 月 30 日）。上交档：永久-1673。

② 王宗光：《运用邓小平党建理论　开创高校党建工作新局面》。载《真情岁月》，第 291-292 页。

③ 王宗光：《抓住机遇　开拓进取　为创建世界一流大学而努力奋斗——在中共上海交通大学第七次代表大会上的报告》。上交档：1998-DQ11-047。

在工作制度上分，在工作关系上合，从而保证了党政协调一致，形成了党政合力。

根据学校的历史经验和现实需求，学校坚持和健全民主集中制，拓宽民主渠道，多层次、多方面、多途径地广开言路，建立和健全领导、专家、群众相结合的决策机制，以保证领导班子决策的民主化和科学化。充分发挥党委中心组(由各院、系、部、处和直属单位的主要党政领导以及各民主党派的负责人组成)、专家教授、教代会，工、青、妇等群众团体以及民主党派对学校重大问题的参与决策作用。注重制度建设，定期召开党委会、党委常委会、校长办公会，并加强党员大会制度，领导决策制度，党内监督制度，集体领导与分工负责制度，与群众密切联系制度等的建设。

1995 年 7 月和 1998 年 12 月，王宗光代表学校党委分别在全国高校党的建设会议和上海市高校党建工作会议上作《新形势下坚持和健全党的民主集中制的实践》《加强决策的民主化、科学化和制度化建设》的交流发言，重点汇报了学校党委坚持党的民主集中制，提高班子的整体素质，增强党政领导班子团结合作，注重决策的民主化、科学化，加强党委对学校改革发展的领导的做法和经验。

进入 21 世纪，校领导班子全面贯彻执行党的基本路线，明确办学目标，纵览全局，协调各方，抓大局、抓规划、抓决策，加强党内民主监督，促进全校的党风廉政建设，并从带领全校师生员工创建世界一流大学的高度，对领导方式和思想方法提出了更高要求。

2000 年 4 月—6 月，按照上级党委部署，学校利用 3 个月的时间，进行了党内“讲学习，讲政治，讲正气”的三讲教育。全校 245 名校、处级领导干部，接受了一次系统而深刻的党性和党风教育，领导班子成员“端正思想路线，增强了工作的预见性和创造性，进一步明确了学校跨世纪发展的方向和思路”，“增强了党政之间、班子成员之间的沟通和理解，进一步提高了贯彻执行民主集中制和党委领导下的校长负责制的自觉性”。①

2002 年 1 月，党委提出要从加强和改进党的作风建设入手，推进学校党的建设。首先，“抓好学习，从领导班子做起，落实到基层党支部”；其次，“用好的作风总结完善校领导的领导方式方法，每位领导都要不断增强宏观调控意识，扩大工作舞台，提高综合操作能力”，“抓好领导班子党风廉政建设和制度建设”；第三，“用好的作风和正确的导向加强在岗干部和后备干部队伍建设”。②

---

① 中共交通大学委员会：《以“三个代表”重要思想为指导　认真搞好“三讲”教育　努力开创上海交大改革发展新局面》(2000 年 8 月)。上交档：2001 - DQ13 - 042。

② 王宗光：《奋发有为　与时俱进　开创改革发展新局面》(中共上海交通大学七届七次全委扩大会议审议通过)。载《上海交通大学年鉴 2003》(总第七卷)，上海交通大学出版社 2003 版，第 9 页。

2003年春末夏初，面对突如其来的传染性非典型肺炎（简称SARS）疫情，学校成立以校长为组长的防治工作领导小组统筹领导全校的防治工作。党委连续五次召开党委常委扩大会议，研究新情况，解决新问题；六次召开党委中心组紧急会议，部署和落实各项防治工作。全校上下团结一心，众志成城，构筑了严密体系，取得了抗击SARS的胜利。

2004年12月28日，学校第八次党代会召开。马德秀书记在会上强调“努力提高党领导学校发展的能力，为创建世界一流大学提供坚强的思想、政治和组织保证”，“坚持谋全局、把方向、管大事，不断提高党委领导学校发展的能力”。具体为“不断提高科学判断形势的能力和水平”“不断提高总揽全局、协调各方的能力和水平”“不断提高改革创新的能力和水平”“不断提高维护校园稳定的能力和水平”。同时，她提出“加强党的自身建设，不断增强党的创造力、凝聚力和战斗力”，具体为“加强党的思想理论建设”“加强高素质的干部队伍建设”“加强党的基层组织建设”“加强和改进党的作风建设，大兴求真务实之风和开展党风廉政建设。”[①]

2005年1月，学校党委提出“加强学习型、研究型班子建设，努力提高党委领导发展的能力和水平”。[②]

2006年2月，学校党委提出“按照党的先进性建设要求，切实加强领导班子和干部队伍建设”，具体为“加强领导班子的思想政治建设，不断提高领导学校改革发展的意识、能力和水平”“以干部岗位聘任制、任期制改革为重点，大力加强干部队伍建设”“按照中央和上海市委要求，进一步加强党风廉政建设”。[③]

学校党委始终重视加强领导班子的思想政治建设，着力创建学习型、研究型班子，努力提高班子的整体合力。党委建立了学习制度，通过专家报告、集中讨论、座谈交流等形式，认真学习领会中央文件精神，同时，要求班子成员注重加强对高等教育和现代管理知识的学习，提高业务能力和管理水平。学校党委还把研究问题作为提高班子能力和水平的一个重要抓手，利用寒暑假，每年召开两次领导班子务虚会，分析形势、机遇和挑战，对事关学校改革发展稳定的重大问题进行前瞻性的思考与研究。每年上半年，对影响学校发展的若干问题和难题进行梳理，分解成若干方面，分别由一位校领导牵

---

① 马德秀：《振奋精神　开拓创新　为加快建设世界一流大学而努力奋斗——在中共上海交通大学第八次代表大会上的报告》（2004年12月28日）。载《上海交通大学年鉴2005》（总第九卷），上海交通大学出版社2005年版，第24-26页。

② 马德秀：《抢抓机遇，乘势而上，努力开创学校发展新局面》（中共上海交通大学八届二次全委扩大会议审议通过）（2005年1月24日）。载《上海交通大学年鉴2006》（总第十卷），上海交通大学出版社2006年版，第11页。

③ 马德秀：《抓住机遇　乘势而上谋发展（中共上海交通大学八届四次全委扩大会议审议通过）》（2006年2月15日）。载《上海交通大学年鉴2007》（总第十一卷），上海交通大学出版社2007年版，第14-15页。

头,把相关部处的负责人和有关专家组织起来共同进行研究,并要求拿出切实的措施。力求形成领导班子带头、全校倡导和形成学习研究的风气,自觉用理论和思想成果指导和谐校园建设。

2005年12月和2006年12月,马德秀代表学校党委分别在教育部直属高校咨询会议、全国高校党建工作会议上作了《以先进性教育为契机推进一流大学内涵建设》和《加强高校基层党的建设,努力建设和谐校园》的交流发言,重点介绍了"以先进性教育为契机,加强领导班子思想政治建设,提高领导学校发展的能力"的做法和体会,受到与会代表的充分肯定。

校党委在抓好班子自身建设的同时,还十分注重加强各级干部队伍建设。

1994年,为保证学校的改革和可持续发展,同时积极为上海市乃至国家机关输送更多优秀干部或后备干部,学校出台了《关于加强后备干部队伍建设的实施意见》,并制订了《上海交通大学后备干部培养选拔制度(试行稿)》,以期建设一支数量充足、政治业务素质好、结构合理,年轻化的,在动态中保持相对稳定的校、院系、部处两级后备干部队伍。学校强调后备干部"要有全局观念、要有驾驭全局的能力,以及开拓进取意识强,有奉献精神,善于团结人,民主作风好"。[①] 对后备干部培养的具体形式有"到党校进行政治理论培训,(校、教卫、市委、中央党校)";"优先安排后备干部出国进修、考察,提高学术水平。在职攻读相应硕士或博士学位等";"让后备干部在实际工作中锻炼提高",具体为"见习锻炼,院、系、所等单位设置副职或助理岗位""挂职锻炼,校部机关设置挂职锻炼副职岗位""轮岗锻炼,党政部门、上下、校内校外之间""兼职锻炼,跨部门、跨专业、跨领域之间""参加专题(项)工作或调研活动等"。[②] 通过此项工作,学校建立起一支200名跨世纪的优秀人才队伍,其中100名是侧重于各级党政领导的培养对象,100名是侧重于各个专业学科带头人的培养对象。党委根据被推荐对象既有的基础和各单位的建议意见,有针对性地在思想政治、管理能力、专业发展等方面加强培养。

1998年第七次党代会后,学校建立了后备干部遴选制度。校级干部按1∶2,处级干部按1∶1建立后备干部队伍。同时,学校加强与上海市、区政府的联系,选派优秀青年干部到各区政府挂职锻炼。1999年,校党委进一步健全了干部选拔任用的民主程序,试行干部任前公示制及公开选拔领导干部制度和领导干部任职试用期制度,大力推进干部交流轮岗工

---

① 《关于加强后备干部队伍建设的实施意见》(1994年4月27日)。上交档:短期-2038。

② 《上海交通大学后备干部培养选拔制度(试行稿)》(1994年11月)。上交档:长期-5597。

2004年5月9日，学校公开选拔副校长竞聘面试会举行

作，进一步加强后备干部的培养与选拔工作，完善考核处级干部的机制。2003年10月底，学校出台了《上海交通大学干部选拔任用工作实施办法（试行）》，同时对《上海交通大学干部管理条例》进行了修订。两个文件对干部管理和选拔任用有关原则、任职资格条件，工作程序、工作纪律、公开选拔干部、干部任前公示制、干部任职试用期制、干部任期制，以及干部的考核、监督、培训、轮岗、交流、年轻（后备）干部建设等工作都作出了较为详尽和具体的规定。如公开选拔处级领导干部制度，"由校分管领导、有关部处领导和专家教授参加的应聘人员面试答辩会进行无记名投票，根据投票结果确定初步人选；与主管领导酝酿后确定考察人选；组织考察并进行民意测验；征询纪委监察部门意见并公示，最后报告党委常委会讨论决定"。[①] 2004年上半年，学校结合校行政副职和部分学院班子换届，面向校内外公开选拔副校长和招聘学院院长。这一举措，在全校树立了干部任用的一种新观念，增强了领导干部的责任意识和大局意识。

1991年，作为学校党建重要组成部分的中共上海交大党校成立。党校从战略高度，着眼于党的事业全局和交大未来建设发展需要，围绕学校上水平、创一流，构筑人才高地的中心任务，分别举办了入党积极分子、预备党员、组织干部、教职工党支部书记、中青年干部教师、中青年高级知识分子、党外干部、留学归国人员等多个培训班、研讨班，逐步形成了一套较为完整的、覆盖各类人才的、富有针对性的培养体系，造就了一支有丰富知识、政治强、业务精、会管理、具有扎实理论功底和创新精神的优秀中青年干部和教师队伍，成为培养干部人才和入党积极分子的重要阵地。

① 《上海交通大学贯彻执行〈党政领导干部选拔任用工作条例〉情况自查报告》（2003年12月11日）。上交档：2003-DQ13-019。

2002 年 4 月，上海交大党校第五期中青班结业典礼举行

在抓班子和干部队伍建设中，学校围绕“上水平、创一流”中心工作的同时，认真推进党风廉政建设和反腐倡廉工作。学校加强教育，构筑反腐倡廉拒腐防变的堤坝，完善党员领导干部廉洁从政的行为规范。以领导干部廉洁自律为主线，做好反腐倡廉工作；制订、完善多项党风廉政建设的制度、规定，加大从源头上预防和治理腐败的力度，每年开好党风廉政会议；依靠和发扬民主，健全法制来预防和治理腐败，学校通过教代会、民主党派季度座谈会、校长信箱、校领导接待日等方式，进一步拓展民主管理和监督的渠道；注重队伍建设，聘请部分老干部、教师担任特邀监察员和督察员，形成工作网络；坚持党委领导，各方配合，完善工作格局，形成整体合力，把党风廉政建设纳入院(系)、部(处)年终考核内容；与二级单位签署党风廉政建设承诺书，对处以上党员干部开展警示教育等。

1992—2006 年的 15 年间，领导班子团结一致，具有强烈的改革意识和责任意识，做到专心致志搞建设，一心一意求发展，有战斗力，出创造力，产生凝聚力，在学校各项工作全面推进中，发挥了领导核心作用。校党政领导班子带领党内外广大干部及师生员工，努力以高度的政治敏锐性和深邃的发展战略眼光，规划与指导学校的改革和发展，抓住“211 工程”“985 工程”、高校布局和结构调整等重大机遇，不失时机推进学校建设与发展，为创建世界一流大学而作出努力。

二、党内思想理论教育

坚持开展并加强党内的思想理论教育，是学校党建的中心环节之一，也是学校创建具有中国特色的世界一流大学的内在需要。党内教育从干部、党员思想实际出发，着力于提高干部、党员的素质和能力，以学习贯彻十四大、十五大、十六大精神为主线，学习《邓小平文选》第三卷、江泽民“三个代表”重要思想、胡锦涛有关科学发展观重要讲话，并按照中央统一部署，开展“三讲”教育、共产党员先进性教育。

1992 年初—1993 年 10 月，学校组织师生员工学习邓小平视察南方讲话和中共十四大文件，强调在全面领会精神的基础上，着重理解建设中国特色社会主义的思想路线、根本任务、发展动力等论述，进一步解放思想、转变观念，积极投身学校改革实践。

1993 年 10 月《邓小平文选》第三卷出版后，校党委组织全体党员分阶段、分层次、分专题进行学习和讨论。1994 年 3—4 月，按照党的十四大提出的从严治党的要求，在全校党支部、党员中展开党员“评议”活动，用邓小平建设有中国特色社会主义理论武装全体党员，提高党员党性和在社会主义市场经济体制下执行党的基本路线的自觉性与坚定性。通过这项活动，全校党员“进行了一次严肃认真的党内民主生活”，“针对经济体制转轨过程中出现的消极腐败现象进行了一次初步有效的党性教育”，“认识到了新时期党员应有的标准，增强了党员干部的工作责任心”，“密切了党群关系，发扬了党内先进，增强了党支部的凝聚力”。[①] 党委按照党章规定，“认真严肃处理了不合格党员 3 人”。[②] 同时学校结合“评议”，深入开展新时期共产党员标准讨论活动和“双最”（我最佩服的共产党员，我最受感动的一件事）推荐活动，寻找身边的闪光点，弘扬交大党内先进性，尤其是新时期共产党员的价值取向——创新与奉献精神。

1994 年，党的十四届四中全会《关于加强党的建设几个重大问题的决定》对党建提出了历史性的新任务。学校学习落实《决定》精神，实践党建新的伟大工程，坚持把思想建设放在党建首位；坚持和健全民主集中制；加强和改进党的基层组织建设；抓紧、抓好德才兼备的干部队伍建设。

1995 年，校党委在全校党员中开展了建设有中国特色社会主义理论和党章学习活动。

① 《王宗光同志在全校民主评议党员总结大会上的讲话》(1994 年 4 月 19 日)。上交档：长期- 5602。

② 《上海交通大学志》，上海交通大学出版社 1996 年版，第 751 页。

学习活动的主要内容有:邓小平关于建设中国特色社会主义理论的著作、《中国共产党章程》、党的十四届四中全会通过的《关于加强党的建设几个重大问题的决定》。活动采取全校党员分批分期进党校轮训、专题辅导报告集中安排、自学讨论分散进行等方法,“每期党员轮训,以分党委、总支、直属支部或部、处分班,由分党委书记、总支书记、直属书记或部、处党员领导干部为班主任;以党支部分组,党支部书记为组长。每期轮训时间不少于40学时,每周安排4至6学时,学习时间跨度7至8周”。[①] 活动达到了用建设有中国特色社会主义理论武装全体党员头脑,把握方向,用党章来规范党员言行,形成合力的目的。

1998年4—12月,校党委采用分散、自学和短期脱产集中学习相结合的办法,组织党委中心组全体成员进党校参加邓小平理论读书班。在8个月的时间里,大家读原著,听报告,找问题,搞调研,写论文,坚持学以致用,促进了领导干部思想观念和工作方面的转变。中心组成员围绕学校加快上水平创一流,提出了许多独到见解的新思路,有力推动了全校深入学习邓小平理论高潮的形成。

2000年4月10日,学校召开“三讲”教育动员大会

2000年学校“三讲”教育分校级领导班子和院(处)级干部两个层次,并分“思想发动,学习提高”“自我剖析、听取意见”“交流思想、开展批评”和“认真整改、巩固成果”四个阶段进行。

通过“三讲”教育,全校领导干部接受了一次系统而深刻的党性和党风教育,校领导班子和各级领导干部的政治思想、理论水平有了新的提高,精神面貌更加振奋,工作干劲更加高昂,收到了“坚定理想信念,开拓世界眼光,培养战略思维,增强大局意识,提高党性修养”[②]的效果,为学校加强和改进党的建设、促进学校

① 《关于全校党员中开展建设有中国特色社会主义理论和党章学习活动的实施意见》。上交档:长期-5893。

② 《上海交通大学“三讲”教育工作总结》(2000年7月12日)。上交档:2001-DQ13-043。

改革与发展起到了积极的作用。

8月28日，王宗光代表学校在全国“三讲”教育工作会议上作交流发言，上海交大“三讲”工作的成功实践得到与会者的一致好评。

2001年6—7月，根据上级党组织安排，学校开展“三讲”教育“回头看”活动。校领导班子对“三讲”以来整改措施落实情况进行了认真的讨论和分析，同时自查自看本人“三讲”整改措施落实情况。在深入回顾思考的基础上，校领导班子召开自查自看专题民主生活会，对存在的问题开展严肃的批评和自我批评，进一步完善整改措施，形成了《上海交大领导班子“三讲”教育“回头看”整改意见》。7月，参照校领导班子要求，落实各院（系）、部处和直属单位处级干部“三讲回头看”的整改意见和措施。除了严格执行在“三讲"整改中推出的《关于进一步精简会议和减少事务性活动的若干规定》《关于进一步密切联系群众，加强调查研究工作的若干规定》等制度以外，学校还建立和健全校情通报制度、群众来信答复制度等，恢复和健全了校务委员会、学术委员会工作制度，在学科结构调整、“985工程”建设、闵行校区新一轮发展、学校“十五”建设规划等重大发展战略问题上充分听取专家学者的意见。同时，重视和加强对教代会的领导，充分发挥教代会的作用，健全学院二级教代会。

2001年9月—10月中旬，学校在全校党员中开展了以学习江泽民“七一”讲话为主要内容的学习教育活动。学校组织广大党员学习“三个代表”思想和“七一”讲话，成立了“三个代表”学习宣讲团，并举办十多场次的录像和报告会，下发学习辅导教材和编写学习讨论提纲等。2002年6月，学校开展学习“三个代表”、实践“三个代表”、迎“七一”、迎接党的十六大为主题的双迎教育活动，在全校党员中掀起学习党的十六大精神和“三个代表”思想的高潮。

2003年，校党委有重点、分层次地组织党员干部，通过学习宣讲、组织讨论等形式，开展以学习《“三个代表”重要思想学习纲要》、胡锦涛“七一”讲话为主要内容的教育活动。

2004年，校党委结合深入贯彻十六大精神，加强党内思想教育，组织发动基层各级党组织积极参与，学习《关于加强党的执政能力建设决定》《关于构建社会主义和谐社会若干重大问题决定》《江泽民文选》、社会主义荣辱观、胡锦涛在中央党校省部级干部进修班上重要讲话和科学发展观，有力促进了党的执政能力建设和广大党员的思想政治素质。

2005年7—12月，根据上级党组织的安排，学校开展了保持共产党员先进性教育活动。全校分党委（党总支）、基层党支部，党员紧紧抓住学习实践“三个代表”重要思想这条主线，

2005 年 11 月 23 日,上海交大先进性教育活动总结大会召开

紧密联系实际,分步实施推进,做到中心工作不耽误,促进发展出成绩,顺利完成了学习培训、分析评议、整改提高三个阶段 13 个环节的各项任务。

通过先进性教育活动,学校广大党员普遍受到了一次生动的马克思主义教育和党性锻炼,思想政治素质有了新的提高。基层党组织,特别是党支部的组织建设得到了新的加强,凝聚力和战斗力进一步提高。各级领导班子的思想政治建设和党风廉政建设也得到了新的加强,班子团结蔚然成风,党员干部全心全意为人民服务的宗旨观念和执政为民的理念进一步增强,服务基层、服务师生的工作力度明显加大。学校各项工作得到了促进,在科学发展观和自主创新思想理念的指导下,创新人才培养、科学研究和服务社会全面推进。

三、基层党组织建设

1991 年底,学校有党总支 38 个、党支部 233 个、党员 3 094 名。[①] 学校党委对如何发挥党支部战斗堡垒作用、增强党支部的凝聚力和战斗力高度重视,在实践中加强研究和探索,并取得了实在的建设成效。

1992 年 6 月 29 日—7 月 4 日,党委书记王宗光、光纤技术研究所党支部书记陈恭启参加由中共中央宣传部、中共中央组织部和国家教委在北京联合召开的全国高校党建工作会议。陈恭启是出席这次会议的全国唯一的基层党支部代表,并在会上作了题为《围绕中心工作,抓好自身建设,增强党支部的凝聚力和战斗力》的经验介绍。中组部副部长赵宗鼐在会议总结报告中说,上海交大光纤所支部的经验"值得借鉴,值得学习"。[②]

---

① 《上海交通大学一九九一年中国共产党党内统计年报表》。上交档:永久-1614。

② 《上海交通大学纪事(1896—2005)》(下卷),上海交通大学出版社 2006 年版,第 995 页。

1993年,随着社会主义市场经济转型,学校党支部尤其是教工党支部建设遇到了不少新的矛盾和问题,如在基层单位推行承包机制,责任到基层单位、考核到人后,教工积极性调动起来了,但基层单位的整体调控能力跟不上;人际关系出现了以"金钱"为权重的趋向。一些党员组织观念淡漠,个别党员追求利益,把市场经济等价的交换原则带进党内生活,造成不良影响。面对这些新矛盾、新情况,有不少党支部书记感到自己思想水平、工作能力跟不上,存在着"思想工作做不进,困难解决不了"的畏难情绪。

为此,党委加强对党支部书记的教育培训,要求党支部书记在指导思想上确立"一个新观念",就是把解决本单位改革与发展中遇到的难点作为党支部工作的重点;在精神状态上要发扬"两种精神",即发扬创一流的事业精神和敢试敢闯的开拓进取精神;在工作思路上注重"三个方面":一是从加强党员的思想教育入手,把工作抓到实处;二是运用邓小平理论,有针对性地解决党员思想认识问题;三是充分发挥党员先锋模范作用,强调党员要增强党性,坚定理想信念,坚持正确的价值观。

1993年10月21日—11月26日,校党委在党内开展"忆伟人思想、抓基层党建、促目标实现"的活动。这次活动是在学习毛泽东、邓小平、江泽民关于党的基层建设的论述基础上,深入研讨在社会主义市场经济体制下高校党支部如何发挥政治核心、战斗堡垒作用,总结新经验,探索新思想,研究新举措。校党委将新体制下如何发挥党支部核心作用归纳为"武装、参与、渗透、凝聚"8个字。"武装",就是用邓小平建设有中国特色社会主义理论武装党员和群众;"参与",就是积极参与本单位重点问题的讨论决定;"渗透",就是党的思想政治工作渗透到实现本单位的各项目标和任务中去;"凝聚",就是要有效地发挥党支部凝聚人心的功能。

1994年9月,电子工程系党支部被列为上海市教卫系统"凝聚力工程"试点单位,学校随后又确立计算机系等三个党总支、实验室处等9个支部为校内凝聚力工程试点单位,加强基层组织建设。"凝聚力工程"是指建立基层党组织关心群众的工作机制,使基层党组织在发展社会主义市场经济的新形势下,走出一条从关心群众入手,加强思想工作的新路子,进而推进基层党建的其他工作,增加基层组织的凝聚力、吸引力、战斗力。

电子工程系党总支"以凝聚求发展,以发展增凝聚",积极走向社会,走向市场,寻找机遇,抓住机遇,求得发展,成功地完成了几个重大科研项目,在若干学科建设方面有所突破,鼓舞了士气,凝聚了人心。同时,在关心人的工作上,他们区分不同情况,对退休教师、家庭经济条件差的学生、患病同志、青年教师的困难有针对性地开展工作。计算机系党总支领导班子成员做群众的榜样,以人格的力量感召教职工,给党员干部尤其是青年党员压担子,使他们在全系的工作中起重要作用,迅速成才,并带动更多的青年教师。他们在“关心人、凝聚人、送温暖”方面干实事,形成一种温暖、舒畅的工作环境和气氛,为教学、科研出成果、上水平添加润滑剂。应用数学系党总支以不断深化改革和发展的新目标来激励人,鼓舞人,把人心凝聚到上水平,创特色的奋斗目标上来,精心营造宽松的学术环境、宽容的人际环境和宽敞的生活和工作环境。他们通过了解人、关心人,密切了解、妥善处理党群、干群关系,各项工作出现了新的局面。实验室处党支部把了解人、关心人的工作与党的全心全意为人民服务的宗旨结合起来,从每一件具体的、实实在在的小事做起,用党员干部的表率作用带动群众,提出“要求群众做到的,干部必须先做到;要求群众不做的,干部必须先不做”。机械系专业党支部着眼于大学科建设,把支部工作定位在专业上水平的起点上,积极配合行政开展工作,做到工作上分,目标上合。他们还通过党员作用的发挥,将联系和关心群众工作纳入制度轨道,形成了“凝结剂”。后勤党委闵行劳动技术服务中心党支部认真分析全体职工的情况,找出了诸如身体情况最差的、生活最困难的、家庭关系最紧张的“六最”职工,在寒假期间进行家访,在经济上给予适当补助。他们在建立党支部关心群众的工作机制时,提出要“从生活上、工作上、心理上、政治上和思想上等方面全方位关心人”。[①] 船舶及海洋工程系本科生党支部形成了以学生党支部为核心的学生思想工作体系,建立了年级“党员责任区”和“入党积极分子责任区”,关心和了解学生的学习和生活,及时反映学生的意见和要求,帮助学生解决实际困难,使党支部增强了凝聚力。

基层党组织在建设“凝聚力工程”过程中,都从关心群众入手,从领导干部、党员骨干带头做起,紧紧围绕本单位的发展和学校“上水平、创一流”目标来开展,调动起广大干部、党员和群众有效地完成本单位的中心工作。基层党组织在努力创造一个奋发向上、宽松和谐的工作环境,少说空话,多做实事,尽力为教职工排忧解难等方面都作了非常有益的探索和实践,形成了各自的特点。通过建设,增强了党组织的凝聚力、吸引力、战斗力,党的威信有了很大提高。

1996 下半年,学校党委举办了基层党支部建设学习研讨班,对全校院系、教工党支部和直属党支部状况作了调查研究,完成了《加强院、系教工党支部建设的工作调查和改革研究》报告,不仅为推动党支部建设上新台阶打下了基础,而且有力促进了党支部主动适应社会主义市场经济的发展,紧紧围绕学校上水平、创一流这一中心任务,积极、主动、自觉地开展工作。

---

① 王宗光:《在建设“凝聚力工程”工程试点单位交流暨进一步开展动员大会上的讲话》。上交档:短期- 2128。

2001年,学校以“三个代表”重要思想为指导,以党员先进性教育为抓手,发挥党支部的战斗堡垒作用和党员先锋模范作用。2002年5月,党委发动全校各基层党组织,以党支部为主体,开展“学习三个代表,实践三个代表,迎七一,迎接党的十六大”为主题的“双迎”教育活动。6月,各基层支部、全体党员围绕怎样创建有创造力、凝聚力、战斗力的党支部,怎样过好组织生活,怎样做入党积极分子的引路人,怎样做党支部书记,怎样做群众欢迎的党员等几项内容,开展重温入党誓词、参观革命传统教育基地、参观改革开放建设成就展、组织师德师风讲座和师德标兵评选、“我为党旗增辉”等各具特色、生动多样的活动。

2003年3月28日,校党委下发了《关于开展“忠实实践‘三个代表’,争创学习型创新型党支部”主题活动的通知》,提出开展主题活动要立足一个“实”字、突出一个“新”字、讲究一个“情”字、坚持一个“严”字的具体要求。各基层党组织按照党委的统一部署,组织开展了各具特色的活动。

2004年1月17日,在学校党委七届九次全委会上,党委明确提出“创新思路,以改革的精神加强基层党组织建设”,要求“基层党组织必须适应新形势、新任务、新要求,创新思路,结合开展党员先进性教育,切实改进活动内容和工作方式,明确任务,找准位置,坚持把工作的重点定位在为教学科研服务、为广大党员和师生员工服务上来,坚持把党建工作渗透到教学、科研和育人工作中去。要从增强党自身的凝聚力入手,认真研究提高基层党组织生活质量的措施办法,使组织生活能够真正贴近当前工作,在内容上求实,在形式上求活,在方法上求新,切实保证质量和效果;认真研究落实党支部参与系(所)决策和党员发挥民主权利的制度措施,同时加强党支部书记队伍建设,坚持把政治素质过硬、业务能力强、群众威信高的同志选配到教职工支部书记岗位上来,使党支部能够真正成为凝聚、带动党员和群众团结奋进的坚强战斗堡垒”,“各级党组织都要坚持贴近实际、贴近生活、贴近群众,紧紧抓住发展这个主题,把广大师生员工的根本利益实现好、维护好、发展好,关心离退休老同志,努力为师生员工办实事、解难题。学校的各项工作都要体现以人为本的办学宗旨,尊重师生的需要,尊重师生的价值,尊重师生的劳动和创造,最充分广泛地调动师生员工的积极性,不断把精神文明创建活动和校园文化建设推向深入”。①

在2004年12月召开的学校第八次党代会上,党委进一步提出“加强党的基层组织建

---

① 马德秀:《继往开来,奋发有为,开创学校改革发展新局面》(中共上海交通大学七届九次全委扩大会议审议通过)(2004年1月17日)。《上海交通大学年鉴2005》(总第九卷),上海交通大学出版社2005年版,第11－12页。

设,不断巩固和扩大党在学校的群众基础”,要求“根据基层党组织建设面临的新情况新问题,合理调整组织设置,将党的基层组织建设与新一轮学科调整和大平台建设更好地结合起来;重点抓好教职工党支部和研究生党支部建设;下大力气选配好基层党支部书记。分党委(党总支)要发挥政治核心、参与决策和保证监督作用,增强党建和思想工作针对性和有效性;基层党支部要改进工作方式,创新活动内容,提高支部生活的质量,充分发挥服务群众、化解矛盾、凝聚人心的作用,真正成为中央所要求的‘三个代表’重要思想的组织者、推动者和实践者”。①

2005年,通过先进性教育活动,基层党支部的建设得到了新的加强,凝聚力和战斗力进一步提高,党的优良作风得到进一步发扬,广大党员、各级干部全心全意为人民服务的宗旨观念和执政为民的理念进一步增强,服务基层、服务师生的工作力度明显加大。2006年,生命学院党总支获全国先进基层党组织和上海市先进基层党组织称号。

十多年中,学校党委在重视基层党支部建设和发挥共产党员先进模范作用的同时,加强发展党员工作,要求把做好在大学生和青年教师中发展党员工作作为加强基层党建的一项重要任务,摆在突出位置抓紧抓好,通过各项措施,及时把优秀大学生和青年教师吸收到党内,凝聚到党的队伍和事业中来。到2006年底,学校已有38个分党委(党总支)、685个基层党支部,18 568名党员。② 党的基层组织建设得到了切实加强。

第二节 学生思想政治工作

一、学生党建与思想政治教育

1994年,学校提出学生党建工作应从一年级开始抓起,逐步做到一年级班有党员,年级有党小组;二年级班有党小组;三、四年级班有党支部。之后几年,以“校党委—院(系)党总支—(年级或班级)党支部—党员”为主线的工作体系较好地发挥了学生党支部战斗堡垒作用和学生党员先锋模范作用。

为了加强对学生党建工作的宏观指导、整体规划和统筹协调,充分地发挥学生党组织和学生党员的作用,学校于2001年8月成立了中共上海交通大学学生工作委员会。

---

① 马德秀:《振奋精神 开拓创新 为加快建设世界一流大学而努力奋斗——在中共上海交通大学第八次代表大会上的报告》(2004年12月28日)。《上海交通大学年鉴2005》(总第九卷),上海交通大学出版社2005年版,第26页。

② 《2006年中国共产党党内统计年报表》。上交档:2006-DQ13-014。

学生工作党委在学校党委的统一领导和协调下，围绕学生党建工作的中心任务和工作目标，着眼于发挥各部门的作用在学生党建工作形成合力，提出了一系列工作思路，明确要求“加强学生党支部建设，扩大学生党员数量，提高学生党员质量，有计划地将学生党建工作向学生生活园区拓展”①。在纵向层面上，建成了“学校党委—学生工作党委—院系党委(党总支)学生工作组—学生党支部”四级学生党建组织构架；在横向层面上，学校党委根据本科生、研究生和高、低年级的不同特点，结合各院系自身实际组建了多种类型的学生党支部。本科生低年级以年级为主设置支部，三、四年级以班级为主设置支部；根据研究生学习和科研的实际情况，把研究生支部建在学科梯队上。此外学校还在楼栋、社团、网络等学生活动空间，在海外交换生、支教团等项目团体，在国防生、民族生等学生群体中建立工作党支部，形成“立体式”“全覆盖”的学生党员教育、管理和发展工作模式。

为了加强学生党支部建设，学生工作党委提出创建“学习型、创新型”党支部的建设目标，并设立“党支部建设创新奖”，鼓励学生党支部在推进规范化建设，活跃组织生活，开展思想、组织、作风建设等方面，大胆创新。学生党支部紧扣时代脉搏，以学习实践“三个代表”重要思想为主题，组织开展了“学习十六大精神”“双学双争”“争创学习型创新型党支部”“学生党员先进性教育”等多种形式的主题教育活动，强化了党支部建设，促进了党员凝聚广大学生、发挥先锋模范作用，夯实了学生党员发展工作的基础。

2001 年 8 月，学校在成立学生工作党委的同时，成立了青年马克思主义学校。青年马克思主义学校细分教育对象，突出针对性，对于学生入党积极分子、预备党员和新生党员三类对象，在教育培训的内容和形式上有所侧重，同时有针对性地开设了面向思政教师、学生党支部书记和学生干部的各类培训班。青年马克思主义学校紧扣时代主题，凸显时代性，邀请校领导、长江学者和知名教授等上党课，初步建立了一支以兼职教师为主、理论和实践相结合的师资队伍；加强教材建设，强调理论性，先后组织编写了以新党章为基础的《入党积极分子培训教材》《预备党员教育读本》等。青年马克思主义学校开辟了学生党建教育培训的新阵地，为推进学生党员发展工作做出了积极贡献。

为了保证学生党员的质量，学校坚持“早播种、早选苗、早培养”和“重在培养、主动建设、积极推进”的工作思路，在选苗培养、考察培训、发展转正等环节，做到程序严格、手续完备，

---

① 《上海交通大学年鉴 2002》(总第六卷)，上海交通大学出版社 2002 版，第 93 页。

2005 年 7 月 18 日,学校举行"学生 党员 旗帜——我看学生党员先进性"活动

在发展党员工作的多年实践中,形成了入党联系人制度、民主评议制度、面试答辩制度、公示制度以及责任追究制度等五项规范性制度。

理想信念教育是大学生思想政治教育的核心内容,学校坚持用先进理论在思想政治上对学生加以引导、培养和教育,使大学生正确认识社会发展规律,认识国家前途命运,认识自身社会责任。

1993 年《邓小平文选》第三卷发行之际,学校 20123 班学生致信上海市委书记吴邦国,汇报该班学生学习《邓选》第三卷的体会,表示大学生要做学习邓小平理论的标兵。吴邦国在信上批示:"谢谢 20123 班团支部的来信,我深信邓小平同志开创的改革开放年代一定会为同学们提供广阔的舞台。"校党委迅速推广 20123 班团支部的做法,重视邓小平理论进教材、进课堂、进头脑的"三进"工作,在全校掀起学习热潮。12 月,共青团中央在上海交通大学召开了全国大学生学习邓小平理论动员会,从而掀起了全国大学生学习邓小平理论的热潮。

1994 年 9 月,上海市教卫党委、上海市高教局确定上海交大为全市六个进一步深化高校"两课"(马克思主义理论课和思想政治教育课)改革试点单位之一。改革在"两课"的教学内容和形式上做了比较大的变动,将原来的"两课"分为公共必修课(主课)与公共指定选修课(辅课)两大部分,形成主辅结合的三个层次的课程教学体系。第一个教学层次是单独系统开设主课《邓小平理论教程》课,替代原有的《中国社会主义建设》课。第二个教学层次是侧重于各门理论课结合自身学科的特点和学生思想实际,努力体现邓小平理论相关内容的课程。第三个教学层次是开设与邓小平理论相关的辅课。

学校还实行了课后"六个结合"学《邓选》的操作模式,即积极引导,结合基层活动学《邓选》;培养骨干,结合学生亲身体会学《邓选》;营造气氛,结合全校性活动学《邓选》;强化理论,结合"两课"教学学《邓选》;走向社会,结合社会实践学《邓选》;启发自觉,结合理想使命学《邓选》。这一模式营造了校园学习邓小平理论的氛围，激发了学生学习邓小平理论的自觉性。

1996 年 4 月 30 日，上海交通大学“学生邓小平理论研究会”宣告成立，首批会员为 614 人，这是“全国最早成立的属于学生自己的邓小平理论研究会”。[①]“邓研会”以“用邓小平理论铸就当代青年的信仰”[②]为宗旨，把运用理论、知行统一、服务社会、成才报国作为根本任务。“邓研会”针对本科生到硕博研究生分别提出热爱、学习、研究理论的不同要求，强调和主张学理论必须坚持以通读原著和认真做笔记方式为主的自学，并通过学习班、讲座、邓研沙龙、“小红帽志愿服务活动”等形式，使邓小平理论进一步深入大学生头脑，用邓小平理论来武装自己的头脑，指导自己的人生，把自己培养成为掌握现代科学技术、具有较高思想道德水平的优秀建设者和接班人。

1999 年 6 月 12 日，上海交通大学学生邓小平理论研究会第三届年会召开

2001 年，在中国共产党成立 80 周年纪念大会上，江泽民代表党中央所作的“七一”讲话在青年学生中引起积极反响。该年暑假社会实践结束后，根据各地归来的学生们假期所见所闻的体会，学校又成立了由博士生、硕士生和本科生共同参与的学习“三个代表”重要思想并用于指导实践的社团——“三个代表”实践团，并在各院系设立分团。实践团成立后，他们走访西部贫困山区、义务服务上海民工子弟小学、发动爱心捐助活动，以自己实际行动延续了老交大人爱国爱民的优良传统，在社会上引起很大反响。

2002 年，学校把学生邓小平理论研究会整合为学生理论学习和研究组织，把“三个代表”实践团整合为理论宣传和实践组织。

大学生军训是根据《中华人民共和国兵役法》和《中共中央关于教育体制

① 上海交通大学学生工作指导委员会：《上海交通大学改革与发展（1992—1998）》，上海交通大学出版社 1998 年版，第 590 页。

② 王宗光题词（1998 年 1 月 1 日），载《上海交通大学学生邓小平理论研究会会刊——邓研》。上交档：1998－DQ14－022。

改革的决定》的要求进行的,是学生接受国防教育的基本形式。1987 年起,军训成为上海交通大学大学生的一门必修课。学校紧紧围绕人才培养核心,通过军训对学生进行思想政治教育,树立“永远跟党走”的意识,提升学生整体素质,培养吃苦耐劳品质、纪律观念和集体主义精神,进一步凸显军训的实践育人功能。

学校历届党政领导高度重视军训工作,将军训作为育人的一个重要环节,列入学校教学计划,每年专门召开会议进行研究、部署,并成立由分管学生工作的党委副书记为组长的军训领导小组,领导、组织、协调军训的开展,同时建立一支责任心强、有丰富教学管理及学生思想政治工作经验的,由学校管理干部、教师及部分高年级学生干部组成的参训教师队伍,担任团、营、连的各级干部。20 世纪 90 年代初期开始,学校的军训分为两个阶段。第一个阶段,先挑选学生骨干进行为期一周的“小班长集训”,达到“三会两能”,即“会讲、会示范、会做思想政治工作,能组织指挥、能纠正动作”。[①] 第二阶段,全校参训学生进行训练。学生骨干经过集训后,在军训中担任小班长,成为教官的好帮手。“小班长集训”的做法得到教育部、总参、总政的高度肯定,不仅弥补了承训官兵数量不足,确保军训质量,还为学校培养了一大批学生骨干。军训中成长起来的

1998 级学生军训动员大会举行

① 《以“育人”为宗旨开展军训,造就新时期合格人才》(1995 年 10 月 1 日)。上交档:长期-6096。

小班长，更懂得如何理解同学、团结同学、号召同学，带领同学争得荣誉，在以后的学习生活中大都成为班级、院系的骨干。《上海国防》杂志曾对学校军训小班长的创新举措进行报道。

思想政治工作是军训的重要组成部分。在军训团临时党委的领导下，学生们开展各类活动，加强爱国主义、集体主义教育，突出“爱国荣校”精神。20世纪90年代初期，军训中推出了“三评五赛五优”活动，“三评”是评黑板报、评广播稿、评军训简报，“五赛”指内务卫生赛、军事技能赛、国防知识赛、军营讲演赛、革命歌曲歌咏赛，“五优”为优秀连队、优秀指导员、优秀小班长、优秀学员、优秀通讯员。这些活动增添了军训“争先创优”、生龙活虎的气氛，也带动了学生训练中争第一、思想上求进步。从1994年起，学校规定，军训期间坚持以连队为单位每天升国旗，激发每一位参训人员的爱国热情。1997年，“军校合力　精心组织大学生校园军训”项目获上海市教学成果一等奖。2001年11月，学校被教育部、总参、总政授予全国学生军训先进单位。

二、完善学生工作体系及思政工作队伍建设

经多年实践，学校学生工作逐步形成和完善“党委统一领导、党政群齐抓共管、有关部门负责、全员共同参与”的领导体制和“部门联动、分工合作、合力共育”的工作机制。

1986年，学校成立学生工作指导委员会(简称学指委)。1999年，随着学校机构改革的总体部署，新的学生工作指导委员会合并了原学指委、学生处、研究生院管理处、思政研究室、闵行校区第三办公室等机构，并与团委、武装部合署办公，增强了全校学生工作的合力。学指委下设素质教育中心、学生管理中心、就业指导中心和社区服务中心四个中心，强调以“学生为本”的管理功能和服务意识，确立学生工作教育、管理、服务并重的指导思想。

2001年学生工作党委成立后，将党团建设、帮困助学、就业指导、心理辅导、网络引导、素质拓展、社会实践、创新创业、军政训练和生活园区管理等学生在校学习生活期间的“第二课堂”教育全部归口到学指委。同时，学指委根据学校整体规划和要求，协调各执委单位，针对学生工作实际，积极探索与研究学生工作的规律和对策，融合全校学生的教育、管理和服务等内容，形成了“全校一体、多方参与、各部对流”的工作思路，构建了为促进学生全面发展、成长成才的“三大平台”，即由学生工作党委牵头的学生思想政治教育与品格培养平台；由团委牵头的学生素质与能力发展平台；由学生处牵头的学生管理与服务平台。三大平台相互协作、相互补充、相互支持，构成完整学生工作体系，有效地促进了大学生思想政治教育的全面实施，整体推进。

为了加强学生思想政治工作，学校对专业教师、“两课”教师以及思政教师这三支队伍高

度重视,要求专业教师做到“教书育人”,还重视“两课”教师和思政教师这两支队伍的建设。

对“两课”教师,学校通过加强培训、加强学科建设以及加强师德师风建设等措施提高其整体素质。通过为“两课”教师提供在职攻读学位、短期脱产进修、专业技能培训、参加各类学术会议、出国接受培训等各种机会,使“两课”教师在学历、知识面、理论修养上不断提高。为资助教师出成果,学校每年设立专项“两课”科研基金,帮助教师出版专著、教材或完成课题,由此涌现出一批有影响的科研成果,提高了教学质量。学校加强“两课”教学的实效性、改革“两课”教学的内容与方法,建立了集体备课制度和听课制度。学校还聘请资深教师担任教学督导,不定期进教室听课,督促师德师风和教风学风建设的情况。同时,学校还建立了教师自评与学院评议、学生评议相结合的检查、评议制度,对“两课”教师的教学态度、方法、效果等进行综合评价,并作为教师晋升和评聘职称的依据之一。

思政教师工作在思政教育工作的第一线,是广大学生亲密的师长和朋友,他们的政治素质、精神境界、学识修养直接影响学生的成长。1994 年,学校党委明确了思政教师队伍是学校“人才库、干部库”的战略地位,确定了“政治信仰坚定、思想品德高尚、业务素质优良”的建设目标,还对这支队伍提出了做好工作、有所作为的要求。思政教师的主要来源是本校应届毕业本科生和研究生。除此之外,还有本校思政专业双学位毕业生,也从外校引进一些文史类、心理学类硕士毕业生。为保证队伍的质量,学校组织专门的工作小组负责每年两次的思政教师选留或引进工作,并制定了一整套科学、严密的选拔指标体系,从思想、业务、素质、能力各方面全面考察。考察在本人志愿申请、学院推荐的基础上,进行第一轮筛选,再由相关部门的领导组成考察组进行统一面试。为确保公平、公正、科学和合理,筛选和面试结果均张榜公布,直接听取广大师生员工的意见再最后确认。

十几年来,学校制订了一系列制度,包括岗前培训制度、参加军训和社会实践制度、业务学习制度、党校轮训制度、参加思政科研制度以及考核表彰制度,逐步加大对思政教师的培养力度,并对思政教师的事业、学习、生活等给予充分的关心,用感情激励人,用事业凝聚人。2003 年,为提升思政队伍的理论水平,学校出台了《思政教师发表论文奖励办法》,积极鼓励思政教师参与论文课题研究。2004 年,为贯彻《中共中央国务院关于进一步加强和改进大学生思想政治教育的意见》,学校出台了《关于思政教师贴近学生做好思想政治教育工作的若干意见》,要求每位思政教师在自己工作职责内,每学期应有一项创新或特色工作,要求有创新点、有亮点;出台了《上海交通大学思政工作研究奖励办法》,激励和要求每位思政教师结合工作要求开展思政研究。2005 年,学校以队伍建设为保障,强化人才培养绩效内涵,设立思政队伍发展基金。至 2006 年 9 月,“全校专职思政教师总人数达 181 名,兼职辅导员

210名，学生总数32 074人，配比1∶82；硕士及以上学历达68%，党员的比例达到100%”。[①]他们在政治理论学习、党团建设、奖惩助贷、学籍管理、就业指导、课外科技活动、社会实践，心理辅导、学风建设、生活管理、校园文明建设等方面倾注了很大心血，对学生的全面素质特别是思想政治素质的培养起到了重要作用。

三、思想政治工作“新三进”

进入21世纪，大学生日常生活的寝室、教室、食堂的“三点一线”逐渐被学生生活园区、学生社团以及互联网络这三大公共环境所取代。基于此，2000年1月，党委在召开的第七届四次会议上，正式提出了“思想政治工作要进社区、进社团、进网络”[②]（简称思想政治工作“新三进”）的工作思路。

随着学校后勤社会化改革和全面学分制的逐步推行，班级的概念逐步淡化，宿舍成为学生生活和活动的主要场所，学生生活区成为校园社区，它的重要性日益凸显出来，思想政治工作的阵地逐渐向社区转移。2001年底，学生工作党委成立了生活园区工作党支部和楼幢工作党支部，制订了《上海交通大学学生生活园区楼栋工作党支部工作条例》。生活园区实行生活指导教师制度，从青年思政教师中选拔指导教师入住每幢学生公寓楼，担任学院的学生工作兼公寓团总支书记，将思想政治教育、党团建设、生活学习咨询、帮困、心理辅导、生活园区文化建设等深入到学生寝室。

生活园区党建工作开展“树立一面旗帜、唱响一种旋律、办好一件实事、奉献一片爱心、带好一帮同学”[③]的五个一工程，构建生活园区党建新模式。此外，学校还建立了宿舍楼党员责任区党建联系制度，以生活园区党员为核心，以所居住的楼层、套间为单位，形成一名党员学生联系5名左右入党积极分子，5名入党积极分子联系25名左右普通学生的“党员责任区”。责任区内，党员学生全面参与思想政治教育工作，学生们相互帮助、相互学习、共同提高，并在此基础上，结合本责任区的实际，开展特色活动。

2004年，学校制定了《上海交通大学学生生活园区党建“两级推优”制度》，由楼栋工作党支部和党员责任区对入党积极分子进行考察，推荐优秀积极分子参加青年马克思主义学校的学习、培训；同时，将表现突出的入党积极分子向所属学院（系）党组织积极推荐。

---

① 《上海交通大学加强大学生思想政治教育工作汇报》（2006年9月5日）。上交档：2006－DQ14－006。

② 王宗光：《坚定信心　团结奋斗　把学校的各项事业全面推向前进——中共上海交通大学七届四次全委扩大会报告》（2000年1月21日）。上交档：2000－DQ11－003。

③ 《上海交大在大学生生活园区实施党建“五个一工程”》（2002年11月14日）。上交档：2002－DQ11－012。

至此,学校生活园区完善了以思想政治教育为核心、学生参与为主要环节、社区文明建设为主要内容的学生社区管理模式,形成了楼栋生活指导教师、学生党员干部、宿舍管理员三支队伍构成的育人平台,将社区文化与校园文明结合起来,营造了健康向上的生活园区氛围。

2001年,为加强对学生社团的领导,学生工作党委在学生社团联合会设立了工作党总支。学校对各类社团落实了"四有",即有专门的指导教师、有挂靠的业务指导部门、有完备的内部组织和考评体系、有起到核心作用的党团工作,做到"纵有组织依托,横有分类指导"。指导老师均为具有学生工作经验的党员或党务工作者,一方面通过理论学习提高学生观察问题能力,另一方面建立了社团活动实时汇报的反馈制度,规范学生社团的监督和管理工作。

学校在凡有3个以上党员参加的社团中都成立了党小组。学生党员除在所在支部过组织生活外,还要在社团的党小组过组织生活。为了起好引导作用,学校在每一大类中积极支持一个骨干社团,如政治理论类的学生邓小平理论研究会、公益道德类的青年志愿者服务总队、科技创新类的学生科技协会、文艺体育类的学生艺术团、素质拓展类的大学生心理发展协会。

学校规定,所在学院学生党支部要发展社团内的优秀团员入党,必须由社团团支部签署意见。学校还将已实行多年的班级团组织生活改革基金的评选范围扩大到社团团支部,社团团支部如果有优秀的支部活动可以得到与优秀班级团支部活动同样的奖励和经费支持。

至2006年,学校在邓小平理论研究会、"三个代表"实践团等62个学生社团建立了社团工作党小组,实现了党建工作在学生社团的有效渗透,发挥党建工作对学生社团的引领作用。

网络具有覆盖面广、时效性快、互动性强等特点。学校立足引导学生、服务学生、培养学生,集中建设"四大类"(思政类、信息类、服务类、学术类)校园主题网站,打造网络文化精品。在网上,不仅有学校有关部门主办的思政教育阵地,而且有100多个学生自办网站。如青年马克思主义学校开辟的网上党校,实现网上互动,提高党建教育培训的辐射面;党委宣传部的"焦点"网,设有交大新闻、理论学习、形势政策课、学术报告视频、热点透视等栏目;学生心理咨询中心的"心擎网",通过网上咨询和调研为学生提供心理疏导。此外,学校通过在校园BBS上开设专版,进行思想引导、开展管理服务,牢牢把握住学生论坛正确的政治方向,为学生提供帮困助学和就业指导等服务。

2004年5月17日，由教育部主办，上海交通大学承办，全国各高校共建的全国高校思想政治教育示范性网站“中国大学生在线”由国务委员陈至立亲自开通。网站积极加强网上宣传和舆论引导，在校园内传播先进文化，促进大学生健康成长。网站把握学生思想动态，加强思想教育引导力，在线开设BBS精粹栏目，深入了解大学生思想动态，开设主题论坛——大学生论坛，举办“小平在我们心中——全国大学生纪念邓小平同志诞辰100周年”网上交流活动；开设社会实践频道，展示大学生“三下乡”的活动过程和当代大学生的时代风采，主办“天地英雄校园行”的颁奖典礼，打造大学生自己的音乐盛典，加强思想教育的影响力；贴近大学生的实际需求，开设全国家教、兼职、就业和科创频道，如上海交通大学的“就业中心”等；开展培训工作，把握网上舆论导向，通过专题报告等形式，组织各高校负责网上宣传与舆论引导工作的负责人参加培训，发挥辐射带动作用。2005年5月，在网站成立一周年之际，“网站共发布各类文章稿件26万余篇，平均每日点击量60万余次以上”。[①]

2004年，“全国大学生纪念邓小平诞辰一百周年网上交流活动”在校举行

2005年，学校出台《上海交通大学关于进一步加强和改进大学生网络思想政治教育的意见》，要求全校教职员工充分认识加强大学生网络思想政治工作的重要性，按照“积极发展，加强管理，趋利避害，为我所用”的方针，应对网络社会化给高校思想政治教育带来的挑战。学校坚持“依靠学生建网站，支持学生管网站，指导学生用网站”[②]的基本原则，引导学生在网上自我教育、自我管理、自我服务，按照“内练素质、外树形象”的要求，采取多项措施，大力加强网络思想政治教育队伍建设，建立一支由专职网络工作人员、思政教师、学生网管员

① 《贯彻落实全国加强和改进大学生思想政治教育工作会议精神工作简报(第84期)》(2005年5月19日)。上交档：2005－DQ14－007。

② 《上海交通大学关于进一步加强和改进大学生网络思想政治教育的意见》(2005年6月23日)。上交档：2005－DQ14－008。

和学生骨干队伍组成的网上生力军。为实现和加强对网络思想政治教育的统一领导、统筹规划和归口管理,学校于2006年5月成立“网络宣传与管理工作领导小组”。

2006年,学校为202名专业教师和思政教师建立了实名制的“思政博客”,有效地延伸思想政治教育的工作时间和空间,取得了很好的教育效果。比如,思想政治理论课教师施索华的博客一经推出,就在同学中引起了热烈的响应。施老师除了在课堂上悉心教学,更在课堂外通过网上网下的交流互动,为学生解答思想困惑。她的博客内容涉及大学生人生观、价值观,学习方法、效率、效果,人际交往、人际沟通的技巧;健康心态的养成,友情、亲情、爱情等,成为大学生成长、成才、成功的加油站和心灵花园。

经过多年的实践探索,学校基本形成了“以中国大学生在线为主阵地,以网络实名制信息交互平台建设为载体,以思政博客为有益补充”的基于现代信息技术的网络思想政治教育新体系。

第三节 统战与群众团体工作

一、统战工作与民主党派建设

1992年,新一届的党委领导班子成立后,迅速把统战工作提上议事日程,建立了较为完善的统战工作系统。党委书记、一位副校长以及一位党委常委分管统战工作,做到党政齐抓。各院、系党总支也设有一位领导负责统战工作,形成一个统战工作的网络和队伍,并确保编制、人员、经费到位。

2006年1月13日,上海交大召开党外人士迎春茶话会

为坚持和完善多党合作和政治协商制度,进一步发挥民主党派的参政议政、民主监督

作用，积极团结引导党外人士为交大的发展多做贡献，校党委进一步加强了与民主党派合作共事的制度化平台建设，包括“季度座谈会”制度：党委定期举办有校党政领导与各民主党派主要负责人及党外代表人士参加，通报学校发展的中、长期规划、计划和重要工作等情况，广泛听取党外人士的意见；“统战例会”制度：统战部每月召开民主党派正副主委会议，交流工作体会，进一步了解各民主党派成员的思想工作状况；“统战工作会议”制度：党委每学期召开一次各院系统战分管领导及统战委员会议，研究统战工作面临的形势、学校统战工作的实践和今后对党外干部培养和选拔的新思路；“交友联谊”制度：要求党委常委和党员副校长在自行选择的基础上与两位以上党外代表人士交朋友，进行广泛的交流和沟通以及邀请党外代表人士参加重要会议制度等。制度和平台建设保证和促进了校领导能直接倾听建议、意见，广开言路，广求善策，各民主党派和无党派人士坦诚进言，献计献策。

为提高民主党派和无党派人士的理论水平和参政议政能力，学校党委结合中央和上海市统战工作要求和民主党派自身情况，协助和指导各民主党派和无党派人士的学习和活动。如，1992 年结合中共中央《关于坚持和完善中国共产党领导的多党合作和政治协商制度的意见》，1993 年结合党的十四大、邓小平中国特色社会主义理论，1994 年结合《邓小平文选》，1995 年结合邓小平中国特色社会主义理论和关于社会主义市场经济论述等，举办形式多样的报告会、座谈会、谈心会、走访、参观。民主党派成员和无党派人士都能正确认识校情、国情和国际形势，始终保持与党中央同心同德，风雨同舟。

党委统战部协助和指导各民主党派组织建设，认真配合各民主党派换届工作，使各民主党派上海交大基层组织不断壮大。1992 年初，上海交大有 6 个民主党派基层组织：中国国民党革命委员会上海交大支部、中国民主同盟上海交大委员会、中国民主建国会上海交大支部、中国民主促进会上海交大支部、中国农工民主党上海交大支部、九三学社上海交大委员会。5 月，“全校共有民主党派成员 353 人。”①1996 年 7 月 15 日，致公党上海交大支部成立。2004 年 10 月 30 日，民建上海交大支部组织建制由支部升格为委员会。2004 年 11 月 19 日，民进上海交大支部组织建制由支部升格为委员会。至此，学校有 7 个民主党派基层组织，同时，各民主党派成员（除上述民革、民盟、民建、民进、农工、致公、九三成员外，还有台盟成员）有了较大幅度的增长，2005 年底达到 771 名。②

---

① 《统战工作总结》（1992 年 5 月）上交档：长期- 5140。

② 《上海交通大学纪事（1896—2005）》（下卷），第 1361 页。

在尊重各民主党派建设、发展权利的基础上，党委统战部从1992年开始每两年举办一次党外干部学习班，培养党外干部人才和各民主党派领导骨干，15年里共举办8次，共有232名学员。学习班每期三周七个单元，重点以学习党的多党合作和政治协商制度为主，理论联系实际，形式多样。此外，党委还推荐党外干部到中央党校、上海市委党校、市教委学习班、市社会主义学院学习，提高党外干部的整体素质。党外知识分子担任学校校、院、系、学科、职能部门领导干部的比例有较大提高。1993年，"学校14名校级领导干部中，有3位党外人士，177名部(处)系级干部中，党外人士33人"。[①] 2005年，民主党派和无党派人士担任学校校级领导干部的有副校长2人、校长助理2人，担任部处级干部的有49人。

在为学校培养干部的同时，学校还为中央、上海市区的各级人大、政协及民主党派中央或省市输送了一批优秀的党外干部。1997年各民主党派中央、上海市委换届，杨槱被推举为九三学社中央名誉副主席，张圣坤当选民盟中央常委、上海市委主委，毛增滇当选民革中央常委。1998年，张圣坤当选上海市第十一届人大副主任。2001年，张圣坤增选为民盟中央副主席，严隽琪当选为上海市副市长。2002年，严隽琪当选为民进中央副主席、民进上海市委主委。2003年，张圣坤当选上海市第十二届人大副主任。2007年，严隽琪当选为民进中央主席。2008年，严隽琪当选为第十一届全国人大常委会副委员长。2013年，严隽琪当选为第十二届全国人大常委会副委员长。

1992—2006年，上海交大中共党员、民主党派、无党派人士多人当选全国、上海市人大代表和政协委员，其中白同朔连续担任四届(第七、八、九、十届)全国人大代表，毛增滇连续担任四届(第七、八、九、十届)全国政协委员。名单详见表7-1：

表7-1 上海交大干部教师当选全国、上海市人大代表和政协委员名单(1992—2006年)

年份	人大/政协	姓名
1993年	第八届全国人大代表	白同朔
	第八届全国政协委员	杨槱、毛增滇、席裕庚、黄德音
	第十届上海市人大代表	翁史烈、张重超、王浣尘、严隽琪
	第八届上海市政协委员	张圣坤、朱毅、王大璞、林胜兴、殷善锷、阮雪榆、华国璋、顾世洧

①《重视党外知识分子的工作　为统战工作开辟新天地　为改革增添生力军——上海交大党外知识分子工作汇报》(1993年10月1日)。上交档：长期-5372。

（续表）

年份	人大/政协	姓名
1998 年	第九届全国人大代表	白同朔
	第九届全国政协委员	王宗光、张圣坤、毛增滇、刘西拉、席裕庚、黄德音
	第十一届上海市人大代表	张圣坤、翁史烈、严隽琪、吴建生
	第九届上海市政协委员	谢绳武、韩正之、侯志俭、阮雪榆、季学玉、朱毅、吴冲锋、姚俭建、陈宏民、邵士信、王大璞、张渊、杨素英
2003	第十届全国人大代表	白同朔
	第十届全国政协委员	王宗光、张圣坤、严隽琪、王曦、毛增滇、刘西拉、席裕庚
	第十二届上海市人大代表	翁史烈、吴建生、连琏、朱其棕
	第十届上海市政协委员	谢绳武、黄震、周秀芬、韩正之、雷啸霖、侯志俭、姚俭建、贺林、吴冲锋、陈宏民、印杰、沈灏、兰先德、金梅、张渊、陆苹

2003 年 2 月，上海交大全国、市人大代表、政协委员合影

学校做好民族宗教工作,贯彻落实党的民族宗教政策,开展少数民族传统节庆,关心少数民族学生、搞好清真食堂,为贫困少数民族学生设立奖学金等。上海交大自1983年起开始招收民族班,学生主要是来自新疆的维吾尔族、哈萨克族等少数民族。多年担任新疆班班主任的田新民为民族教育和团结事业做出了积极贡献,多次受到表彰,先后被评为上海市民族教育优秀教师、民族团结进步先进个人、全国民族团结进步模范个人。

学校在搞好校内工作的同时,积极开展海外统战工作。1998年,学校在海外联谊会、侨联会的基础上,成立归国华侨联合会;2002年成立上海市欧美同学会交大分会;2004年成立中青年知识分子联谊会。学校以这些团体为载体,发挥归侨、侨眷的作用,做好海外宣传工作,积极参与引进资金、技术及人才的牵线搭桥工作,如"晨兴奖学金""万邦奖学金"等都是由海联会成员积极工作的结果。同时,学校开展新华侨和海外留学归国人员以及中青年知识分子的工作。

学校民主党派和党外人士在不同时期参与学校的改革和建设并积极建言献策,从学校各项规划的制订,到学校的教学、科研、机关、后勤等改革的贯彻,围绕师资队伍建设、考核问题、人才引进与培养、现代大学建设、国际化建设等方面发表自己的真知灼见,为学校上水平、创一流做出积极贡献。

学校民主党派人士还积极参政议政,为党和政府科学民主决策提供了重要参考,如1997年上海市八届政协上的优秀提案、学校民革提交的"建议制定各级人民法院错案责任追究暂行办法",民建提交的"关于深化改革培养面向21世纪上海经济的高等教育""关于深化国有企业改革的九点建议"、农工提交的"长效管理的公共政策保障——上海城市管理"、九三提交的"关于高新技术成果产业化问题的若干对策建议"、民进提交的"产学研结合促进科技成果产业化"等。其中,毛增滇为全国政协提出的提案累计多达67件,均涉及社会重大、热点和难点问题,2006年在民革首次举行的全国参政议政工作经验交流暨表彰会上,毛增滇被民革中央评为"参政议政先进个人"。交大民主党派人士还在支边扶贫,服务社会、祖国统一等方面做出了积极的贡献。

二、工会、共青团、妇委会工作

(一) 工会工作

校工会根据全国总工会的要求,结合学校创建世界一流大学的办学目标,切实履行工会组织的各项职责,在推进学校民主管理、民主监督,配合有关部门加强师德建设,大力开展文体活动,促进教职工身心健康,为教职工多办实事、好事等方面不断努力,对促进学校的改革、发展与稳定起了重要作用。

教职工代表大会和工会会员代表大会是学校民主管理和民主监督的基本制度和形式，是校务公开的主要载体。在教代会上，代表们讨论、通过学校一系列的重大改革发展方案和与教职工切身利益相关的重大事项。教代会提案内容涵盖学校工作的方方面面；教代会提案工作委员会在校工会的支持下负责对提案进行分析与处理；学校有关职能部门对提案进行认真研究与答复；校工会与提案工作委员会督促有关部门制订提案实施计划和实施进度，“力求使代表的提案件件有交代，案案有着落”。①

2005 年，上海交大第五届教代会暨第十届工代会第二次会议召开

随着学校管理重心的下移和院为实体的逐步落实，在校党委和各级党组织的重视与领导下，在各级工会组织的推动与努力下，通过建章立制、培训指导、总结交流和检查督促等措施，积极促进二级教代会制度建立健全。2001 年下半年起，学校院（系）建立二级教代会制度，直属单位也建立起二级教代会或教职工民主管理大会制度。

校工会长期坚持加强以弘扬师德师风为主要内容的职业道德建设，重视青年教师的教育与培养，主动会同有关部门开展“三育人”宣传教育工作，并组织全国、上海市和学校的各类师德先进的评选、学习活动。每年年初和教师节，校工会都要会同有关部门召开大会，表彰先进，交流经验，推动师德师风建设和“三育人”工作不断深入开展。校工会通过青年教师导师制的建立、教学新秀的评选、青年教师课堂教学的竞赛（含双语教学），以及发动广大学生积极参与评选和推荐优秀青年教师和心目中的好老师等活动，促进了青年教师教学积极性和教学能力与水平的提高，为优秀青年教师的脱颖而出创造条件。

① 张增泰：《围绕中心　服务大局　心系教工　履行职能努力开创我校教代会和工会工作新局面——上海交大第四届教代会主席团暨第九届工会委员会工作报告》（2004 年 12 月 30 日）。上交档：2004 - DQ16 - 002。

校工会组织开展以群众性文娱体育为主要内容的校园文化活动，努力满足教职工精神文化的需求。他们坚持组织经常性的舞蹈、声乐、钢琴等培训班，先后举办全校性的文艺汇演与合唱比赛活动。工会还充分利用工会俱乐部等阵地，组建了十多个教职工文体社团，并以这些社团成员为骨干，在教职工中组织开展了经常性的活动；坚持每两年组织一次全校教职工运动大会，并组织太极拳、“迎春长跑”、足球、“元旦杯”乒乓球等比赛。

校工会认真做好以帮困和医保为主要内容的生活保障工作，1996 年在全市高校中率先设立以 300 万元为基础的“上海交通大学教职工医疗互助补充保险基金”；2003 年应教代会补充资金、以保证该基金基数不变的要求，学校与人事处及工会又追加投入。为进一步提高教职工抗风险能力，校工会还争取校行政的支持，帮助全校教职工办理了参加上海市总工会的“在职职工住院补充医疗互助保障”的手续；2003 年校工会又为全校教工办理了参加“上海市职工特种重病医疗团体互助保障”和“上海市女职工团体互助医疗特种保障”的手续。从 1996 年起，校工会发起设立了“上海交大教职工互助金”“上海交大教职工慈善帮困基金”。校工会组织全校教职工开展每年一次的“献爱心一日捐”活动，组织开展每年的帮困送温暖活动，基本上做到特困职工重点帮、突发事故及时帮、逢年过节普遍帮，体现党和集体对困难教职工的关怀。工会组织各类慈善募捐活动，爱心奉献社会。

1992—2006 年，学校共召开第八、九、十届工代会及第三、四、五届教代会，担任学校工会主席的为季学玉、张增泰。

（二）共青团工作

在团中央、团市委和学校党委领导下，校团委在完善团代会、学代会、研代会制度的基础上，根据大学生特点、学生培养目标的情况，不断创新工作体制和机制，着力大学生的全面发展。团委一方面加强学生思想道德建设，承担“引导青年、凝聚青年、服务青年”，为社会输送优秀人才的重任，一方面与学生会、研究生会等一起在培养学生科技创新实践能力，推进和繁荣校园文化建设方面也发挥着重要作用。

多年来，团委以“构建大学生精神支柱”为目标组织学生理想信念教育活动，突出爱国主义、社会主义、集体主义的思想道德教育主题，创新活动形式，探索实践出一条“理论学习与专业实践相结合，主题活动与时代特征相结合，教育引导与青年需求相结合”的“三结合”教育模式，如组织“民族情、改革情、世纪情、交大情”为主题的思想教育活动、“思考青年使命，携手共创未来”演讲赛、“我看建国 50 年阅兵”征文比赛、“回家——澳门回归”文艺会演、世纪青年宣言、成人仪式、重温入团誓词、青春献祖国、我与祖国共奋进、《江泽民文选》主题学习、“永恒的丰碑”——纪念红军长征胜利 70 周年、“博学、律己、修身——学风建设月”等各种活动，组织“传承思源精神，共筑和谐交大”等理论学习和研究。

团委以“活跃校园文化和培养健全人格”为目标组织全校社团文化活动。为了丰富校园生活，展现学生社团的特有风采，校团委推动社团联合会的健康发展。1996年，交大团委和学生联合会联合推出了首届“交大人节”。“交大人节”搭建各学生组织间的沟通平台和校园文化活动的展示平台，积累了一系列文化活动品牌项目，成为大学校园文化活动的重要组成内容，不仅架起大学生友谊的桥梁，更是交大人代代相传的文化火种。1997年，团委和学生联合会联合推出了首届“上海交大社团文化节”。社团文化节一年一度，历时两周，以各社团的分类板块为主线，以社团为依托，以活动为载体，把着眼点放在总结和展示社团文化成果，传承和拓展交大人文精神，拓宽校园文化领域等方面，旨在推动校园精神文明建设，活跃校园文化氛围。

此外，团委还以“提高实践能力和社会适应性”为目标组织学生社会实践活动，以“培养创新意识和创业精神”为目标组织学生科技创新创业活动。

2000年3月22日，共青团上海交大社区工作委员会正式成立。社区团工委提出以每个学生宿舍、楼层为单元成立团支部，以每幢楼的活动室为主要场所，开展形式多样、生动活泼的团组织活动。

2000年12月20日至22日，在共青团十四届四中全会上，团中央授予上海交大团委“全国五四红旗团委”称号。这是该年度上海高校中唯一获此殊荣的团委。

2001年，学校修订《共青团上海交通大学委员会岗位职责》《共青团上海

2002年3月30日，共青团上海交大第十一次代表大会召开，多位老同志列席

交通大学委员会院(系)团委书记任职及考核办法》《上海交通大学优秀团员、优秀团干部评选条例》《上海交通大学团组织生活改革基金》等,进一步健全团委各项工作制度和规章。

2003 年 9 月 24 日,学校大学生素质拓展中心成立,大学生素质拓展中心向全校各部门征集素质拓展训练项目,通过整合,开设素质拓展项目 500 余项,其中校级层面项目 200 余项、学院层面项目 100 余项、学生组织申报立项 100 余项,达到了"10 个精品项目、百个深受同学欢迎的项目的目标"。[①] 2003 年全国第二次素质拓展计划现场推进会在校举行。12 月,学校在由团中央举行的全国高校大学生素质拓展计划工作经验交流会上作了汇报发言。

2006 年,学校深入开展"共青团号""青年文明岗""一团一品"等先进团组织评选活动,扩大团组织的覆盖面。机动学院 B0302099 班被评选为"全国先进集体",附属上海儿童医学中心团总支获"全国五四红旗团支部"称号,瑞金医院团委等 5 家基层团委获"上海市优秀团组织"等荣誉称号。对先进团组织和集体的表彰,增强了基层团组织的活力,进而带动和促进了基层团组织的工作乃至整个团工作的发展。

至 2006 年底,"学校有 35 岁以下青年 34 256 人,28 周岁以下团员 28 230 人,有 29 个二级团委和 3 个直属团总支"。[②]

2006 年 3 月 10 日,上海交大第六次妇女代表大会召开

1992—2006 年,先后担任学校团委书记的为蒋宏、邓旭、朱敏骏、张安胜、陆耀辉、金梅、刘玉祥。

(三) 妇委会工作

校妇女工作委员会贯彻执行上级妇联的工作精神,围绕学校党政的中心工作,发挥妇女工作的自身职能,通过基层妇女工作干部的共同努力,开展具有女性特色的各项

---

① 《上海交通大学年鉴 2004》(总第八卷),上海交通大学出版社 2004 版,第 307 页。

② 《上海交通大学年鉴 2007》(总第十一卷),上海交通大学出版社 2007 年版,第 255 页。

活动，把提高全校女教职工的素质作为工作基点，宣传“四有”（有理想、有道德、有文化、有纪律）、“四自”（自尊、自信、自立、自强）。

多年来，妇委会运用各种生动有效形式，大力弘扬女性先进人物和各自岗位上屡创佳绩的典型事迹，引导、激励广大女教职工，爱岗敬业，积极投身学校改革和发展，通过每年评选和表彰“三八红旗手（集体）”“比翼双飞，模范佳侣”，发现和宣传一批优秀女性人才，弘扬新世纪女教师时代精神；注重推进全校女性人才发掘、培养、宣传工作；成立“女教授联谊会”“女青年教师联谊会”，举办“女教授论坛”“女教授沙龙”，成立“女教授导师团”，充分发挥女教授们的群体表率、示范作用。

妇委会开展“教育新秀”“师德标兵”“青年才俊”“女大学生青春风采赛”等评选活动；在全校青年女教师和女研究生中开展“青年女教师工作发展状况”“女研究生学习生活状况”调查；建立“女性人才库”，成立“女性拓展基地”，举行“女性领袖风采营”，激励全校女教工强化创新意识，弘扬敬业精神，提升创造能力，提高综合素质，为学校上水平、创一流作出应有的贡献。

妇委会积极为全校女教职工办实事，主动关注女大学生的成长，引导女师生员工与文明同行。在全校组织“礼仪，让女性更美丽”系列活动，包括举办礼仪系列专题讲座、礼仪知识网络问答和“和谐之韵・礼仪之美”礼仪展示比赛；还举行了“女大学生礼仪学堂”和“女大学生励志讲坛：走出象牙塔的玫瑰”，请成功女性为女大学生作女性成才专题演讲。

为了更好地维护女教职工的合法权益，提高为全校女教职工服务的能力，妇委会组织女工干部学习《上海市女职工劳动保护条例》《婚姻法》《母婴保健法》《生育保险条例》等法规，举行各类讲座和展览，落实每两年对女教职工进行妇科普查；利用上海市教育工会资源，配套建立了学校“优秀女青年教师成才资助金”。

1992—2006年，担任学校妇委会主任的为王宗光、陶爱珠、马德秀，常务副主任是舒培丽。

第四节　校园文化

一、实施“素质教育工程”

1994年，学校以“211工程”建设和国家教委校园评估为契机，以育人为根本，大力开展校园文明建设。1996年,学校制订了《上海交大社会主义精神文明建设"九五"规划》,提出精神文明建设的主要目标是:"显著提高交大师生员工包括思想道德素质、科学文化素质、心理素质在内的综合素质,使交大人具有爱国荣校的志向、尚学敬业的品德、宽厚复合的学识、自强笃信的情操。"《规划》明确指出,在大学生中开展"素质教育工程"①。

在实施"素质教育工程"中,学校以理想信念教育为核心,以爱国主义教育为重点,组织爱国主义传统系列讲座,围绕"饮水思源,爱国荣校"的校史校情教育,开展以爱国主义为主旋律的活动,形成独具特色的"七个一工程",即"建好校内一个革命传统教育基地""充分利用好一批校外德育基地""制定好一系列仪式教育制度""上好一门《形势与政策》课""唱好一首校歌""出好一批反映学校德育成果的书""搞好一次忘年交活动"。② 在教育、教学过程中突出理想信念、爱国主义、民族精神教育,帮助学生树立正确的世界观、人生观、价值观,着重提高学生的社会责任感,引导学生以"修身、齐家、平天下"的抱负和"天下兴亡,匹夫有责"的气魄投身社会,服务祖国,贡献人民。

2003年11月13日,航天英雄杨利伟在内的载人航天工程先进事迹报告团来校

① 《上海交大社会主义精神文明建设"九五"规划》。上交档:1996-DQ16-002。

② 《交大"七个一工程"独具特色》。载《文汇报》1996年4月28日第一版。

2005 年 4 月 24 日，李岚清来校作“音乐、艺术、人生”讲座

在实施“素质教育工程”中，学校重视对大学生进行人文素质的教育。1997 年起，学校面向学生开设了 50 多门文学、美术、音乐等选修课。1998 年上半年起，学校又规定凡是选修第二学位的学生，都要选读一门人文类课程，否则不能拿到第二学位证书。2003 年 4 月 9 日，学校开设旨在塑造学生人文素质的“文治讲坛”，面向全校学生开设人文讲座，法学家曹建明、作家余秋雨、画家戴敦邦、音乐家何训田、哲学家张岂之、昆剧表演艺术家梁谷音等都来校作讲座。这些举措重在传播人文思想，弘扬人文精神，增加了学生的人文知识，提高了学生的人文素养。

加强大学生心理健康教育是全面推进素质教育的重要内容，也是培养高素质人才的重要环节。学校强化组织保障机制，构建完善的校园心理咨询平台。1986 年，学校率先在全国高校建立大学生心理咨询室，1994 年心理咨询室为 3 000 名学生建立心理档案。1996 年 4 月和 10 月，心理咨询室指导学生成立了大学生自我心理服务组织——大学生心理发展协会和心理研究会。1997 年 9 月，心理咨询室主持召开了首次院（系）级学生心理发展工作负责人会议。至此，学校建立了全员参与的大学生心理健康教育工作三级网络，即心理咨询室——院级学生心理发展工作负责人——以大学生心理发展协会和心理研究会等为主体的社团协会。1999 年，校机关进行改革，在机关普遍压缩编制的情况下，校心理咨询室编制却从 2 人增至 4 人，并形成了近 10 人组成的心理咨询员队伍。2000 年 12 月，上海市第一个大学生心理互助团体——“橡皮筋公社”在上海交大成立，这在全国属先例。2002 年 12 月，上海首家高校心理健康教育网站——“交大心擎网”正式开通。2005 年，学校启动心理健康教育骨干教师培训计划，为学校的心理健康教育工作提供人才保障。

学生社团是培养与拓展学生综合素质的重要载体。1999 年学校召开首届社团大会，规范了社团的设立、管理、评优等各项环节，从体制机制上确立了社团在校园文明和学生素质建设中的地位。2001 年 11 月 3 日，上海交通大学社团联合会成立。社联以“依托社团，服务社团”为宗旨，从“规范化、信息化、多元化、持续化”四个方面全面稳步推进社团建设,提高社团活动质量。交大学生社团涵盖了“政治公益类、体育健身类、文化艺术类、新闻出版类、语言学习类、工程技术类、电子信息类和经济管理类等八个主要类别”。[①] 2006年,为规范学生社团的活动,学校出台和制订了《关于进一步加强和改进上海交通大学学生社团工作的意见》《社团总会总章》《学生社团考核条例》《社团理事会章程》;完善了《上海交通大学学生社团管理办法》。2006年9月,为了进一步整合校园文化资源,学校将学生联合会、研究生联合会、社团联合会合并,成立新的上海交大学生联合会。新学联继续以“维权、服务”为宗旨,深入开展各项校园文化活动。至2006年底,“全校有学生社团118个,覆盖人数达5万人次”。[②] 通过社团活动,学生拓宽了视野,陶冶了情操,锻炼和培养了综合能力。

营造良好的校园环境,是加强大学生全面素质教育的重要方面。上海交通大学有百年的悠久历史,有“民主堡垒”的革命斗争史,学校充分挖掘1896年建校以来丰富的爱国主义教育瑰宝,建设爱国主义教育基地。徐汇校区“革命传统教育一条街”,有“饮水思源,爱国荣校”校训碑、五卅惨案纪念柱、杨大雄烈士纪念碑、史霄雯和穆汉祥烈士墓等。每届新生和每批新入校的青年教职员工,都要在这一条街上举行多种形式的主题活动,接受爱国主义教育。以1996年百年校庆为契机,学校在徐汇校区建成了校史博物馆,并专门开设曾在交大学习或工作过的120多位两院院士事迹展室。2002年,学校正式决定将校史研究纳入“985工程”建设项目,成立王宗光为主任的校史编纂工作委员会,目标是编纂以《上海交通大学史》为主要成果的校史研究系列著述。

学校还在图书馆、教室悬挂著名校友的画像和照片,在校园内布置文化艺术长廊等,通过校刊、广播、电视、画廊、横幅、标语大力弘扬爱国主义精神。学校每年组织2—3次以爱国主义教育内容为主题的大型橱窗宣传,如红军长征、抗战、领袖人物、党的生日、香港回归、改革开放等,全面展示革命传统史料,以史育人。

2002年11月11日,为进一步弘扬老学长钱学森的爱国、创新与奉献精神,根据学校师生和海内外校友的意愿,学校提出建造钱学森图书馆的倡议,得到钱学森办公室及亲属的大力支持。中央领导对此高度重视,胡锦涛总书记亲自批示。2005年5月18日,中宣部下达《筹建钱学森图书馆工作方案》,决定在上海交通大学徐汇校区建设钱学森图书馆,筹建工作由中宣部负责协调,教育部负责实施。历经6年,在2011年12月11日钱学森百年诞辰之

---

① 《社团发展研究》,2002年12月,上交档:2002-DQ17-020。

② 《上海交通大学年鉴2007》(总第十一卷),上海交通大学出版社2007年版,第185页。

日，钱学森图书馆建成开馆，中央政治局常委李长春等领导出席开馆仪式。该馆随后入选全国爱国主义教育示范基地。

陈瑞球楼

1992—2006 年，校友及社会各界捐建的建筑也为良好的校园环境添砖加瓦。这些建筑主要有：包玉刚图书馆（利用香港著名实业家包玉刚 1980 年赠款 1 000 万美元建造包兆龙图书馆结余款项建造）、闵行校区学生俱乐部——“铁生馆”（校友秦本鑑、孙琇莹夫妇捐赠 30 万美元）、闵行校区大礼堂——菁菁堂（日本昭和女子大学捐赠 1 800 万元人民币）、闵行学术活动中心（校友莫若愚捐赠 130 万美元）、浩然高科技大厦（校友殷之浩捐赠 1 200 万美元）、闵行光明体育场（校友胡法光捐赠 150 万美元）、徐汇校区教工之家——铁生馆（校友秦本鑑夫妇捐赠 50 万美元）、程及美术馆（程及捐资 50 万美元）、光明体育场网球中心（胡法光及胡晓明捐赠 200 万人民币）、安泰教学楼（美国安泰保险公司捐赠 1 000 万美元）、徐汇校区公寓——联兴楼（校友林联兴捐赠 300 万人民币）、闵行学生活动中心——光彪楼（香港实业家曹光彪捐赠 500 万人民币）、董浩云航运博物馆（香港董氏东方海外基金会捐赠 500 万人民币修缮新中院改建）、逸夫科技创新馆（香港著名实业家邵逸夫捐赠 450 万港币）、文选医学大楼（校友吕凤岐捐赠 500 万美金）、学术活动中心——伍舜德楼（香港实业家伍舜德捐赠 500 万港币）、研究生教学楼——陈瑞球楼（香港实业家陈瑞球捐赠 1 500 万港元）等。

除硬件的投入外，学校也注重软件的建设。

2003 年起，学校每年举行“校长奖”颁奖仪式，以表彰在学校全员育人机制下教学、科研、管理、服务等学校各个层面上涌现出的优秀群体和个人。

2005 年 3 月，学校创办以“祖国强盛、我的责任”为主题的“励志讲坛”。校党委副书记潘敏以“成功大学生涯必修课”为主题揭开了讲坛帷幕。励志讲坛秉持“用心灵感动心灵，以生命影响生命”的目标，分为“理想信念篇、人文修养篇、成功哲学篇、生涯规划篇”[①]四大板块,通过访谈和报告的形式,针对不同的学生群体,设计不同的选题,每两周举办一次,邀请校领导、院士、长江学者和社会各界成功人士、著名学者、校友等进行专题讲座,以他们的事业经验、人生阅历,研究作风和治学态度、创业历程中的挫折以及战胜困难的意志影响和教育学生,促使学生树立远大的人生理想,建立昂扬的人生态度。

2005年起,为进一步弘扬当代大学生的先进事迹,推动大学生树立社会责任意识,营造积极向上的校园氛围,学校每年组织全体学生自主评选出感动校园十大学生新闻人物。首届新闻人物评项分别是年度艺术人物、年度责任人物、年度明星人物、年度奉献人物、年度戎装人物、年度博学人物、年度爱心人物、年度勇气人物、年度神话人物。

2006—2013年,党委书记马德秀每年给新生开讲大学第一课——《选择交大,就选择了责任》。在长达两个小时的“第一课”里,马德秀为学生们讲述百年交大源远流长、人才辈出、贡献卓著、底蕴深厚的发展历程;介绍交大美丽的校园、一流的师资、开放的国际化环境和丰富多彩的文体活动;勉励全体新生领悟为学之道、秉持做人之本、树立报国之志。

二、校园文化与体育活动

学校每年精心组织各种活动,活跃学生的校园文化生活。1994年举办“上海交通大学学生戏剧节”,旨在弘扬高雅艺术、扩大戏剧文化在大学生中影响。1995年举办首届“联合杯”辩论赛,从各学院举办的“新生杯”辩论赛中选拔人选参加。1996年11月14日,首届“上海交大科技文化艺术节”开幕,弘扬科教兴国的时代精神,强化校园学术气氛。1998年12月28日,上海交大首届新年音乐会开幕。以后每逢元旦,交大学生管弦乐团演出“上海交大新年音乐会”。2000年,举行首届“文治杯”文艺作品大奖赛。2003年,举办首届“大学人文节”、首届“校园原创歌曲大赛”。2005年,学校首次推出题为“种文花季·饮水情牵”的系列人文活动,包括文学、戏曲、歌舞等多种形式;组织关于钱学森归国五十周年的系列活动,包括演讲比赛、小品创作比赛、学子签名、成立钱学森精神研究会等。

经过十几年的精心培育,交大校园文化活动异彩纷呈,已经形成了校园歌手大赛、联合杯辩论赛、交大人节、文治杯征文比赛、青春风采大赛、新生杯、希望杯、体总杯等品牌的文体大赛以及VOS(Virtual Orchestra System)毕业生晚会、迎新晚会、校庆晚会等丰富多彩的学生原创文体活动,极大丰富了学生的课余生活,为交大学生展示良好的精神风貌提供了舞台。

① 《上海交通大学年鉴2006》(总第十卷),上海交通大学出版社2006年版,第82页。

高雅艺术进校园活动成为交大的品牌特色。1995年，学校举办“京剧走向青年”活动。1997年，学校引进话剧、京剧、芭蕾舞、交响乐各类演出20余场。1999年，“上海昆剧团’99高校巡回表演”首场演出在上海交大文治堂举行。2002年，徐汇校区演出校园版昆剧《班昭》和昆剧折子戏、沪剧《上海老师》，闵行菁菁堂演出浙江姚剧《女儿大了，桃花红了》等民族传统剧目。2004年，学校举办和引进了莱茵河畔之声——交大交响乐团与德国曼海姆市青年交响乐团联合演出、交大中秋之夜——台湾朱宗庆打击乐团交大行、古典美学与现代意识——著名作家白先勇谈青春版《牡丹亭》的制作方向、越剧《红楼梦》、谭盾经典作品赏析等高雅艺术活动。2005年，学校举办“平遥国际摄影大展精品展”等高水平人文、艺术展览、讲座42场。2006年，学校与上海越剧团等单位建立“交大学子文化素质拓展基地”6个，承办了“2006全国高校高雅艺术进校园活动闭幕式暨中国东方歌舞团专场演出”，组织和引进了“上海芭蕾舞团精品晚会”“《三峡好人》首映式及主创人员见面会”等10余场重要艺术活动。

2005年11月24日，昆剧《长生殿》进交大校园

1996年，根据上海市教委的指示精神，上海交大将校学生管乐团和学生弦乐团合并组成管弦乐团，并代表上海市高校成立“上海市大学生管弦乐团”。1998年10月3日，学生交响乐团应邀在落成不久的上海大剧院举办1998年国庆专场交响音乐会，成为上海大剧院落成后接待的第一支业余艺术团体。上海交大学生在艺术总监、中国著名指挥家曹鹏指挥下，演奏了16首中外名曲，其中有哀怨凄婉的《梁祝》《楼台会》，有高亢激越的《马刀舞》，有恬静柔美的《圣母颂》，有热烈欢快的《拉德茨基进行曲》等，全面反映了学生交响乐团理解和

驾驭各种风格乐曲的能力。场内2 000多名观众陶醉其中,全然忘了这是一支大学生组成的业余乐团。1999年12月,交大交响乐团又与清华大学学生交响乐团共同举办新年交响音乐会,再次显示交大学生的艺术风采。2001年7月21日,在荷兰凯尔克拉德举行的第14届世界管乐大赛上,上海交大学生管乐团荣获业余丙组比赛金奖。2003年7月12日,学校管乐团在瑞士首届"因特拉肯少女峰音乐节"演出中获得金奖第一名。

1999年12月,上海交大学生交响乐团与清华大学学生交响乐团在上海大剧院举办新年交响音乐会

2003年7月12日,上海交大管乐团获瑞士音乐节金奖第一名

在校园文化开展如火如荼的同时，学校也高度重视体育课程教育和体育活动。1997年，学校将体育课列入“一类课程”。体育课教师在教学过程中，始终把“育人育体”“社会需要与学生主体需要”“增强体质与终身受益”三者紧密结合，并取得了良好的教学效果。同时，体育系从教学改革的实际出发，开展教学法大讨论、教学大比武、教材建设大手笔等活动，收效明显，曾数度荣获学校及上海市教学成果奖，连续两次被评为“体育课程评估国家级优秀学校”。

学科带头人孙麒麟教授，在担任体育系领导工作的30年里，坚持战斗在教学、科研的第一线。他为本科生上课，带领研究生学习，开办师资培训班，作理论讲座，撰写学术论文，出版专著，成果累累，其中“坚持理论与实践相结合，推进高校体育教育改革”2001年获国家级教学成果二等奖、上海市教学成果一等奖。2004年，他的“大学体育”被评为国家精品课程，并获“宝钢基金”全国优秀教师特等奖。他多次带领上海交大乒乓球队，在国际大学生乒乓球的各项赛事上争金夺银。作为乒乓球国际裁判长，他多次担任了奥运会、世界锦标赛、世界杯以及全运会的裁判工作。2006年他被评为国家级教学名师。在已评选的两届全国教学名师中，孙麒麟是唯一一位从事体育教学工作的教师。

学校始终坚持创一流体育，体育教育改革取得明显成效，达到一个新水平。学生体育社团队伍不断壮大，基本构建起了“交大学生体育社团健身网络”，为学校实施素质教育发挥了积极的作用。2001年，学校开通了“上海交大体育网”，还获准开设“体育教育训练学”硕士点。体育硬件建设逐年增加。群众性体育活动在学校广泛、深入开展，群众性体育活动特色鲜明，成绩显著。学校坚持开展晨跑活动及组织各类小型多样的竞赛活动。并在校外成立了“上海交大——徐家汇地区全民健身指导中心”，闯出了高校与社区联手办体育的新路，受到了国家教委及上海市有关领导的肯定与赞扬。

2004年，上海交大获第七届全国大学生运动会“校长杯”

体育是上海交大强项，特别是篮球、乒乓球、游泳、田径、羽毛球、网球等项目。学校还先后成功与上海航空航海模型队、上海田径队、上海游泳队、上海乒乓球队等联合办队,凭借运动队雄厚的实力,经常在国内外各类比赛中争金夺银。1997 年全国大学生游泳比赛中交大选手打破 23 项赛会纪录。1998 年曼谷亚运会上交大队夺得 5 枚金牌。1998 年中国大学生 CUBA 篮球赛上交大女篮荣获冠军。在历届世界大学生乒乓球锦标赛上,交大队多次夺得金牌,特别在 2002 年交大代表队囊括男子团体、男子单打、男子双打和男女混双全部男子项目冠军。2004 年,在第七届全国大运会上,交大健儿在篮球、游泳、乒乓球、田径等参赛的项目中勇夺 25 金、14 银与 10 铜,以团体总分 918.25 分的成绩名列全国高校榜首,连续四届获得了“校长杯”。良好的环境和较高的水准,吸引不少世界级运动员进交大求学,“龚智超、张军、乐靖宜、蒋丞稷、刘国梁、姚明等先后成为交大学生”[①]。

① 《三个世纪的跨越——从南洋公学到上海交通大学》,第 416 页。

附录一

大事年表(1992—2006)

1992 年

1 月中旬 上海交大被国家教委确定为“校内管理体制改革”第二批试点单位。

1 月 25 日 应美方邀请,翁史烈校长率中国校长代表团赴美作两国大学间交流。

3 月初 生物科学与技术系研制成功的“昂立一号”口服液,经过上海市高教局组织的鉴定会鉴定通过,正式投放市场。

3 月 建筑工程与力学学院成立。

4 月 8 日 学校庆祝建校 96 周年,举行“包玉刚图书馆”落成典礼。

5 月 16 日 成人教育学院举行成立大会。

5 月 29—30 日 中国共产党上海交通大学第六次代表大会召开。大会选举王宗光等 23 人为第六届党委委员,徐凤云等 11 人为纪委委员。新一届党委和纪委分别召开第一次全体会议,选举王宗光为党委书记,选举徐凤云为纪委书记。

6 月 10 日 中共上海市委书记吴邦国等来校视察“8703”重点工程。

6 月 16 日 海洋工程国家重点实验室通过国家验收。

6 月 20 日 校党委决定,正式成立“人力资源开发办公室”(后称“人才交流中心”)并对外办公。

7 月初 在 1992 年全国高校党的建设工作会议上,光纤技术研究所党支部书记陈恭启作为唯一的一个党支部代表以《围绕中心工作,抓好自身建设,增强党支部凝聚力和战斗力》

为题,介绍了该支部经验。

7月6日 学校举行1992届本科留学生毕业典礼,11位留学生获得学士学位。

9月9日 上海交大学联主席陈铭京被选为全国学联第十一届主席团主席。

10月27日 日本明仁天皇和皇后美智子来校访问。

1993年

2月28日 《上海交通大学学报》(社会科学版)正式发行。

3月1—4日 党委书记王宗光和生物工程与技术系系主任朱章玉为生物技术与第六次产业革命结合一事赴京拜访钱学森学长。钱学森代表1934届校友写了题为"母校要面向21世纪"短文,对交大发展和提高提出建议。

3月15日 上海交大被国务院学位办公室批准列入17个自评博士生导师的试点单位之一。

4月29日 1993年国家普通高校优秀教学成果奖揭晓。上海交大有4项成果获奖。

5月31日 中共中央政治局委员、上海市市委书记吴邦国一行来校视察。

6月15日 学校党委决定机关干部实行聘任上岗。

9月21日 上海交大船舶及海洋工程系为纪念建系50周年召开庆祝会。同时举行我国造船科学家、教育家辛一心先生纪念铜像揭幕瞻仰仪式。

10月7日 欧洲议会议长埃贡·克莱普什一行来校参观。

10月25日 机械工程系研究生9106班被国家教委和团中央授予"全国先进班集体标兵"光荣称号。

12月4—14日 上海交大、西安交大、西南交大以及北方交大4所交大校长首次赴台访问。包括新竹交大在内的5所交大校长就百年校庆活动进行了研讨,提出了初步意向。

1994年

1月8日 中共中央政治局委员、国务院副总理李岚清视察上海交大。

1月18日 国务院决定翁史烈续任上海交通大学校长。

2月10日 上海交大评出许晓鸣、郑杭、严隽琪、沈灏、张申生为首批"跨世纪优秀人才——金牌选手"。

3月1日 上海交大建立科技学术沙龙并举行第一次活动。

4月8日 学校在二级学科点上实行"学科首席责任教授"制,并评选出首批"学科首席责任教授"5人。

同日 由校友莫若愚先生捐赠130万美元建设的学术活动中心落成,江泽民学长题写馆名。

4月28日 加拿大总督雷蒙·约翰·纳蒂辛一行访问上海交大,并为师生作演讲。

同日 经国家教委与上海市人民政府共同协商,确定上海交通大学为国家教委和上海市人民政府共同建设。共建后,上海交大建制仍属国家教委所属高校,领导体制上实行双重领导。

6月8日 阮雪榆当选为中国工程院首批院士。

8月16日 塑性成形工程系成立。

8月20日 学校决定招收本科新生实行收费单轨制,新生一律缴费上学,并建立选拔优秀学生和奖学金评定相结合的激励机制。

11月8日 中欧国际工商学院在浦东金桥加工区奠基。

11月11日 上海交大董事会正式成立,首批聘请海内外47位知名人士担任名誉董事、董事。

11月20日 举行由日本昭和女子大学与上海交大共建的"菁菁堂"落成典礼。

12月22—24日 国家教委和上海市政府共同组织专家组对上海交大申请进入"211工程"进行部门预审,专家组对上海交大的工作作了充分肯定。

1995年

2月28日 学校在中国上海人才市场举行了现场招聘会。

7月18日 诺贝尔奖获得者杨振宁在上海交大向500名大中学生作治学演讲。

7月 翁史烈、何友声当选为中国工程院院士。

9月19日 振动、冲击、噪声国家重点实验室通过国家验收。

10月5日 上海交大与美国IBM公司合作共建的ATM校园网在上海交大建成。该网是中国教育科研网(CERNET)的重要组成部分,是在中国教育领域里第一个正式开通的ATM校园网。

10月19日 全国政协副主席、中国科协主席、中国工程院院长朱光亚访问上海交大。

10月24日 区域光纤通信网与新型光通信系统国家重点实验室通过国家验收。

10月26—28日 国家教委校园文明建设检查组对上海交大的校园文明建设进行检查。

11月3日 徐祖耀当选为中国科学院院士。

1996年

1月25日 国家教委批准上海交大正式建立研究生院。

2月2日 陈亚珠当选为中国工程院院士。

3月28日 中共中央总书记、国家主席、交大1947届校友江泽民在北京中南海接见上海、西安、西南、北方四所交通大学的党政领导。

4月5日 学校举行《上海交通大学志》首发仪式。

同日 学校和中科院上海分院正式签署全面合作协议。

4月7日 美国安泰保险集团与上海交大合作共建上海交通大学安泰管理学院的签字仪式举行。

4月8日 上海交大建校100周年庆祝大会在上海体育馆隆重举行。党和国家领导人江泽民、李鹏、乔石、李瑞环、刘华清、荣毅仁、李岚清、吴邦国、朱光亚、陆定一等为百年校庆题词。中共中央政治局委员、中共上海市委书记黄菊,全国人大常委会副委员长吴阶平,全国政协副主席钱正英等出席庆祝大会。交大校友、社会各界知名人士、国内外著名高校校长以及各级领导和全校师生员工45 000余人参加或通过电视现场直播收看了庆祝盛会实况。"建校100周年纪念碑"在徐汇校区大草坪举行落成典礼。

4月29日 江泽民莅临母校看望老教师,接见师生代表,参观校史博物馆、实验室。

4月30日 "上海交大学生邓小平理论研究会"成立。

5月1日 机械系严隽琪获1995年度"全国五一劳动奖章",并被评为1995年度"上海市劳动模范"。

6月4日 国家教委颁发全国第三届普通高等学校优秀教材奖,上海交大5本教材获奖。

6月25—27日 海内外校友近700人欢聚母校参加建校百年庆祝大会,美洲校友会同时在沪举行美洲校友会第七次大团圆活动。

6月25日 由校友殷之浩先生捐赠1 200万美元建造的"浩然高科技大厦"落成典礼举行。

6月28日 美国微软公司总裁比尔·盖茨一行来上海交大访问。

9月16—19日 谢绳武率团赴台湾参加在新竹举行的上海、西安、新竹三所交大联合学术研讨会。

1997 年

2 月 19 日 上海交大与中科院上海分院联合建立的“上海交大生命科学技术学院”成立。

3 月 1 日 本月起交大实施杏坛工程——名教授走上本科教学讲台。

3 月 12 日 人文社会科学学院成立大会举行。

3 月 24 日 国家教委副主任韦钰来校指导工作。

5 月 9 日 学校与美国朗讯科技公司贝尔实验室签订合作协议,这是该公司在中国建立的第一个通信与网络联合实验室。

6 月 10 日 船舶与海洋工程学院成立。

6 月 23 日 动力与能源工程学院成立。

6 月 27 日 学校召开干部大会,宣布谢绳武教授被国务院和国家教委任命为上海交通大学校长。

7 月 1—3 日 谢绳武应邀赴香港参加高等教育领导人国际论坛和香港回归庆祝活动。

7 月 8 日 材料科学与工程学院成立。

7 月 28 日 学校与上海化工研究院联合建立化学化工学院。

8 月 8 日 机械工程学院正式挂牌。

9 月 9 日 英国曼切斯特大学、威尔士大学、爱丁堡大学、利物浦大学、诺丁汉大学等 10 多所著名大学的校长访问上海交通大学。

9 月 15 日 学校召开科技体制改革试点研讨会。

10 月 7 日 学校召开“211 工程”校内项目建设启动动员大会。

10 月 27 日 外国语学院成立大会举行。

10 月 29 日 理学院成立。

10 月 30 日 新加坡第一副总理兼国防部长陈庆炎访问上海交大。

11 月 14 日 学校举行《上海交通大学年鉴》第一卷首发仪式。

12 月 24 日 振动、冲击、噪声实验室傅志方教授获中国科协首届全国优秀科技工作者奖。

12 月 26 日 上海交大 5 项成果获国家级教学成果奖。

1998 年

1 月 18—20 日 中国共产党上海交通大学第七次代表大会召开,选举产生了新一届党委、纪委领导班子。

2月13日 举行'98春季博士生开学典礼。在校博士生达1 078名,首次突破1 000人。

3月5日 在日本大阪举行的"国际机器人大赛"大学生组决赛中,上海交大学生捧回了"市长杯"。

3月23日 开展'98教育思想大讨论活动。

4月8日 闵行校区光明体育场落成。

4月22日 上海交大邓小平理论研究中心成立并挂牌。

5月9日 全国人大常委会副委员长丁石孙来校视察。

5月18日 全校进行民主评议党员工作,至6月20日结束。

6月10日 学校召开'98教育思想大讨论总结大会。

6月29日 上海市第一幢学生公寓在闵行校区开工。

6月30日 随美国总统威廉·克林顿和夫人访问上海的美国商务部部长威廉·戴利来校访问。

9月2日 学校首次对院系全面实行目标任务与资源挂钩的分配制度改革。

9月8日 中共中央政治局委员、中共上海市委书记黄菊来校考察。

9月23日 国务院副总理李岚清在教育部部长陈至立陪同下,视察了学校慧谷信息产业中心,听取了全光通信网技术和高清晰度电视研制情况汇报。

同日 学校与云南省人民政府签订全面合作协议。

10月6日 上海交大与中国工商银行上海市分行全面合作协议签字仪式举行。

11月9日 '98中国大学校长论坛在上海交大举行。

1999年

1月18日 校内人才市场成立,校部机关改革正式启动。

2月2—11日 学校开展学科建设大讨论。

3月9日 科学史与科学哲学系成立。

3月10日 本校4位青年教授成为第一批"长江学者"。他们是:电子信息学院张文军、材料科学与工程学院王健农、船舶与海洋工程学院崔维成、机械工程学院倪军。

3月30日 学校与上海社会科学院签署合作协议。

4月11日 教育部副部长张保庆来校考察后勤工作。

4月14日 学校以构建全校创新人才培养体系为核心的新一轮教育思想讨论开始。

4 月 30 日　教育部部长陈至立来校视察。

5 月 11 日　学校 6 项成果获 1999 年度国家科技三大奖。

5 月 15—18 日　第三届设计、编码和有限几何国际学术会议在学校召开。

6 月 18 日　“上海交通大学空间结构研究中心”成立。

6 月　学校与朗讯科技公司签订合作培养工程硕士协议。

7 月 7 日　国家计委副主任郝建秀一行来校检查“211 工程”建设情况。

7 月 27 日　教育部、上海市人民政府举行重点共建交大、复旦两校的签约仪式。

9 月 1 日　学校举行庆祝上海农学院并入上海交通大学暨上海交通大学农学院成立大会。

9 月 10 日　环境科学与工程学院成立。

9 月 14—15 日　谢绳武率上海、西安、西南、北方四所交大代表团赴台湾参加在新竹交大举行的海峡两岸五所交大跨世纪科技与教育研讨会。

9 月 30 日　上海交大研制的世界上最小的直升飞机，在北京举办的“光辉的历程——中华人民共和国建国 50 周年成就展”上海馆展出。

10 月 18 日　学校全面启动“迎评创优工作”，迎接教育部本科教学工作评估。

10 月 21 日　我国高校后勤整体转制的首家注册公司——上海交大后勤发展有限公司正式成立。

10 月 29—30 日　谢绳武赴美国参加在哈佛大学举行的首届中美大学校长论坛。

11 月 1 日　中共中央政治局常委、国务院副总理李岚清在教育部部长陈至立陪同下，视察了闵行校区新建的学生公寓、教育超市和小吃广场。

2000 年

2 月 20 日　“上海交通大学现代金融研究中心”举行成立仪式，诺贝尔经济学奖得主罗伯特·A·蒙代尔教授出席仪式并受聘担任中心顾问。

2 月 26 日　药学院成立仪式举行。

3 月 28 日　后勤集团成立。

4 月 6 日　上海交通大学 Bio—X 生命科学研究中心挂牌成立。

4 月 10 日　学校召开深入开展“三讲”教育动员大会。该项教育活动于 7 月 10 日结束。

4 月 13 日　学校研究生工作会议公布第二届全国优秀博士学位论文评选结果，上海交大张绪省、郑戟的两篇论文入选。

4月25日 丁文江被评为全国劳动模范。

同日 张文军被团中央授予“中国青年五四奖章”。

5月24—26日 教育部高教司派专家组对学校国家工科数学、工科物理课程教学基地进行中期评估,工科物理教学基地被评为优秀基地。

6月23—26日 谢绳武率团赴美国参加在加州圣塔克拉拉举行的2000年美洲交通大学校友大团聚。国家主席江泽民和美国总统克林顿对该次团聚分别发去贺电。

7月4日 上海交大3项成果获2000年度国家科技三大奖。

8月21日 “上海交通大学—密西根大学机械工程学院”签字和揭牌仪式举行。

8月23—24日 诺贝尔物理学奖获得者、中国科学院外籍院士、美籍华裔科学家朱棣文来访。

9月18日 工程训练中心落成。

9月20日 国际教育学院正式挂牌。

9月28日 信息安全工程学院成立。

10月20日 国家科技部副部长程津培来校考察。

10月22日 中共中央政治局委员、中央书记处书记、中共中央宣传部部长、交大51届校友丁关根同志回母校访问。

10月22—23日 谢绳武赴日本参加在东京大学举行的首届中日大学校长论坛。

11月6—11日 教育部本科教学工作评估专家组一行对本校本科教学工作进行实地考察。

11月9—14日 教育部副部长周远清来校看望教育部专家组成员并视察学校工作。

11月17日 全国政协副主席胡启立来校视察工作。

11月20日 教育部副部长吕福源来校指导工作。

11月24日 全国人大常委会副委员长邹家华来校视察学校高新科技工作。

12月8日 诺贝尔经济学奖获得者蒙代尔来校指导现代金融研究中心工作。

2001年

1月15日 教育部发文正式宣布上海交通大学本科教学工作评估结论为优秀。

3月16日 上海海洋水下工程科学研究院并入上海交通大学暨上海交通大学海洋水下工程科学研究院成立大会举行。

3月19—20日 谢绳武赴英国参加在卡迪夫大学举行的首届中英大学校长论坛。

4 月 6 日 上海交通大学教育发展基金会成立。

5 月 11 日 国家科技部、教育部发文首批认定上海交通大学科技园为“国家大学科技园”。

5 月 18—19 日 学校“九五”“211 工程”建设项目接受教育部专家组验收。

5 月 31 日 诺贝尔物理奖获得者杰克·凯尔贝(Jack Kilby)来校访问,并向师生作《集成电路的历史、现状、未来及其启示》的专题学术演讲。

6 月 8 日 上海市闵行区人民政府、上海交大、上海紫江集团为共建“上海紫竹科学园区、闵行大学园区”在国际万豪大酒店举行签约仪式。

7 月 12 日 教育部副部长袁贵仁来校视察闵行校区。

9 月 4 日 诺贝尔生理学/医学奖获得者丹尼尔·盖都塞克博士来校访问,并为师生作了《从库鲁病到疯牛病》的专场学术演讲。

9 月 20 日 新加坡总统塞拉潘·纳丹等一行访问学校。

9 月 26 日 校党政领导率代表团赴宁夏回族自治区及宁夏大学考察访问,双方签订了《上海交大、宁夏大学“一对一”对口交流合作协议》。

9 月 28 日 “上海交通大学技术转移中心”获教育部批准成立。

10 月 6 日 全国人大常委会副委员长许嘉璐一行专程来校视察。

10 月 19 日 微软公司董事长兼首席软件设计师比尔·盖茨专程来校访问,在文治堂为来自全国 14 所高校的 2 000 名师生作题为《21 世纪的计算——未来十年的设想》的学术演讲。

10 月 31 日 法国著名科学家、1987 年诺贝尔化学奖获得者、法兰西科学院院士让·玛利·雷恩(Jean-Marie Lehn)教授来校,作主题为《从物质到生命:化学?!》的学术演讲。

12 月 20 日 电子信息与电气工程学院成立。

12 月 潘健生当选为中国工程院院士。

本年 上海交大 10 项成果获国家级教学成果奖。

2002 年

1 月 18 日 机械与动力工程学院成立。

3 月 19 日 学校召开教学工作会议,颁布《关于加强本科教学工作,提高教学质量的实施意见》。

3 月 23 日 英国诺丁汉大学校长坎贝尔教授访问学校。

3月25日 由计算机系俞勇带队的上海交大代表队,在美国夏威夷举行的“ACM国际大学生程序设计竞赛”总决赛上,以总分第一的成绩荣获冠军。

3月26日 谢绳武与工商银行上海市分行行长吉晓辉签订新一轮全面合作协议。

4月11日 举行上海交通大学、上海紫竹科学园区发展有限公司校企合作协议签字仪式。

4月13日 2002年全球人类基因组大会(HGM2002)公开论坛在闵行校区举行。

4月24日 美国商务部部长唐·埃文斯率美国15家公司代表等一行,在上海交大举行《WTO的重要性与对中国的影响》的报告。

5月18日 诺贝尔经济学奖获得者蒙代尔博士第三次到交大访问。

6月8日 法学院成立。

6月15日 诺贝尔物理学奖获得者朱棣文博士携夫人来校进行学术访问和指导交大Bio-X生命科学研究中心工作。

6月25日 医学院正式揭牌成立。

同日 上海紫竹科学园区举行开工典礼。

6月28日 学校与上海市卫生局就建立上海交通大学附属医院举行签约仪式。

7月4日 诺贝尔化学奖获得者白川英树访问学校并进行讲学。

8月23日 上海交通大学附属第一人民医院和上海交通大学附属第六人民医院正式挂牌成立。

9月10日 媒体与设计学院成立。

9月11日 学校召开文科建设工作会议。成立“文科建设领导小组”及“文科建设办公室”。

9月16—20日 诺贝尔物理学奖获得者丁肇中博士和美国麻省理工Mike Capell教授、瑞士苏黎世高工Gerteo M. Viertel教授来沪访问交大。

9月20日 学校举行“十五”“211工程”建设动员会。

10月17日 诺贝尔物理学奖获得者,被物理学界誉为“物理神童”的赫拉尔杜·霍夫特随他的母校——荷兰乌特勒支大学代表团来校,做了题为《Road leading to Nobel Prize》主题报告。

10月29日 共青团中央书记处书记赵勇等来校就“大学生素质拓展计划”实施情况进行调研。

10月30日 中国第一个海外研究生院——上海交通大学新加坡研究生院成立庆典暨

上海交通大学新加坡研究生院新生开学典礼在新加坡南洋理工大学隆重举行。

11月6日　诺贝尔物理学奖获得者丁肇中博士率AMS项目研究人员来校进行为期3天的考察访问。

11月24日　国务委员、中国社会科学院院长李铁映来校指导工作。

本年　上海交大5项成果获2002年度国家科技三大奖。

2003年

4月8日　学校在闵行校区菁菁堂举行建校107周年庆祝会。在校庆大会上,学校举行了首届上海交通大学"校长奖"颁奖仪式。

4月17日　上海交通大学附属儿童医院、上海交通大学医学遗传研究所、上海交通大学肿瘤研究所正式挂牌成立。

4月18日　上海交通大学空间科学技术研究中心挂牌成立,诺贝尔物理学奖获得者丁肇中担任中心名誉主任。

5月3日　微电子学院成立。

6月26日　人文学院与国际公共事务学院成立。

6月　上海交大全校师生在校园中抗击"非典"取得胜利。

7月12日　上海交大学生管乐团在瑞士因特拉肯"少女峰音乐节"竞赛演出中,获得金奖第一名。

8月25日　上海交通大学与上海第二医科大学签订合作协议,联合筹建"国际医学中心",开展八年制医学博士教育。

9月4日　洪嘉振、郑树棠获国家级教学名师奖。

9月10日　受中央领导委托,中组部副部长沈跃跃到校宣布中共中央对上海交大党委书记的任免决定。任命马德秀为上海交大党委书记(副部长级),王宗光因年龄原因不再担任上海交大党委书记职务。

9月11日　教育部党组副书记、副部长张保庆听取谢绳武关于闵行校区二期建设的工作汇报。

10月9日　诺贝尔环境奖获得者马丁·格林教授来校访问,作了题为《太阳能光伏发电的前沿问题——大学物理拓展与应用》的学术报告。

10月23—24日　"2003国际二甲醚(DME)论坛"在学校举行。

11月9日　原中央政治局委员、中宣部原部长丁关根回母校,参观闵行校区。

11 月 17 日 全国政协副主席郝建秀来校视察。

12 月 7 日 教育部副部长赵沁平来校视察。

12 月 8 日 学校聘请诺贝尔经济学奖获得者 Vernon L. Smith 教授为新成立的上海交大 Smith 实验室经济学研究中心主任。

12 月 12 日 教育部副部长吴启迪来校视察。

12 月 17 日 船舶海洋与建筑工程学院成立。

12 月 29 日 上海交通大学与中国科学院上海生命科学研究院全面合作计划启动,系统生物研究所挂牌成立。

本年 上海交大 6 项成果获 2003 年度国家科技三大奖。

2004 年

1 月 2 日 《Science》发表了上海交大化学化工学院颜德岳及其博士生周永丰、侯健的论文《Supramolecular Self-Assembly of Macroscopic Tubes》。

1 月 13 日 科技部副部长程津培一行来校指导工作。

3 月 10 日 上海交通大学国家生命科学技术人才培养基地"院士讲坛"正式开设。讲坛每三周举办一次。

3 月 12 日 药学院周向军作为共同第一作者在《Science》发表论文。

3 月 15 日 马德秀、谢绳武出席上海交通大学与宝山钢铁股份有限公司签署科研合作协议书。

3 月 30 日 2004 美国数学模型竞赛(MCM)和交叉学科建模竞赛(ICM)成绩公布,上海交通大学参赛的 6 个队共获得 4 个一等奖、1 个二等奖。

3 月 31 日 学校拿出 170 个教授岗位、229 个副教授岗位、21 个其他专业技术系列高级岗位,向海内外公开招聘。

4 月 19 日 捷克共和国总统瓦茨拉夫・克劳斯来校访问。

4 月 28 日 团中央书记处书记杨岳来校考察、指导工作。

5 月 5 日 国务委员陈至立来校,听取上海高校思想政治工作情况汇报。

5 月 6 日 全国政协副主席、中国工程院院长徐匡迪来校视察工作。

5 月 17 日 由上海交通大学牵头承建的全国高校第一个思想教育示范网站、教育部"中国大学生在线"网站正式开通。

5 月 19 日 学校在文治堂举行教育思想大讨论动员大会。

5 月 20 日 化学化工学院车顺爱在《Nature》以第一作者发表论文。

6 月 10 日 全国人大常委会副委员长许嘉璐来校调研。

6 月 28 日 学校主办的第四届全球华人物理学大会在上海开幕,诺贝尔奖得主丁肇中和朱棣文参加大会,并作主题演讲。

7 月 14 日 科技部部长徐冠华来校,指导船舶与海洋工程国家实验室的建设和申请工作。

9 月 3—4 日 国务院"全国再就业工作表彰大会"在北京举行,上海交大荣获"全国就业先进工作单位"称号。

9 月 8 日 学校召开 2004 年下半年工作会议。会上,马德秀宣读了国务院和教育部的决定,谢绳武继续担任上海交大校长。

9 月 19 日 全国大学生电子设计竞赛——2004 年嵌入式系统专题邀请赛参赛作品的测试与评审工作在上海交通大学顺利结束。学校派出的 2 支参赛队在全国复测中,双双获得全国一等奖。

10 月 12 日 上海交大文选医学大楼在闵行校区落成。

11 月 4 日 学校与中国核工业集团公司签定了合作框架协议。

12 月 28—29 日 中国共产党上海交通大学第八次代表大会在包图演讲厅召开。大会选举产生了八届党委和纪委委员。

本年 上海交大 5 项成果获 2004 年度国家科技三大奖。

2005 年

1 月 15 日 空天科学技术研究院成立。

4 月 6 日 上海交大代表队获在中国上海举行的第 29 届"ACM 国际大学生程序设计竞赛"总决赛冠军。

4 月 20 日 学校召开闵行战略转移动员大会。

4 月 24 日 李岚清到闵行校区,给来自上海交大、华东师范大学等高校的师生作了题为《音乐·艺术·人生》的讲座。

5 月 15 日 我国第一台二甲醚城市客车在上海交大研制成功。

5 月 26 日 上海交通大学附属胸科医院挂牌成立。

6 月 2—5 日 首届全国大学生结构设计竞赛在浙江大学举行。上海交通大学船舶海洋与建筑工程学院派出的 2 支参赛队伍以优异的成绩分别获得一等奖和三等奖。

6月10日 教育部、上海市政府《关于上海交通大学与上海第二医科大学合并的原则意见》签约仪式在上海人民大厦举行。

6月23日 上海交通大学与密西根大学签署《关于探索新模式 拓展全面合作的协议》《建立上海交大—密西根大学联合学院的协议》《上海交通大学—密西根大学化学基因组和新药研究合作协议》三个协议。两校宣布成立上海交大—密西根大学联合学院。

6月24—25日 谢绳武率团赴美国参加在芝加哥举行的2005年美洲交通大学校友大团聚。

7月6日 学校召开保持共产党员先进性教育动员部署大会。

7月18日 上海交通大学、上海第二医科大学合并大会举行。

9月2日 上海交大14项成果获国家级教学成果奖。

9月14日 中共中央政治局常委、全国政协主席贾庆林来校视察。

9月22日 美国耶鲁大学校长 Richard Levin、副校长 Linda Lorimer 女士一行来校访问。

9月23日 中共中央政治局常委、全国人大常委会委员长吴邦国来校视察工作，并参观了学校部分科技成果展览、贺林研究室和海洋工程国家重点实验室。

9月28日 1987年诺贝尔化学奖获得者、法国路易斯—巴斯德大学教授 Jean-Marie Lehn 应邀来校访问。

11月1日 教育部副部长赵沁平来校指导工作。

11月6日 上海系统生物医学研究中心成立。

11月23日 学校召开保持共产党员先进性教育活动总结大会。

12月16日 颜德岳、贺林、邓子新当选为中国科学院院士。

12月27日 上海交通大学“985工程”二期启动动员大会召开。

本年 上海交大7项成果获2005年度国家科技三大奖。

2006年

1月底—2月初 马德秀率代表团访问美国加州大学、哈佛大学、麻省理工学院、卡内基梅隆大学、约翰霍普金斯大学及 Intel 研究中心、健赞生物制药公司(Genzyme)等。

2月7日 中共中央政治局常委李长春视察上海交大。

2月12日 教育部副部长李卫红等到上海交大调研。

3月21日 2005年诺贝尔生理和医学奖得主巴里·马歇尔教授及西澳大利亚大学代

表团访问上海交大。

3月29日　为迎接110周年校庆举办的2006年全球商学院院长论坛开幕。

同日　安泰管理学院更名为安泰经济与管理学院。

4月6日　江泽民回母校看望师生，视察闵行校区，并为母校题词"思源致远"。

4月8日　闵行校区南大门、东大门正式启用并举行落成典礼。

同日　学校隆重庆祝建校110周年。上海市委、市政府、市人大、政协等有关部门领导和全国人大常委会副委员长司马义·艾买提，全国政协副主席张怀西等出席当天在闵行校区举行的庆祝大会。当晚，"思源·致远——上海交通大学建校110周年庆典晚会"在闵行校区菁菁堂举行。

4月9日　核科学与工程学院成立并举行揭牌仪式。

4月12日　由上海交大和美国密西根大学合作建立的"上海交通大学交大密西根联合学院"正式揭牌成立。

4月20日　由教育部、上海市、全国各院校的专家、学者、校长组成的专家组对上海交大"十五""211工程"建设项目进行了验收检查。

4月29日　国务委员陈至立莅校视察。

5月10日　学校下发关于《上海交通大学章程(试行)》的通知。

5月25日　全国人大常委会副委员长路甬祥率全国人大专利法执法检查组来校检查指导工作。

6月15日　教育部部长周济在上海交大参加有关教育教学工作及"211工程"建设座谈会并讲话。

7月17日　教育部副部长吴启迪与第三届中外大学校长论坛与会嘉宾一起参观考察了上海紫竹科学园区、上海交通大学校园和华东师范大学校园，并在上海交通大学听取了关于"校区、园区、社区"三区联动建设与发展的汇报。

8月28日　上海交通大学医学院附属精神卫生中心揭牌仪式举行。

10月16日　交大首次开设新生研讨课，8名学生率先体验了这一新的授课形式。

10月17日　由安泰经济与管理学院研究生组成的"瓷龙化工创业团队"，在第五届"挑战杯"中国大学生创业计划竞赛中获得全国金奖。

10月24日　中国福利会国际和平妇幼保健院正式成为上海交通大学医学院附属医院。

11月27日　上海交大召开会议，宣布国务院关于上海交通大学校长的任免决定：张杰任上海交通大学校长(副部长级),谢绳武因年龄原因不再担任上海交通大学校长职务。

本年 上海交大5项成果获2006年度国家科技三大奖。

本年 乐经良、孙麒麟获国家级教学名师奖。

附录二
主要规章制度(1992—2006)

上海交通大学实行学分制管理暂行规定(2001年)
(试行)

为充分发挥我校学科门类齐全、师资力量雄厚、教学设施先进的优势,鼓励学生个性发展,实施因材施教,激励学生自主学习,进一步激发教与学的积极性,培养适合社会发展需要,既有宽厚的理论基础、专业技能和较强的实际应用能力,又有不同个性的高素质复合型创新人才,学校决定自2001级本科生起实行学分制管理,特制定本暂行规定。

一、修读课程

1. 培养计划与课程设置

培养计划是学校实行人才培养目标和基本要求的总体计划和实施方案,是学校组织和管理教育教学过程的主要依据。学校根据培养计划确定各专业课程设置及实践教学环节,作为学生修读课程以及评价学生是否完成教学要求的根本依据。学生只有完成学校规定的课程及实践教学环节后方可毕业。

课程设置按其性质分为必修课和选修课,选修课包括限选课和任选课两类。

必修课:是指培养计划中规定该专业学生必须修读的课程。

限选课:是指有条件限制的选修课,学生必须完成规定的学分方可毕业。限选课包括:

① 必须在专业方向与特色课程中选择一组课程;

② 非经管专业学生必须选修 4 学分经管类课程;文管类学生必须选修 4 学分科技工程类课程;

③ 必须选修 6 学分文化素质类课程;

④ 必须选修 4 学分英语类课程;

⑤ 必须选修 4 学分体育类课程;

⑥ 必须选修一定数量的基础理论类课程;

⑦ 必须跨学科选修一定数量的课程。

任选课:不受任何限制,学生自由选修课程。

学生在完成本专业必修课程的前提下,可以根据自己的兴趣选修其他专业的课程,取得成绩者计入选修课。

2. 选课

学生可以根据自己的具体情况,在客观条件允许的前提下自主安排学习进程。

学校实行网上选课。学生根据专业培养计划和自己的能力与兴趣,在指导教师的指导并在计算机引导下通过校园网选择并确定修读课程,计算机自动生成课表。

3. 选择任课教师

为提高教学质量,增强学生在教学活动中的参与意识,激发学生的学习自觉性,学校在教学中引入竞争机制,实行教师挂牌上课制度,学生可以选择自己喜欢的老师讲授的课程。学校对公共基础课程实行分层次教学,针对各专业的不同要求,在不同时间开设多种不同类别、不同规格的课程,供学生自主进行选择。

为保证全校公共必修课与公共基础课的教学质量,学校对课时相同、内容相同但由多名教师授课的公共基础课教学实行"四统一",即统一大纲、统一要求、统一考试、统一阅卷。

4. 听课方式

原则上学生必须随堂听课,无故不上课按旷课处理。对于学习成绩优秀的学生,平均学分绩点不低于 3.0,经本人申请,指导教师及任课教师同意,学生所在院(系)教学主管部门负责人批准,可以免听自修部分课程;学生选修的课程上课时间有局部冲突时,可申请免听自修其中一门课程的冲突部分,但必须完成规定的作业,参加实验、测试、考试,并按规定办理有关手续(详见《上海交通大学学分制学籍管理暂行办法》)。"两课"、体育、军训以及实验与实践教学环节一律不得申请免听。

学生旷课按违反学校学习纪律处理,详见《上海交通大学学分制学籍管理暂行办法》。

5. 免修课程

学生通过自学或其他途径已掌握了某门课程,经本人申请,院(系)审核,可参加学校统一组织的免修考试,或在高一年级该课程期末考核时参加免修考试,凡免修考试成绩在80分以上(含80分)者,准予免修。但"两课"、体育、军训、实验及教学实践环节等不能申请免修。详见学校有关规定。

二、自主选择专业

1. 优秀学生自主选择本科专业

为鼓励学生个性发展,充分发掘学生潜能,学校鼓励一部分优秀学生在经过一段时间的基础理论学习,并对专业发展有较深的了解之后,完全根据自己的专长、兴趣与爱好,第二次自主选择专业。学校组织统一考试,在公平、公正、合理的原则下,拟转入专业择优录取。

自主选择本科专业一般在学生完成第一学年基础理论课程后进行。原则上凡第一学年各门功课考核成绩良好,在本专业年级排名前15%以内者,均可申请自主选择专业,参加学校统一考试。

各院(系)应拿出本年级本专业学生总数3%—5%的名额供外院(系)学生转专业用,每年最终转入或转出的学生总数不超过本院(系)本年级在读学生总数的5%。

具体实施办法详见《上海交通大学学分制学籍管理暂行办法》。

2. 鼓励学生修读第二学科学士学位

学校将进一步放开对第二学科学士学位的控制,增加第二学科学士学位开设专业,保证全校学生均能获得修读第二学科学士学位的机会,鼓励学习成绩优良且学有余力的学生根据自己的兴趣与专长,根据学校开设的第二学科学士学位专业目录,自主选择修读第二学科学士学位课程。详见有关具体规定。

三、学分要求与学分计算

1. 学分要求

为合理利用教学资源,保证学生在规定的学习年限内完成学业,学生在读期间每学期所选课程(包括实践环节)不得少于20个学分。

每学期应修读完成至少15个学分培养计划所规定的课程(包括实践环节);

第二学期末应累计修读完成至少30个学分的规定课程;

第三学期末应累计修读完成至少47个学分的规定课程;

第四学期末应累计修读完成至少 65 个学分的规定课程;

第五学期末应累计修读完成至少 83 个学分的规定课程;

第六学期末应累计修读完成至少 100 个学分的规定课程;

第七学期末应累计修读完成至少 118 个学分的规定课程;

第八学期末应累计修读完成至少 136 个学分的规定课程;

第九学期末应累计修读完成至少 153 个学分的规定课程;

第十学期末应累计修读完成至少 170 个学分的规定课程;

学生应在学校规定的学习年限内按学校要求完成培养计划规定的全部课程和教学实践环节,并取得相应的学分。凡不能在规定的时间内完成所要求的学分的学生,学校将按照有关规定给予相应的处理(详见《上海交通大学学分制学籍管理暂行办法》)。

2. 学分计算

课堂教学与实验教学以每门课程所需的教学时数为标准计算学分,原则上每 18 学时计算 1 学分。有些特殊课程以及教学实践环节根据内容、授课时间以及课程要求单独计算学分。

经教务处核准,集体组织、集中进行、活动时间在 2 周以上的社会实践活动可以计 0.5 或 1 学分。

3. 课外科技创新活动

为培养学生的创新意识和创新能力,激励学生进行科学研究和设计创作,学生在学期间所取得科研成果也可视情况计算学分:

参加各种设计大赛、学科竞赛、科技竞赛的获奖者,获国家级、国际级奖项者计 2—5 学分;获省(部、市)级一、二等奖计 1—2 学分。同一奖项多次获奖者,按最高级别计学分,不重复计学分。

学生在教师指导下参加课外科技创新活动,或承担学校科技创新(PRP、PEP)项目,取得成果者,可取得 1—2 学分。

作为主要作者之一,在国外或国内刊物上(列入学校统计的刊物)发表的论文,每篇计 1—2 学分。

学生参加教师的研究课题并独立承担其中一部分项目,其工作和成果经院(系)审定可计 0.5—2 学分。

学生参加其他社会调查、社会实践,参与各类科研、生产、经济、管理以及人文与社会科学等课题,视其内容、时间与成果,主要看成果,经院(系)或导师审定可计一定学分。

四、指导学生与选择导师

1. 学生咨询办公室

各院（系）在主管教学的院长（系主任）领导下，组织有经验的专业教师组成学生咨询办公室，吸收部分高年级学生参加，对低年级（一、二年级）学生开展业务咨询与学习指导工作，主要包括以下内容：

（1）结合专业特点对学生进行学习目的与专业思想教育；

（2）帮助学生尽快适应大学学习环境，培养学生的自主学习与生活能力；

（3）使学生尽快了解并掌握学分制条件下选修课程、选择教师以及参加其他教学与实践活动的途径与方法；

（4）回答学生有关本专业课程设置、任课教师、院（系）基本情况以及日常事务的问询；

（5）指导学生选课，向学生客观、公正、负责地介绍选择任课教师；

（6）指导学生选择实验、学习等实践性教学环节；

（7）向学生提供其他有关学习的咨询。

2. 导师

本科生从第五学期起配备导师。学生可根据自己的特长、兴趣与爱好，自主选择专业发展方向和导师。凡具有中级以上技术职称的我校在职教师、实验人员都有义务担任本科学生的导师工作。

导师的责任是发现学生的潜能并加以培养，根据每个学生的特点，因材施教，注意挖掘学生发展潜力，指导学生合理选择专业发展方向，参与社会实践与科技创新活动，将学生的专业课程学习与导师的科研活动有机结合，锻炼学生独立思考问题、分析问题、解决问题的能力，提高学生的专业技能和综合素质。

导师的责任主要包括以下几方面内容：

（1）每学期初指导学生选择专业课程，尤其是根据学生的特点与发展方向，指导学生选择专业选修课程；

（2）指导学生选择实验、实习与其他实践活动；

（3）指导学生阅读专业期刊，了解专业发展动向；

（4）指导学生参加自己的科研课题以及其他课外科技创新活动；

（5）有条件的教师可以结合科研课题指导学生毕业论文（设计）。

导师应了解学生学习情况，发现问题及时向思政教师或院（系）有关部门反映。原则上导师每两周在固定时间指导学生至少一次，并将时间、地点通知学生。学生若连续两次不找导师咨询,导师应与思政教师联系、反映情况。

学生有紧急事情需向导师汇报或咨询时,可通过院(系)教务办公室或学生咨询办公室与导师联系。

五、成绩考核、缓考与重修

1. 成绩考核

所有课程包括教学实践环节都须进行考核。考核分考试和考查两类。考试一般采用百分制或优秀、良好、中等、及格、不及格五级记分制,考查分为合格、不合格。学生修读的课程,成绩经考核百分制达到60分以上(含60分,按百分制计算),或及格以上(含及格,按五级记分制计算),或合格(考查),即可取得该课程的学分。

百分制成绩可按如下关系折算成五级记分制成绩:

90—100　　优秀

80—89　　良好

70—79　　中等

60—69　　及格

<60　　不及格

五级记分制可按如下关系折算成百分制成绩:

优=95　良=85　中=75　及格=65

考查课程考核合格可转换为75分,不合格按0分计。

2. 重修

课程考核不及格者必须申请重修该课程,参加下一学年(学期)同一课程教学(实践)环节和课程考核。其中考试成绩在41分以上(含41分)的学生,如果重修课与正常课程在时间安排上有冲突,可申请自学后参加该课程考核,并在学习过程中按老师要求提交重修课程课堂作业。

凡含有实验与实践教学内容的课程,其实验与实践部分必须重修,否则不得申请参加考试。

每门课程成绩在成绩单中只记载一次。各课程重修的成绩,按实际所得分数、实际取得学分的时间记入学生成绩档案,并注明“重修”。重修考核不及格者可再次申请缴费重修(原则上重修不得超过三次)。

3. 学分绩点计算

采用学分绩点评定学生学习的质量，并以此作为审核学生自主选择专业以及修读第二学科学士学位、评定奖学金、评选优秀学生、选拔推荐直升研究生以及授予学士学位的基本依据。学分绩点按课程成绩折算，具体折算方法为：

成绩	学分绩点
90—100	4.00—5.00
80—89	3.00—3.99
70—79	2.00—2.99
60—69	1.00—1.99
<60	0

$$\text{平均学分绩点} = \frac{\sum K(\text{课程学分} \times \text{学分绩点})}{\sum \text{课程学分}}$$

平均学分绩点精确到小数点后两位，每学年计算一次。

六、学习年限

学校实行弹性学习年限，四年制本科学生可在三年内修满培养计划所要求的最低学分，取得毕业资格，经本人申请，并经国家有关部门审批，学校准许其提前毕业；对于学习有困难，或因其他原因，不能在学制年限内完成学业的，允许延长在校学习时间，但一般不得超过学制年限2年。个别特殊情况，经学校主管校长批准可在此基础上再延长一年。详见《上海交通大学学分制学籍管理暂行办法》。

学校不提倡学生提前毕业，而是鼓励学生更多地参与实践与科研活动，熟悉先进的专业技能，培养学生的创新能力，提高学生的综合应用能力。

七、毕业

学生修完培养计划规定的课程及教学实践环节，取得规定的学分，德、智、体考核合格，即可毕业。

本规定从2001年级本科学生开始试行，其解释权在教务处。

上海交通大学学分制学籍管理暂行办法(2001年)
(试行)

第一章 总则

第一条 为了维护学校正常的教学、工作和生活秩序,加速完善学分制管理模式下学生学籍管理,保障学生身心健康,促进学生德、智、体全面发展,特制定本暂行办法。

第二条 学生应该有坚定正确的政治方向,热爱社会主义祖国,拥护中国共产党的领导,努力学习马克思主义、毛泽东思想、邓小平理论,积极参加社会实践,与生产劳动相结合;应当具有为国家富强和人民富裕而艰苦奋斗的献身精神;应当遵守法律、法规、校纪校规,注重思想修养,陶冶情操,并有良好的道德品质和文明风尚;应当勤奋学习,努力掌握现代科学文化知识,成为适应21世纪社会发展需要的,既有宽厚的理论基础、专业技能和较强的实际应用能力,又有不同个性的高素质复合型创新人才。

第三条 学校的主要任务是为社会主义建设培养具有创新精神和实践能力的复合型高素质人才,要不断提高教育、教学质量,从严治校,优化办学环境,保证培养目标的实现。健全管理制度应同加强思想教育相结合,做好教育和管理工作。

第二章 入学与注册

第四条 学校按照招生规定录取的新生,持录取通知书(录取通知书与身份证姓名必须相同)和学校规定的有关证件按期到校办理入学手续。因故不能按期入学者,应写信并附原单位或所在街道、乡镇证明,向学校请假。请假一般不得超过两周。未经请假或请假逾期报到的,以旷课论处。超过两周不报到者,取消入学资格。

第五条 新生入学后,学校在三个月内按照招生规定进行复查。经过复查合格注册后,即取得学籍。复查不符合招生条件者,由学校区别情况,予以处理,直至取消入学资格。凡属徇私舞弊者,一经查实,取消学籍,予以退回。情节恶劣的,将提请有关部门处理。

第六条 新生进行体检查明患有疾病者,经医疗单位证明,短期治疗可达到健康标准的,由本人申请,经教务处批准,可准许保留入学资格一年,但须回家或回原单位医疗。医疗期间不享受在校学生待遇。保留入学资格的学生,必须在下学年开学前向学校招生办公室提交县以上医院开具的健康检查及诊断证明(肝炎病患者需缴最后连续六个月的肝功能指标正常的化验证明)申请入学,同时凭校招生办公室的通知按时来校卫生科复查。复查合格,方可重新办理入学手续。复查不合格或逾期不办入学手续者,取消入学资格。

第七条 每学年开学前一天,学生在学校财务处交费后凭学生证和已收费凭证到院

（系）教务办公室办理注册手续。未缴费学生不能办理注册手续。学年第二学期在规定时间直接到院（系）教务办公室办理注册手续。因故不能如期注册者必须履行请假手续，否则以旷课论处。逾期两周不注册者按自动退学处理，已交费用不退。

第三章　纪律与考勤

第八条　学生必须按照学校教学计划的要求，认真学习各门课程课堂教学、实验教学以及其他各项教学环节，并参加学校所规定的各项活动。

第九条　学生上课应遵守课堂纪律。自修时间应认真学习，保持安静，不得妨碍他人。

第十条　学生上课、实验、实习、军训、社会调查以及学校组织的其他集体活动都应实行考勤。学生因病或其他原因无法参加学校所规定的教学和实践活动时，必须事先办理请假手续，未经批准或请假逾期者，作旷课论。旷课时数按课表内实际上课时数计算，教学实践环节按每天六学时计，学校安排的有关活动，每天按旷课四学时计。对旷课的学生视情节轻重，给予批评教育直至纪律处分。

第十一条　学生请假应事先提出书面申请，因病请假须附医院有关证明。请假在三天以内（含三天）的由指导教师审批（在校外学习期间由带队老师审批），并报院（系）办公室备案；三天以上、一个月以内由院（系）主管教学的副院长（副主任）审批；一个月以上由院（系）主管教学的副院长（主任）签署意见，报学校教务处审批。

第四章　成绩考核与记载

第十二条　为保证学生在规定时间内完成学业，合理安排学习进程，在读学生每学期应修读完成至少 15 个学分培养计划所规定的课程并取得学分。第二学期末应累计修读完成至少 30 个学分培养计划所规定的课程；第四学期末应累计修读完成至少 65 个学分的规定课程；第六学期末应累计修读完成至少 100 个学分的规定课程；第八学期末应累计修读完成至少 136 个学分规定课程。

第十三条　学生必须参加教学计划规定的课程（包括理论课、实验、实习、设计与论文等）考核。其考核成绩及所得学分均载入成绩记分册，并归入本人学籍档案。

学生旷课累计超过一门课程教学时数三分之一者，不得参加该课程的考核。学生一学期中缺做实验、实习时数达三分之一或实验实习考核不及格者，或缺课累计超过该课程教学时数三分之一者，或缺交作业三次者，均不得参加该门课程的考核，该课程必须重修。

抄袭作业或实验报告、实习报告视同未交作业。

第十四条　考核成绩的评定采用百分制或五级制(优秀、良好、中等、及格、不及格)计分。

考核成绩评分,应兼顾学期末考核成绩与平时成绩,平时成绩占该课程成绩比重应不少于30%。学生按照教学计划规定学完某门课程,考核及格,即获得该门课程的学分。对分几个学期讲授而每个学期进行考核的课程,每学期均按一门课程计算门数和学分。

考查课程在期末考试前结束。考查课程由平时作业、小测验、实验报告、课程总结等给出成绩,考试前两周内不能进行发卷小测验(任选课与不通知的测验除外)。

第十五条　公共体育课为必修课,补考后仍不及格者必须重修。体育课成绩以考勤与课内教学和课外锻炼活动进行综合评定。

因身体疾病或某种生理缺陷,经医院证明不能正常上体育课者,由学校安排保健活动,认真参加锻炼后,即可视为体育课及格。

第五章　免修、免听与重修

第十六条　学生通过自学或其他途径已掌握了某门课程,经本人申请,院(系)审核,可参加学校统一组织的免修考试,或在高一年级该课程期终考试时参加免修考试,凡免修考试成绩在80分或良好以上(含80分或良好)者,准予免修。但“两课”、体育、军训、实验及教学实践环节等不能申请免修。

第十七条　对于学业优良、自学能力强的学生,其平均学分绩点不低于3.0,经本人申请,指导教师及任课教师同意,学生所在院(系)教学主管部门负责人批准,可以免听自修部分课程;学生选修的课程上课时间有局部冲突时,可申请免听自修其中一门课程的冲突部分,但必须完成规定的作业,参加实验、测试、考试。“两课”、体育、军训以及实验与实践教学环节一律不得申请免听。

第十八条　课程考核不及格者必须申请重修,并交纳课程重修费用,参加下一学年(学期)同一个课程的教学(实践)环节和课程考核。其中考试成绩在41分(含41分)以上的学生,如果重修课与正常课程在时间安排上有冲突,学生可向该重修课程任课教师书面申请免听课,并办理有关手续,经同意后可部分听课或自学,参加下一学年(学期)统一课程考核,并在学习过程中按老师要求提交重修课程的课堂作业。

凡含有实验与实践教学内容的课程,其实验与实践部分必须重修,不得申请免听课。

每门课程成绩在成绩单中只记载一次。各课程重修的成绩,按实际所得分数记入学生学籍档案,时间按实际取得学分的时间登记,并注明“重修”。重修考核不及格者可再次申请缴费重修(原则上重修不得超过三次)。学生重修同一门课程超过一次的,在备注栏中注明第几次重修。

选修课不及格者,其不及格成绩不记入成绩单,学生不必重修,但毕业时必须满足总学分要求。

多次重修考核仍不及格者,毕业前不再予以补考,按结业处理。

第十九条　凡擅自缺考、考试作弊或严重违反考场纪律者,该课程成绩以零分计,学校根据情节轻重给予相应的纪律处分。对于情节较轻,且对所犯错误有深刻认识者,学校可给予其一次缴费重修的机会。

第六章　转系(专业)与转学

第二十条　经国家招生统一考试,按志愿录取的学生,一般应在录取的学校和专业完成学业。学生有下列情况之一者,可申请转院系(专业)或转学:

(一) 学生确有专长(有报刊文章、学术科研成果、获奖证书等证明),本人申请,由所在院(系)推荐,经转入院(系)组织专家考核证实,转入该院(系)确能发挥其专长者;

(二) 培养计划规定的必修课和选修课成绩合格,高考总分不低于转入院系(专业)同年级学生高考平均分;申请由高考低分专业转入高分专业者,其第一学年学习成绩应在本专业本届学生中排名前15%;

(三) 个别学生入学后出现某种疾病或生理缺陷,经学校指定的医疗单位检查证明,不能在原院系(专业)学习,但尚能在本校或其他高等学校别的院系(专业)学习者;

(四) 学校认定具有某种特殊原因,不转院系(专业)或不转学无法继续学习者;

(五) 根据社会对人才需求情况的发展变化,必要时学校可以适当调整部分学生的院系(专业)。

第二十一条　学生有下列情况之一者,不予转院系(专业)或转学:

(一) 新生入学未满一学期者;

(二) 本科三年级以上(含三年级)者;

(三) 委托生、定向培养生未经单位同意者;

(四) 申请由师范类院校(专业)转入上海交通大学者;

(五) 申请由专科转入本科者;

(六) 申请由一般院校转入上海交通大学者;

(七) 无正当理由者。

第二十二条 转院系(专业)学生(转出或转入)人数不超过同年级院系(专业)学生总数的5%。

第二十三条 学生转院系(专业)、转学均由本人向所在院系申请,按下列办法办理:

(一) 学生在本校范围内由高考低分专业转到高分专业,或在高考录取分数相同或相近专业间转专业,均在学生完成一年基础理论课程学习后进行。

学校各院(系)拿出本年级学生总数3%—5%的名额,允许全校优秀学生自主二次选择本科专业。凡入校后第一学年学习成绩良好,综合成绩在本院(系)年级排名前15%以内者均可提出申请,由指导教师推荐,经学生所在院(系)主管院长(主任)批准后参加由学校组织的全校统一考试。经拟转入院(系)教学指导委员会考核、讨论同意后,报学校教务处审批。

学生在第三学期开学前提出转院(系)申请,学校在开学后2周内办理考试及审批手续。

经学校批准后,转院(系)学生在第三学期进入新的专业学习,其培养计划及考核标准按新专业执行。

(二) 其他类别校内转院(系)学生由学生本人提出申请,由学生所在院(系)主管院长(系主任)审核同意,并向拟转入院系(专业)推荐,经拟转入院系(专业)审核同意后,报学校教务处审批。

(三) 转入其他学校者,经两校同意,还须由学校所在省(自治区、直辖市)主管高教部门批准(跨省市者须两地主管高教部门批准),并由转入省(自治区、直辖市)抄送转入校所在地区公安、粮油部门。学生转院系(专业)、转学的手续,应在每学年开学前办理。

第二十四条 转院(系、专业)、转学一般不得延长学习年限。

第七章 休学、停学与复学

第二十五条 学生有下列情况之一者,应予休学:

(一) 因病经指定医院诊断,须停课治疗、休养占一学期总学时三分之一或六周(含六周)以上者。

(二) 根据考勤,一学期请假(包括病、事假)超过该学期总学时三分之一或六周(含六周)者。

学生休学由院(系)教务办公室负责通知学生本人填写《上海交通大学休学申请书》(如因病休学者,需有医院等有关证明和校卫生科意见),送经系主任审核同意,报教务处批准后办理休学手续。

第二十六条 学生休学一般以一年为期(因病经学校批准,可连续休学两年),累计不得超过两年。

第二十七条　休学学生的有关问题，按照下列规定办理。

（一）休学学生不享受奖学金。

（二）因病休学的学生，应回家疗养。病休期间享受公费医疗一年，连续病休第二年停止公费医疗，医疗费用自理。享受公费医疗期间，应在当地公立医院就诊，凭医院正式单据及就诊病历卡按季度向学校卫生科报销，最迟不得超过当年年底。

（三）学生休学回家，往返路费自理。

（四）休学学生的户口不迁出学校。

（五）学生在休学期间必须离校，不得擅自来校上课。

第二十八条　学生因家庭特殊困难、创业等原因需中途停学，但又不符合上述休学条件，经本人申请，学校批准，可保留学籍一至二年。停学只能办理一次。保留学籍期满不办理复学手续者，取消学籍。保留学籍的学生不享受在校生和休学生待遇。

学生因自费出国留学而申请退学，经学校批准，可保留学籍一年，时间从退学之日起计算，详见学校有关规定。

第二十九条　学生复学按下列规定办理：

（一）因伤、病休学的学生，申请复学时必须由县以上医院诊断，证明恢复健康（肝炎病患者需缴休学期满前连续六个月肝功能指标正常的化验证明），并经学校卫生科复查合格方可复学。

（二）学生因病休学期满，应于休学期满前一个月持卫生科复学通知单向教务处提出复学申请，经教务处审查批准后，办理复学手续。

（三）因其他原因办理停学的学生停学期满，应于停学期满前一个月通过院（系）向教务处提出复学申请，并提供必要的证明，经教务处审查批准后，办理复学手续。

（四）因自费出国办理退（停）学的学生申请复学时，需持有上海市教委自费留学办公室建议复学的通知。

（五）复学学生，依其选修课程的情况编入原专业相应年级学习。

（六）被发现有伪造诊断证明及复查不合格者不得复学。

休（停）学期间如有严重违法乱纪行为者，应取消复学资格。

第三十条　学生在保留入学资格、保留学籍、休学期间，不得报考其他学校。因病必须休学但不办休学手续者，或已办休学手续而未批准复学者，不得擅自进教室上课，违者将视情节给予校纪处分。

第八章 退学

第三十一条 符合下列情况之一的学生应予退学:

(一) 学生在读期间两次出现在一学期中修读取得的规定课程(包括必修课、限选课及实践环节)学分不足15学分者,在第一次出现一学期取得学分低于15学分时向学生提出退学警告。

第二学期末累计修读完成的培养计划规定的课程(含实践环节)不足30个学分者;

第三学期末累计修读完成的培养计划规定的课程不足47个学分者;

第四学期末累计修读完成的培养计划规定的课程不足65个学分者;

第五学期末累计修读完成的培养计划规定的课程不足83个学分者;

第六学期末累计修读完成的培养计划规定的课程不足100个学分者;

第七学期末累计修读完成的培养计划规定的课程不足118个学分者;

第八学期末累计修读完成的培养计划规定的课程不足136个学分者;

第九学期末累计修读完成的培养计划规定的课程不足153个学分者;

第十学期末累计修读完成的培养计划规定的课程不足170个学分者;

(二) 休学或停学期间不办理复学手续者;

(三) 经过指定医院确诊,患有精神病、癫痫等疾病者;

(四) 意外伤残不能再坚持学习者;

(五) 本人要求退学,经劝说无效者。

按本条规定实行的退学处理,不属校纪处分。

第三十二条 学生申请自费出国留学,经批准办理退(停)学手续后,保留学籍一年(具体实施办法另行规定)。

因申请自费出国而退(停)学者,停学期间可以缴费选修课程,并参加考核,复学时考核的成绩有效。

第三十三条 学生退学,需由学生所在院(系)填写《处理退学学生审批表》或《学生退学申请表》,连同有关证明材料,由院(系)领导签署意见,经教务处会同学生处审查后,报主管校长审批。

第三十四条 学生退学的善后问题,按下列规定办理:

(一) 退学和因各种原因中途离校的学生,户口退回原籍(或抚养人所在地)。

(二) 经诊断为精神病等不符合体检标准之疾病(包括意外致残)者,由家长或抚养人负责办理退学手续。

(三) 退学学生发给退学证明,并根据学习年限发给肄业证书(至少学满一年),未经学校批准,擅自离校的学生不发给肄业证书和退学证明。

(四) 退学学生自学校批准之日起,应在一个月内办妥一切离校手续。因特殊原因不能及时办理者,由本人申请经院(系)和学校批准,可适当宽限至两个月。超过两个月不办手续者,不发给肄业证明和退学证明。在规定期满后仍不办理离校手续者,由学生所在院系学生组去校保卫处办理户口迁移手续,户口随学生档案一并退回家庭所在地,并由校保卫处会同有关院、系令其限期离校。

第三十五条　被处理退学的学生,均不得申请复学。

第九章　毕业、学位与证书

第三十六条　学生在校学习年限一般不得超过规定学制两年。因创业停学或因参加社会实践、科研创新等活动而影响学习者,由学生本人申请,院(系)、教务处审查,经学校主管校长审批后可延长一年。

学生提前达到毕业要求者,由本人申请,院(系)同意,教务处批准,并报请国家有关部门,可提前毕业。

延长学习时间须按学校规定交纳相应费用。

第三十七条　学生将修完本专业教学计划规定的课程及实践教学环节时,应提前一学期向所在院(系)申请进行毕业设计(论文),由院(系)进行资格审查。

第三十八条　具有学籍的学生,在规定的年限内,取得本科培养计划规定学分后,准予毕业,发给毕业证书。

第三十九条　本科毕业生按照《中华人民共和国学位条例》规定的条件授予学士学位。

符合第二学科学士学位规定的,可授予第二学科学士学位。

符合辅修专业课程组规定的,可发辅修专业课程组证书。

第四十条　本科毕业生有下列情况之一者,不授予学士学位。

(一) 因课程不及格而重修及格的课程学分累计达25学分者;

(二) 受留校察看及以上处分者。

第四十一条　学生毕业时作全面鉴定,其内容包括政治态度、思想意识、道德品质以及学习、劳动和健康状况等方面。

第四十二条　学生在规定的学习年限内修完培养计划规定的课程及实践环节,但没有取得全部学分者,予以结业,发给结业证书。

第四十三条 对于结业学生的不及格课程,允许在毕业后一年内再补考一次。具体办法如下:

(一)毕业后第二年4月1日之前由结业学生向教务处提出书面申请;

(二)经教务处与有关院(系)审核批准后参加4月下旬学校统一组织的毕业补考;

(三)补考及格后,以结业证书换发毕业证书,并授予学士学位;补考不及格或一年内未参加补考者,以后不得再参加补考,维持结业。

第四十四条 毕业设计(论文)、毕业实习不及格者,发给结业证书。在毕业后一年内向学校申请补做,及格者以结业证书换发毕业证书,并授予学士学位;不及格者或一年内不申请办理补做者以后不得再申请补做,维持结业。

第四十五条 退学学生在校学习满一年以上者,发给肄业证书和退学证明;勒令退学的学生只发给学历证明;开除学籍的学生不发给学历证明。

第四十六条 无学籍学生不发给毕业证书。

本暂行办法自2001年秋季学期起在2001级及以后各级本科学生中试行。

本暂行办法由教务处负责解释。

上海交通大学章程
(试行)

2006年4月

第一章 总则

第二章 管理体制

第三章 学术机构

第四章 学生

第五章 教职工

第六章 资产、经营与财务管理

第七章 社会服务与外部关系

第八章 附则

第一章　总则

第1条　根据《中华人民共和国宪法》《中华人民共和国教育法》《中华人民共和国高等教育法》《中华人民共和国教师法》等有关法律,结合本校实际情况,制定本章程。

第2条　本校是教育部直属、由教育部和上海市共建的全国重点综合性大学,全称为“上海交通大学”,中文简称为“上海交大”,英文全称为Shanghai Jiao Tong University,英文缩写为SJTU。

第3条　本校法定注册地为上海市华山路1954号。

第4条　本校具有民事法人主体资格,依法享有民事权利,独立承担法律责任。校长为本校的法定代表人。

第5条　本校坚持社会主义办学方向,全面贯彻国家的教育方针。本校的使命是:以世界一流大学为目标,以传承文明、探求真理、振兴中华、造福人类为己任。

第6条　本校的校训是:“饮水思源,爱国荣校。”

第7条　本校创建于1896年,校庆日为4月8日;本校校徽由齿轮、铁砧、铁锤及书籍组成,校歌为于之作词、瞿维作曲的《上海交通大学校歌》。

第二章　管理体制

第8条　本校实行中国共产党上海交通大学委员会(以下简称“党委会”)领导下的校长负责制,实行党委领导、校长行政、教授治学、民主管理的制度。

第9条　党委会是本校的领导核心,对学校全局工作实行统一领导。在党委会全体会议闭会期间,其职责由党委常务委员会(以下简称“党委常委会”)履行。党委会和党委常委会由党委书记主持,实行集体领导,民主决策。

党委会和党委常委会的主要职责是:

(一)组织学习、宣传、贯彻党的理论、纲领、路线,坚持党和国家的教育方针和社会主义办学方向;

(二)领导制定学校规划,讨论决定学校改革发展中的重大问题、学校内部组织机构的设置和基本管理制度中的重大事项;

(三)审定学校年度财务预算并讨论决定大额资金使用;

(四)加强党组织的思想建设、组织建设和党风廉政建设,负责干部的选拔、培养、任用、考核和监督,做好老干部和老龄工作;

(五)坚持党管人才的原则,创造尊重人才、爱护人才的环境;

(六) 领导学校的工会、妇委会、共青团、学生会等群众组织和教职工代表大会;

(七) 做好统一战线工作,对校内民主党派的基层组织实行政治领导,支持其按照各自的章程开展活动;

(八) 审定学校的章程;

(九) 其他需要党委会和党委常委会决定的重大事项。

第 10 条 校长是学校行政的主要负责人,落实党委会决定的相关事项。副校长和校部职能部门协助校长对学校各项行政工作进行管理。重大行政事项由校长办公会议讨论决定。

校长的主要职责是:

(一) 拟定学校规划、具体规章制度和年度事业计划并组织实施;

(二) 组织教学活动、科学研究和思想品德教育;

(三) 拟订内部组织机构的设置方案,按有关规定和程序推荐副校长人选,任免学校内部行政组织机构负责人;

(四) 负责教师及职工的聘任、考核、奖惩、晋升等管理工作;

(五) 拟订和执行年度经费预算方案,保护和管理学校资产,积极筹措办学经费;

(六) 拟订学科建设和师资队伍建设方案并组织实施;

(七) 拟订学校章程;

(八) 主持校长办公会议,决策、协调、处理学校行政工作中的重大事项;

(九) 其他需要校长决定的重大事项。

第 11 条 学术委员会是本校学术事务的决策机构。学术委员会成员由校内各大学科领域在国内外学术界有较高声望的专家学者组成。

学术委员会的主要职责有:

(一) 拟定并决策宏观学术政策,包括学术奖励条例、院系评估办法等;

(二) 审议学校规划、学术单位设置方案、重大专项建设计划等,并在学术层面上提出决策性意见;

(三) 制定学术道德规范,对有争议的学术事宜及学术失范行为进行审查并提出处理意见;

(四) 其他需要学术委员会决定的重大事项。

第 12 条 学位委员会是本校学位事务的决策机构。学位委员会成员根据国务院学位委员会的有关规定聘任。

学位委员会的主要职责有：

(一) 拟定并决策本校学位条例,包括学位标准等；

(二) 审议并决策学科设置标准、研究生课程体系和培养方案；

(三) 决定学位授予方面的重大事项；

(四) 其他需要学位委员会决定的重大事项。

第 13 条　教学委员会是本校本科教学工作的决策机构。教学委员会成员由有校级关领导、主要部处院系领导和教师学生代表组成。

教学委员会的主要职责有：

(一) 审议并决策本科专业设置标准；

(二) 审定并指导实施本科专业教学计划,组织本科教学评估；

(三) 审定本科课程建设标准,指导课程建设；

(四) 其他需要本科教学委员会决策的重大事项。

第 14 条　教师与专业技术职务聘任委员会是本校职务聘任的决策机构。

教师与专业技术职务聘任委员会的主要职责有：

(一) 拟定并决策教师工作规范、教师与专业技术职务聘任条例；

(二) 拟定并决策兼职教师、顾问教授、名誉教授聘任条例；

(三) 决定教师与专业技术职务聘任方面的重大事项；

(四) 其他需要教师与专业技术职务聘任委员会决定的重大事项。

第 15 条　学校实行民主管理与监督制度。通过教职工代表大会等民主管理与监督的组织形式,维护教职工合法权益。

教职工代表大会的主要职责有：

(一) 审议通过学校工作报告、发展规划、学校章程、重大改革方案等事项；

(二) 讨论决定住房、医保等有关教职工集体福利和切身利益的重大事项；

(三) 民主评议和监督学校各级领导干部,参与推荐学校行政领导等；

(四) 其他需要教职工代表大会审议的重大事项。

第 16 条　本校实行决策咨询制度。设校务委员会和校董事会等咨询机构。

校务委员会由本校有影响的现职和离退休教职工代表及校外知名人士组成,负责本校教学、科研、社会服务等方面的咨询。

校董事会负责学科发展、外部关系和多渠道筹措资金方面的咨询。董事会由著名校友、社会知名人士、著名校外专家组成。

第三章 学术机构

第17条 学院是本校组织实施教学、科研和社会服务的基本单位,接受学校的统一领导。学校实行校院两级管理体制,学院享有学校授权范围内的办学权、人事权和资源配置权。学院实行党政联席会议制度。

第18条 学院设置应有较宽的学科包容量,原则上涵盖至少两个领域相近或相关的一级学科。学院下可设系、研究所等学术机构。

第19条 除有特别情形外,本校通过预算方案划拨学院日常经费和其他资源,定期评估学院的教学、科研和社会服务情况。

第20条 除有特别情形外,学院院长的人选通过教授民主推荐或学校组织公开招聘等方式产生,经学校组织部门考察、党委常委会批准,由校长聘任。

第21条 为促进有组织的重大科研和交叉学科研究,本校设立若干校属研究机构,根据研究机构的性质,实行分类管理、评估和考核。校属研究机构下可设研究所等研究机构。

第22条 校属研究机构负责人的人选通过教授民主推荐或学校公开招聘等方式产生,经学校组织部门考察、党委常委会批准,由校长聘任。

第23条 为组织高水平科学研究,培养创新人才,本校积极建设国家及省部级科研基地,给予相对集中的空间场地和相对独立的财务、人事管理权,并按国家和地方政府有关规定进行管理。

第24条 本校设立校级公用仪器设备服务平台,直属学校管理;各学院可设置院属公用仪器设备服务平台。

第25条 本校设立若干校级教育、教学和人才培养基地,并建设各类国家级和省部级教育、教学和人才培养基地。

第26条 本校建设多层次、多样化的教学实验室和校内外教学实习、实践基地。

第27条 校图书馆是支撑教学、科研、服务和管理等各项工作上水平的信息服务与研究中心;学院可以根据学科发展与教学工作的需要,设立专业图书馆或资料室。

第四章 学生

第28条 本校以精英教育的理念统领人才培养工作,培养德、智、体、美全面发展,知识、能力、素质协调统一,具有创新精神和能力的高层次人才。

第29条 本校主要培养全日制本科生、硕士研究生、博士研究生以及专业学位研究生。

根据需要，特殊专业可设置专科层次的学历教育。

第30条　本校本科生基本学制四年，硕士研究生基本学制两年半，博士研究生基本学制三年。本校医学类学生、专业学位学生的学制按国家有关规定执行。

具有本校学籍的学生，在规定的学习年限内，修满规定学分，准予毕业。达到有关规定条件者，授予相应的学位。

除有特别情形外，本校实行学分制。学生可提前或延期毕业。

第31条　本校为学生提供心理健康教育、咨询、心理测试、危机干预等服务。本校设立奖、助学金、助学贷款、勤工助学、困难补助等形式的资助项目。

第32条　本校对德、智、体、美全面发展或某一方面表现突出的学生给予表扬和奖励。对犯有错误的学生，视其情节轻重给予批评教育或纪律处分。本校保护学生正当的申辩、申诉权利。

第33条　学生社团是本校学生自愿组织的群众性团体，经过学校批准成立，在法律许可范围内开展活动。

第34条　本校提倡和支持学生开展课外科技活动，鼓励学生参与教师的科研、企业的研发工作等。

第35条　本校支持学生参与学校民主管理，鼓励学生对学校工作提出批评和建议。对于有关学生切身利益的问题，学生可以通过正当渠道向学校反映。

第五章　教职工

第36条　本校教职工应忠诚于教育事业、品行端正、遵纪守法、为人师表，应维护学校利益和声誉、诚实守信、尊重人权。教学和研究人员在享有充分学术自由的同时，应严格遵守学术道德，尊重他人的教学、科研成果。

第37条　本校实行聘用合同制度，教职工依法享有合同范围内的权益。被聘用的教职工在合同范围内，有义务接受学校工作安排，并遵守学校各项规章制度。

第38条　本校对在教学改革、人才培养、科学研究、社会服务、学校建设等方面成绩优异的教职工，予以表彰奖励。对于违反学校规章条例、聘用合同的教职工，给予相应处分。

第39条　本校的教学人员、研究人员和工程技术人员实行专业技术职务聘任制度。本校教学和研究人员的专业技术职务分为教学和科研并重的专任教师系列、以教学为主的专职教学系列和专职从事科研的研究系列。其他专业技术系列职务的聘任按国家有关规定执行。

第40条 专任教师系列的职务分为教授、副教授、讲师、助教四个等级;专职教学系列的职务分为教授、副教授、讲师、助教四个等级;专职研究系列的职务分为研究员、副研究员、助理研究员、实习研究员四个等级。工程技术系列的职务分为高级工程师、工程师和助理工程师三个等级。其他专业技术系列的职务等级按国家有关规定执行。

第41条 本校实行专业技术职务聘期制。根据需要,可在专任教师系列中设立终身制的专业技术职务。

第42条 本校实行学术休假制度。拥有高级专业技术职务的教学和研究人员,在本校工作满一定年限后,可享受带薪学术休假。

第43条 本校实行校外兼职报告制度。本校的教学和研究人员在完成学校任务的前提下,可以在校外从事每周不超过一天的兼职工作,但须向所在单位报告。

第六章 资产、经营与财务管理

第44条 本校以政府财政拨款和利用市场机制、多渠道筹措经费相结合的方式,合法获取办学经费。

第45条 学校依法登记注册具有基金会法人地位的教育发展基金会,负责募集资金,捐赠项目管理及基金管理。校友会、董事会等在服务校友、服务社会的过程中,积极为学校事业发展争取办学资源。

第46条 本校资源配置以发展规划和年度事业计划为基本依据,坚持财政平衡的可持续发展理念。

第47条 本校预算体系分为日常经费预算、专项建设预算和基本建设预算。

第48条 除医学院等有特别情形的外,本校的房屋等非货币性资源配置,根据教学、科研、服务、经营等用途,实行不同的收费、返还制度。

第49条 本校实行"统一领导、分级管理"的财务管理体制,实行经济责任制。主管财务的学校领导定期向学校党委常委会、校长办公会议、教职工代表大会汇报学校资金收支及财务管理状况。

第50条 本校产业集团是独立核算的经营机构。学校与产业集团之间明晰产权关系。

第51条 本校后勤服务部门坚持为学校教学、科研、师生服务的宗旨,努力做好学生和教职工的后勤保障工作,并进一步推进后勤社会化改革。

第七章　社会服务与外部关系

第 52 条　本校按照本章程自主管理学校内部事务,不受任何组织和个人对本校正常活动的非法干涉。

第 53 条　本校鼓励继续教育机构利用现代化教育手段和市场办学机制,开展高等学历和非学历教育,培养优秀应用型人才,为我国高等教育大众化和构筑学习型社会服务。本校对继续教育机构实行独立核算。

第 54 条　本校积极开展与校外科研机构、企业、医疗机构的合作,共建研究基地和教学实体、互聘人员、联合培养学生等。本校鼓励科技成果产业化,鼓励将产学研合作的成果引入基础研究和教学活动中。

第 55 条　本校积极引进海外优质教育资源,与世界著名大学开展学分互认、教师互换、课程互通、学位互授等形式的实质性合作办学。

本校积极与海外世界一流大学、国际著名研究机构建立长期稳定的学术合作关系,积极参与国际科研合作与交流。

第 56 条　本校建立校友会,定期向校友通报学校发展情况与发展设想,优先为校友提供优质的继续教育和终身培训。

第八章　附则

第 57 条　本章程的制定和修改需经学校党委常委会审定,学校教职工代表大会审议通过,并报教育部和上海市政府备案。

第 58 条　本章程是本校运行的基本规范,校内其他规章依据本章程制定,与本章程相抵触的校内其他规定,以本章程为准。

第 59 条　本章程由学校党委常委会负责解释。

第 60 条　本章程自 2006 年 4 月 8 日起实施。

附录三

院系概况(2006)

至 2006 年底,学校共设有一级学院 19 个,二级学院 4 个,直属系 2 个。下面是 2006 年度,学校下设的院系概况。

一、船舶海洋与建筑工程学院

船舶海洋与建筑工程学院于 2003 年 12 月,由学校的船舶与海洋工程学院和建筑工程与力学学院两个学院合并组成。

1. 船舶与海洋工程学院

船舶与海洋工程学院成立于 1997 年 6 月,由原有的船舶及海洋工程系改建而成。至 1992 年,船舶及海洋工程系下设船舶工程和海洋工程 2 个本专科专业;拥有 3 个硕士点、3 个博士点、1 个博士后流动站、1 个国家重点实验室;有教职工 168 人,其中正副教授 50 人(包括中科院院士 1 名);在校各类学生 408 名。1993 年,该系专业调整,形成船舶工程和海岸与海洋工程 2 个本科专业;1995 年增设交通运输管理专业。1992—1997 年 6 月,先后担任船舶及海洋工程系系主任的为楼连根、张圣坤;担任总支书记的为王笃其、李长春。1997 年 6 月 10 日,船舶与海洋工程学院成立。学院下设船舶与海洋工程系和国际航运系 2 个系,专业调整为船舶与海洋工程和交通运输(国际航运)2 个本科专业;1998 年,学院增设了港口航运与海洋工程专业和港口海岸及近海工程系;2002 年,机械与动力工程学院的轮机工程学科和水声工程学科调入该院。1997 年 6 月—2003 年 12 月,先后任船舶与海洋工程学院院长的为张圣坤、李润培、缪国平;任总支书记的为李长春。

2. 建筑工程与力学学院

建筑工程与力学学院成立于1992年3月,由工程力学系、土木建筑工程系和工业设计系合并组成。1991年底,工程力学系有教职工98人,其中正副教授46人;系主任为刘正兴,总支书记为张伟。土木建筑工程系有教职工57人,其中正副教授10人;系主任为黄金枝,总支书记为朱湘庚。1992年2月,为适应社会对室内设计、装潢包装设计和工业设计人才的需求,学校以土木建筑工程系内的工业设计专业为主,另建工业设计系。该系有教职工16人,其中副教授4人,系主任为朱崇贤。3月19日,工程力学系、土木建筑工程系和工业设计系合并组成的建筑工程与力学学院正式成立。建院初期,学院设有工程力学、工业与民用建筑工程、建筑学(5年制)、工业造型设计等4个本专科专业;拥有3个博士点和4个硕士点;有各类生学629人。2002年,因学校学科结构布局调整,学院下属的工业设计系调离学院参与媒体与设计学院建设。1992年3月—2003年12月,先后任建筑工程与力学学院院长的为刘正兴、刘桦;任总支书记的为李昌贵、叶苗、夏小和。

2003年12月17日,由船舶与海洋工程学院和建筑工程与力学学院合并组成的船舶海洋与建筑工程学院正式成立。

至2006年底,船舶海洋与建筑工程学院下设船舶与海洋工程系、工程力学系、土木工程系、建筑学系、国际航运系、港口与海岸工程系等6个系和25个研究所、中心等研究机构;设有交通运输、工程力学、船舶与海洋工程、土木工程、建筑学、港口航道与海岸工程等6个本科专业;拥有2个国家重点学科和1个上海市重点学科点、2个一级学科授权博士点、9个博士点、2个二级学科博士点、15个硕士点、2个博士后流动站、1个国家重点实验室和一个在建国家实验室(筹)。2006年,全院有教职工305名,其中教授71名(包括两院院士3人:杨槱、葛修润、何友声)、副教授87名、正副高级技术职称者23名;在校全日制学生:本科生1 123名,硕士研究生446名,博士研究生233名。2003年12月—2006年,先后任院长的为陈刚(兼),任常务副院长的为刘桦;任党委书记的为陈刚(兼)、夏小和、张卫刚。

二、机械与动力工程学院

机械与动力工程学院于2002年1月,由学校的动力与能源工程学院和机械工程学院两个学院合并组建而成。

1. 动力与能源工程学院

动力与能源工程学院成立于1997年6月,由学校原有的动力机械工程系改建而成。

1992年,动力机械工程系下设热能动力机械与装置、制冷设备与低温技术、核反应堆工程3个本科专业;拥有9个硕士点、5个博士点、1个博士后科研流动站、2个高等学校重点学科点、1个国家重点实验室;有教职工251名,其中正副教授110名(包括中科院院士1名);在校各类学生925名。1992—1997年6月,动力机械工程系的系主任为徐济鋆,总支书记为徐大中。1997年6月23日,动力与能源工程学院成立。学院成立后专业调整为热能与动力工程和核技术与核工程2个专业;设有叶轮机械与动力工程系、内燃动力与汽车工程系、流体机械与动力工程系、制冷与低温工程系、核动力工程及自动化系等5个系。1998年10月,原电力学院能源工程系并入该学院。1999年,院内系(所)作调整,全院从6个系重组为动力工程系、能源工程系、资源与环境工程系、核动力工程系及自动化系等4个系、6个研究所。1997年6月—2002年1月,先后担任动力与能源工程学院院长的为徐济鋆、黄震、苏明(后兼);任总支书记的为徐大中、苏明、潘国礼。

2. 机械工程学院

机械工程学院成立于1997年8月。它是在学校原有的机械工程系基础上改建而成。1992年,机械工程系设有机械制造工艺与设备、流体传动及控制、起重运输与工程机械、汽车维修及检测技术4个本专科专业;拥有5个硕士点和1个博士后科研流动站;有教职工286名,其中正副教授92名;在校各类学生1 327人。1992—1997年8月,先后担任机械工程系系主任的为陈兆能、王成焘;任总支书记的为黄彭龄、林江南(代)。1997年8月8日,机械工程学院成立。学院下设机械制造及自动化系、机械设计及自动化系、机械电子工程系、汽车设计与制造系、工业与制造系统工程系等5个系;1998年,院内系(所)重组合并为机械工程及自动化系和工业与制造系统工程系2个系、9个研究所。1997年8月—2002年1月,先后任机械工程学院名誉院长的为姚福生,任院长的为严隽琪,任总支书记的为林江南。

2002年1月18日,机械工程学院与动力与能源工程学院合并组成的机械与动力工程学院正式成立;11月,学院重建航空航天工程系;2006年1月,学校成立核科学与工程学院,院长为程旭,该学院挂靠机械与动力工程学院。

至2006年底,机械与动力工程学院下设机械工程及自动化系、动力与能源工程系、航空航天工程系、工业工程与管理系、核科学与系统工程系等5个系和28个研究所、中心等研究机构;设有建筑环境与设备工程、机械工程及自动化、热能与动力工程、工业工程、核工程与核技术、航空航天工程等6个本科专业;拥有机械制造及其自动化等4个国家重点学科、1个上海市重点学科、3个博士后流动站、2个一级学科授权博士点、11个博士点、3个二级学科博士点、14个硕士学位授予点、1个国家重点实验室、1个教育部重点实验室,还有教育部工程研究中心、国家863/C1MS高科技网点、国家机器人装配系统开放实验室等。全院教职工共有431名,其中有教授82名(含两院院士2名:翁史烈、谢友柏)、副教授131名,正副高级技术职称者46名;在校全日制学生:本科生1 811名、博士生802名、硕士生1 026名。2002年1月—2006年,先后任名誉院长的为姚福生、王礼恒,任学院院长的为严隽琪(兼任),任常务副院长的为林忠钦、孟光;任党委书记的为潘国礼、陶燕敏。

三、电子信息与电气工程学院

电子信息与电气工程学院于2001年12月,由学校的电子信息学院与电力学院两个学院合并而成。

1. 电子信息学院

电子信息学院是1989年由学校的电子电工学院更名而来。1992年,该院下设自动控制系、电子与通信工程系、计算机科学及工程系3个系;设有自动控制、工业电气自动化、计算机及应用、无线电技术、通信工程、微电子电路与系统等6个本科专业,拥有6个博士点、12个硕士点、1个博士后流动站、3个高等学校重点学科点;有教职工489人,其中有正副教授115人(包括中科院院士2人);在校各类学生2 155名。1993年4月,学校原有的精密仪器系改为仪器工程系。1992—1997年4月,先后任该系系主任的为张鄂、林良明;任总支书记的为袁廷亮。1997年4月,电子信息学院以实体化运作,仪器工程系(包括原属该系的精密仪器和检测技术及仪器仪表两个专业)更名为信息检测技术与仪器系,与HDTV研究所一起隶属于电子信息学院,至此,学院下设4个系。2000年8月和2001年5月,电子信息学院下属的相关专业对接国家需要,经整合后分别组成两个二级学院:信息安全工程学院和软件学院。信息安全工程学院院长为何德全(兼、校外);软件学院院长为傅育熙,名誉院长为Daniel Ling。1992—2001年12月,先后任电子信息学院名誉院长的为童志鹏,任学院院长的有童志鹏(兼、校外)、宋文涛、席裕庚;任党委书记的有刘洪福、顾云云、陈龙、袁廷亮。

2. 电力学院

电力学院成立于1987年10月。1992年时,该院下设电力工程系、能源工程系、电机工程系及信息与控制工程系等4个系;设有电力系统及其自动化、继电保护与自动远动技术、电厂热能动力工程、热能工程、电机、高电压技术及设备、应用电子技术、生产过程自动化等8个本科专业;拥有1个博士点、2个硕士点;有教职工293人,其中正副教授88人;在校各类学生1 809人。1998年,电力学院内的能源工程系和热能与动力工程专业并入动力与能源工程学院,电力学院仍保留和整合有电气工程系、信息与控制工程系。1992—2001年12

月,先后任电力学院院长的为白同朔(兼)、侯志俭;任党委书记的为卢积才、胡晟、浦虹、陈洪亮。

2001 年 12 月 20 日,由电子信息学院与电力学院合并组成的电子信息与电气工程学院正式成立。其下属的院系从原有的 8 个系整合为电气工程系、自动化系、计算机科学与工程系、电子工程系、信息检测技术与仪器系等 5 个系;专业整合为自动化、计算机科学与技术、信息工程、电子科学与技术、测控技术与仪器、电气工程与自动化、信息安全等 7 个本科专业。2003 年 5 月,学校将电子工程系中的微电子专业划出,并以该专业为主成立了独立的微电子学院。

至 2006 年底,电子信息与电气工程学院设有自动化系、计算机科学与工程系、电子工程系、信息检测技术与仪器系、电气工程系 5 个系,信息安全工程学院、软件学院 2 个二级学院;39 个研究所、中心等研究机构;拥有自动化、电子科学与技术,信息工程、计算机科学与技术、测控技术与仪器、电气工程与自动化、电子信息科学类(本硕连读试点班)、软件工程和信息安全 9 个本科专业;拥有 5 个国家重点学科、2 个上海市重点学科(电力系统及其自动化、系统工程)、6 个一级学科授权博士点、20 个博士点、3 个二级学科博士点、21 个硕士点、6 个博士后流动站、1 个国家重点实验室、1 个教育部重点实验室、1 个上海市重点实验室、1 个教育部工程研究中心、1 个上海市工程研究中心。2006 年,全院有教职工 623 名,其中有教授 113 名(含两院院士 4 名:张煦、沈天慧、饶芳权、刘永坦)、副教授 166 名、正副高级技术职称者 51 名;在校全日制学生:本科生 4 559 名,硕士生 2 452 名,博士生 974 名。2001 年 12 月—2006 年,先后任学院院长的为张文军(后兼)、郑元芳,任常务副院长的为张申生;任党委书记的为袁廷亮、张安胜。

四、材料科学与工程学院

材料科学与工程学院成立于 1997 年 7 月,由材料科学系与材料工程系合并而成。

1. 材料科学系

1992 年,该系下设材料科学和金属材料与热处理 2 个本科专业,拥有 1 个博士后流动站、1 个高等学校重点学科点、1 个国家重点实验室、2 个博士点和 2 个硕士点;有教职工 189 名,其中正副教授 43 名;在校各类学生 442 名。1992—1997 年 7 月,先后任材料科学系系主任的为张国定、吴建生;任总支书记的为李新坤、周平南。

2. 材料工程系

1992 年,该系下设锻压工艺及设备、铸造、焊接工艺及设备 3 个本科专业。焊接专业于

1986年1月,与轻工业部联合成立焊接技术研究所。该系拥有1个博士点、3个硕士点;有教职工186人,其中正副教授37人;有在校各类学生710名。1994年学校决定,压力加工专业(该专业1983年与上海第二轻工业局联合创办上海模具技术研究所)独立建成塑性成形工程系。1992—1997年7月,先后任材料工程系系主任的为邹忠桂、汪建华;任总支书记的为朱贤博、陈鑫木。

1997年7月8日,材料科学系与材料工程系合并成立材料科学与工程学院。

至2006年底,材料科学与工程学院下设材料科学系和材料工程系2个系和4个研究所;拥有2个国家重点学科、1个国家重点实验室、1个教育部重点实验室、1个国家工程研究中心、1个一级学科授权博士点、2个博士点、2个硕士点、1个博士后流动站。2006年,全院共有教职工207名、其中有教授36名(含两院院士4名:周尧和、徐祖耀、卢柯、潘建生),副教授42名,正副高级技术职称者35名;有在校全日制学生:本科生519名、硕士生212名、博士生274名,工程硕士60名。1997年7月—2006年,学院先后任院长的为吴建生、毛大立、卢柯,任常务副院长的为单爱党;任总支书记的为周平南。

五、理学院

理学院于1997年10月,由应用数学系和应用物理系两系合并成立。

1. 应用数学系

1978年恢复、更名为应用数学系。1992年时该系下设应用数学1个本科专业;拥有应用数学和基础数学2个硕士点;有教职工97人,其中正副教授42名;各类学生119。1992—1997年10月,先后任应用数学系系主任的为张伟江、叶中行;任总支书记的为景继良。

2. 应用物理系

1978年恢复、更名为应用物理系。1992年,该系下设应用物理1个本科专业;拥有3个博士学科点、4个硕士学科点;有教职工150人,其中正副教授62名;各类学生180名。1992—1997年10月,先后任应用物理系系主任的为谢绳武(兼)、庞乾骏;任总支书记的为朱美华。

1997年10月29日,上海交通大学理学院正式成立。学院下设应用物理系、应用数学系2个系;有数学科学与技术、光学与光子学、凝聚物理量、太阳能、空间与天体物理等5个研究所,以及国家教委工科数学教学基地及国家教委工科物理教学基地。2001年,应用数学系、应用物理系分别更名为数学系和物理系。

至2006年底,理学院下设数学系和物理系2个系,有数学与应用数学、应用物理学、光信息科学与技术3个本科专业和10个研究所;拥有1个国家重点学科、1个上海市重点学科、2个国家工科教学基地、3个一级学科授权博士点、14个博士点、16个硕士点、2个博士后流动站。学院下属的物理系有教职工121名,其中教授35名(包括院士3名:雷啸霖、李家明、张杰)、副教授40名、正副高级技术职称者23名;数学系教职工89名,其中教授24名、副教授42名、副高级技术职称者1名。全院有在校全日制学生:本专科生687人,硕士生235人,博士生174人。1997年10月—2006年,学院院长为石钟慈(外聘);党委书记为景继良。

六、生命科学技术学院

生命科学技术学院成立于1997年2月,以学校生物科学与技术系为主,抽调相关系所力量与中国科学院上海分院联合建立。

生物科学与技术系创建于1985年7月。1992年,该系下设生物化学工程1个本科专业(属工科类);有教职工共49人,其中正副教授7人;在校各类学生93名。1994年,学校按照国家教委统一本科专业名称要求,将"生物化学工程"专业调整为"生物技术"专业,由工科类专业改为理科类专业。至1996年,生物科学与技术系拥有硕士学科点1个。1992—1997年2月,先后任生物科学与技术系系主任的为胥高信、朱章玉;任总支书记的为朱章玉(代)、罗九甫。

1997年2月19日,上海交大抽调生物科学与技术系、仪器工程系生物医学工程教研室、生物医学仪器研究所等相关力量与中科院上海分院联合成立上海交通大学生命科学技术学院。新学院建立的理事会由双方单位领导及相关学科单位负责人组成,负责学院的重大发展事项。学院日常管理由上海交通大学承担。学院下设生物科学与技术系、生物医学工程系、生态与环境工程系3个系,有生物技术、生物医学工程2个本科专业;拥有1个博士点、2个硕士点。至1997年12月底,全院在职职工55人,其中正副教授22人(包括中国工程院院士1人);在校各类学生311人。次年学院增设生物工程本科专业。

2000年4月,学校为构建21世纪的学科前沿制高点,特地成立"Bio-X生命科学研究中心"。中心主任先由王宗光兼任,罗九甫任常务副主任。一年后,贺林任主任。中心挂靠在生命科学技术学院。中心下设的首批研究室有精神疾病分子遗传学研究室、微生物遗传学研究室、纳米生物学研究室、分子药物输选研究室等。与此同时,学院在原有基础上,进一步完善学科布置,增设了生物工程系。

至2006年底,生命科学技术学院下设生物科学与技术系、生物医学工程系、生物工程系

3个系和1个研究所、1个研究中心;拥有1个国家重点学科、1个国家人才培养基地、1个教育部重点实验室;有2个一级学科授权博士点、2个博士点、1个硕士点、2个博士后流动站。全院有教职工167人,其中有教授27名(包括工程院院士1名:陈亚珠;中科院院士2名:贺林、邓子新)、副教授32名、正副高级技术职称者14名;有在校全日制学生:本科生680名、硕士生294名、博士生209名。1997年2月—2006年,先后任学院院长的为汤章城(中科院上海分院)、裴刚(中科院上海分院),任常务副院长的为朱章玉,任主持、执行副院长的为林志新;任总支书记的为罗九甫。

七、人文学院

人文学院成立于2003年6月,是在人文社会科学学院基础上改制而成的。

人文社会科学学院成立于1997年1月,由社会科学及工程系和文学艺术系合并而成。

1. 社会科学及工程系

1992年,该系下设人事管理(大专)、技术经济(本科)2个专业;建有哲学硕士点、思想政治教育硕士点和与管理学院联合建立的技术经济硕士点;系下设有国际经济研究所和生产力研究所。全系有教职工96人,其中正副教授21人。1993年,技术经济专业划归管理学院,而涉外秘书专业(专科)则由管理学院划入社会科学及工程系。同年,该系建立涉外经济法专业;1994年,建立公共政策研究中心。1992—1997年1月,先后任系主任的为叶敦平、桑志达;任总支书记的为何永棣、李彩英。

2. 文学艺术系

1992年,该系下设文化艺术事业管理专业(文化经济);有教职工37人,其中正副教授5名;在校大专生120人。至1994年,系下共设4个教研室(中文、音乐、美术、文化经济)和一个研究所;拥有文化艺术事业管理一个本科专业、美术设计一个大专专业及“上海市文化经纪人培训中心”。1996年,文学艺术系新增广播电视新闻本科专业。1992—1997年1月,先后任系主任的为杨福才;任直属党支部书记的为杨福才(兼)、成忠藩。

1997年1月28日,人文社会科学学院成立。学院下设社会科学系、法律系、文化管理系、传播系、艺术系5个系,思想政治教育、经济法、文化艺术事业管理、广播电视新闻4个本科专业,装潢艺术设计、涉外秘书2个专科专业;有3个硕士学科点、1个国家大学生文化素质教育基地。1997年1月—2003年6月,先后任院长的为叶敦平(兼)、胡近;任总支书记的为李彩英。

2002年、2003年,学校以人文社会科学学院下的社会科学系、法律系、传播系为基础相继组建了法学院、媒体与设计学院、国际与公共事务学院等。2003 年 6 月 26 日,人文社会科学学院改制成人文学院。

至 2006 年底,人文学院下设科学史与科学哲学史系、中文系、历史系、哲学系等 4 个系和 8 个研究所、中心等;拥有 5 个硕士点;科学技术史专业挂靠物理系联合招收博士研究生。学院下设的汉语言文学(文)和文化艺术管理本科专业划入国际与公共事务学院继续承办。学院拥有国家大学生文化素质教育基地 1 个、国家文化产业创新与发展研究基地 1 个、教育部"两课"教师在职攻硕士学位培养基地 1 个、一级学科授权博士点 1 个(与国际与公共事务学院合招)、二级博士点 1 个、一级学科授权硕士点 2 个、硕士点 15 个;学院有教职工 88 名,其中教授 18 名、副教授 36 名;有在读全日制学生:博士生 22 名,硕士生 67 名、本科生 22 名。2003 年 6 月—2006 年,先后任学院院长的为江晓原;任总支书记的为沈大明(兼)、黄伟力。

八、化学化工学院

化学化工学院成立于 1997 年 7 月,由应用化学系与国家化工部上海化工研究院联合成立。

应用化学系于 1979 年恢复建立。1992 年,该系下设应用化学、高分子材料与工程两个本专科专业;有在职职工 118 名,其中正副教授 28 名;在校各类学生 202 人。1992—1997 年 7 月,先后担任应用化学系系主任的为徐祥铭、唐小真;任总支书记的为曹中堃、王纪远、吴旦。

1997 年 7 月 28 日,学校以应用化学系为主与国家化工部上海化工研究院联合建立的化学化工学院正式成立。新学院的理事会由双方单位领导及有关学科单位负责人组成,负责学院的重大发展事项。学院日常管理由上海交大负责。

学院下设高分子材料科学与工程系、材料化学与物理系、化学工程与工艺系、应用化学系 4 个系及 3 个研究所;建有化学工程与工艺、应用化学 2 个本专科专业;拥有 1 个博士后流动站(合作)、1 个博士点(合作)、2 个硕士点。学院有教职工 106 人,其中教授 10 名;各类在校学生 497 名。

至 2006 年底,学院下设系所调整为高分子科学与工程系、化学系、化工系 3 个系和 7 个研究所与中心;拥有与上海市电力集团共建的"电气绝缘与热老化"上海市重点实验室、2 个博士点、2 个一级学科授权硕士点、9 个硕士点;有在职教职工 144 名,其中教授 26 名(包括两名中科院院士:徐僖、颜德岳)、副教授 42 名、正副高级技术职称者 14 名;在读全日制学生数为:硕士生 224 名,博士生 205 名,本科生 498 名。1997 年 7 月—2006 年,先后任学院院长的为唐小真、印杰、路庆华，任常务副院长的为路庆华；任总支书记的为吴旦、贾金平、林江南。

九、安泰经济与管理学院

安泰经济与管理学院是在安泰管理学院基础上于2006年3月更名而成。

上海交通大学管理学院于1984年4月恢复建立。1992年，管理学院下设工业管理系、决策科学系、旅馆管理系、工业外贸系等4个系，有系统工程研究所、人力资源研究所等研究机构；设置有工业管理工程、会计学、技术经济、国际金融、工业外贸、宾馆(酒店)管理等6个本专科专业；拥有5个硕士点、2个博士点、1个博士后流动站；有教职工103人，其中正副教授27人；在校各类学生1 502名。1993年社会科学与工程系的技术经济和国际金融专业与学院的决策科学系合并组成经济管理与决策科学系。1994年10月会计财务学系成立。

1996年，上海交通大学与美国安泰国际集团签约，由安泰国际集团出资1 000万美元，资助上海交大管理学院建设。4月经国家教委批准，上海交大管理学院更名为上海交大安泰管理学院。1997年11月，安泰管理学院董事会成立。

2006年3月，随着学院学科布局和特色的发展完善，学院改革下设机构，分设管理学院和经济学院2个二级学院，其中管理学院院长为陈方若，执行院长为田澎；经济学院院长为周林、李德水(名誉)，执行院长为费方域。29日，学院正式更名为上海交通大学安泰经济与管理学院。学院下设市场营销系、运营管理系、组织管理系、会计系、管理科学系、管理信息系统系、会展与旅游系；经济系和金融系等共9个系，以及系统工程研究所、市场营销研究中心和现代金融研究中心等35个研究机构，建有工商管理、会计学、旅游管理、金融学、人力资源管理、国际经济与贸易、经济学、信息管理与信息系统等8个本专科专业；有1个国家重点学科、2个一级学科授权博士点、8个博士点、1个二级博士点、1个一级学科授权硕士点、18个硕士点，以及2个博士后流动站。2006年全院有教职工241名，其中教授53名、副教授82名、正副高级技术职称者8名；在校全日制学生：本科生1 531名、硕士生570名、博士生415名、MBA学生1 300余名、EMBA学生780名。1992—2006年，先后担任学校管理学院名誉院长的有李家镐、张祥、朱晓明，任学院院长的为张祥(外聘)、王方华，任常务副院长的为张国华、徐飞，任主持副院长的为王方华；任党委书记的为徐柏泉、蒋秀明(兼)、王笃其、潘敏、季建华。

十、国际与公共事务学院

国际与公共事务学院成立于2003年6月，以人文社会科学学院的社会科学系为主，抽调相关学科组建而成。该院下设比较政治系、国际关系系、公共管理系3个系和政治理论与德育研究、政治发展研究、网络思想政治发展研究、国际战略研究、环太平洋研究、国家文化政策研究等6个研究所与中心；拥有政治学理论、马克思主义理论与思想政治教育、国际关系、行政管理、社会保障、公共管理等6个硕士点；全院有专任教师44名，其中正副教授31名。当年学院按院招有本专科生84名，录取MPA学员266名。2004年，学院新设文化产业与管理专业和系，并成功通过区域与战略管理博士点审批。

至2006年底，学院下设4个系和6个研究所、中心(会)；设有行政管理和公共事业管理(文化事业管理)2个本科专业；拥有一级学科授权博士点1个、博士点1个(与其他单位合办)、硕士点6个。全院有教职工50名，其中教授10名、副教授11名；有全日制学生：本科生321名，硕士生69名，博士生39名，MPA学员892名。2003年6月—2006年，任该学院顾问的为陈启懋(外聘)，任常务副院长的为胡伟；任总支书记的为胡近。

十一、外国语学院

外国语学院成立于1997年10月，其前身为1979年成立的科技外语系。

1992年，科技外语系下设科技英语本科专业；拥有语言学与应用语言(英语)硕士点；有教职工132名，其中正副教授32名；在校本科生143名，硕士生19名。1993年，经国家教委批准设立了博士点。1996年，科技外语系更名为英语系。1992—1997年10月，先后任该系系主任的为张彦斌、郑树棠；任总支书记的为郑志祥、赵蒙疆。

1997年10月，学校以英语系、日语系(筹)、大学外语教学部、语言文字工程研究所、科技英语资料中心、语言实验室、计算语言实验室、《科技英语学习》编辑部等系、所、室组建外国语学院。学院承担全校大学外语教学和英语本科、语言学与应用语言学硕士和博士生培养任务。1997年学院共有教职工132人，其中教授9人、副教授29人，在校博士生6人、硕士生25人、本科生200人。学院建立后，英语本科学生及研究生人数逐步增加。1999年9月，首届日语专业学生26人入学。2006年经过筹备，德语系成立；9月首届德语专业25名本科生正式入学。同期还首次招生了25名德语专业硕士研究生。

至2006年底，外国语学院下设英语系、日语系、德语系3个系和10个研究所、教学部、考试中心等；设有英语、日语、德语3个本科专业；拥有1个博士点、3个硕士点、1个外国语言文学博士后流动站；有大学外语教学部1个、研究所1个和4个中心、1个编辑部。全院有教职工163名,其中教授21名、副教授47名、副高级技术职称者4名;有在校全日制学生:本科生376名,硕士生157名,博士研究生76名。1997年10月—2006年,先后任学院院长的为郑树棠、王同顺,任常务副院长的为刘龙根;任总支书记的为赵蒙疆、张惠君。

十二、农业与生物学院

农业与生物学院的前身为1959年成立的上海农学院。1999年9月,上海农学院并入上海交通大学,组成上海交通大学农学院。2002年3月,农学院更名为农业与生物学院。

并入上海交大前的上海农学院下设植物科学系、园林环境科学系、动物科学系、农村工程系、农村经济系、基础部、社会科学部、生物技术研究所、农村发展研究所和天然健康食品研究所;有教职工573人,其中正副教授、研究员107人;在校本专科生2 360人,硕士生12名,博士生3名;

1999年9月,上海农学院并入交大后,开展了“三接轨、三转变”工作,即从观念、管理、水平三个方面接轨;从教学为主逐步转向科研、教学并重,从以培养本科生为主逐步转向培养研究生、本科生协调发展,从以农业应用技术研究为主逐步转向高水平农业创新技术与农业应用技术研究并重的三个转变。经过深入教学改革、参与“985工程”、加强重点学科建设,学院得到迅速发展。

2000年,学院新增农业经济管理、动物营养与饲料、作物遗传育种,园林植物与观赏园艺、农业生物环境与能源工程和预防兽医学7个硕士点和环境科学1个博士点(与环境学院合作)。2001年,农村经济系整建制调入管理学院,农业水利工程专业调至建筑工程与力学学院。

至2006年底,农业与生物学院下设植物科学系、动物科学系、园林科学与工程系、资源与环境系、食品科学与工程系5个系和11个研究所、中心等研究机构;设有植物生物技术、动植生物技术、资源与环境、园林、食品科学与工程5个本科专业;有实验教学中心、植物生物技术研究中心、教学实验实习场3个教学中心,以及新农村发展研究院、崇明生态农业研究中心、陆伯勋食品安全研究中心、复旦—交大—诺丁汉植物生物技术研究中心、生物技术研究所、草业科学研究所、芳香植物研究中心、区域发展研究所等部门;拥有4个上海市重点学科、1个上海市重点实验室、1个食品安全上海市工程技术研究中心、2个一级学科授权博士点、2个博士点、2个二级博士点、4个一级学科授权硕士点、18个硕士点、2个博士后流动站。全院有教职工201名,其中教授27名、研究员3名、副教授53名、副研究员10名;有全日制学生:本科生635名、硕士生173名、博士生75名。1999年9月—2006年,先后任学院顾问的为蒋秀明,任学院院长的为吴爱忠、蒋秀明、唐克轩;任党委书记的为蒋秀明(兼)、董小明。

十三、环境科学与工程学院

环境科学与工程学院于1999年9月,由学校抽调相关系科组建而成。学院下设环境工程本科专业。

2002年,学院有教职员26名,其中正副教授17名;有1个博士点、1个博士后流动站;在校各类学生145名。

至2006年底,学院下设环境科学系、环境工程系2个系和8个研究所、中心等研究机构,设有环境科学与工程1个本科专业、1个一级学科授权博士点、1个博士点、1个硕士点及环境科学与工程1个博士后流动站。全院有教职工50名,其中教授11名、副教授18名、副研究员6名;有在读全日制学生:本科生228名,硕士生103名,博士研究生94名,博士后5名。1999年9月—2006年,先后任学院名誉院长的为丁德文,任学院院长的为蔡伟民,任常务副院长的为吴旦、仵彦卿;任总支书记的为贾金平。

十四、药学院

药学院成立于2000年2月26日。初为由上海交通大学与国家药品监督管理局上海医药工业研究院合作共建的一个二级学院。学院受理事会领导。理事会由双方代表组成,并实行双理事长制,谢绳武、黄成龙任首届理事长;日常办学由上海交大负责。药学院可共享上海医药工业研究院的和上海交大的生命科学、生物医学工程、农学及相关学科的硕士、博士点资源。9月,学院招生了第一届硕士生6人和生物工程专业本科生23人。

2001年11月,第一届理事会二次会议决定:药学院于2002年1月1日正式升格为一级独立学院。

至2006年底,学院设有药学1个本科专业、一个研究中心;拥有1个一级学科授权博士点、1个博士点(与其他单位合办)、1个二级博士点、2个一级学科授权硕士点、7个硕士点(与其他单位合办)。2006年,全院有教职工62名,其中教授12名、副教授14名、副研究员1名;在校全日制学生:博士生55名,硕士生104名,本科生127名。2000年2月—2006年,先后任学院院长的为朱宝泉,任常务副院长的为朱章玉、刘燕刚;任党委书记的为陶德坤、陆阳。

十五、医学院

2005年7月,国家教育部和上海市政府批准上海交通大学和上海第二医科大学合并组建新的上海交通大学,原上海交通大学医学院和原上海第二医科大学合并组成新医学院。

原上海交通大学医学院于2002年6月25日,由上海交通大学与上海市卫生局等单位联合创办。上海市第一人民医院,上海市第六人民医院为上海交通大学附属医院。9月,首届30名七年制临床医学专业新生入学。2003年、2005年,上海交大附属儿童医院、上海交大医学遗传研究所、上海交大肿瘤研究所、上海交大附属胸科医院相继挂牌。2004年,学院有教授132名(包括两院院士4人)、副教授54名;拥有核定床位数3 266张。上海交通大学医学院的首届理事长为谢绳武,顾问为徐匡迪,委员会名誉主任为左焕琛,执行理事为王一飞(兼)。2002年6月—2005年7月,先后任该学院院长的为郑晓瑛(执行)、沈晓明(兼、二医大),任主持副院长的为黄钢(二医大);任党委书记的为林江南(兼)、罗九甫。

2005年6月10日,国家教育部和上海市人民政府共同签署了《关于上海交通大学和上海第二医科大学合并的原则意见》。7月18日,新上海交通大学与新上海交通大学医学院成立大会举行。新的上海交通大学医学院成立。学院共有教职医务员工13 000余人,其中具有高级职称的在职人员1 394名(含附属单位);有两院院士10人、国家"973"项目首席科学家4人。在校本科以上学生6 275名,其中研究生约占50%。二级学院(系)有基础医学院、国药人文与卫生管理学院、卫生技术学院、护理学院、儿科医学院、口腔医学院、瑞金临床医学院、仁济临床医学院、新华临床医学院、六院临床医学院、三院临床医学院、九院临床医学院、检验系、营养系、生物医学工程系①、药学系②等;有上海市骨伤科研究所、市高血压研究所、市儿科医学研究所、市口腔医学研究所、市内分泌研究所、市免疫学研究所、市血液学研究所、市医学遗传研究所、市肿瘤研究所等研究机构,有附属瑞金医院、附属仁济医院、附属新华医院、附属第九人民医院、附属第一人民医院、附属第六人民医院、附属第三人民医院、附属儿童医学中心、附属儿童医院、附属胸科医院、附属卫生学校等附属单位;有临床医学(含七年制、五年制)专业、口腔医学(含七年制、五年制)专业和医学检验、护理学、生物医学工程、公共事业管理、营养学、市场营销、药学等9个本科专业;拥有博士后流动站4个、一级学科博士点5个、二级学科博士点51个(其中12个点与合作单位共有)、一级学科硕士点3个、二级学科硕士点48个(其中19个点与合作单位共有),有国家重点学科6个、上海市重点学科11个,以及上海市医学重点、国家重点实验室、教育部重点实验室、上海市重点实验

①② 两校合并后,生物医学工程系和药学系先后划入生命科学技术学院和药学院。

室等若干。

至2006年底,学院在基础医学院、临床医学院、口腔医学院、儿科医学院、公共卫生学院、护理学院、检验系、营养系等14个二级学院(系)基础上,又新增一院临床医学院、附属精神卫生中心和附属国际和平妇幼保健院,形成7所综合性附属医院以及5所专科性附属医院;有9所教学临床医学院及2所教学中心和59个研究所、重点实验室、医学中心等,拥有开放床位数12 777张;设有八年一贯制临床医学专业、口腔七年制专业,及临床、口腔、医学检验、护理、生物医学工程、公共事业管理、营养、市场营销、药学等9个本科专业;有博士后流动站4个、一级学科博士点5个、二级学科博士点51个(其中12个点与合作单位共有)、一级学科硕士点3个、二级学科硕士点45个(其中19个点与合作单位共有);有国家重点学科6个、上海市重点学科11个、上海市医学重点学科9个、上海市临床医学中心15个等;有国家重点实验室2个、教育部重点实验室2个、卫生部重点实验室5个、上海市重点实验室13个等。医学院共有教职医护员工14 355人(含附属单位),具有高级职称在职人员1 961人,其中正高595人;有中国科学院院士:陈竺,中国工程院院士:王振义、江绍基、顾健人、曾溢滔、张涤生、杨胜利、邱蔚六、陈赛娟、项坤三、戴尅戎;国家"973"项目首席科学家4人(6项)、长江学者计划特聘教授6人、讲座教授1人等。有在校全日制学生7 695人,其中博士生871名、硕士生2 114名、本科生3 457名、高职生1 253名。2005年7月—2006年,先后担任上海交大医学院院长的为沈晓明、朱正纲,任党委书记的为赵佩琪。

十六、法学院

法学院于2002年6月,在法律系基础上改建而成。

1992年,学校于管理学院内设立法学本科专业,1996年成立法律系。1997年,人文社会科学学院成立,下设法律系。

2002年6月8日,法学院正式挂牌成立。学院设有法学1个本科专业,拥有宪法学与行政法学和法理学2个硕士点;有专任教师27名,其中教授7名、副教授5名;有在校本科生134名、研究生31名。

至2006年底,学院下设宪法与行政法、民商法、环境资源法、国际法、诉讼法与司法制度、刑事法、经济法等研究所;有法律基础课、人权法、知识产权法、都市法、仲裁法、中美法等研究中心;设有法学(文、理)1个本科专业;拥有1个博士点、1个一级学科授权硕士点、9个硕士点。全学院有教职工50名,其中教授12名、副教授15名、副研究员3名;有在读全日制学生:本科生259名,硕士生168名,博士研究生49名。2002年6月—2006年,先后任法学院名誉院长的为王家福,任学院院长的为郑成良,任常务副院长的为童志伟;任总支书记的为姬兆亮、沈大明。

十七、媒体与设计学院

媒体与设计学院成立于2002年9月,由学校抽调建筑工程与力学学院与人文社会科学学院内的相关系科整合而成。

学院成立初期下设电影电视系、新闻与传播系、工业设计系和美术设计系4个系,有美术设计、广播电视新闻、工业设计3个本科专业,拥有1个工业设计硕士点。全院有教职工53名,其中教师43名,包括教授4名、副教授13名。

2003年,经研究生院批准,学院在电子信息学院通信与信息系统博士点下自主筹备设置数字影视应用博士点。同年,广播电视艺术学、传播学硕士点以及与软件学院合作的数字媒体艺术与技术工程硕士点获批准,另外还与管理学院联合培养EMBA学生。11月,学院又获批增设广播影视编导本科专业。

至2006年底,学院下设新闻与传播系、电影电视系、设计系和美术系4个系以及5个研究所、中心等研究机构;设有传播学、艺术设计、广播影视编导和工业设计4个本科专业;拥有2个一级学科授权硕士点、10个硕士点。学院有教职工81名,其中有教授9名、副教授21名、正副研究员10名。有在读全日制学生:本科生463名,硕士生121名,博士生3名。2002年9月—2006年,先后任名誉院长的为杨伟光,任院长的有杨伟光(兼、外聘)、张国良,任常务副院长的为夏平建、蒋宏;任总支书记的为李彩英。

十八、微电子学院

微电子学院于2003年5月3日,由电子工程系微电子专业为主组建而成。学院实行董事会领导下的院长负责制。9月23日,上海交大微电子学院和国家集成电路人才培养基地同时举行挂牌仪式。

学院成立之初,设有微电子学本科专业,有教职工31名,其中教授4名、副教授1名,有在读本科生62名、硕士生31名、博士生7名、工程硕士生144名。

至2006年底,微电子学院设有微电子学1个本科专业及1个研究中心;拥有1个国家集成电路人才培养基地、1个集成电路工程工程硕士点。全院有教职工31名,其中专职教师18名、教授2名、外籍专家2名、副教授4名。有在读全日制学生:本科生200名,硕士生83名,博士生2名。2003年5月—2006年,先后任学院名誉院长的为杨雄,任董事会董事长的为叶取源,任执行董事、院长的为陈进、苏明(兼),任主持副院长的为袁廷亮;任总支书记的为张凯。

十九、交大密西根联合学院

详见本卷第六章第二节第二目“与密西根大学共建到成立联合学院”。

二十、塑性成形工程系(国家模具 CAD 工程研究中心)

塑性成形工程系成立于 1994 年 8 月 16 日。20 世纪 50 年代,学校设压力加工专业。1983 年该专业与上海市第二轻工业局联合成立了上海模具技术研究所。在此基础上,1994 学校正式成立塑性成形工程系。1995 年 3 月,经国家计委批准,在上海模具技术研究所基础上建立国家模具 CAD 工程研究中心。

塑性成形工程系成立之初,有教职工 49 名,其中教授 7 名(包括 1 名中国工程院院士)、副教授 8 名,有在读本科生 196 人、硕士研究生 29 人、博士生 11 人、博士后 2 人。

至 2006 年底,塑性成形系(含模具 CAD 工程中心)拥有 1 个模具 CAD 国家工程中心、1 个一级学科授权博士点、1 个博士点、2 个硕士生;有教职工 220 名(其中交大编制 52 名,模具所编制 168 名),其中包括工程院院士 1 名(阮雪榆)、正高职称 8 名、副高职称 12 名;在站博士后 3 名,在读博士生 72 名,硕士生 62 名。1994 年 8 月—2006 年,系主任为阮雪榆;任总支书记的为张永清、李从心,主持工作副书记的为赵震。

二十一、体育系

体育系于 1986 年,在体育教研室基础上建立而成。

1992 年,体育系下设第一教研室、第二教研室(负责全校男生课程教学)、第三教研室(负责全校女生课程教学)和群体室、运动竞赛室、办公室及体育科研所;有教职工 65 名,其中正副教授 18 名。该系承担全校本科生一、二年级的体育必修课教学,学时数为 144 学时;开展基础体育、传统体育、体育理论教学;开设三年级“国家体育锻炼标准”达标课、一年级研究生体育选修课教学。同时该系在学校直接领导下,积极发挥“校办、系办、民办”三级文体竞赛网作用,抓住“两个标准”(《国家体育锻炼标准》《大学生体育合格标准》),以一年一度的学校运动会、两年一届的体育节为高潮推进竞赛活动,以高水平运动队,带动学校群体活动。学校的篮球、乒乓球和游泳三个运动队为高校高水平重点运动队。

2001 年,体育教育训练学硕士点获正式批准设立。

至2006年底，体育系承担了全校一、二年级学生522个班级的本科生必修课与48个班级公共选修课教学任务；有教职工74人，其中专职教师62人、教授4名、副教授28名；有在读硕士研究生24名。多年来，交大学生和高水平运动队多次代表学校、省市和国家参加全国性和国际运动竞赛，每年获各级各项体育竞赛金、银、铜牌约300枚。学校多次获得“全国群体先进集体”、国家教委“校长杯”“普通高校综合训练国家级先进学校”等荣誉。1992—2006年，系主任为孙麒麟；任总支书记的为张世民、徐宝庆。

附录四

有权授予博士、硕士学位学科专业名称(2006)

一级学科名称	二级学科名称	所在行政单位
哲学	马克思主义哲学	人文学院
	科学技术哲学	
理论经济学	西方经济学	安泰经济与管理学院
★应用经济学	国民经济学	
	区域经济学	
	*金融学(含保险学)	
	财政学(含税收学)	
	*产业经济学	
	国际贸易学	
	统计学	
	劳动经济学	
	数量经济学	
	国防经济	

(续表)

一级学科名称	二级学科名称	所在行政单位
★法学(2006 年 1 月)	法学理论	法学院
	法律史	
	* 宪法学与行政法学	
	刑法学	
	民商法学	
	诉讼法学	
	经济法学	
	环境与资源保护法学	
	国际法学	
	军事法学	
★政治学(2006 年 1 月)	政治学理论	国际与公共事务学院
	中外政治制度	
	科学社会主义与国际共产主义运动	
	中共党史	
	国际政治	
	国际关系	
	外交学	
★马克思主义理论(2006 年 1 月)	马克思主义基本原理	人文学院
	马克思主义发展史	
	* 马克思主义中国化研究	国际与公共事务学院、人文学院
	国外马克思主义研究	人文学院
	思想政治教育	
教育学	高等教育学	高等教育研究所
	教育技术学	媒体与设计学院
心理学	应用心理学	安泰经济与管理学院
体育学	体育教育训练学	体育系
★中国语言文学(2006 年 1 月)	文艺学	人文学院
	语言学及应用语言学	国际教育学院
	汉语言文字学	人文学院
	中国古典文献学	

(续表)

一级学科名称	二级学科名称	所在行政单位
	中国古代文学	
	中国现当代文学	
	中国少数民族语言文学(分语族)	
	比较文学与世界文学	
外国语言文学	英语语言文学	外国语学院
	日语语言文学	
	* 外国语言学及应用语言学	
★新闻传播学(2006 年 1 月)	新闻学	媒体与设计学院
	传播学	
★艺术学(2006 年 1 月)	艺术学	
	音乐学	
	美术学	
	设计艺术学	
	戏剧戏曲学	
	电影学	
	广播电视艺术学	
	舞蹈学	
历史学	专门史	人文学院
☆数学(2003 年 9 月)	* 基础数学	理学院
	* 计算数学	
	* 概率论与数理统计	
	* 应用数学	
	* 运筹学与控制论	
☆物理学(2000 年 12 月)	* 理论物理	
	* 粒子物理与原子核物理	
	* 原子与分子物理	
	* 等离子体物理	
	* 凝聚态物理	
	* 声学	
	* 光学	
	* 无线电物理	
	△物理学史	人文学院

(续表)

一级学科名称	二级学科名称	所在行政单位
★化学(2006年1月)	无机化学	化学化工学院
	分析化学	
	有机化学	
	物理化学	
	*高分子化学与物理	
天文学	天体物理	理学院
☆生物学(2003年9月)	*植物学	医学院、农业与生物学院
	*动物学	医学院、生命科学技术学院
	*生理学	
	*水声生物学	
	*微生物学	
	*神经生物学	
	*遗传学	
	*发育生物学	
	*细胞生物学	
	*生物化学与分子生物学	
	*生物物理学	
	*生态学	医学院、农业与生物学院
系统科学	系统理论	理学院
科学技术史	(不分设二级学科)	人文学院
☆力学(1998年6月)	*一般力学与力学基础	船舶海洋与建筑工程学院
	*固体力学	
	*流体力学	
	*工程力学	
☆机械工程(1998年6月)	*机械制造及其自动化	机械与动力工程学院
	*机械电子工程	
	*机械设计及理论	
	*车辆工程	
	△工业工程	

(续表)

一级学科名称	二级学科名称	所在行政单位
☆光学工程(2003年9月)	*(不分二级学科)	理学院
☆仪器科学与技术(2000年12月)	*精密仪器及机械	电子信息与电气工程学院
	*测试计量技术及仪器	
☆材料科学与工程(1998年6月)	*材料物理与化学	材料科学与工程学院
	*材料学	
	*材料加工工程	塑性成形工程系
	△纳米材料与技术	纳米中心
☆动力工程及工程热物理(1998年6月)	*工程热物理	机械与动力工程学院
	*热能工程	
	*动力机械及工程	
	*流体机械及工程	
	*制冷及低温工程	
	*化工过程机械	
	△洁净能源与环境保护	
	△飞行器动力系统	
☆电气工程(2000年12月)	*电机与电器	电子信息与电气工程学院
	*电力系统及其自动化	
	*高电压与绝缘技术	
	*电力电子与电力传动	
	*电工理论与新技术	
☆电子科学与技术(2000年12月)	*物理电子学	电子信息与电气工程学院
	*电路与系统	
	*电磁场与微波技术	
	*微电子学与固体电子学	微纳米科学技术研究院
	△芯片设计与系统	
	△纳米电子与器件学	

(续表)

一级学科名称	二级学科名称	所在行政单位
☆信息与通信工程(2000年12月)	* 通信与信息系统	电子信息与电气工程学院
	* 信号与信息处理	
☆控制科学与工程(1998年6月)	* 控制理论与控制工程	
	* 检测技术与自动化装置	
	* 系统工程	
	* 模式识别与智能系统	
	* 导航、制导与控制	
	△航空航天信息与控制	
☆计算机科学与技术(2000年12月)	* 计算机系统结构	
	* 计算机软件与理论	
	* 计算机应用技术	
	△计算机语言学	
	△密码学与计算机安全	信息安全学院
建筑学	建筑设计及其理论	船舶海洋与建筑工程学院
	城市规划与设计	
土木工程	* 岩土工程	
	* 结构工程	
	供热、供燃气、通风及空调工程	机械与动力工程学院
	防灾减灾工程及防护工程	船舶海洋与建筑工程学院
水利工程	港口、海岸及近海工程	
★化学工程与技术(2006年1月)	化学工程	化学化工学院
	化学工艺	
	生物化工	生命科学技术学院
	* 应用化学	化学化工学院
	工业催化	
交通运输工程	交通运输规划与管理	船舶海洋与建筑工程学院
	载运工具运用工程	

(续表)

一级学科名称	二级学科名称	所在行政单位
☆船舶与海洋工程(1998年6月)	*船舶与海洋结构物设计制造	船舶海洋与建筑工程学院
	*轮机工程	
	*水声工程	
	△海洋工程	
	△水下技术与工程	
航空宇航科学与技术	飞行器设计	机械与动力工程学院
	航空宇航推进理论与工程	
	航空宇航制造工程	
核科学与技术	*核能科学与工程	
☆环境科学与工程(2003年9月)	*环境科学	生命科学技术学院
	*环境工程	环境科学与工程学院
☆生物医学工程(1998年6月)	*生物医学工程(医学院授医学学位)	生命科学技术学院、医学院
	△生物工程	
	△生物信息学	
	△预防兽医学与畜禽产品安全	农业与生物学院
	△生物技术	
	△生物纳米医药	微纳米科学技术研究院
	△基因工程药物与天然药物	药学院
★食品科学与工程	食品科学	农业与生物学院
	粮食、油脂及植物蛋白工程	
	农产品加工及贮藏工程	
	水产品加工及贮藏工程	
作物学	作物遗传育种	
★园艺学	果树学	
	*蔬菜学	
	茶学	
★植物保护	植物病理学	
	农业昆虫与害虫防治	
	农药学	

(续表)

一级学科名称	二级学科名称	所在行政单位
★畜牧学(2006 年 1 月)	动物遗传育种与繁殖	农业与生物学院
	动物营养与饲料科学	
	草业科学	
	特种经济动物饲养	
兽医学	预防兽医学	
林学	园林植物与观赏园艺	
☆基础医学(2000 年 12 月)	* 人体解剖与组织胚胎学	医学院
	* 免疫学	
	* 病原生物学	
	* 病理学与病原生物学	
	* 法医学	
	* 放射医学	
	* 航空、航天与航海医学	
☆临床医学(2003 年 9 月)	* 内科学	
	* 儿科学	
	* 老年医学	
	* 神经病学	
	* 精神病与精神卫生学	
	* 皮肤病与性病学	
	* 影像医学与核医学	
	* 临床检验诊断学	
	* 护理学	
	* 外科学	
	* 妇产科学	
	* 眼科学	
	* 耳鼻咽喉科学	
	* 肿瘤学	
	* 康复医学与理疗学	
	* 运动医学	
	* 麻醉学	
	* 急诊医学	

（续表）

一级学科名称	二级学科名称	所在行政单位
☆口腔医学（1998 年 6 月）	＊口腔基础医学	医学院
	＊口腔临床医学	
	△口腔颌面外科学	
	△口腔内科学	
	△口腔修复学	
	△口腔正畸学	
	△口腔预防医学和儿童口腔医学	
★公共卫生与预防医学（2006 年 1 月）	流行病与卫生统计学	
	劳动卫生与环境卫生学	
	营养与食品卫生学	
	少儿卫生与妇幼保健学	
	卫生毒理学	
	军事预防医学	
中医学	中医基础理论	
	中医骨伤科学	
中西医结合	＊中西医结合临床	
★药学（2006 年 1 月）	药物化学	医学院、药学院
	药剂学	
	生药学	
	药物分析学	
	微生物与生化药学	
	＊药理学	
★中药学（2006 年 1 月）	中药学	
军队指挥学	密码学	电子信息与电气工程学院
☆管理科学与工程（1998 年 6 月）	＊管理科学与工程	安泰经济与管理学院
	△金融工程	
	△科技与教育管理	高等教育研究所
	△区域与战略管理	国际与公共事务学院

(续表)

<table>
<tr><th>一级学科名称</th><th>二级学科名称</th><th>所在行政单位</th></tr>
<tr><td rowspan="4">☆工商管理(2003年9月)</td><td>* 会计学</td><td rowspan="5">安泰经济与管理学院</td></tr>
<tr><td>* 企业管理</td></tr>
<tr><td>* 旅游管理</td></tr>
<tr><td>* 技术经济及管理</td></tr>
<tr><td>农林经济管理</td><td>* 农业经济管理</td></tr>
<tr><td rowspan="5">★公共管理(2006年1月)</td><td>行政管理</td><td rowspan="5">国际与公共事务学院、医学院</td></tr>
<tr><td>社会医学与卫生事业管理(授医学学位)</td></tr>
<tr><td>教育经济与管理</td></tr>
<tr><td>社会保障</td></tr>
<tr><td>土地资源管理</td></tr>
<tr><td rowspan="3">★图书馆、情报与档案管理</td><td>图书馆学</td><td rowspan="3">图书馆</td></tr>
<tr><td>情报学</td></tr>
<tr><td>档案学</td></tr>
</table>

注:①☆号为一级学科授权博士点;★号为一级学科授权硕士点;* 号为博士点;△号为一级学科下自设二级学科博士点;无记号为硕士点。②硕士点共有232个;硕士专业学位授权点10个(MBA及EMBA、MPA、工程硕士、农业推广、法律硕士、临床医学、口腔医学、兽医硕士、会计硕士、风景园林硕士)。③一级学科博士点共有22个,一级学科硕士点共有18个,二级学科博士点共有142个,其中26个为自设博士点,共涉及62个一级学科;博士专业学位授权点2个(临床医学、口腔医学)。

附录五

科研机构一览表(2006)

序号	名称	挂靠(隶属)关系
1	海洋水下工程科学研究院	上海交通大学
2	汽车科学与工程研究院	
3	计算机科学技术研究院	
4	先进制造技术研究院	
5	材料与化工研究院	
6	21世纪发展研究院	
7	Medi-X科学研究中心	
8	空天科学技术研究院	
9	上海系统生物医学研究中心	
10	系统生物学研究所	交大/中科院上海生命科学研究院
11	生物医学工程及器械研究院	交大/上海医药(集团)总公司
12	船舶与海洋工程设计研究所	船舶海洋与建筑工程学院
13	结构力学研究所	
14	动力装置及自动化研究所	
15	新型船舶与海洋结构物开发研究所	
16	港口与水利工程研究所	
17	水下工程研究所	

(续表)

序号	名称	挂靠(隶属)关系
18	海洋工程国家重点实验室	
19	水下技术工程研究中心	
20	工程力学研究所	
21	岩土力学与工程研究所	
22	安全防灾工程研究所	
23	空间结构研究中心	
24	建筑设计研究院	
25	飞行器设计研究所	
26	航天器动力学与控制研究所	
27	流体力学与工程仿真研究所	
28	固体力学与工程结构强度研究所	
29	结构工程研究所	
30	建筑设计与景观环境研究所	
31	工程管理研究所	
32	隧道与桥梁工程研究所	
33	建设工程质量检测站	
34	工程力学实验中心	
35	土木与建筑实验中心	
36	力学生物学与医学工程研究所	
37	制造技术与自动化研究所	机械与动力工程学院
38	计算机集成制造研究所	
39	汽车车身设计与制造研究所	
40	汽车工程研究所	
41	机电控制研究所	
42	机械工程设计与自动化研究所	
43	图形技术及CAD研究所	
44	生命质量与机械工程研究所	
45	机电设计与自动化研究所	
46	机器人研究所	
47	叶轮机械研究所	

(续表)

序号	名称	挂靠(隶属)关系
48	振动冲击噪声国家重点实验室	
49	内燃机研究所	
50	热能工程研究所	
51	制冷与低温工程研究所	
52	核科学与系统工程研究所	
53	工程热物理研究所	
54	工业工程与管理研究所	
55	燃烧与环境技术研究中心	
56	现代设计研究所	
57	知识工程研究所	
58	汽车电子技术研究所	
59	教育部太阳能发电与制冷工程研究中心	
60	核电技术与装备工程研究中心	
61	飞利浦—上海交大电子制造实验室	
62	现代设计与制造网上合作研究中心(上海)FIPER技术中心	
63	能源研究院	
64	上海交大—英特尔先进半导体制造系统研究中心	
65	精密机械及测试工程研究所	电子信息与电气工程学院
66	自动检测研究所	
67	智能机电研究所	
68	导航测试工程研究所	
69	仪器系中心实验室	
70	区域光纤通信网与新型光通信系统国家重点实验室	
71	图像通信与信息研究所	
72	卫星通信研究所	
73	现代通信研究所	
74	无线通信技术研究所	

(续表)

序号	名称	挂靠(隶属)关系
75	图像处理与模式识别研究所	
76	自动化研究所	
77	燃料电池研究所	
78	航空航天信息与控制研究所	
79	工业自动化工程研究中心	
80	智能交通系统研究中心	
81	智能机器人系统与技术研究中心	
82	电力工程研究中心	
83	电力工程新技术重点实验室	
84	交大—联胜联合研发中心	
85	交大—威能电力科技联合研发中心	
86	电子商务研究与开发中心	
87	上海分布计算技术中心	
88	网格计算中心	
89	可信任数字技术实验室	
90	上海高校软件理论研究中心	
91	电工与电子技术中心	
92	电子束及真空技术研究所	
93	信息安全综合管理技术研究重点实验室	
94	上海市优化与控制软件工程技术研究中心	
95	上海交通大学—罗克韦尔自动化实验室	
96	上海交通大学—美国德州仪器技术中心	
97	上海交通大学—贝尔通信与网络联合实验室	
98	煤气化燃料电池联合研究中心	
99	微波与射频技术研究中心	
100	信号处理与系统研究所	
101	高电压检测中心	
102	信息安全服务技术研究实验室	信息安全学院

(续表)

序号	名称	挂靠(隶属)关系
103	德国萨尔州大学—上海交通大学语言技术联合实验室	软件学院
104	材料科学及工程研究所	材料科学与工程学院
105	复合材料研究所	
106	材料与化工研究所	
107	铸造研究所	
108	光学与光子学研究所	理学院
109	凝聚态物理研究所	
110	太阳能研究所	
111	空间与天体物理研究所	
112	理论物理研究所	
113	光学工程研究所	
114	量子光学与量子信息研究所	
115	数学科学与技术研究所	
116	复杂系统研究所	
117	上海交通大学 LDK 太阳能联合实验室	
118	生物医学仪器研究所	生命科学技术学院
119	Bio-X 生命科学研究中心	
120	世界遗产学研究交流中心	人文学院
121	艺术教育中心	
122	学生艺术团	
123	科学史与科学传播研究中心	
124	文学研究所	
125	跨文化交流与研究中心	
126	“两课”教育中心	
127	国家大学生文化素质教育基地	
128	高分子材料研究所	化学化工学院
129	精细化工研究所	
130	电化学工程与技术研究所	
131	“电气绝缘与热老化”上海市重点实验室	

(续表)

序号	名称	挂靠(隶属)关系
132	手性化学与技术研究所	
133	上海交通大学流变学研究所	
134	FLUNT 公司 POLYELOW 软件技术中心	
135	系统工程研究所	安泰经济与管理学院
136	人力资源研究所	
137	城市管理研究所	
138	交通运输研究所	
139	好易康达电子政务研究所	
140	证券金融研究所	
141	战略管理研究所	
142	现代金融研究所	
143	产业组织与技术创新研究中心	
144	市场营销研究中心	
145	中国创业资本研究中心	
146	运营与物流管理研究中心	
147	东方管理研究中心	
148	旅游发展研究中心	
149	现代企业管理研究中心	
150	企业竞争力研究中心	
151	资产管理创新研究中心	
152	应用统计与决策分析研究中心	
153	货币理论与货币政策研究中心	
154	复杂性与系统方法论研究中心	
155	房地产与项目管理研究中心	
156	信息化与互联网经济研究中心	
157	金融工程研究中心	
158	供应链管理研究中心	
159	组织发展与战略研究中心	
160	中小企业发展研究中心	
161	智能化管理与计算机仿真应用研究中心	

(续表)

序号	名称	挂靠(隶属)关系
162	复杂系统与智能管理研究中心	
163	WTO与经济全球化研究中心	
164	发展与转型经济学研究中心	
165	上海交通大学保险培训考试中心	
166	管理型系统研究中心	
167	经济生态发展研究中心	
168	实验经济研究中心	
169	农村经济研究中心	
170	语言文字工程研究所	外国语学院
171	研究生外语教学部	
172	大学外语教学部	
173	语言实验室	
174	翻译与词典学研究中心	
175	加拿大中心	
176	《科技英语学习》编辑部	
177	全国四、六级英语考试委员会办公室	
178	大学英语考试中心(2)	
179	国外考试中心	
180	上海交通大学第三部门研究中心	国际与公共事务学院
181	政治理论与德育研究所	
182	生物技术研究所	农业与生物学院
183	区域经济研究所	
184	天然健康食品研究所	
185	植物生物技术研究中心	
186	陆伯勋仪器科学实验室	
187	陆伯勋食品安全研究中心	
188	转基因与动物克隆实验中心	
189	草业研究所	
190	生态环境工程研究所	

(续表)

序号	名称	挂靠(隶属)关系
191	花卉研究中心	
192	上海交大—新疆芳香科技联合研究中心	
193	环境化工研究所	环境科学与工程学院
194	河湖环境工程技术研究中心	
195	现代环保装备工程中心	
196	环境科学与技术应用管理研究所	
197	生态与环境材料研究所	
198	膜分离技术研究所	
199	电子废弃物可资源化技术及装备研究所	
200	干细胞研究中心	药学院
201	知识产权研究中心	法学院
202	中美环境法教学与研究中心	
203	经济法研究所	
204	刑事法制研究所	
205	区域与都市法中心	
206	设计管理研究所	
207	上海仲裁委员会仲裁法研究中心	
208	美国电影研究中心	媒体与设计学院
209	海派文化研究所	
210	中英艺术设计教育中心	
211	程及美术馆	
212	设计管理研究所	
213	芯片与系统研究中心	微电子学院
214	上海模具技术研究所	塑性成形工程系
215	体育科学研究所	体育系
216	微纳米科学技术研究院	微纳科学技术研究院
217	纳米科学与技术工程中心	
218	微制造科学技术研究中心	
219	电脑应用技术研究所	网络信息中心

(续表)

序号	名称	挂靠(隶属)关系
220	科技项目管理中心	科研处
221	专利事务所	
222	高等教育研究所	规划发展处
223	教育部战略研究基地“世界一流大学研究中心”	
224	情报科学技术研究所	图书馆
225	上海交大复印工程研究中心	
226	中国大学生在线发展中心	宣传部
227	国家助学贷款管理中心	学指委
228	多元文化研究所	国际教育学院
229	上海市伤骨科研究所	医学院
230	上海市高血压研究所	
231	上海市儿科医学研究所	
232	上海市内分泌研究所	
233	上海市免疫学研究所	
234	上海市口腔医学研究所	
235	上海生物医学工程研究所	
236	上海消化外科研究所	
237	上海血液学研究所	
238	上海市烧伤研究所	
239	上海市整复外科研究所	
240	上海市小儿先天性心脏病研究所	
241	上海市消化疾病研究所	
242	上海市风湿病研究所	
243	上海市男科学研究所	
244	上海市眼科研究所	
245	上海市糖尿病研究所	
246	上海市四肢显微外科研究所	
247	上海市胸部肿瘤研究所	
248	上海市医学遗传研究所	

(续表)

序号	名称	挂靠(隶属)关系
249	上海市肿瘤研究所	
250	医学基因组学国家重点实验学	
251	癌基因及相关基因国家重点实验室	
252	上海市人类基因组研究重点实验室	
253	上海市医学检验重点实验室	
254	上海市激光医学研究重点实验室	
255	上海市生殖医学重点实验室	
256	上海市组织工程研究重点实验室	
257	上海市中西结合防治骨关节病损伤重点实验室	
258	上海市血管生物学重点实验室	
259	上海市发育生物学重点实验室	
260	上海市口腔医学重点实验室	
261	上海市内分泌肿瘤重点实验室	
262	上海市环境与儿童健康重点实验室	
263	上海胚胎与生殖工程重点实验室	
264	上海市眼底病重点实验室	
265	WHO 新生儿保健合作中心	
266	WHO 免疫遗传学与免疫病理学合作中心	
267	WHO 癌症研究合作中心	
268	上海市内分泌代谢临床医学中心	
269	上海市微创外科临床医学中心	
270	上海市风湿病临床医学中心	
271	上海市消化内科临床医学中心	
272	上海市小儿外科畸形临床医学中心	
273	上海市小儿心血管病临床医学中心	
274	上海市口腔临床医学中心	
275	上海市整复外科临床医学中心	
276	上海市血液内科临床医学中心	
277	上海市肺部肿瘤临床医学中心	

(续表)

序号	名称	挂靠(隶属)关系
278	上海创伤骨科临床医学中心	
279	上海市糖尿病临床医学中心	
280	上海市视觉复明临床医学中心	
281	上海市关节外科临床医学中心	
282	上海市器官移植临床医学中心	
283	神经科学研究所	
284	儿科危重病研究所	
285	影像医学研究所	
286	泌尿外科研究所	
287	器官移植研究所	

后　记

在学校党政的领导下，在校史编纂委员会和校史编写团队十多年的精心编研、反复打磨下，《上海交通大学史》八卷本，在校庆 120 周年来临之际，正式推出了。其中 1—4 卷，于 2011 年校庆 115 周年时问世，并荣获中国高等教育学会"第八次优秀高等教育科学研究成果"著作类一等奖。

《上海交通大学史》是由十余位老中青结合的研究人员参与编著而成的学术著作，是集体智慧的结晶。编纂的指导思想、体例原则、结构框架、重大问题的把握等都经过集体讨论研究，比较全面地记录了上海交通大学从 1896 年到 2006 年 110 年的办学历程和发展轨迹。在编纂中，努力将 110 年的交大发展历史置于中国近现代社会经济、政治、文化的巨大背景中进行研究。全书采用纵横交叉、点面结合、宏观与微观统一的方法，紧扣学校发展的主要内涵，全方位、多角度、有侧重地展示学校不同时期的发展历程。从浩瀚的文书档案等第一手资料和召开有关专题座谈会、组织个别访谈交流中，深入挖掘和研究校长办学理念、教师敬业教学、学生勤奋学习、校友爱校情结等生动事例与精神品格；同时，也不忘长年在基层守护交大一草一木的普通员工，多角度展现交大历史长河中的个人魅力与人生智慧，尽可能做到见物、见人、见情。全书图文并茂，力求既具学术性，又有可读性。

《上海交通大学史》第八卷由章玲苓执笔。在编著过程中，王宗光、叶敦平、陈泓、毛杏云、范祖德、盛懿等同志对大纲的确定、初稿讨论、书稿审阅全程付出了艰辛的劳动。最后送审学校党政领导。

缪克成同志对本卷前期进行调查研究、收集资料、整理文稿,作了基础性工作。周岱同志参与了第一章的修改与补充。李建强同志对第七章第一节作了修改与补充。陈泓同志对第七章第三节提供了资料并撰写了附录院系概况。

我们先后请马德秀、谢绳武、翁史烈、盛焕烨、白同朔、周岱、赵文华等同志对书稿进行了审阅并提出修改意见;还请张世民、沈忠明、王永华、王民、胡近、丁文江、吴松、毛大立、邹龙飞、席时桐、向隆万、沈志刚、徐乃庄、彭颖红、秦慰祖、周伯明等同志对部分章节提供了资料和修改意见。朱积川同志提供了照片。周陆瑛、浦芳同志做了具体工作。上海交通大学党史校史研究室、档案馆、出版社鼎立支持。谨在此一并表示诚挚的谢意!

十多年来,广大校友对编写工作十分关心。学长刘共庭、冯莺夫妇曾经两次解囊相助,增益校史基金,资助校史研究顺利开展。在此表示衷心感谢。

由于学校历史悠久,文献史料丰富,编纂任务艰巨,编纂水平和时间有限,书中难免有疏漏和失当之处,敬请广大读者、同行、专家、校友批评指正。

《上海交通大学史》编写组

2016 年 1 月